80

André **Vergez**

Denis **Huisman**

Cours de philosophie

Complément pour

TERMINALES L et ES

NATHAN

Crédits photographiques

p. 5 : Granger ; p. 18 : Top/E. Boubat ; p. 19 h : Christophe L., 19 b : Top/E. Boubat ; p. 36 b : Collection Viollet, 36 h : Pix S.A. Stock Directory ; p. 37 h : Musée de l'Homme, 37 b : Christophe L. ; p. 38 : Magnum/J. Gaumy ; p. 54 h : Magnum/E. Lessing ; p. 55 : Giraudon ; p. 76 h : BN, 76 b : Collection Siegel ; p. 77 : Christophe L. ; p. 78 : Gamma/G. Uzan ; p. 90 h : C. Ballargeon, 90 b : Collection Viollet ; p. 91 h : Gamma/A. Liaison, 91 b : Christophe L. ; p. 92 : Christophe L. ; p. 111 : Gamma/ M. Levick ; p. 112 h : R. Maltête, 112 b : Lauros-Giraudon ; p. 113 : Sygma/M.C. Hugh ; p. 127 : DR ; p. 146 h : Musée de l'Homme ; 146 b : Hoa-Qui/ Renaudeau ; 147 h : Cinestar, 147 b : Hoa-Qui/ de Wilde ; p. 148 : Pix/Revault ; p. 149 : Pix/Revault ; p. 166 : Rapho/R. Doisneau ; p. 167 h : AFP, 167 b : Popperfoto ; p. 168 : Giraudon ; p. 183 : Magnum/R. Depardon ; p. 204 b : Keystone ; p. 205 : Musée Bartholdi-Colmar/ C. Kempf ; p. 220 : Keystone ; p. 221 : Christophe L., 221 b : Gamma/T. Breton ; p. 222 h : Sygma/G. Schachmes, 222 b : Gamma/ Mingam ; p. 237 : Les Humains Associés ; p. 238 h : Christophe L., 238 mg : Hoa-Qui/C. Pavard, 238 m : Hoa-Qui/Grandadam, 328 bg : Magnum/Burt Glinn, 238 bd : Magnum/Martine Franck ; p. 250 : Christophe L. ; p. 251 h : Lauros-Giraudon, 251 b : Gamma/Coolen ; p. 252 h : Gamma, 252 b : Explorer/ FPG/L. Willinger ; p. 266 : G. Namur/Lalance ; p. 267 h : Cahiers du Cinéma, 267 b : Nathan/Collection Viollet ; p. 281 h : Christophe L., 281 b : DR ; p. 282 h : Gamma/G. Caron, 282 b : Christophe L. © 1990 A.D.A.G.P. : R. Magritte, Man Ray, Utrillo.© 1990 M.C. Escher Heirs/Cordon Art – Baarn – Holland : 54 b, 204 h. © 1990 SPADEM ; Picasso.

ISBN 209-175552-4
9, rue Méchain - 75014 Paris

Avant-propos

Voici l'édition revue, corrigée et profondément remaniée du *Cours de philosophie* d'André Vergez et Denis Huisman, ouvrage devenu un «classique» aux yeux de nombreux enseignants et de leurs élèves.

Ce manuel est en tous points conforme au programme officiel (1983) encore en vigueur aujourd'hui . Si l'ordre que nous avons adopté pour l'étude des notions du programme diffère sensiblement de celui que propose l'arrêté du 5 juillet 1983, c'est que nous avons précisément suivi à la lettre ses instructions, qui laissent au professeur toute liberté dans «le choix et la formulation des problèmes», l'essentiel étant que «toutes les notions du programme soient examinées».

Deux volumes remplacent les cinq tomes de l'édition de 1980. Le premier rassemble l'étude des notions communes aux programmes des sections classiques (L, ES et S) à l'exclusion des classes techniques. Le second volume, dont il s'agit ici, traite les notions du programme destinées aux seules sections L et ES.

Toutefois, afin de maintenir la cohérence de l'ensemble, un système de renvois thématiques placé à la suite de chaque chapitre permet au lecteur de se reporter aux thèmes connexes développés dans le premier volume. Ainsi, on ne peut aborder l'étude du désir (volume 2, chapitre 5) sans s'être référé notamment aux chapitres consacrés à l'inconscient (volume 1, chapitre 2, p. 27 : *L'exploration psychanalytique de l'inconscient*) et aux passions (volume 1, chapitre 3, p. 48 : *Sentiment, émotion, passion* ; p. 52 : *La source des passions*).

Chaque chapitre fait l'objet d'un *cours* qui , comme l'indique l'étymologie du mot, a pour seule ambition de *guider* le lecteur au travers des doctrines, des concepts et des auteurs qu'il sera appelé à rencontrer en classe. En marge figurent des *repères* qui «balisent» en quelque sorte le texte et permettent de suivre pas à pas les différentes étapes du raisonnement.

Une synthèse rassemble à la fin de chaque chapitre les *idées essentielles*, courte page où nous nous sommes efforcés de dégager les thèmes fondamentaux en vue de rendre la lecture du manuel à la fois plus facile et plus féconde.

Les *lectures* que nous conseillons ne comprennent, dans la mesure du possible, que des ouvrages peu onéreux (livres de poches) et accessibles à des jeunes gens d'aujourd'hui.

On trouvera également en fin de chapitre de grands textes d'auteurs, classiques ou contemporains, à commenter, des sujets de dissertations et de débats, enfin des sujets d'examen sélectionnés parmi les plus récents. Mais certains thèmes ont, ces dernières années, davantage inspiré les examinateurs. Notre manuel reflète ces choix : on trouvera donc plus de sujets portant sur la liberté, la science ou l'art que sur la perception ou l'illusion.

L'illustration a été totalement renouvelée, elle aussi. À une époque où l'image est reine (télévision, cinéma, publicité, etc.), il nous a semblé important d'en repenser la fonction. Cette illustration, loin d'être arbitrairement plaquée sur chaque question, fait partie intégrante du cours : mettant l'accent sur les aspects les plus visuels de la problématique philosophique, elle est destinée à susciter la réflexion du lecteur.

Nous sommes bien conscients du fossé qui sépare le concept abstrait de l'image vivante reproduite dans un manuel. Mais, s'il est vrai, commme le disait Leibniz, que «le concret n'est tel que par l'abstrait», cette contradiction apparente sera vite dépassée par nos lecteurs. Nous souhaitons qu'ils éprouvent, en étudiant ce *Cours de philosophie*, autant de plaisir à entrer dans le dialogue des doctrines et des auteurs philosophiques que nous en avons éprouvé nous-mêmes en élaborant cet ouvrage. La philosophie apporte à tous ceux – maîtres ou élèves – qui la pratiquent ce que Spinoza appelait la *laetitia*, cette joie qu'il désignait lui-même comme «le passage de l'homme d'une moindre à une plus grande perfection».

Les auteurs

I

L'HOMME ET LE MONDE

■ Dessin de Gilles Granger.

CHAPITRE 1

Nature et culture

1. Définitions

La culture ajoute un apprentissage à la nature

Distinguer nature et culture, c'est distinguer ce qui est inné (nature vient du participe latin *natus*, né, du verbe *nascor*) et ce qui est acquis. La notion de culture implique un certain travail exercé sur une nature donnée, une transformation de la nature susceptible de produire des propriétés nouvelles ou, tout au moins, de développer des qualités d'abord virtuelles, d'actualiser certains possibles. C'est ainsi que la terre est cultivée, c'est-à-dire travaillée, labourée, ensemencée pour produire la récolte. C'est ainsi que les corps et les esprits peuvent être cultivés, c'est-à-dire soumis à des exercices, à des apprentissages divers afin de développer leurs potentialités. Dans la langue française courante, le mot culture désigne surtout ce processus de formation, de développement (terme qui correspond à peu près à l'allemand *bildung*, *gebildet* signifiant cultivé).

La culture identifiée à la civilisation par les sociologues

Dans un sens sociologique qui vient de l'allemand *kultur* et aussi des auteurs américains, sens devenu aujourd'hui courant dans le langage des anthropologues et des philosophes français eux-mêmes, on entend par culture non plus le processus de formation, mais les institutions elles-mêmes, les valeurs, les modèles de comportement qui, dans telle société donnée, président à la formation des individus. Le mot **culture** devient alors synonyme du mot **civilisation** (on parlera indifféremment de la culture esquimau, de la culture bantoue, de la culture occidentale, ou bien de la civilisation esquimau, de la civilisation bantoue, de la civilisation occidentale). Une culture se définit alors tout simplement – selon la formule de Ralph Linton – comme «le mode de vie d'une société». Le mot culture désigne un ensemble de faits sociaux, de caractéristiques propres à tel groupe. Ralph Linton remarque que le mot, pris en ce sens, ne comporte «aucune résonance laudative» et se «rapporte au mode de vie global d'une société [...]. Si, par exemple, on applique le mot à notre mode de vie, la culture n'a rien à voir avec le fait de jouer du piano ou de lire Robert Browning. Pour les sciences humaines, de telles activités ne sont que des éléments de la culture considérée comme une totalité[1]». Dans cette perspective, il est donc inutile, comme le font encore certains auteurs, de distinguer la civilisation (qui se rapporterait aux seuls éléments matériels de la vie sociale, aux procédés de production, aux outils, à la technique) et la culture proprement dite, qui désignerait les

1. Ralph Linton, *le Fondement culturel de la personnalité* (trad. Andrée Lyotard, Dunod, Paris, 1959).

éléments psychologiques, affectifs, intellectuels, spirituels de la vie sociale (le droit, l'art, la religion), car les traits matériels et les traits spirituels d'une société donnée sont étroitement liés. Le mot culture peut convenir pour désigner l'ensemble. L'ethnologue américaine Margaret Mead écrit que la culture est «l'ensemble des formes acquises de comportement d'un groupe d'individus unis par une tradition commune, transmises par l'éducation». La manière de laver la vaisselle, de faire la cuisine, de coucher les bébés (on a distingué les civilisations du berceau et celles du portage où le bébé est perpétuellement porté par sa mère), la façon de désigner le chef du gouvernement, tout cela fait partie de la culture.

2. Cultures et culture

L'illusion ethnocentriste

Si la culture désigne tous les modes collectifs d'existence d'une société quelconque, il n'y a pas de société «inculte» ; une telle expression apparaît comme une contradiction dans les termes. Il n'y a donc pas des «civilisés» et des «sauvages», mais il y a des civilisations différentes.

Cependant, chaque société a toujours tendu à confondre «sa» propre civilisation avec «la» civilisation, allant jusqu'à rejeter en dehors de l'humanité les hommes qui relevaient d'autres cultures. Les Grecs appelaient «barbares» les hommes qui étaient étrangers à leurs institutions et par la suite les Occidentaux n'ont vu longtemps que «sauvagerie» dans les cultures exotiques. Comme le dit pertinemment Claude Lévi-Strauss : «Derrière ces épithètes se dissimule un même jugement ; il est probable que le mot barbare se réfère étymologiquement à la confusion et à l'inarticulation du chant des oiseaux, opposées à la valeur signifiante du langage humain ; et sauvage, qui veut dire "de la forêt", évoque aussi un genre de vie animal, par opposition à la culture humaine. Dans les deux cas on refuse d'admettre le fait même de la diversité culturelle. On préfère rejeter hors de la culture, dans la nature, tout ce qui ne se conforme pas à la norme sous laquelle on vit[1].» Lévi-Strauss évoque à ce propos l'attitude symétrique des Espagnols et des Indiens après la découverte de l'Amérique par Christophe Colomb. Les Espagnols désignaient des commissions de religieux pour déterminer si les Indiens avaient ou non une âme, étaient authentiquement des hommes ! De leur côté, les Indiens observaient longuement les cadavres de leurs ennemis pour vérifier s'ils étaient soumis comme ceux des «hommes» à la putréfaction ! Le premier mouvement de chaque société mise en contact avec une autre est de rejeter hors de la culture, c'est-à-dire hors de l'humanité, les individus étrangers à sa propre culture.

Le problème de la diversité des cultures

Cet **ethnocentrisme** dont les effets ont été désastreux, on le sait, au cours de l'histoire, met néanmoins en lumière un fait paradoxal de la plus grande importance. Comment se fait-il que les hommes, alors que leur similitude biologique est évidemment beaucoup plus grande que les différences anatomo-physiologiques qui existent entre les diverses races, puissent présenter d'un groupe à un autre de telles **différences culturelles**, de telles différences dans les mœurs, les institutions, les coutumes et les croyances ? Certes, les

1. Claude Lévi-Strauss, *Race et histoire,* p. 20, Gonthier.

échanges sont possibles entre les cultures. On peut apprendre, par exemple, des langues étrangères, même celles qui sont le plus éloignées de la nôtre dans l'espace et dans le temps. Et il est vrai que, très tôt, les hommes religieux, les philosophes ont proclamé l'unité de l'espèce humaine et même l'égale dignité de tous les hommes au-delà de leur étonnante diversité culturelle, des différences considérables entre les civilisations. Saint Paul affirme que Dieu a créé tous les hommes et que tous ont été rachetés par le sang du Christ. Dès lors il n'y a plus ni Grecs ni barbares, ni Juifs ni Arabes et l'idéal de la fraternité universelle n'admet pas de barrières. A partir des stoïciens, les philosophes proclameront eux aussi l'unité, l'universalité et la dignité de la nature humaine. Ces propos sont évidemment irréprochables, mais la générosité de cet universalisme ne saurait nous faire oublier le fait paradoxal qui, précisément, spécifie la condition humaine. Tandis que les animaux d'une espèce ont, approximativement, des «mœurs» identiques, le trait signalétique de l'humanité réside précisément dans les différences considérables qui existent d'une culture à une autre. **Par son aptitude aux extrêmes diversités culturelles**, l'homme, en ce qu'il a de spécifiquement humain, semble se définir sur un plan qui n'est plus le plan de la nature.

3. Nature animale et culture humaine

Hérédité biologique et héritage culturel

Tandis que la nature d'un être se transmet par hérédité, la culture se communique par héritage. Le terme culture ne désigne que des attitudes, des croyances, des mœurs, des «valeurs» acquises et transmises par l'éducation. **La culture, c'est ce qui s'ajoute à la nature.** L'organisation raffinée de la ruche, par exemple, n'est aucunement une culture. Le comportement complexe des abeilles semble jaillir immédiatement, en effet, de leur structure biologique. Les abeilles dont parle Virgile dans les *Géorgiques* se comportaient exactement comme celles d'aujourd'hui. Sans doute tous les êtres vivants sont-ils soumis à l'évolution qui transforme très lentement les espèces au cours de millions d'années, mais seul l'homme a une histoire car seul il est à la fois un inventeur et un héritier de culture. Il crée des langues, des outils, des religions, des œuvres d'art, transmettant ce patrimoine par la parole et, dans les derniers millénaires, par l'écriture aux générations suivantes qui n'exercent à leur tour leur faculté d'invention que dans le cadre de ce qu'elles ont reçu. Jean Rostand exprime magnifiquement cette distinction fondamentale entre l'hérédité biologique et l'héritage culturel : «Le biologique ignore le culturel. De tout ce que l'homme a appris, éprouvé, ressenti au long des siècles, rien ne s'est déposé dans son organisme [...]. Chaque génération doit refaire tout l'apprentissage [...]. Là gît la grande différence des civilisations humaines avec les civilisations animales. De jeunes fourmis isolées de la fourmilière refont d'emblée une fourmilière parfaite. Mais de jeunes humains séparés de l'humanité ne pourraient reprendre qu'à la base l'édification de la cité humaine. La civilisation fourmi est inscrite dans les réflexes de l'insecte [...]. La civilisation de l'homme est dans les bibliothèques, dans les musées et dans les codes ; elle exprime les chromosomes humains, elle ne s'y imprime pas[1].»

1. Jean Rostand, *Pensées d'un biologiste*, Stock.

La faiblesse de l'instinct chez l'homme

Notons en effet que les **instincts** biologiquement héréditaires et par là «naturels» n'ont jamais chez l'homme l'importance, la précision qu'ils ont chez la plupart des animaux. L'homme dépourvu de crocs puissants, de fourrure épaisse, nu et faible dans la nature a reçu en retour l'intelligence. Comme disait Henri Bergson, «l'insuffisance même des moyens naturels dont l'homme dispose pour se défendre contre ses ennemis, contre le froid et la faim [...] acquiert la valeur d'un document préhistorique ; c'est le congé définitif que l'instinct reçoit de l'intelligence[1]» et nous ajouterions volontiers : le congé que la nature reçoit de la culture, car si l'intelligence est essentiellement, comme l'avait dit Bergson, faculté d'inventer des outils, pour que cette aptitude puisse se manifester, il faut d'abord que l'intelligence soit «cultivée», soumise à toutes sortes d'apprentissages. L'homme naît en quelque sorte prématuré, incapable pendant de longues années d'assurer sa subsistance. L'enfant demeurera donc longtemps – beaucoup plus longtemps que n'importe quel petit animal – sous la dépendance des adultes et notamment de sa famille. C'est, remarque à juste titre l'anthropologue américain Abram Kardiner[2], la durée exceptionnelle d'une telle dépendance, ainsi que le caractère incertain et extrêmement plastique des instincts reçus à la naissance (car aucun comportement strictement déterminé ne semble ici fixé par l'espèce) qui expliquent la prédominance de la culture sur la nature dans les conduites définitives de l'homme adulte.

La nature et les cultures

Dans ces conditions, le système des valeurs, des règles sociales, des conduites apprises dans chaque groupe social, relatif à une longue succession d'inventions et d'héritages, a quelque chose d'accidentel, de contingent. Et il y a autant de cultures, de civilisations, qu'il y a de sociétés distinctes. Tandis que ce qui est universel, propre à tous les hommes révèle leur nature, porte la marque de constantes biologiques, tout ce qui appartient à la culture porte la marque du divers et du relatif. Il y a plusieurs religions, plusieurs formes d'art, plusieurs systèmes politiques, etc. ; ce sont **les cultures** qu'il convient d'opposer à **la nature**. Les lois naturelles appartiennent à la modalité du **nécessaire** : on ne saurait s'y soustraire, elles sont universelles. Les règles sociales, les rites dont chaque culture fait obligation à l'individu, sont **contingentes**, varient avec les civilisations. Ce sont des normes de conduite édictées par le groupe et auxquelles il arrive que l'individu désobéisse. Lévi-Strauss nous propose précisément ce critère pour distinguer l'étage de la culture et celui de la nature : «Partout où la règle se manifeste, nous savons avec certitude être à l'étage de la culture. Symétriquement il est aisé de reconnaître dans l'universel le critérium de la nature. Car ce qui est constant chez les hommes échappe nécessairement au domaine des coutumes, des techniques et des institutions par lesquelles leurs groupes se différencient et s'opposent [...]. Posons donc que tout ce qui est universel chez l'homme relève de l'ordre de la nature et se caractérise par la spontanéité, que tout ce qui est astreint à une norme appartient à la culture et présente les attributs du relatif et du particulier[3].»

1. Henri Bergson, *l'Évolution créatrice,* P.U.F.

2. Abram Kardiner, *l'Individu dans sa société*, Gallimard.

3. Claude Lévi-Strauss, *les Structures élémentaires de la parenté,* Mouton.

4. Les illusions du biologisme et du racisme

La notion de **nature humaine** est donc confuse et pour une part illusoire. Nous attribuons en effet communément à notre «nature» des goûts, des désirs, des comportements quotidiens qui relèvent en fait de la culture spécifique de notre groupe. Nous obéissons sans presque y penser aux usages et aux coutumes de notre milieu social et ce qui est en réalité culturel nous semble bien à tort, presque toujours, naturel.

Le racisme : la culture expliquée par la nature

Une telle illusion caractérise notamment ce qu'on peut appeler l'**idéologie raciste**. On constate qu'il y a diverses civilisations et d'autre part qu'il existe plusieurs races humaines. La notion de race est assurément un concept scientifique objectif : les races sont des groupes ayant des caractères biologiques analogues qui se transmettent en vertu des lois de l'hérédité. Couleur de la peau, morphologie du crâne, du visage, des cheveux, permettent de distinguer Blancs, Mongoloïdes et Négroïdes. Ces différences d'aspect physique sautent aux yeux, ainsi que la diversité des civilisations. Mais voici où se glisse le **postulat des théoriciens du racisme** : bien qu'il y ait beaucoup plus de cultures que de races humaines (les premières, observe Lévi-Strauss, se comptent par milliers, les secondes par unités), **on tentera d'expliquer la diversité des cultures par la diversité des natures**. On prétendra que les différences culturelles s'expliquent par des différences naturelles, biologiques. Qu'il y ait des civilisations plus brillantes que d'autres, ce serait la preuve de l'inégalité biologique des groupes humains (Arthur de Gobineau, *Essai sur l'inégalité des races humaines,* 1853). Ce biologisme a été étendu fort loin. Dans un ouvrage qui eut, il y a quelque cinquante ans, son heure de gloire, *l'Homme cet inconnu,* Alexis Carrel, ancien prix Nobel de médecine, intitule un chapitre «Classes sociales et classes biologiques». Il ose écrire : «La répartition de la population d'un pays en différentes classes n'est pas l'effet d'un hasard ni de conventions sociales. Elle a une base biologique profonde. Car elle dépend des propriétés physiques des individus. Ceux qui sont aujourd'hui des prolétaires doivent leur situation aux défauts héréditaires de leur corps et de leur esprit [...]. Les ancêtres des cultivateurs étaient d'une constitution organique et mentale plus faible que les seigneurs médiévaux qui conquirent la terre et la défendirent contre tous les envahisseurs. Les premiers étaient nés serfs, les seconds rois.»

Critique du racisme : la culture transforme la nature

La nature purement **idéologique** de cette explication pseudo-scientifique de la culture par la nature, de l'institution sociale par des données biologiques apparaît ici clairement. Il s'agit – par un processus inconscient de mystification – de justifier les privilèges des classes dominantes. Si l'infériorité sociale des prolétaires s'explique par une infériorité biologique, les hiérarchies sociales actuelles ont un fondement naturel. Si, au contraire, l'infériorité des prolétaires est un fait purement culturel, c'est-à-dire institutionnel, social, elle perd toute justification. Ce que l'histoire a fait, l'histoire peut (et ici doit) le défaire. Or, dans l'explication proposée par Alexis Carrel, on pourrait précisément inverser l'ordre des facteurs ; ce n'est pas le naturel qui explique le culturel, ce n'est pas le biologique qui explique le social. **C'est au contraire le social qui explique le biologique.** Et, par exemple, la mortalité de la classe ouvrière est encore aujourd'hui sensiblement plus forte que la mortalité des cadres et des professions libérales ; la mortalité infantile chez les manœuvres est, selon toutes les statistiques, supérieure à la mortalité infantile dans les autres classes sociales. Ce n'est évidemment pas le signe de quelque infériorité naturelle, mais le fait de conditions sociales beaucoup plus défavorables. Comme l'écrit aujourd'hui Pierre Sikirdji : «La mort est une somme. Elle comptabilise les traces de toutes les aventures de la vie. Les faits économiques et sociaux s'y inscrivent aussi visiblement que des cicatrices sur le corps[1].»

Un exemple : les Noirs aux U. S. A.

Otto Klineberg dénonce dans le même esprit certains préjugés racistes[2]. Aux États-Unis, on constate par exemple que le quotient intellectuel moyen des Noirs, mesuré par les tests, est inférieur au quotient intellectuel moyen des Blancs. D'où la tentation d'expliquer la condition sociale défavorable, la situation culturelle inférieure des Noirs par une infériorité naturelle, biologique de ces derniers. Mais regardons-y de plus près. Aux États-Unis, le quotient intellectuel moyen des habitants (blancs ou noirs) des États du Nord est supérieur au quotient intellectuel moyen des habitants des États du Sud. Et le quotient intellectuel des Noirs du Nord est statistiquement supérieur au quotient intellectuel des Blancs du Sud. A New York, où Noirs et Blancs fréquentent les mêmes écoles publiques ou des écoles de niveau analogue, le quotient intellectuel moyen des uns et des autres n'est pas très différent. Certes, les racistes expliqueront les bons résultats des Noirs du Nord par la théorie de la «migration sélective». Ce serait les Noirs les plus doués, les plus aptes à s'acclimater à un nouveau milieu qui émigreraient du Sud au Nord. Mais les enquêtes précises auxquelles on a procédé ne vérifient pas cette hypothèse. Beaucoup de Noirs partent vers le Nord parce qu'ils vont y rejoindre un parent ou un ami déjà installé. Souvent, ce sont les sans-travail, non pas les mieux adaptés mais tout au contraire ceux qui n'ont pas réussi, qui émigrent dans le Nord. L'explication des résultats aux tests doit donc être sociologique plus que biologique. C'est grâce aux plus grandes possibilités offertes par le milieu socioculturel des villes du Nord et non par des différences innées d'aptitudes que s'explique la supériorité des Noirs de Los Angeles et de New York. Les résultats des Noirs aux tests d'intelligence rejoignent les résultats des Blancs dans les rares cas où les conditions de milieu sont équivalentes. **Le facteur social et culturel l'emporte sur le facteur racial pour expliquer les différences d'aptitudes des groupes divers.**

Les cultures évoluent, la nature biologique ne change pas

Au cours de l'histoire, on voit des cultures brillantes qui déclinent et disparaissent sans que les caractères biologiques des peuples qui en furent les artisans se modifient. En revanche des populations longtemps peu développées accèdent à des civilisations brillantes. Pensons aux brillantes cultures africaines d'autrefois (l'Égypte antique, l'Éthiopie au début de l'ère chrétienne, le Bénin au XVe siècle) qui se sont effondrées. De même, au temps des grandes puissances de l'Antiquité, lorsqu'il n'était de civilisation que méditerranéenne, on aurait pu croire que les hommes blonds du Nord étaient congénitalement stupides. Lorsque Jules César envahit en 62 av. J.-C. la Grande-Bretagne et qu'un grand nombre d'indigènes de ce pays sont mis en

1. In *Les cahiers rationalistes,* novembre 1969, n° 268.

2. Otto Klineberg, *Race et psychologie,* Unesco.

vente comme esclaves, Cicéron, dans une lettre à Atticus, déconseille à son ami de s'en procurer, tant ces hommes sont stupides. Par la suite, l'axe de la grande civilisation s'est déplacé vers le Nord sans que les types physiques des divers peuples se soient modifiés. C'est là la preuve que **l'essor d'une civilisation ne témoigne pas de la supériorité biologique de tel ou tel groupe d'hommes.**

Les «enfants sauvages »

On pourrait multiplier les exemples de cette illusion biologique qui fait constamment mésestimer l'importance du facteur socioculturel. Un des cas les plus saisissants est celui des «enfants sauvages», c'est-à-dire des enfants qui ont vécu leurs premières années – parfois adoptés par des loups – **en dehors de toute société humaine**. L'observation de ces enfants, tardivement introduits dans la société, a donné lieu, en effet, à des interprétations très significatives[1]. Nous choisirons deux cas incontestables parmi de nombreux exemples dont tous ne sont pas authentifiés. En 1920, on retrouva aux Indes, au cours d'une chasse au loup, deux petites filles qui, aux côtés des louveteaux, défendaient la tanière commune après la mort de la louve. L'une, âgée de deux ans, mourut très rapidement, l'autre âgée de huit ans, vécut une dizaine d'années encore. Elle présentait d'épaisses callosités à la paume des mains, aux coudes, aux genoux, imitait le halètement des loups, fuyait la lumière et voyait clairement la nuit. Il lui fallut dix mois de séjour à l'orphelinat de Midnapore pour apprendre à tendre la main, un an pour se tenir debout, cinq ans pour apprendre et utiliser quelques dizaines de mots. On peut rapprocher du cas de cette petite Kamala le cas de Victor, un garçon d'une dizaine d'années saisi par des chasseurs près d'un village de l'Aveyron en 1800. Depuis plusieurs années, on l'apercevait parfois dans les bois de cette région. On le conduisit à Paris où il fut examiné par le psychiatre Philippe Pinel. Comme plus tard Kamala, le «sauvage de l'Aveyron» ne reconnaissait pas son image spéculaire (cherchant qui se cachait derrière le miroir), se montrait fuyant, indifférent aux mauvaises odeurs ; sa gorge n'émettait qu'un seul cri.

Arriération constitutionnelle ou culturelle ?

Le psychiatre Pinel (et c'est ici que nous retrouvons le préjugé biologique) déclara dans son rapport que le «sauvage de l'Aveyron» était un idiot de naissance – sans doute abandonné pour cela dans la forêt dès son plus jeune âge. Certes, l'état du sujet ressemblait à celui d'un arriéré profond. Il évoquait à l'observation de Pinel tous les idiots constitutionnels qu'au long de sa carrière il avait examinés dans son service de Bicêtre. Mais, précisément, la question se posait ici de rechercher les causes de cette arriération. S'agissait-il d'une **déficience naturelle** ? Ne fallait-il pas plutôt invoquer ici le **vide culturel,** l'absence de toute éducation, de tout contact du sujet, au cours de ses premières années, avec la société de ses semblables ? Cette dernière réponse fut celle de Jean Itard. Itard, médecin chef de l'Institution des sourds-muets, à Paris, était un disciple de Condillac. Condillac refusait la notion de nature humaine et pensait que l'homme est toujours le produit de quelque culture : il n'a pas d'«idées innées» mais sa pensée, par l'enchaînement des sensations et l'apprentissage des signes, est seulement ce que son éducation la fait être. Itard, dans son rapport de 1807, put faire état des réels progrès accomplis par Victor sous sa direction. Le jeune homme apprit à discipliner son attention, à lire et à écrire avec beaucoup de peine

1. Voir l'ouvrage de Lucien Malson, *les Enfants sauvages*, U. G. E, coll. 10/18.

quelques mots. Il s'éveilla aux sentiments de fierté ou de honte. Certes, les progrès de Victor, comme ceux de Kamala, sont restés modestes. Mais c'est sans doute que l'apprentissage de la parole, des attitudes sociales eut lieu trop tard, après une période de régression dont les effets ne pouvaient plus être compensés. On doit reconnaître cependant que le niveau atteint par Victor ou par Kamala à la fin de leur vie dépassait largement celui de l'«idiot constitutionnel».

Un homme sans culture est un être dénaturé

Tandis qu'un animal, isolé de ses semblables à la naissance, conserve la plupart de ses instincts et de ses attitudes spécifiques, un homme privé de tout environnement culturel n'est pas du tout «un homme à l'état de nature», mais un monstre, un être dénaturé, tant il est vrai qu'**il n'y a pas de nature humaine en dehors de la culture**. Comme le disait Itard : «Si l'on donnait à résoudre ce problème de métaphysique : déterminer quels seraient le degré d'intelligence et la nature des idées d'un adolescent qui, privé dès son enfance de toute éducation, aurait vécu entièrement séparé de son espèce [...] le tableau moral de cet adolescent serait celui du sauvage de l'Aveyron.» La nature humaine n'est que virtualité, une simple «puissance», pour parler comme Aristote, que la formation, la culture propre à tel milieu social «actualiseront» dans tel ou tel sens.

RENVOIS THÉMATIQUES AU VOLUME 1

- Déterminisme et finalité, chap. 9, p. 205.
- L'anthropologie structuraliste, chap. 10, p. 238.
- La justice et l'égalité des personnes, chap. 12, p. 275.
- Existence humaine et liberté, chap. 16, p. 369.
- Dignité et destinée de l'homme, chap. 18, p. 412.
- Le problème du langage animal, chap. 6, p. 109.

LES IDÉES ESSENTIELLES

Tandis que la nature d'un être se transmet par hérédité (biologique), la culture se communique par héritage (social). Le terme de culture désigne des attitudes, des croyances, des mœurs, des *valeurs* acquises et transmises par l'éducation. La culture, c'est ce que l'apprentissage social ajoute à la nature.

Certes, on peut dire que l'homme possède naturellement une aptitude à la culture (existence, dans toute société, du langage, de la fabrication d'outils). Mais chaque système de règles sociales, d'institutions, de conduites apprises relatif à une longue succession d'inventions et d'héritages, a quelque chose d'accidentel et de contingent. Et il y a autant de cultures qu'il y a de sociétés distinctes. Tandis que ce qui est universel, commun à tous les hommes révèle leur nature, indique des constantes biologiques, tout ce qui appartient à la culture porte la marque du divers et du relatif. La sexualité et la mort (nature) sont universelles. Les rites nuptiaux et funéraires (culture) varient à l'infini. De même, il y a plusieurs formes d'art, plusieurs systèmes politiques, plusieurs religions. Ce sont *les* cultures qu'il convient d'opposer à *la* nature.

Cette prise de conscience du fait culturel doit nous permettre d'éviter deux erreurs fondamentales : l'erreur ethnocentriste et l'erreur raciste.
1. Chaque société a toujours tendu à confondre *sa propre culture* avec *la* culture, allant jusqu'à rejeter en dehors de l'humanité les hommes relevant d'autres cultures. Les Grecs qualifiaient de barbares ceux qui ne parlaient pas leur langue. L'erreur ethnocentriste consiste à tenir pour «sauvages» (c'est-à-dire «êtres de la forêt», donc inhumains, quasi animaux) ceux qui appartiennent à d'autres ethnies culturelles que la nôtre. En fait, le mot culture désignant tous les modes d'existence d'une société quelconque, il ne saurait y avoir de société inculte. Une telle expression est une contradiction dans les termes.
2. L'erreur raciste ne consiste pas à dire qu'il y a plusieurs cultures *et* plusieurs races humaines. Car cela est évident. Le racisme commence lorsqu'on prétend *expliquer* la diversité des cultures par la diversité des races, lorsqu'on pose le postulat d'une hiérarchie des cultures et qu'on prétend en rendre compte par une prétendue hiérarchie biologique des races. On remarquera que les cultures se comptent par milliers et les races par unités. D'autre part, cultures dominantes et cultures dominées changent au cours de l'histoire et ne dépendent pas des races. Ceux qui expliquent par les «vertus naturelles» des races nordiques leur essor culturel, par exemple au XIXe siècle, oublient qu'au temps des Grecs et des Romains anciens le rayonnement culturel était plus remarquable dans le bassin méditerranéen que chez les peuples du Nord. Les diversités culturelles n'ont pas de rapport évident avec les diversités biologiques.

LECTURES

S. de Beauvoir, *le Deuxième Sexe*, Gallimard, coll. Idées.
R. Girard, *la Violence et le sacré*, Hachette Pluriel.
F. Jacob, *le Jeu des possibles*, Livre de poche.
A. Jacquard, *Éloge de la différence*, Éd. du Seuil.
R. Lenoble, *Histoire de l'idée de nature*, Albin Michel.
C. Lévi-Strauss, *les Structures élémentaires de la parenté*, Mouton. (Lire les premières pages qui analysent la distinction nature-culture. Le fond du livre, d'un accès difficle aux débutants, porte sur l'interdiction de l'inceste.)
Race et Histoire (entretiens), Denoël-Gonthier.
L. Malson, *les Enfants sauvages*, U.G.E., coll. 10/18.
E. Morin, *le Paradigme perdu : la nature humaine*, Seuil, coll. Points.
F. Rognon, *les Primitifs, nos contemporains*, Hatier, coll. Philosopher au présent.
J.-J. Rousseau, *Discours sur l'origine et les fondements de l'inégalité parmi les hommes*, Garnier-Flammarion.

TEXTE À COMMENTER

Dons naturels ou effets de culture ?

La cécité aux inégalités sociales condamne et autorise à expliquer toutes les inégalités, particulièrement en matière de réussite scolaire, comme inégalités naturelles, inégalités de dons. Pareille attitude est dans la logique d'un système qui, reposant sur le postulat de l'égalité formelle de tous les enseignés, condition de son fonctionnement, ne peut reconnaître d'autres inégalités que celles qui tiennent aux dons individuels. Qu'il s'agisse de l'enseignement proprement dit ou de la sélection, le professeur ne connaît que des enseignés égaux en droits et en devoirs ; si, au cours de l'année scolaire, il lui arrive d'adapter son enseignement à certains, c'est aux «moins doués» qu'il s'adresse et non plus aux défavorisés par leur origine sociale ; de même si, le jour de l'examen, il prend en compte la situation sociale de tel candidat, ce n'est pas qu'il le perçoive comme membre d'une catégorie sociale défavorisée, c'est au contraire qu'il lui accorde l'intérêt d'exception que mérite un cas social.

L'exorcisme verbal permet de conjurer l'idée même d'une liaison entre la culture des étudiants et leur origine sociale lorsqu'elle s'impose sous la forme de lacunes grossières. Dire sur le ton de la déploration résignée que «les étudiants ne lisent plus» ou que «le niveau baisse d'année en année», c'est en effet éviter de se demander pourquoi il en est ainsi et d'en tirer les conséquences pédagogiques.

On comprend que ce système trouve son accomplissement dans le concours, qui assure parfaitement l'égalité formelle des candidats mais qui exclut par l'anonymat la prise en considération des inégalités réelles devant la culture. Les défenseurs de l'agrégation peuvent légitimement arguer que, par opposition à un système de sélection fondé sur la qualité statutaire et la naissance, le concours donne à tous des chances égales. C'est oublier que l'égalité formelle qu'assure le concours ne fait que transformer le privilège en mérite puisqu'il permet à l'action de l'origine sociale de continuer à s'exercer, mais par des voies plus secrètes.

Mais pourrait-il en être autrement ? Le système d'éducation doit, entre autres fonctions, produire des sujets sélectionnés et hiérarchisés une fois pour toutes et pour toute la vie. Vouloir, dans cette logique, prendre en compte les privilèges ou les désavantages sociaux et prétendre hiérarchiser les sujets selon leur mérite réel, c'est-à-dire selon les obstacles surmontés, ce serait se condamner, si l'on allait jusqu'au bout de la logique, c'est-à-dire jusqu'à l'absurde, soit à la compétition par catégories (comme en boxe), soit, comme pour l'estimation des mérites dans l'éthique kantienne, à l'évaluation des différences algébriques entre le point de départ, c'est-à-dire les aptitudes socialement conditionnées, et l'aboutissement, c'est-à-dire la réussite scolairement mesurée, bref, au classement par handicap. De même que Kant attribue des mérites inégaux à deux actions équivalentes en elles-mêmes selon qu'elles sont le fait de «tempéraments» plus ou moins inclinés à ces actions, de même, il faudrait ici, substituant la considération de l'aptitude socialement conditionnée à celle de l'inclination naturelle, examiner non pas le degré de réussite ponctuellement appréhendé, mais son rapport au point de départ, plus ou moins haut situé, non le point mais la pente de la courbe[1]. Dans cette logique, l'estimation du désavantage des sujets originaires des classes défavorisées et l'évaluation de degrés de mérite proportionnés à l'importance du handicap surmonté conduiraient – si tant est qu'elles soient possibles – à tenir pour égaux les auteurs de performances inégales et pour inégaux les auteurs de performances identiques, relativisant la hiérarchie établie selon le critère scolaire et réduisant à rien l'avantage que les sujets défavorisés, ainsi artificiellement favorisés, tireraient de cette relativisation démagogique de la hiérarchie. Pareille hypothèse n'est pas complètement utopique. La politique scolaire des démocraties populaires a pu tendre à favoriser systématiquement l'entrée dans l'enseignement supérieur et la réussite aux examens des fils d'ouvriers et de paysans. Mais l'effort d'égalisation reste formel tant que les inégalités ne sont pas effectivement abolies par une action pédagogique : ainsi, en Pologne, après avoir augmenté jusqu'en 1957, le taux d'étudiants originaires des milieux ruraux et ouvriers a commencé à diminuer dès que la pression administrative s'est relâchée.

Les classes privilégiées trouvent dans l'idéologie que l'on pourrait appeler charismatique (puisqu'elle valorise la «grâce» ou le «don») une légitimation de leurs privilèges culturels qui sont ainsi transmués d'héritage social en grâce individuelle ou en mérite personnel. Ainsi masqué, le «racisme de classe»

1. Ce n'est pas un hasard si, lorsque l'on entreprend de contester l'idéologie des dons naturels, on rencontre la logique par laquelle l'éthique kantienne du mérite s'opposait à la morale antique des vertus innées, apanage des hommes bien nés.

peut s'afficher sans jamais s'apparaître. Cette alchimie réussit d'autant mieux que, loin de lui opposer une autre image de la réussite scolaire, les classes populaires reprennent à leur compte l'essentialisme des hautes classes et vivent leur désavantage comme destin personnel. Ne s'accorde-t-on pas pour reconnaître dans la précocité un redoublement du don ? C'est un fait banal, mais chargé d'implications éthiques, que l'étonnement admiratif dont on gratifie le bachelier de quinze ans, «le plus jeune agrégé» ou «le plus jeune polytechnicien de France». Les innombrables étapes du cursus honorum permettent d'ailleurs à certains le prodige d'une éternelle précocité, puisqu'on peut être encore le plus jeune académicien. C'est même dans les classes les plus défavorisées où, traditionnellement, l'hérédité sociale des aptitudes est fortement perçue – qu'il s'agisse des tours de mains artisanaux ou de l'habileté en affaires – que l'on trouve parfois l'expression la plus paradoxale de l'idéologie charismatique ; on voit souvent invoquer l'interruption des études pour sauver, en l'absence de toute réussite, la virtualité du don individuel, selon la logique même par laquelle les hautes classe peuvent s'attester le don actualisé dans la réussite. Les étudiants sont d'autant plus vulnérables à l'essentialisme que, adolescents et apprentis, ils sont toujours à la recherche de ce qu'ils sont et, par là, profondément concernés dans leur être par ce qu'ils font. Quant aux professeurs qui incarnent la réussite scolaire et qui sont tenus au jugement continu sur les aptitudes des autres, il y va de leur morale et de leur moral professionnel qu'ils tiennent pour des dons personnels les aptitudes qu'ils ont plus ou moins laborieusement acquises et qu'ils imputent à l'être des autres les aptitudes acquises et l'aptitude à acquérir des aptitudes ; et cela d'autant plus qu'ils trouvent dans le système scolaire tous les moyens de s'épargner le retour réflexif sur eux-mêmes qui les conduirait à se mettre en question aussi bien comme personne que comme membres de la classe cultivée.

(Pierre BOURDIEU et Jean-Claude PASSERON,
les Héritiers, p. 103-105, 106-108,
Éd. de Minuit.)

SUJETS PROPOSÉS AU BACCALAURÉAT

■ La pluralité des cultures est-elle un obstacle à l'unité du genre humain ? (Lille, A, juin 1990.)

■ Tout ce qui est naturel est-il bon ? (Maroc, C, D, E, juin 1989.)

■ La culture se contente-t-elle seulement de compléter la nature, on se substitue-t-elle à elle ? (Sujet national, D', 1987.)

■ La nature a-t-elle des droits ? (Grenoble, B, juin 1986.)

■ La nature a-t-elle une histoire ? (Toulouse, C, D, E, juin 1985.)

■ Quel sens et quelle valeur faut-il accorder à l'expression : «C'est dans la nature des choses» ? (Toulouse, B, juin 1983.)

■ L'inégalité des hommes rend-elle impossible l'égalité des citoyens ? (Aix-Marseille, A, juin 1989.)

■ Dégagez l'intérêt philosophique du texte suivant en procédant à son étude ordonnée : «Il n'est pas plus naturel ou pas moins conventionnel de crier dans la colère ou d'embrasser dans l'amour que d'appeler table une table. Les sentiments et les conduites passionnelles sont inventés comme les mots. Même ceux qui, comme la paternité, paraissent inscrits dans le corps humain, sont en réalité des institutions. Il est impossible de superposer chez l'homme une première couche de comportements que l'on appellerait «naturels» et un monde culturel ou spirituel fabriqué. Tout est fabriqué et tout est naturel chez l'homme, comme on voudra dire, en ce sens qu'il n'est pas un mot, pas une conduite qui ne doive quelque chose à l'être simplement biologique, et qui en même temps ne se dérobe à la simplicité de la vie animale, ne détourne de leur sens les conduites vitales, par une sorte d'*échappement* et par un génie de l'équivoque qui pourraient servir à définir l'homme.»

M. MERLEAU-PONTY
Aix-Marseille , A, juin 1989.

On ne choisit ni ses parents ni sa famille ni même l'endroit où l'on naît. Dans la grande loterie de la vie, chaque être humain hérite, d'une part, d'une série de *caractères génétiques* qui déterminent ses traits physiques, la couleur de sa peau, de ses yeux, ainsi que son groupe sanguin, et d'autre part d'un *patrimoine culturel* qui conditionne en grande partie ses pratiques sociales. L'erreur ici consisterait à juger et à prendre ses propres coutumes pour des *archétypes*, comme ce qui est le meilleur ou le plus fondé. Or, en matière de mœurs, la valeur repose essentiellement sur l'habitude : c'est toujours le comportement auquel nous sommes le plus accoutumé qui nous paraît «naturel». Pourtant la nature n'a aucune part là-dedans, et il n'existe pas de façon «idéale» de coiffer ses cheveux ou de porter ses enfants. Chaque culture a développé des habitudes de comportement où les choix individuels entrent pour une bien faible proportion.
Ainsi il ne saurait y avoir de société «inculte». L'être privé de culture, tel l'«enfant sauvage» qu'a mis en scène François Truffaut, est plus proche de l'animal que de l'homme. Mais il nous permet de comprendre que nos conduites les plus spontanées sont avant tout le fait d'un apprentissage. Sourire, reconnaître notre image dans un miroir, parler, nous tenir debout, sont autant de performances dont nous ne serions pas capables si nous ne les avions pas apprises.

■ Hong kong. Photographie d'Édouard Boubat.

■ Affiche du film *Baby boom*, de Charles Shyer (1988).

■ *L'Enfant sauvage*, de François Truffaut (1970).

■ Au jardin des Plantes. Photographie d'Édouard Boubat.

CHAPITRE 2

Les formes de la culture humaine : magie, religion, science et art

Les formes communes à toutes les cultures

Quelle que soit la diversité des civilisations à travers l'espace et le temps, il est néanmoins remarquable que tous les peuples ont eu des techniques, des croyances et des rites magiques et religieux, des activités esthétiques. Variables dans leur contenu, ces expressions du génie humain, **partout présentes**, montrent que la culture sous sa forme religieuse, technique, artistique (et scientifique dans la mesure où la préoccupation scientifique existe en germe dans la technique et dans la religion), s'enracine dans la nature humaine universelle. Laissant à l'anthropologie le soin de faire l'inventaire et l'analyse des cultures, le philosophe semble donc fondé à réfléchir sur la culture humaine.

1. La magie

L'homme passe communément – dans les définitions scolastiques – pour un animal raisonnable et, cependant, les manifestations les plus lointaines de son activité paraissent parfaitement folles : dans toutes les sociétés primitives fleurissent des pratiques de sorcellerie, de magie. En fait, ces pratiques sont, sous une forme délirante, **la première manifestation de la raison humaine** dont toutes les autres activités, culture, religion, technique, science et art, sont pour une large part issues.

Symbolisme subjectif et magie

Le sorcier qui perce des figurines dans le but de tuer à distance ses ennemis, celui qui asperge les champs de quelques gouttes d'eau rituelle pour faire pleuvoir, celui qui compose des philtres d'amour nous offrent des exemples typiques et bien connus de magie. Un Indien de la tribu des Hopi raconte dans ses Mémoires[1] la succession des rites magiques auxquels ses parents ont dû s'astreindre avant sa naissance. Le sorcier avait annoncé des jumeaux. Comme la mère désirait un seul enfant, il s'employa à les réunir : «Il prit de la farine de maïs devant la porte et la répandit au soleil. Il fila de la laine blanche, il fila de la laine noire et des deux fils mêlés il entoura le poignet gauche de ma mère [...]. Celle-ci ne regardait plus les images de serpents exposées aux cérémonies ; devenu serpent d'eau dans sa matrice, je risquais de dresser la tête au moment de ma naissance, au lieu de la mettre en bas pour chercher à sortir. Mon père prenait soin de ne faire mal à aucune bête, ce qui aurait endommagé mon corps ; s'il coupait le pied d'une créature

1. Don C. Talayesva, *Soleil Hopi* , p. 1 à 2, Plon (préface de C. Lévi-Strauss).

vivante, je pouvais naître sans main ou pied-bot [...]. Mon père donnait à ma mère à manger de la chair de belette pour que je sois agile et que je me glisse dehors comme ce petit animal adroit sort de son trou.»

Ces exemples nous montrent clairement en quoi consiste le délire magique. Le magicien agit sur la nature **par des moyens psychologiques**. Il tente d'intimider les vents et les pluies par ses incantations. Le monde est constitué par des forces que l'on peut séduire et dompter, diriger par des paroles. Le monde est plein d'âmes et la magie n'est rien d'autre que la «stratégie de l'animisme». Le magicien, disait Salomon Reinach, est comme «le chef d'orchestre dans le grand concert des esprits qui bourdonnent à ses oreilles». Les ressemblances subjectives sont tenues pour des instruments d'action objective : **celui qui s'empare du symbole s'empare en même temps de la chose**.

Puissance de l'institution et puissance du désir

Le magicien prétend-il, comme le croyait Voltaire, détenir «le secret de faire ce que la nature ne peut faire» ? En fait les primitifs ne distinguent guère la nature et le surnaturel ; cette distinction ne sera claire que lorsque l'activité scientifique nous aura familiarisés avec l'idée de loi naturelle et de causalité mécanique. Du moins la sorcellerie est-elle liée à l'idée qu'il existe des **forces cachées, inconnues du profane**, dont le magicien s'est approprié la maîtrise. Ce caractère mystérieux et secret de la magie est souligné par le fait que, d'ordinaire, le sorcier ne livre qu'à ses disciples les recettes étranges qu'il connaît (transmission ésotérique). C'est un problème de savoir pourquoi la magie s'est perpétuée, malgré l'échec constant de ses pratiques. En fait, la magie a été soutenue par l'intensité des désirs et des passions qu'elle prétendait satisfaire. Le désir humain de dompter les forces qui règlent la vie et la mort, la santé et la maladie, la prospérité et le malheur, est assez puissant pour obscurcir et faire oublier les leçons amères de l'expérience. D'autre part, le caractère institutionnel de la magie, son organisation collective, la vaste diffusion de ses rites et le prestige de ses ministres, la protégeaient largement du discrédit que ses échecs auraient pu lui valoir.

Considérée du haut de notre science moderne, la magie n'est qu'un rêve, une action imaginaire. Ses procédés psychologiques et symboliques ignorent tout des lois réelles de la matière. Et pourtant **la culture humaine tout entière s'enracine dans la magie primitive.**

Volonté démiurgique de transformer le monde

La technique est en germe dans les recettes délirantes du magicien. Car celui-ci est avant tout l'homme qui veut transformer les choses, l'homme pour lequel le monde cesse d'être un spectacle dont il serait le témoin impuissant. Le rêve magique fait de l'homme un démiurge qui prétend dicter sa loi à l'univers au lieu d'en être le jouet. L'idée de causalité (qui, dans son essence, est technique et prométhéenne ; la cause est «ce qui fait», disait Maurice Pradines) est éminemment impliquée dans le rituel magique ; certes la causalité sur laquelle se fonde le magicien est imaginaire, du moins la causalité par laquelle nous pourrions agir sur la matière est indûment conçue sur le modèle de la causalité psychologique, celle qui nous fait convaincre, effrayer, séduire. Mais l'exigence de causalité technique s'affirme, se perpétue malgré les échecs ; à travers les délires de la magie, l'homme ne cesse de proclamer sa foi en son propre pouvoir.

Communiquer avec les puissances cachées

La religion semble dans ses plus lointaines origines étroitement liée à la magie. La magie «est la première source du mysticisme sous toutes ses formes». Non pas que la magie débouche sur le domaine du surnaturel, puisque les forces que le magicien croit dompter sont les forces mêmes de la nature. Mais la magie est déjà une mystique dans la mesure où elle met le sorcier et ses disciples **en communion avec la force qui anime la nature entière** ; et pour être naturelles les puissances avec lesquelles la magie prétend sympathiser n'en sont pas moins cachées et mystérieuses. Par l'affirmation de l'existence d'un monde invisible et la croyance que l'homme peut participer à ce monde, sympathiser avec lui, **la magie prépare la religion**.

Croyance en un certain déterminisme

La magie est également l'une des sources de la science. L'idée du déterminisme scientifique – idée selon laquelle les phénomènes ne se produisent pas n'importe comment mais dépendent de conditions d'existence bien déterminées – est déjà présente dans la croyance du magicien. George Frazer, l'un des historiens les plus perspicaces de la magie, remarque que «le magicien est absolument convaincu que les mêmes causes produiront sans se démentir jamais les mêmes effets ; il pense que l'accomplissement de la cérémonie convenable, accompagnée du charme approprié, sera indubitablement suivie du résultat désiré, à moins, bien entendu, que les envoûtements d'un collègue plus puissant ne viennent contrarier et déjouer ses propres incantations». La magie suppose donc **l'affirmation d'un déterminisme imaginaire** qui, dans une certaine mesure, prépare la connaissance du **déterminisme réel**.

Fonction incantatoire des premières représentations

Enfin **l'art lui-même est sans doute d'origine magique** : les premières sculptures sont peut-être des figurines destinées aux envoûtements. Les peintures rupestres de la préhistoire semblent liées à un rituel magique. Les scènes de chasse dessinées sur les murs des grottes représentent presque toujours des animaux blessés ou pris au piège ; il est probable qu'en représentant de telles scènes le sorcier croyait assurer une chasse fructueuse ; il est remarquable en outre que les femelles sont généralement figurées pleines, ce qui est sans doute lié à des rites magiques de fécondité, assurant la multiplication du gibier, c'est-à-dire la certitude d'être ravitaillé en tous temps.

L'homme prend ses distances par rapport à l'univers

Nous apercevons ainsi – à travers leur commune origine magique – la signification fondamentale de toutes les œuvres du génie humain, qu'il s'agisse de la technique, de la religion ou de l'art. L'homme ne s'est jamais contenté d'être le spectateur passif des apparences. Il ne s'est jamais contenté d'accueillir, comme dit Alain, «cette pluie de l'expérience qui jamais n'instruit». L'homme a toujours pris sur l'univers réel un certain recul afin d'expliquer cet univers et de le transformer. Tandis que l'animal ne cesse jamais d'être présent à l'univers, **l'homme prend ses distances pour se représenter l'univers afin de le dompter**. Il est vrai que les premières représentations que l'homme se fait du monde sont mythologiques et ses premières recettes d'action délirantes. Mais précisément, le caractère imaginaire des idées primitives souligne le dynamisme de l'esprit humain, qui projette au-devant du spectacle de l'univers et au-devant de ses propres actes des conceptions a priori. L'homme est le seul être qui, non content de voir et de subir, imagine, invente, cherche au-delà de ce qui apparaît le secret des apparences. Ainsi **la magie** – dans ses pires extravagances – **esquisse déjà l'autonomie de la raison**.

2. La technique

La technique, geste à la fois naturel et magique

Si la technique s'est différenciée de la magie, c'est sans doute en fonction de ses résultats (le critère du succès conservant aussitôt une technique découverte par hasard), c'est aussi par la nature de ses procédés. Chez les peuples primitifs cependant, la distinction des procédés naturels et de ceux qui utilisent des puissances mystérieuses n'est pas claire comme pour nous. La découverte d'une méthode pour produire le feu, par exemple, a dû stupéfier ceux qui l'inventèrent. Obtenir une étincelle en frottant deux silex l'un contre l'autre n'est ni plus ni moins prodigieux qu'envoûter un ennemi. D'où la «sacralisation» de la recette fortuitement découverte, le rituel qui entoura longtemps la garde du feu[1]. Mais la plupart des recettes techniques – bien que toujours entourées à l'origine de rites magiques – viennent de pratiques instinctives, d'abord irréfléchies. On a remarqué bien souvent que **l'outil prolonge l'organe**. Le bâton est le prolongement du bras qui frappe ou écarte. L'hameçon est le prolongement du doigt recourbé. Il y a donc une **origine biologique de la technique** qui n'est que l'épanouissement chez un être intelligent des procédés spontanés d'adaptation au milieu, propres à tous les êtres vivants.

Seulement la technique aurait risqué de tourner court, de rester au stade des routines instinctives sans jamais progresser, si la magie n'avait été là, capable d'entretenir l'exaltation de l'humanité fière de ses pouvoirs. Plus tard, la science a pris en quelque sorte le relais de la magie. Subjectivement, sa fonction est identique : elle donne à la technique, qui n'est d'abord que pratique instinctive, la marque propre de l'homme. Et nous aurons l'occasion de montrer plus tard comment la science transforme et bouleverse les techniques spontanées en leur donnant une efficacité sans cesse accrue. Il reste qu'en dépit des mutations que devaient lui valoir d'abord la magie, ensuite la science, **la technique n'est que le procédé le plus raffiné de l'adaptation biologique**. La technique, écrit Oswald Spengler, est «la tactique de la vie [...] ; il y a une voie qui constitue le trait d'union entre la plus ancienne des armes, la ruse, et les modèles des machines que nous utilisons aujourd'hui contre la nature, dans les stratagèmes conçus pour la dominer[2]».

Les progrès techniques et l'organisation sociale

Retenons pour l'instant l'idée que la technique est l'une des manifestations les plus éclatantes de la culture humaine. Les périodes de la préhistoire, telles qu'on les distingue traditionnellement, sont précisément définies par des étapes du progrès technique : âge de la pierre taillée, âge de la pierre polie, âge des métaux. L'apparition du **complexe technique agriculture-élevage**, il y a quelque dix mille ans, est peut-être – par ses conséquences prodigieuses – l'événement essentiel de l'histoire des hommes. Dès l'instant où

1. Le feu qui permet de cuire les aliments, de se chauffer, de s'éclairer la nuit, d'effrayer les fauves rôdeurs semble être une des acquisitions les plus précieuses de la culture humaine. L'obsession du feu hanta longtemps les imaginations. Au XVIIe siècle encore on comptait le nombre, non des habitants du village ni des familles, mais des «feux», symbole d'un groupe d'individus réunis.

2. Oswald Spengler, *l'Homme et la technique*, p. 44, Gallimard.

l'homme se met à cultiver les plantes au lieu de se borner à les ramasser, à élever des animaux au lieu de les chasser, **il se substitue à la nature créatrice qu'il imite et transforme**. Remarquons que la culture et l'élevage s'impliquent mutuellement (nécessité de cultiver les herbes fourragères pour nourrir les animaux, nécessité d'élever des animaux de trait pour ensemencer et récolter) et impliquent aussitôt de nombreuses techniques. L'élevage nécessite la construction d'enclos, ce qui implique préparation, transport de matériaux et le transport exige la construction de routes, de bateaux, etc. Ces connexions réglées de techniques diverses exigent une organisation sociale déjà complexe et entraînent la division du travail. La collectivité agricole doit organiser sa défense (techniques militaires qui déterminent à leur tour des recherches métallurgiques). La concentration du groupe et l'augmentation des ressources amènent la constitution d'une aristocratie dirigeante, l'organisation de métiers divers (poteries, tissage, techniques médicales), entraînent l'apparition des prêtres qui s'occupent déjà d'astronomie, de l'établissement d'un calendrier. Si le progrès technique permet l'intensification de la vie spirituelle, celle-ci à son tour engendre des techniques nouvelles. L'apparition de l'écriture – en Chine comme dans le bassin méditerranéen – semble liée aux préoccupations religieuses et politiques (comptabilité des temples, liste de dynasties, etc.).

Technique et humanisme

Ces quelques exemples montrent que **le progrès technique est étroitement lié à l'évolution des autres formes de culture**. Mais, de nos jours, le développement prodigieux des techniques, le déséquilibre et l'inquiétude qui en résultent souvent (pollution des eaux par l'industrie, dénaturation chimique des aliments, travail à la chaîne, chômage, troubles sociaux entraînés par la révolution industrielle sans parler des armes de guerre terrifiantes) entraînent la suspicion et la révolte de certains humanistes contre la technique. L'homme aurait joué les apprentis-sorciers et la technique, en un développement monstrueux et désormais incontrôlable, se serait mise en quelque sorte **en dehors de la culture**. En fait, les humanistes traditionnels sont eux aussi en partie responsables de ce désordre. En refusant d'intégrer à leurs préoccupations spirituelles la connaissance des techniques, ils favorisent cette «sécession» de l'activité technicienne. Par une contradiction flagrante qui souligne le caractère passionnel de leur préjugé – comme l'a très bien vu Gilbert Simondon[1] – ils méprisent les machines considérées comme de simples objets matériels dépourvus de signification humaine et en même temps semblent prêter aux robots des intentions hostiles, comme s'il s'agissait d'êtres spirituels en quelque sorte diaboliques qui menaceraient notre sécurité. En réalité, il est urgent de **réconcilier la culture humaniste et la civilisation technicienne**. D'excellents esprits s'y emploient[2] et toutes les chances de l'avenir humain sont à ce prix.

1. Gilbert Simondon, *Du mode d'existence des objets techniques*, p. 10-11, Aubier.

2. Pierre Ducassé, *les Techniques et le philosophe*, P.U.F.

3. La religion

La religion et le lien homme-divinité

Pendant longtemps, on a voulu dériver le terme latin *religio* du verbe *religare*. Une telle étymologie nous permettrait de dire que la religion est avant tout le **lien** qui rattache l'homme à la divinité. Dans l'état actuel de la linguistique, cette étymologie n'est plus recevable. Nous disons donc aujourd'hui (ce que Cicéron déjà avait aperçu) que *religio* vient du verbe *relegere* qui s'oppose à *neglegere*, comme le soin et le respect s'opposent à la négligence et à l'indifférence (nous parlons d'un soin religieux, de la religion de l'honneur). Le verbe *relegere* a pris en bas latin le sens de *colere*, vouer un culte, éprouver une ferveur passionnée. Assurément, cette idée de scrupule, de respect, de **valorisation** de l'être et de la destinée humaine est essentielle à la religion (on est au sens le plus large un **croyant** dès qu'on croit qu'il y a des choses **sacrées** et du même coup d'autres interdites, inadmissibles, «taboues»). Mais l'étymologie fausse suggérait une définition vraie et profonde de la religion : «La religion, notait jadis Schleiermacher, consiste dans un sentiment absolu de notre dépendance.» L'homme ne s'est pas donné lui-même l'existence. Il évolue au milieu de forces qui le dépassent infiniment et dont l'invincible puissance lui inspire spontanément des sentiments mêlés d'effroi et d'adoration.

Le profane et le sacré

L'idée religieuse est d'autre part liée à la notion de surnaturel, tout au moins à l'impression que la vraie signification des choses n'est pas dans leur apparence quotidienne, qu'il existe un «arrière-monde» avec lequel le croyant peut communiquer. Au-delà des réalités empiriques et profanes, et peut-être à leur source existe le domaine du sacré que le croyant peut atteindre. Même les mystiques panthéistes qui confondent, comme Spinoza, Dieu et la nature n'échappent pas à cette distinction. Pour Spinoza, le vrai croyant est celui qui a compris que le désordre apparent, la multiplicité des événements, des «modes finis» de la «nature naturée» dissimulent **l'unité profonde** de la nature naturante avec laquelle il importe de s'unir d'un «amour intellectuel». Mais ce n'est pas dans la réflexion philosophique sur Dieu qu'il convient de chercher l'origine de la religion : le dieu des philosophes n'a jamais engendré le moindre culte. En fait, toutes les grandes religions modernes se veulent **issues d'une révélation**. Le dieu des chrétiens a parlé à ses fidèles dans la Bible, le dieu des musulmans dans le Coran, le dieu de l'hindouisme dans les Védas. Si Dieu a dû se révéler à nous dans les textes sacrés, c'est que l'homme ne pouvait pas, réduit à ses seules forces, à ses sens et à la raison, découvrir tout seul la plénitude des vérités et des valeurs religieuses. En ce sens, le prêtre, le pontife, celui qui établit pour ses fidèles **un pont entre le profane et le sacré**, semble l'héritier direct du magicien qui, bénéficiaire d'un don singulier, avait accès au monde des réalités mystérieuses et sacrées.

Comprendre la religion plutôt que l'expliquer

A l'origine de toutes les religions apparaît donc essentiellement le sentiment du **mystère de l'univers**. Le XVIIIe siècle n'a rien compris à la religion qu'il a voulu dériver des passions et des intérêts de la vie profane (Voltaire disait : «qui fut celui qui inventa la religion? Ce fut le premier fripon qui rencontra un imbécile»). La religion n'est pas dans ses origines un calcul des puissants pour entretenir leur domination. Elle n'est pas davantage liée à des préceptes rationnels d'utilité, d'hygiène. Renan croyait naïvement que la crainte de la trichine et de la lèpre avait seule interdit aux Hébreux l'usage de la viande de porc. Mais la notion d'hygiène est bien plus tardive et jamais la Bible n'attribue une maladie à la consommation de quelque aliment. En fait, il est probable que si les Hébreux s'abstenaient de manger du porc, c'est que leurs ancêtres, il y a quelque dix mille ans, avaient fait du porc un animal sacré, un **totem**, expression et symbole des valeurs et des réalités surnaturelles. L'habitude de manger du poisson le vendredi, qui n'est pas l'apanage des chrétiens – mais qui se rencontre aussi chez les juifs pieux – est très antérieure à la venue du Christ. C'est en réalité la survivance d'un vieux totem syrien. Elle n'a en tout cas rien de commun avec des préoccupations diététiques. On renonce de nos jours à «expliquer» la religion, c'est-à-dire à la dériver de préoccupations et d'activités non religieuses. On cherche plutôt à la «comprendre», c'est-à-dire à saisir les significations et les valeurs qu'elle véhicule. Telle est l'ambition de toute «phénoménologie» de la religion.

La religion s'oppose à la magie

Mais, pour l'essentiel, la religion s'oppose radicalement à la magie. N'oublions pas que le magicien se veut un technicien. Il croit par ses formules et ses incantations pouvoir agir sur le monde des esprits, le dompter et le diriger à son gré. Le magicien, c'est l'homme qui prétend dominer Dieu, l'enchaîner par ses prestiges. On conçoit donc que toutes les religions aient considéré **la magie comme sacrilège**. La foi religieuse est avant tout un acte de confiance en Dieu. Bien loin de soumettre les forces divines à sa volonté, **l'homme religieux** s'incline devant les volontés du Seigneur dans une attitude **d'humilité et d'adoration**. Pourtant certains ethnologues ont rapproché le «charme» magique de la «prière» religieuse. La prière n'est-elle pas une demande adressée à la divinité ? Ne se propose-t-elle pas d'obtenir de l'intervention divine quelque avantage ? Le croyant ne cherche-t-il pas à «charmer» son Dieu par des offrandes et des vertus dans l'espoir d'obtenir en échange des biens spirituels ou même matériels ? En réalité, ce serait trahir l'essence de la prière que de voir en elle une espèce de sortilège. Tout d'abord, tandis que la formule magique s'appuie sur un prétendu déterminisme et se veut efficace par elle-même (comme une recette technique), la prière ne vaut que par les dispositions intimes du croyant : seuls les cœurs purs seront exaucés. Bien plus, la véritable prière est celle qui ne demande rien d'autre pour soi-même que le courage de supporter la volonté de Dieu : «Que ta volonté soit faite». Voilà ce que l'homme religieux demande à son Seigneur. «Tout ce qui arrive, dit Teilhard de Chardin, est adorable.» La prière authentiquement religieuse n'est pas autre chose qu'un **acte d'adoration**. Le croyant qui réclame à Dieu la pluie ou le beau temps, le succès à un examen ou la santé risque à tout moment de **dégrader la religion en magie**.

4. La science

Une magie réussie

Dans l'activité magique, nous avons trouvé deux aspirations, l'une pratique : volonté d'action directe sur la nature, de manipulation réelle des choses, l'autre idéologique et théorique : désir de construire une représentation du monde, une explication des choses par des lois de sympathie, d'antipathie, d'affinités symboliques. Au vrai, la magie ne tient pas ses promesses et ne satisfait pas les besoins qu'elle révèle ; ceux-ci tendent alors à se différencier et à se satisfaire par deux formes de culture distinctes : la religion qui cherche le secret du monde dans un au-delà et la technique qui se présente de plus en plus comme une pratique concrète réglée sur l'expérience immédiate. On peut voir dans la science un nouvel effort pour rapprocher et unifier les deux exigences, théorique et pratique, de l'esprit humain. En ce sens la science serait une magie réussie (la magie étant une science rêvée, imaginaire). La science apparaît en effet comme une volonté d'explication du monde, un système de concepts qui rend compte des apparences. Et, dans cet effort d'explication, la hardiesse de la raison *a priori*, de l'esprit inventeur d'hypothèses se donne libre cours.

Un dialogue constant avec le réel

Mais, d'autre part, l'explication scientifique est directement en prise sur le réel. Comme une recette technique, mais avec une plus haute intelligibilité et une efficacité plus précise, la loi scientifique est une formule d'action. **L'intelligibilité théorique et l'efficacité pratique se trouvent ici réunies.** Les premières sciences furent la géométrie et l'astronomie, sans doute parce que c'était entre les positions des astres ou entre les éléments des figures qu'il semblait le plus facile de découvrir des relations constantes, exprimables dans un langage logique. Des lois physiques, chimiques, biologiques ne se découvrirent que plus tard car, dans ces domaines complexes, il faut largement torturer les apparences et reconstruire les données immédiates pour dégager des rapports constants et intelligibles. Mais alors même que la science paraît s'éloigner des données concrètes pour aboutir à un système complexe de rapports mathématiques, le contact avec le réel n'est pas perdu, au contraire. Plus l'explication scientifique au cours de l'histoire est devenue abstraite, complexe, et plus la prévision scientifique a été sûre. L'intelligibilité la plus haute et le contact le plus étroit avec le réel – comme objet de prévision et d'action – vont de pair. La science se caractérise donc comme un système de jugements tout à la fois exprimable dans un langage rigoureux, mathématique, et toujours vérifiable pratiquement.

5. L'art

L'art se détache de l'utilitaire

Si l'art – tel que nous l'entendons aujourd'hui – est une des expressions les plus anciennes de la culture humaine (les dessins magiques des hommes préhistoriques nous émeuvent encore aujourd'hui par leur beauté, et les œuvres d'art sont peut-être, comme l'a vu Malraux, le témoignage le plus accessible de l'unité profonde de toutes les civilisations humaines à travers leur étonnante diversité), il reste que ce terme d'art n'a pris que lentement sa signification précise actuelle. Longtemps le mot *art* renvoyait indifféremment aux activités du technicien (l'artisan), du savant et de l'artiste. Lorsque Colbert réclame Huyghens en France pour lui demander de construire une «pompe à feu» afin d'aménager à Marly d'élégantes cascades, les trois fonctions de la technique, de la science, de la production artistique se trouvent réunies dans cet exemple typique. Au Moyen Age, l'artiste et l'artisan sont confondus (les artistes peintres sont rangés avec les marchands de couleurs dans la corporation des épiciers droguistes). Ce n'est qu'à partir du XVIIe siècle que les beaux-arts se distinguent des techniques vulgaires.

L'artiste, c'est l'artisan du roi et de la Cour. Et, bientôt, des distinctions apparaissent entre les arts, peintres et sculpteurs du roi ne voulant plus être confondus «avec des barbouilleurs, des marbriers et des polisseurs de marbre en une mécanique société[1]». Les beaux-arts s'opposent désormais aux techniques utilitaires. Par là, science et art se rapprochent. **La science vise le vrai, l'art le beau en dehors de toute préoccupation utilitaire.**

1. Rapprochements possibles entre la science et l'art

Deux activités désintéressées

On a souligné, à juste titre, le désintéressement commun à l'art et à la science : c'est par là que ces deux activités sont typiquement humaines. L'animal ne connaît que des obstacles ; il se soucie non du beau mais de l'utile. Anatole France nous dit que «le petit chien de M. Bergeret ne regardait jamais le bleu du ciel incomestible».

C'est par l'homme seulement – comme le souligne justement Maurice Pradines[2] – que l'objet peut être dépouillé de ses caractéristiques utilitaires. «L'optique a évidemment pour objet la lumière indépendamment de ce qu'elle éclaire et l'acoustique le son indépendamment de ce qu'il annonce.» De même, pour l'artiste, les qualités sensibles cessent de «représenter» quelque objet utile ou dangereux pour l'action ; elles «se présentent» tout simplement. Lorsque je contemple le célèbre tableau de Van Gogh : *les Oliviers de Saint-Rémy*, mon attitude n'est pas celle que j'aurais devant un véritable champ d'oliviers. Les vrais oliviers m'inviteraient à la cueillette ou peut-être à la sieste sous leurs ombrages. Le champ d'oliviers réel serait devant moi, simple moyen pour mes désirs. C'est moi tout au contraire qui suis devant les oliviers de Van Gogh.

La même recherche d'une harmonie cachée

Tous deux désintéressés, l'art et la science ne cherchent-ils pas l'un et l'autre à nous révéler un **monde caché sous les apparences** ? La science cherche la structure intelligible au-delà de l'apparence sensible. L'art semble s'intéresser aux apparences fugitives, mais c'est pour en fixer ce qui mérite d'être éternisé, c'est pour en révéler les harmonies secrètes dissimulées à un regard profane. Une théorie scientifique qui condense en quelques équations des phénomènes apparemment très divers, qui ramène «à l'invisible simple le visible compliqué», est par là même une œuvre d'art. Poincaré proscrivant de l'activité scientifique toute préoccupation utilitaire assure que le savant «digne de ce nom» travaille «pour ressentir une émotion esthétique et la communiquer à ceux qui sont capables de l'éprouver». Réciproquement, la musique, l'architecture sont une mathématique.

Le rôle de l'imagination créatrice

On pourrait invoquer le rôle de l'imagination créatrice sans laquelle il n'y aurait ni science ni art. Le savant, comme l'artiste, fait preuve d'intuition créatrice. La création d'une œuvre d'art de valeur exige autre chose que l'application de recettes. De même une découverte scientifique n'est pas le produit automatique d'une mécanique déductive. Il y a des recettes pour «prouver», il n'en est pas pour «trouver». Le savant qui trouve, qui propose une hypothèse féconde, ne fait-il pas surgir, en quelque sorte, une œuvre

1. Requête au Conseil, citée par Schuhl, *Philosophie et machinisme*, P.U.F.
2. Maurice Pradines, *l'Ouverture de l'esprit dans les espèces*, p. 181 et suiv., Flammarion.

d'art ? **L'artiste et le savant ne copient pas le monde, ils le recréent.** Einstein, comme Balzac, fait surgir un univers. On a dit : «Le génie scientifique est le don d'inventer le monde tel qu'il est.»

Mais de telles analogies ne doivent évidemment pas nous faire méconnaître les différences fondamentales de visée entre l'art et la science.

2. Opposition entre l'art et la science

Les valeurs esthétiques demeurent intérieures aux qualités sensibles. Mais la science récuse le sensible et ne connaît que la quantité. **Connaître**, dit Brunschvicg, **c'est mesurer**.

L'art subjectif, la science objective

L'art est concret, la science abstraite. Par là, la vision de l'artiste demeure subjective tandis que la science atteint l'objectivité. C'est l'opposition de l'illusion à la vérité mais aussi l'opposition des richesses subjectives à l'impersonnalité froide. «L'art, mes enfants, c'est être absolument soi-même», dira Verlaine. Et Claude Bernard avait déjà noté : «L'art c'est moi, la science c'est nous.»

Alors que le savant essaie de dépouiller sa connaissance de toute subjectivité pour ne s'occuper que des rapports que les objets ont entre eux, l'artiste voit la nature «non pas comme elle est, mais comme il est». L'artiste refuse cette «psychanalyse» de la perception que le savant exige. Ne vit-il pas de ces rêves, de ces désirs, de ces passions que l'ascèse scientifique prétend exclure ?

Le géographe qui étudie les caractéristiques du paysage provençal, le géologue qui analyse le sol et le sous-sol font œuvre scientifique. Il peut y avoir désaccord entre les opinions de deux géologues ; mais le but même de l'activité scientifique est de résoudre ces contradictions, d'apporter des preuves capables de faire l'accord des compétences sur une vérité objective.

Tout au contraire, le même paysage provençal sera interprété bien différemment par plusieurs artistes. Par exemple, Van Gogh et Cézanne ont peint la Provence mais chacun l'a vue à travers son monde intérieur. Chez Van Gogh, c'est une Provence tourmentée et tragique. Voyez ces cyprès qui jaillissent comme des torches calcinées, ces oliviers aux branches tordues, dans une nature houleuse, comme des bras crispés. Les paysages de Van Gogh sont des fragments de lui-même, la projection d'un pathétique intérieur. Cézanne projette au contraire dans son interprétation de la Provence une âme soucieuse d'équilibre, d'ordre, de clarté : le paysage révèle une architecture claire, logique. Les maisons, les arbres s'ordonnent dans un ensemble cohérent.

Pas de progrès dans l'art

Ainsi, on pourrait dire qu'il y a **la science**, mais qu'il y a **les artistes**. La science est une œuvre collective dont les résultats s'additionnent. Les travaux antérieurs sont l'instrument des découvertes récentes. Einstein part de la physique de Newton et la dépasse. En revanche, il ne suffit pas d'écrire après Racine pour écrire mieux que Racine, de peindre après Vermeer pour peindre mieux que Vermeer. **La science est un devenir, l'art est un perpétuel recommencement.** Chaque œuvre géniale est singulière, personnelle et n'apparaît pas comme le moment d'un progrès. Peut-être certains concertos de Bach n'auraient-ils pas existé si Vivaldi n'avait pas été. Il reste que si Bach et Cézanne n'avaient pas vu le jour, nul n'aurait pu produire leur œuvre à leur place. Il est permis de penser au contraire que, même sans Newton, les lois de l'attraction universelle auraient été tôt ou tard découvertes. Jean Rostand a écrit que «si tel savant n'avait pas fait cette découverte, un autre l'eût faite un peu plus tard. Mendel meurt inconnu ayant trouvé les lois de l'hérédité ; quarante ans après, ils sont trois qui les retrouvent, mais le chef-d'œuvre poétique qui ne fut pas écrit ne le sera jamais».

La science est analytique, l'art synthétique

D'autre part, l'attitude du savant devant le monde n'est pas du tout celle de l'artiste. **L'attitude du savant est analytique.** Le savant explique le complexe par le simple, le plus par le moins. Louis Hourticq disait[2] : «La science descend le cours des phénomènes, de la conscience à la vie, de la vie à la mécanique.» La science ne sait, d'une certaine façon, que dissocier. C'est pourquoi son efficacité «est plus grande pour détruire que pour créer». La science sait d'ores et déjà désagréger l'atome, elle sera bientôt capable de faire sauter la planète, mais elle ne sait pas encore animer une cellule. L'art, au contraire, en recréant un monde pour notre joie, est peut-être plus fidèle à l'élan secret de l'univers, à sa vivante unité. Sans doute ne dépasse-t-il pas le niveau des qualités sensibles, des données subjectives, mais «il amène à la pleine clarté cette finalité qui organise le chaos des apparences ; en donnant aux choses une signification, il crée de la matière spirituelle». **La visée de l'artiste est donc synthétique.** Il ne s'agit plus du tout pour lui de résoudre une unité apparente en éléments abstraits ; il convient au contraire de respecter cette unité apparente où les qualités sensibles, sans perdre leur diversité, découvrent leur harmonie.

Synthèse technique, synthèse artistique

Sans doute la technique, issue de la science, est-elle aussi synthèse puisqu'elle reconstruit des objets à partir des lois découvertes. Mais peut-être la synthèse technique n'a-t-elle pas la même portée ontologique que la synthèse de l'artiste. La technique ne veut pas promouvoir des «êtres» mais rendre possibles des événements, des gestes utilitaires. La technique ne crée que des moyens, l'art «instaure» des êtres qui sont en quelque sorte des fins en soi. Si, nous dit Étienne Souriau, l'ingénieur construit un pont uniquement pour qu'on puisse passer de l'autre côté de la rive, ce pont n'est qu'un moyen et l'ingénieur n'est qu'un technicien. Mais si le but de l'ingénieur est, non seulement le passage de la rivière «mais le pont lui-même, cette réalité qui désormais demeure et s'affirme avec ses contours, son geste ou son élan, ses perspectives d'arches que l'eau reflète en jeux de lumière et d'ombre, sa présence, sa durée; alors le constructeur est artiste, architecte[3]».

RENVOIS THÉMATIQUES AU VOLUME 1

- Technique et sagesse, chap. 1, p. 9.
- L'homme est un être qui parle, chap. 6, p. 103.
- Langue et parole : sociologie du langage, chap. 6, p. 115.
- La démarche expérimentale, chap. 8, p. 170.
- De l'outil à la machine, chap. 14, p. 315.
- La création artistique, chap. 15, p. 336.
- L'interprétation religieuse de l'homme, chap. 18, p. 408.

1. Louis Hourticq, *la Vie des images*, chap. X, Hachette.
2. Étienne Souriau, *la Correspondance des arts*, p. 30, Flammarion.

LES IDÉES ESSENTIELLES

Toutes les formes de la culture humaine (magie, religion, technique, science, art) sont liées au surgissement de la pensée symbolique. L'homme n'est pas seulement présent au monde. Il se le *re-présente*, reprend assez de distance par rapport au monde pour se montrer capable de l'interroger, de l'interpréter, de le célébrer et de vouloir le changer.

Le magicien archaïque prétend changer le cours des choses par des procédés symboliques (faire venir la pluie en aspergeant les champs de quelques gouttes d'eau rituelle; tuer l'ennemi à distance en perçant d'épingles une poupée qui le symbolise). C'est confondre l'objectif et le subjectif, la chose et le symbole, mais c'est déjà mettre le monde en question.

La religion s'oppose à la magie en se voulant *adoration et non domination*. Du moins met-elle aussi le monde en question en affirmant la transcendance des dieux par rapport au monde, du sacré par rapport au profane (le prêtre est le pontife organisateur des rites, construisant pour les fidèles un pont entre le sacré et le profane). Même si les réponses des religions sont tenues pour mythiques par leurs adversaires, du moins les problèmes : tragique de la condition humaine (la mort), mystère de notre destinée (d'où venons-nous ? où allons-nous ?), énigme de l'infini et de la transcendance se posent inexorablement.

La technique est d'abord un geste instinctif (le bâton est le prolongement du bras, l'hameçon est le prolongement du doigt recourbé) mais la technique ne connaît son plein essor que lorsque la science – représentation rationnelle du monde par la découverte de sa structure mathématique – lui donne une efficacité toute nouvelle et sans cesse accrue. L'art lié à la magie aux temps préhistoriques (chasses fructueuses représentées sur les cavernes paléolithiques) apparaît dans les temps modernes comme une représentation désintéressée. Tandis que toute science est analytique, expliquant le complexe par le simple, ayant toujours vocation de dissocier (et, par là, pouvant à l'ère nucléaire détruire la planète, mais toujours incapable d'animer une cellule), l'art est au contraire synthétique: en recréant un monde pour notre joie, il ne sort pas de la sphère du sensible mais il reconstruit en des synthèses harmonieuses le désordre des apparences.

LECTURES

H. Arendt, *Condition de l'homme moderne*, Calmann-Lévy.
R. Caillois, *l'Homme et le sacré*, Gallimard.
F. Châtelet, *les Idéologies*, 3 vol., Marabout.
A. Comte, *Cours de philosophie positive,* Leçons 1 et 2, Nathan, coll. Les intégrales de philo.
E. Durkheim, *De la division du travail social,* P.U.F.
M. Éliade, *le Sacré et le profane*, Gallimard.
G. Flaubert, *Bouvard et Pécuchet.*
J. Habermas, *la Technique et la science comme idéologie,* Gallimard
M. Heidegger, *la Question de la technique*, in «Essais et conférences», Gallimard.
A. Leroi-Gourhan, *le Geste et la parole*, 2 vol., Albin Michel.
l'Homme et la matière, Albin Michel.
F. Nietzsche, *la Naissance de la philosophie*, Gallimard.
G. Simondon, *Du mode d'existence des objets techniques*, Aubier.
J.-P. Vernant, *Religions, histoires, raisons*, Maspéro.

TEXTES À COMMENTER

Le premier outil : la main

1. La main à l'origine était une pince à tenir les cailloux, le triomphe de l'homme a été d'en faire la servante de plus en plus habile de ses pensées de fabricant. Du Paléolithique supérieur au XIXe siècle, elle a traversé un interminable apogée. Dans l'industrie, elle joue encore un rôle essentiel, par quelques artisans outilleurs qui fabriquent les pièces agissantes des machines devant lesquelles la foule ouvrière n'aura qu'une pince à cinq doigts pour distribuer la matière ou un index pour appuyer sur le bouton. Encore s'agit-il d'un stade de transition car il n'est pas douteux que les phases non mécaniques de la fabrication des machines s'éliminent peu à peu.

Il serait de peu d'importance que diminue le rôle de cet organe de fortune qu'est la main si tout ne montrait pas que son activité est étroitement solidaire de l'équilibre des territoires cérébraux qui l'intéressent. «Ne rien savoir faire de ses dix doigts» n'est pas très inquiétant à l'échelle de l'espèce car il s'écroulera bien des millénaires avant que régresse un si vieux dispositif neuro-moteur, mais sur le plan individuel, il en est tout autrement : ne pas avoir à penser avec ses dix doigts équivaut à manquer d'une partie de sa pensée normalement, phylogénétiquement humaine. Il existe donc à l'échelle des individus sinon à celle de l'espèce, dès à présent, un problème de la régression de la main.

(A. LEROI-GOURHAN, *le Geste et la parole*, t. 2, p. 61-62, Albin Michel.)

2. Anaxagore prétend que c'est parce qu'il a des mains que l'homme est le plus intelligent des animaux. Ce qui est rationnel, plutôt, c'est de dire qu'il a des mains parce qu'il est le plus intelligent. Car la main est un outil ; or la nature attribue toujours, comme le ferait un homme sage, chaque organe à qui est capable de s'en servir. Ce qui convient, en effet, c'est de donner des flûtes au flûtiste, plutôt que d'apprendre à jouer à qui possède des flûtes [...].

En effet, l'être le plus intelligent est celui qui est capable de bien utiliser le plus grand nombre d'outils : or la main semble bien être non pas un outil, mais plusieurs. Car elle est, pour ainsi dire, un outil qui tient lieu des autres. C'est donc à l'être capable d'acquérir le plus grand nombre de techniques que la nature a donné l'outil de loin le plus utile, la main.

Aussi, ceux qui disent que l'homme n'est pas bien constitué et qu'il est le moins bien partagé des animaux (parce que, dit-on, il est sans chaussures, il est nu et n'a pas d'armes pour combattre) sont dans l'erreur.

(ARISTOTE, *Les parties des animaux*, trad. P. Louis, p. 136-137, Éd. Budé)

SUJETS DE DISSERTATIONS OU DE DÉBATS

■ Commentez cette formule de Mac Iver : «La civilisation est la sphère de l'utilitaire, la culture est celle des valeurs.»

■ Quelles réflexions vous suggère cette pensée de Georges Braque : « L'art est fait pour troubler ; la science rassure» ?

■ Freud écrit dans l'*Avenir d'une illusion :* «Non, la science n'est pas une illusion. Mais ce serait une illusion de croire que nous puissions trouver ailleurs ce qu'elle ne peut pas nous donner.» Qu'en pensez-vous ?

■ Commentez cette pensée de Jean Cocteau : «La poésie est une religion sans espoir.» *(Journal d'un inconnu.)*

■ Étudiez les rapports de l'art et de la science à partir de ce texte de Louis Hourticq :
«...La science va du plus au moins ; elle descend le cours des phénomènes, de la conscience à la vie, de la vie à la mécanique; alors que c'est la marche contraire qui pourrait seulement satisfaire notre curiosité. La science dissèque les tissus sans y découvrir la naissance de la pensée, elle analyse la cellule sans y surprendre l'étincelle de vie et même elle suit le mouvement sans rien savoir de la force qui le mène. Et c'est ainsi que son efficacité si grande pour détruire semble si limitée pour créer. On la devine capable de faire sauter la planète mais à jamais inapte à animer une cellule. Quand elle sert l'homme dans la défense de son corps, ce n'est qu'en détruisant des vies ennemies; elle n'intervient guère que pour dissocier [...]
A cette curiosité analytique, l'art oppose son activité créatrice. Auprès de l'univers des savants, celui des artistes ne montre que les apparences vulgaires et d'expérience courante. Mais l'œuvre d'art est conforme aux volontés profondes des choses dont elle est composée: l'artiste continue la nature d'abord parce qu'il se soumet à ses lois ; l'œuvre n'est viable, c'est-à-dire belle, que si l'architecte, le sculpteur, le peintre [...] a calqué sa technique sur les possibilités et les tendances de la matière qu'il traite [...]. L'art amène à la pleine clarté cette finalité qui organise le chaos des apparences ; en donnant aux choses une signification, il crée de la matière spirituelle.»

L. Hourticq
la Vie des images, chap. X, Hachette

SUJETS PROPOSÉS AU BACCALAURÉAT

■ Y a-t-il incompatibilité entre la science et la religion ? (Sujet national, D', juin 1988.)

■ L'homme a-t-il le droit d'utiliser sur l'homme tous les pouvoirs que le progrès des sciences et des techniques lui donne ? (Sujet national, B, septembre 1988.)

■ Y a-t-il nécessairement du religieux dans l'art ? (Paris-Créteil-Versailles, C, D, E, juin 1987.)

■ La publicité peut-elle être considérée comme un art ? (Montpellier, C, D, E, juin 1987.)

■ La valeur d'une civilisation se réduit-elle au développement de sa technique ? (Sujet national, D', septembre 1987.)

■ La nature : qu'est-elle pour le savant, pour le technicien, pour l'artiste ? (Aix-Marseille, A, juin 1983.)

■ Dégagez l'intérêt philosophique du texte suivant en procédant à son étude ordonnée :
«Sitôt que j'ai eu acquis quelques notions générales touchant la physique, et que, commençant à les éprouver en diverses difficultés particulières, j'ai remarqué jusques où elles peuvent conduire et combien elles diffèrent des principes dont on s'est servi jusqu'à présent, j'ai cru que je ne pouvais les tenir cachées sans pécher grandement contre la loi qui nous oblige à procurer autant qu'il est en nous le bien général de tous les hommes. Car elles m'ont fait voir qu'il est possible de parvenir à des connaissances qui soient fort utiles à la vie, et qu'au lieu de cette philosophie spéculative qu'on enseigne dans les écoles, on en peut trouver une pratique, par laquelle, connaissant la force et les actions de l'eau, du feu, de l'air, des astres, des cieux et de tous les autres corps qui nous environnent, aussi distinctement que nous connaissons les divers métiers de nos artisans, nous les pourrions employer en même façon à tous les usages auxquels ils sont propres, et ainsi nous rendre comme maîtres et possesseurs de la nature.»

Descartes
Nice, C, D, E, juin 1987.

La culture humaine, «ce que le génie humain ajoute à la nature», prend des formes très diverses. Quoi de commun entre les danses des sorciers australiens, les rites de transmission du feu (feu «pratique» qui éclaire, chauffe les aliments, chasse les fauves, feu «magique», sacré des antiques cérémonies) et la science contemporaine, les techniques efficaces de l'informatique, la pure prière d'un pape ?

L'esprit est d'abord frappé par les différences, par l'évolution de l'homme primitif à l'homme moderne. Mais une réflexion plus approfondie nous invite à méditer sur les constantes. L'homme ne se contente pas d'être au monde, de vivre dans le monde comme un animal mais il chante et célèbre le monde, il s'interroge sur lui, il tente de l'expliquer, il prétend même le changer, que ces changements soient réels ou simplement rêvés. L'homme moderne est plus efficace dans son action que l'homme archaïque. Mais l'homme n'agit que parce que de tout temps il a rêvé.

■ Un homme d'affaires devant son ordinateur.

■ Danse de sorciers en Australie.

■ Aborigène australien exécutant des peintures rupestres.

■ *La guerre du feu*, de Jean-Jacques Annaud (1981).

■ Le pape Jean-Paul II
à Notre-Dame de Paris,
en 1980.

CHAPITRE 3

La perception

1. De la «qualité» sentie à «l'objet» perçu

Sensation et perception

Pour désigner la connaissance sensible et empirique de l'univers, il y a deux termes : sensation et perception.

La sensation paraît être le donné le plus élémentaire : elle n'est pas encore une connaissance, elle est ce qui est vécu immédiatement par un sujet situé dans le monde : le chaud, le froid, le rouge, le bleu, le piquant, le sucré, l'amer. Et encore l'usage de tels mots pour exprimer les sensations trahit-il leur essence. Une sensation exprimée par des mots est déjà interprétée, conceptualisée ; **une sensation pure serait ineffable**.

Ma véritable expérience est celle de la perception

La perception n'est pas la simple révélation subjective d'une qualité sensible. Elle est la position d'un objet dans l'espace. Par exemple, cette chaise de paille à trois mètres de moi est l'objet de ma perception.

Mon expérience réelle semble être celle de la perception, non celle de la sensation. Nous vivons dans un monde d'objets. «Toute conscience, dit Husserl, est conscience de quelque chose.» Je ne dis pas que j'ai une sensation de bleu, mais je dis que je vois le ciel. Plutôt qu'une réalité psychologique consciente, la sensation est une hypothèse, c'est l'élément que je suppose à la source de la perception. Je me dis que, pour percevoir cette chaise, il faut bien que j'aie préalablement la «sensation» de certaines lignes, de certaines couleurs que j'interprète ensuite et que j'organise pour aboutir à la perception de cet objet : la chaise.

J'ai conscience de percevoir et c'est par analyse que je suppose l'existence de sensations élémentaires.

Comment remonter à la sensation pure ?

Cependant, la «sensation pure» pourrait être l'objet d'une expérience psychologique dans des conditions particulières. Par exemple, au laboratoire de psychologie, lorsque je compare, grâce à un photoesthésiomètre, l'intensité lumineuse de deux plaques colorées, j'ai affaire à des sensations brutes plutôt qu'à des perceptions d'objets. De même, la sensation pure pourrait être isolée par des régressions pathologiques. Selon Jean Delay, «dans l'agnosie, la perception se trouve réduite à ce que la sensation lui apporte». Le malade atteint d'agnosie tactile ne peut pas reconnaître au toucher, par exemple, un capuchon de stylo. Il dit : «c'est froid, c'est lisse», mais se montre incapable d'interpréter les impressions sensorielles. Il ne «perçoit» plus, il est réduit à des «sensations».

2. Nature de la sensation

La sensation n'est pas une connaissance. Elle n'est pas une peinture fidèle et inerte du monde extérieur, mais **une réaction biologique de l'organe sensoriel à son milieu**. D'où son caractère subjectif.

La sensation dépend de l'organe excité

La réaction sensorielle dépend beaucoup plus de l'organe des sens qui réagit que de la nature de l'excitant.

Des excitants divers appliqués à un même nerf provoquent des sensations analogues. Un excitant lumineux donne à l'œil qui l'enregistre une sensation visuelle, mais un excitant mécanique (coup de poing) appliqué à l'œil donne aussi une impression lumineuse (j'aperçois «trente-six chandelles»).

Une excitation identique appliquée à différents nerfs sensitifs produit des sensations différentes. Si l'on excite mécaniquement le nerf acoustique, on entend des bruits, une excitation mécanique du nerf optique provoque une vision (par exemple une tumeur de la zone occipitale du cerveau provoque des hallucinations visuelles).

Cette thèse de Helmholtz souligne le caractère subjectif de la sensation qu'exprime l'organe sensoriel plus qu'elle ne reflète un objet du monde extérieur.

La sensation est synthèse mentale

La sensation n'est pas une image de l'excitant. La sensation est un état de conscience, tandis que l'excitant est composé par une multitude de vibrations. Bergson nous rappelle qu'en «une seconde, la lumière rouge qui a la plus grande longueur d'ondes et dont les vibrations sont par conséquent les moins fréquentes accomplit quatre cent trillions de vibrations. Il faudrait vingt-cinq mille ans pour les saisir isolés» ! La sensation apparaît comme une synthèse mentale. Elle «oblige une multiplicité indéfinie à se contracter en une durée étroite», elle résume en un moment unique d'aperception «une très longue histoire». Ici encore, la sensation nous apparaît, non comme une copie de l'excitant, mais comme une synthèse active, comme une réaction originale de l'être vivant.

Nos sensations ignorent certains aspects du réel

Bien plus, **nos organes sensoriels opèrent un choix** – et un choix très limité – dans toute la gamme des vibrations offertes par la nature. Ainsi, nous ne traduisons en états de conscience qu'un nombre restreint d'aspects du monde. Entre les ultimes ondes sonores perçues (quarante mille vibrations par seconde) et les premières impressions thermiques perceptibles (quelques millions de vibrations à la seconde), il est probable qu'il existe des séries de vibrations intermédiaires (Leibniz disait que «la nature ne fait pas de sauts») mais nous n'avons pas d'organe sensoriel pour les enregistrer. Certains animaux ont d'ailleurs un registre de sensations un peu différent du nôtre. On peut démontrer que les abeilles sont aveugles à la couleur rouge mais possèdent la vision de l'ultraviolet (l'abeille dressée à venir sucer du miel sur un papier de couleur donnée retrouve immédiatement un papier analogue, disposé parmi d'autres, lorsqu'elle reconnaît la couleur du papier). La sensation découpe dans l'univers pour chaque espèce vivante ce que von Uexküll appelle son *Umwelt*, son «monde environnant». Notre *Umwelt* n'est pas celui de l'abeille, ni celui du chien. La sensation n'est pas un décalque de l'univers. Elle n'en retient que ce qui peut intéresser l'être vivant dans son effort d'adaptation.

La sensation et l'excitation : la loi du seuil

L'étude des rapports entre les variations d'intensité de l'excitant physique et les modifications de la sensation correspondante va nous donner une nouvelle preuve que la sensation a une valeur d'adaptation biologique, et non une valeur de connaissance.

Toute excitation physique n'est pas sensible. Une excitation n'est sensible qu'au-delà d'un certain niveau qu'on nomme le **seuil absolu**. Leibniz croyait qu'une sensation donnée est la somme de petites sensations : le bruit de la mer serait la somme des bruits de chaque gouttelette d'eau. Mais ceci est faux. La sensation se manifeste brusquement lorsque l'excitation atteint un certain seuil d'intensité et, jusque-là, il n'y a aucune sensation.

Supposons que j'aie en main un poids de 100 grammes. Si on y ajoute 1, 2, 3, 4 grammes, je ne sentirai aucune différence. C'est à partir de 5 grammes que j'éprouverai la sensation d'un accroissement de poids (le **seuil différentiel** est de 5 grammes). Si j'avais eu dans la main un poids de un kilogramme, il aurait fallu y ajouter 50 grammes pour que j'éprouve la sensation d'un accroissement de poids. On exprime ce fait en disant que, pour chaque ordre de sensations, le **seuil différentiel relatif** est constant. Dans les exemples de sensation d'accroissement des poids que nous donnons, le seuil différentiel relatif est égal à 1/20. $\frac{Dx}{x}$ = Constante.

Les lois de Weber et de Fechner

C'est la loi de Weber.

Reprenons notre exemple des poids. A partir d'un poids initial *v* de 100 grammes, les valeurs successives de l'excitant pour atteindre le seuil différentiel seront 105 grammes, 110, 125 grammes, etc. Appelons *v, x, y, z* ces valeurs successives de l'excitant. D'après la loi de Weber, je peux poser :

$$\frac{x-v}{v} = \frac{y-x}{x} = \frac{z-y}{y} = \text{Constante}$$

En simplifiant, j'ai : $\frac{x}{v} - 1 = \frac{y}{x} - 1 = \frac{z}{y} - 1$

$$\frac{x}{v} = \frac{y}{x} = \frac{z}{y} \qquad \text{D'où : } y = \frac{x^2}{v} \quad \text{Et } z = \frac{x^2}{v} = \frac{\frac{x^4}{v^2}}{x} = \frac{x^3}{v}$$

Donc, la valeur de l'excitant a été successivement $v, x, \frac{x^2}{v}, \frac{x^3}{v^2}$. L'excitant croît ainsi selon une progression géométrique dont la raison est : $\frac{x}{v}$

Qu'est devenue la sensation pendant ce temps-là ? Elle a pour chacune des valeurs successives de l'excitant : $v, x, \frac{x^2}{v}$, etc., augmenté du minimum perceptible. Elle a donc augmenté, dit Fechner, en progression arithmétique, c'est-à-dire également chaque fois. Donc, lorsque l'excitation croît en progression géométrique, la sensation croît **seulement** en progression arithmétique. Autrement dit, **d'après Fechner, la sensation croît comme le logarithme de l'excitation**[1].

Une loi «psycho-physique»

1. La loi de Fechner paraît pratiquement assez valable. On pourrait rappeler par exemple que Ptolémée avait classé, à vue, les étoiles en six grandeurs d'après leur éclat (des plus brillantes aux moins brillantes). L'intervalle semblait le même entre les six grandeurs. Or, lorsque des mesures photométriques précises ont permis de comparer les éclairements fournis par les étoiles de diverses grandeurs, on s'est aperçu que les «grandeurs» stellaires de Ptolémée correspondaient à des éclats stellaires en progression géométrique.

Les critiques de Bergson

Bergson, dans *les Données immédiates de la conscience*, a adressé à la loi de Fechner des critiques sévères : le langage mathématique, convenable pour exprimer les variations de l'excitant, ne saurait être accepté pour traduire la sensation elle-même. Pour Bergson, en effet, une sensation est une qualité et non une quantité. Parler de sensations égales, dire que la sensation d'accroissement de poids de 100 grammes à 105 grammes est égale à la sensation d'accroissement de 1 000 grammes à 1 050 grammes, c'est abuser du langage mathématique. En comparant une excitation mesurable en grammes et une sensation purement vécue par la conscience, Fechner met sur le même plan **des réalités qui ne sont pas homogènes**[1].

Pour soustraire la formule fechnérienne aux critiques de Bergson, il faudrait en effet confronter des réalités homogènes, d'une part l'excitation, d'autre part une réaction physiquement mesurable de l'organisme. C'est ce qu'on a réussi à faire en mesurant l'intensité des excitations électriques auxquelles on soumet un nerf sensitif et la réaction du nerf lui-même qui est aussi un phénomène électrique. Un dispositif ingénieux permet de fixer des micro-électrodes sur le nerf lui-même, et l'on vérifie que, lorsque l'excitation (l'intensité du courant) croît en progression géométrique, le «potentiel d'action» du nerf croît en progression arithmétique.

La signification de la loi de Fechner

Dès lors, on peut dégager la signification biologique de la loi de Fechner qui nous montre que l'organisme enregistre, **en les atténuant, les variations** du milieu. La sensation ne traduit les variations du milieu qu'en les affaiblissant un peu. L'organisme se protège en variant moins que le milieu. Ici encore, nous constatons que la sensation n'est pas une connaissance, qu'elle n'est pas un reflet passif du monde, mais qu'elle a un rôle biologique, qu'elle est un instrument de l'adaptation de l'être vivant à l'univers.

3. Perception et sensation : théorie intellectualiste de la perception

Qu'est-ce que la perception ?

La théorie traditionnelle de la perception est celle qui s'exprime dans cette définition de Lalande : «La perception est l'acte par lequel un individu organisant ses sensations présentes, les **interprétant** et les complétant par des images et des souvenirs, **s'oppose un objet** qu'il juge spontanément distinct de lui, réel et actuellement connu par lui.» La perception supposerait donc toute une construction mentale par laquelle les sensations vécues sont

1. En toute rigueur, Bergson a raison : des états de conscience ne se prêtent pas à la mesure au même titre que des réactions objectives. Cependant, Bergson va trop loin lorsqu'il refuse de parler de sensations plus «intenses» les unes que les autres. Il prétend que lorsque nous parlons d'intensité de la sensation, nous ne faisons que projeter sur la sensation elle-même ce que nous savons de ses causes (ainsi, je dis que ma sensation lumineuse est plus intense parce que je sais que j'ai allumé deux lampes de plus). Cet argument est peu convaincant. Par exemple je sais que la diversité des couleurs est fonction de longueurs d'ondes différentes et je continue a les éprouver comme de pures qualités. L'intensité que nous prêtons aux sensations n'est pas la projection abusive d'un savoir, mais est, elle aussi, une «donnée immédiate», d'ailleurs assez grossière et approximative.

extériorisées (ce qui aboutit à la perception d'un objet dans l'espace) et **interprétées** (je perçois des objets significatifs, non pas des lignes et des couleurs, mais des maisons, des champs, des hommes, etc.).

1. L'extériorisation des sensations : perception dans l'espace

Le problème posé ici est hérité de la philosophie cartésienne. C'est Descartes qui distinguait les **pensées** (c'est-à-dire les états de conscience) essentiellement intérieures et les **objets matériels** qui se ramènent à l'étendue et se caractérisent par l'extériorité (*partes extra partes*).

Le rôle du jugement

La sensation serait subjective (qualité pure vécue) et se réduirait à une modification de la conscience. Comment, à partir de là, expliquer la perception d'un objet, d'un corps dans l'espace? Comment, à partir d'une donnée inétendue et subjective de l'âme, percevoir un objet étendu? Ce serait un ensemble de **jugements** qui rapporteraient la qualité sensible à l'objet. L'espace serait l'objet d'un jugement, non d'une sensation. Jules Lagneau écrit : «L'étendue est un système de rapports abstraits. Comment des rapports abstraits pourraient-ils être sentis?» Percevoir dans l'espace serait un acte intellectuel.

La perception de la troisième dimension est ici caractéristique. Nous percevons les objets à distance (cette chaise est à quelques mètres de moi, ces arbres que je perçois au fond de la cour sont beaucoup plus éloignés). Et pourtant, la distance ne peut pas être quelque chose de purement donné, ne peut être une impression sensorielle puisque le message lumineux frappe la rétine «à bout portant», est en contact direct avec elle. La distance ne serait donc pas sentie, mais jugée par une interprétation des données sensibles : grandeur apparente des objets, perspective. Par exemple, c'est l'expérience, la mémoire, qui nous permettent d'interpréter le grossissement d'un objet familier comme un rapprochement. Sur une scène de music-hall, le grossissement subit d'un ballon (gonflé par un illusionniste bien dissimulé) est interprété par les spectateurs comme un rapprochement (ils ont l'illusion que le ballon se précipite sur eux)[1].

La contre-épreuve des données psychopathologiques

Le rôle du jugement dans la perception de l'espace semble mis en valeur par la contre-épreuve des données psychopathologiques. Il est remarquable que les troubles de la perception de l'espace accompagnent très souvent les troubles de l'intelligence et du langage. Par exemple, les malades aphasiques de van Woerkom (qui présentent des atteintes du langage, de la fonction symbolique, qui ne savent plus abstraire) sont également incapables de s'orienter dans l'espace.

1. Alain raconte qu'un jour, assoupi dans le compartiment d'un wagon de chemin de fer, il regardait très distraitement le paysage par la vitre. Il voyait des collines, des prairies et des vaches qui paissaient tranquillement. Soudain, il aperçoit à côté d'une vache un monstre à six pattes, noir et velu, d'une taille énorme ! Il se frotte les yeux et reconnaît à quelques centimètres de lui une mouche bien banale sur la vitre du compartiment. En reconnaissant la mouche, il lui a restitué aussitôt la distance qui correspondait à sa grandeur apparente. Pour voir distinctement la mouche sur la vitre, il faut «accommoder» sur cette proche distance. L'effort d'accommodation du cristallin, et aussi l'effort de convergence des yeux fournissent des sensations kinesthésiques que nous apprenons à interpréter comme le signe d'une proximité plus ou moins grande de l'objet.

Dès le début du XVIIIe siècle, Berkeley, dans son *Essai d'une théorie de la vision* (où il affirme que la perception de la distance n'est pas innée mais acquise par l'expérience), se pose le problème de l'aveugle-né auquel la vue serait brusquement donnée. Cet homme verrait-il les objets à distance? Berkeley affirme que non. Vingt ans à peine après son *Essai*, les observations du chirurgien Cheselden (1728) semblent lui donner raison. Cheselden réussissant à opérer des aveugles atteints de cataracte congénitale leur donne la vue. Le sujet opéré déclare que **les objets touchent ses yeux**. Il lui faut quelques jours pour saisir la distance, plusieurs semaines pour l'évaluer correctement.

2. L'interprétation des sensations : perception des objets significatifs

Toute perception est construction

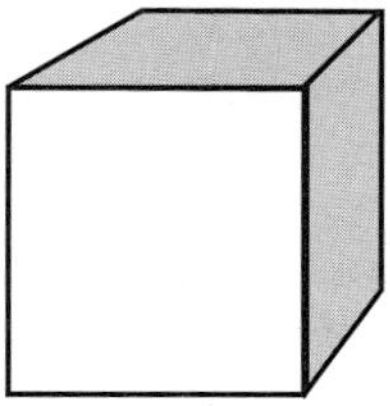

Alain nous invite à réfléchir sur la perception d'un cube. Dès que j'ai vu un objet semblable à celui qui est dessiné ci-contre, je déclare sans hésiter : c'est un cube. Pourtant, le cube possède par définition six faces et douze arêtes, et il m'est impossible de voir tout cela simultanément. J'aurais, au mieux, la sensation de trois faces et de neuf arêtes. Donc, lorsque je dis que je perçois un cube, en réalité je juge d'après les trois faces et les neuf arêtes que c'est un cube. En effet, ce que je vois me rappelle quelque chose, je sais par expérience qu'en retournant l'objet, je pourrai voir et toucher les autres faces ; je me souviens, je raisonne. Et Alain conclut : «**Un objet est pensé et non pas senti**».[1]

Ainsi la perception ajouterait à la sensation un tissu complexe de souvenirs, d'associations d'idées, de jugements. Mes perceptions dépendent de ma culture. Je ne vois qu'une «bibliothèque» dans ce meuble qu'un ébéniste qualifié percevra comme une «bibliothèque en merisier de style Régence». D'autres ne verront qu'une «armoire». La culture se projette dans la perception et parfois en tient lieu. Les hommes du Moyen Age voyaient souvent le Diable parce qu'ils projetaient sur le monde les légendes qu'ils connaissaient ou les traités de démonologie (ils étaient innombrables) qu'ils avaient lus.

La perception étant considérée par les intellectualistes comme un ensemble de jugements, les illusions des sens seront interprétées comme des erreurs de jugement. C'est le cas, par exemple, du phénomène de la «constance des couleurs». Un toit d'ardoise à l'ombre nous paraît noir mais un toit d'ardoise au soleil ne nous paraît pas gris clair, il nous paraît plus éclairé certes, mais nous le percevons toujours noir (bien que la sensation elle-même soit très différente). Comme le dit Lagneau, «nous voyons la couleur que nous savons que les objets ont». De même, quand il lit des épreuves d'imprimerie pour la correction, l'auteur voit très difficilement les erreurs de frappe parce qu'il sait avant d'avoir lu et qu'il projette son savoir et ses souvenirs sur les caractères lus.

1. La théorie intellectualiste de la perception des objets s'accompagne d'une théorie de la perception des personnes. Descartes «voit des chapeaux et des manteaux et juge que ce sont des hommes» ; Berkeley ne voit pas la honte sur un visage mais il voit la rougeur et conclut par un jugement fondé sur l'habitude que la personne éprouve de la honte.

L'exemple de la peinture impressionniste

Nous retrouvons cette distinction de la «sensation pure» et de la «perception construite» dans les théories des peintres impressionnistes (qui se sont formées dans le climat de la psychologie classique). La perception étant une construction mentale complexe, la peinture impressionniste voudrait, en défaisant cet ensemble, nous faire retrouver nos sensations pures. Il s'agit, comme le remarque Marcel Proust, de «dissoudre cet agrégat de souvenirs que nous appelons perception». Sur la toile du peintre impressionniste, la sensation ne «représente» plus l'objet, mais «se présente» (pour adopter la terminologie de Pradines) libérée des constructions de la mémoire, du jugement. L'objet serait exorcisé, la qualité pure restituée.

Mais cette distinction de la qualité pure sentie et de l'objet perçu construit peut-elle être maintenue à la lumière des analyses de la psychologie moderne?

4. Critique de la théorie intellectualiste : la perception comme donnée globale immédiate

La phénoménologie de la perception

La psychologie contemporaine est d'inspiration **phénoménologique.** La phénoménologie se propose de décrire ce qui «apparaît», c'est-à-dire le donné réellement vécu. Il s'agit de mettre entre parenthèses hypothèses et théories et de révéler simplement ce qui est vécu par la conscience. Or, le défaut de la conception classique est de poser trop de postulats et d'hypothèses au sujet de la perception, par exemple l'hypothèse des sensations pures préalables, l'hypothèse de jugements inconscients à l'œuvre dans la synthèse perceptive.

La distinction traditionnelle de la sensation et de la perception paraît tout à fait contestable. Il n'est nullement démontré que la sensation soit d'abord purement subjective et exige tout un travail intellectuel d'objectivation et de spatialisation pour devenir une perception[1].

D'après Maurice Merleau-Ponty, «le sentir est immédiatement communication vitale avec le monde».

La sensation pure, telle que la psychologie classique la décrivait, est un mythe. Aucune expérience ne nous livre des sensations pures. Les faits pathologiques ne peuvent être invoqués. L'agnosie n'est pas un retour à la sensation pure originaire, mais une désagrégation pathologique de la perception. Le résidu d'une perception désorganisée ne saurait être identifié avec l'élément premier d'une perception normale ! Les attitudes de laboratoire (expériences sur la vision, la sensibilité tactile) imposent au sujet des comportements artificiels et complexes qui n'ont rien à voir avec des

1. Rien ne prouve qu'on ait à passer de la sensation inétendue et subjective à l'objet situé dans l'espace. La distinction de la conscience subjective et de la matière étendue est, chez Descartes lui-même, purement méthodologique. Ontologiquement, l'âme est unie au corps. Par exemple, si j'ai mal au genou, j'ai une sensation douloureuse à un endroit de l'espace corporel. L'âme n'est pas «comme un pilote en son navire». C'est le pilote qui a besoin de raisonner, parfois, pour localiser une avarie. L'âme substantivement irréductible à l'étendue, peut revêtir, dit Descartes, «une étendue de puissance».

réactions originaires. Bref, il n'y a aucune expérience de la sensation pure et, comme dit encore Merleau-Ponty, «la sensation n'est pas sentie».

La gestalt-théorie

L'école des **psychologies de la forme** (*gestalt*) refuse de distinguer perception et sensation et prend le contre-pied de la psychologie intellectualiste traditionnelle. Les psychologues de la forme (Wertheimer, Koffka, Kohler, en France Guillaume) affirment en effet que «la perception n'est pas un ensemble de sensations ; toute perception est d'emblée la perception d'un ensemble». Autrement dit, nous ne groupons pas, par un travail intellectuel, des sensations d'abord isolées. Nous ne percevons pas les éléments à part pour les reconstruire et les associer, mais ils sont donnés à nos sens immédiatement groupés dans une structure, une *gestalt*.

Donc, la part du **donné** dans la perception du monde est beaucoup plus grande qu'on ne l'avait cru et il ne faut pas s'exagérer l'importance de ce qui est **construit,** des significations acquises, des souvenirs. Alors que, dans la conception classique (inspirée de la théorie kantienne de la connaissance), les sensations constituent la matière de la connaissance qui reçoit sa forme du jugement, de la mémoire, pour la gestalt-théorie, il n'y a plus de distinction entre sensation et perception : la forme est inséparable de la matière et nous est donnée intuitivement et immédiatement avec la matière et en elle[1].

La forme et le fond

Les objets se découpent d'eux-mêmes – du fait de leur structure propre – sur un fond indifférencié ; j'ouvre les yeux non sur une poussière de lignes et de couleurs en désordre, mais sur un monde d'objets qui, indépendamment de mes habitudes, de mon savoir, se trouvent d'emblée organisés selon la loi de la «bonne forme», la plus simple, la plus cohérente.

Figure 1

Par exemple, cette suite de points dessinée (fig. 1) m'apparaît d'emblée comme une série de groupes de deux points. Pour la «voir» autrement, il me suffit de modifier la structure globale de la figure en faisant intervenir des lignes.

Figure 2

Ainsi, dans la figure 2, je vois deux groupes de points, et un point isolé à gauche, un autre à droite.

Bien entendu, dans les cas où deux formes sont également cohérentes et «prégnantes», où aucune des deux n'est «meilleure» que l'autre, je peux voir presque à volonté l'une ou l'autre comme forme, le reste devenant **fond**.

Par exemple, dans le dessin ci-contre, je puis voir deux têtes se faisant face (sur un fond blanc) ou un vase (sur un fond noir).

Les gestaltistes se sont efforcés de réfuter les arguments intellectualistes, aussi bien à propos de la perception de la distance qu'à propos des illusions perceptives.

1. Il en est de même, selon les gestaltistes, de la perception des personnes. Pas d'interprétation de signes. Nous percevons immédiatement la honte et la colère. Le sens de la physionomie d'une personne constitue une *gestalt*, saisie par intuition globale.

1. La perception de la distance

La distance est donnée, et non construite

La perception de la distance est-elle la conclusion d'un jugement ? Suppose-t-elle une interprétation de la grandeur apparente des objets familiers, une interprétation de la perspective ? On peut admettre que l'évaluation précise des distances exige quelque apprentissage. Mais il existe une intuition immédiate, peut-être assez grossière, de la distance. Nous ne voyons pas un objet petit et pâle pour conclure ensuite qu'il est loin, mais nous le voyons en profondeur. Nous ne voyons pas les bords de la route obliques jusqu'à se rejoindre à l'infini, pour juger d'après cette apparence que la route s'éloigne. Mais nous voyons les bords de la route parallèles – en profondeur. La meilleure preuve, c'est que l'enfant (qui devrait être plus près que nous de ses sensations pures) ne dessine pas spontanément les bords de la route obliques. Il lui faut toute une éducation pour apprendre à dessiner, à voir, selon la perspective. Les prétendues apparences premières sont loin de lui apparaître immédiatement ! Les expériences de Cheselden sur les aveugles-nés opérés de la cataracte ne sont pas aussi probantes qu'on le dit généralement. L'aveugle opéré déclare que les «objets touchent ses yeux», mais il faut bien se rendre compte que le mot «toucher» est le seul dont il dispose pour exprimer qu'il a une perception. Le mot «toucher» n'est pas nécessairement employé par lui au sens de contact sans distance. De plus, l'aveugle-né est d'abord opéré d'un seul œil. On ne s'étonnera donc pas qu'il perçoive mal la distance : car, précisément, la vision de la profondeur est avant tout un fait biologique qui correspond à la fusion de chacune des deux images fournies par chacun des deux yeux. C'est la superposition des deux images dans les centres visuels (zone de Panum) qui provoque l'impression de relief (si l'on présente dans un stéréoscope deux photographies d'un même paysage prises à plusieurs mètres de distance, l'impression de profondeur, de relief, est encore accentuée[1]).

Les gestaltistes ont d'ailleurs fait remarquer que de jeunes animaux semblaient percevoir le relief. Les poussins n'évaluent-ils pas assez bien la distance lorsqu'ils saisissent un grain de maïs d'un coup de bec ? Et si cela n'arrive pas tout de suite après la naissance, ce n'est pas nécessairement la preuve que la perception de la distance exige un **apprentissage.** Elle implique peut-être uniquement la **maturation** des connexions nerveuses. Et son retard à se manifester n'est pas le signe certain qu'elle est acquise par «essais et erreurs». La distance serait une «gestalt», une structure naturelle du perçu au même titre que la forme des objets.

2. Interprétation gestaltiste des illusions perceptives

L'exemple de l'illusion d'optique

Considérons par exemple l'illusion de Muller-Lyer. Les deux segments S 1 et S 2 sont rigoureusement égaux. Cependant S 2 nous apparaît sensiblement plus grand que S 1. L'illusion s'explique parce que les éléments S 1 et S 2 ne sont pas perçus à part mais sont vus à l'intérieur de

1. Les techniques du cinéma en relief sont l'application et la vérification de la théorie qui explique la perception de la distance par la fusion de deux images différentes. Ou bien c'est la technique des anaglyphes (le spectateur porte des lunettes bicolores à verres vert et rouge qui assurent la fusion de deux images verte et rouge légèrement décalées).

l'ensemble dont ils font partie. La perception n'est pas une attitude analytique (nous ne percevons pas à part segments et flèches). C'est la structure globale de la figure qui détermine l'illusion perceptive.

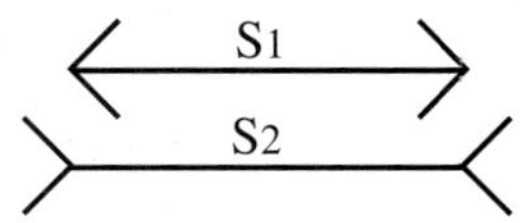

De même la constance des couleurs (le toit d'ardoise nous apparaît noir même en plein soleil) ne s'explique pas par l'influence des souvenirs et du savoir. En effet, deux papiers noirs dont l'un est plus éclairé que l'autre nous apparaissent (bien que nous ne sachions rien d'avance à leur sujet) à peu près également noirs. Mais si nous les considérons en tenant devant les yeux un écran percé d'ouvertures qui ne laissent voir qu'un petit fragment de chacun de ces deux papiers et éliminent de notre champ perceptif tous les autres objets environnants, le papier noir le mieux éclairé nous apparaît gris et l'illusion de constance des couleurs disparaît. Cette illusion ne se produit qu'en fonction de la configuration globale du champ perceptif et semble indépendante des significations acquises des objets perçus.

5. Critique de la psychologie de la forme : la perception et les tendances

Ce qu'il y a de vrai dans la gestalt-théorie

Il y a beaucoup à retenir de la psychologie gestaltiste. Nous pouvons d'abord accepter la réfutation de l'intellectualisme : percevoir n'est pas raisonner. La perception est pour une grande part une attitude originaire, primitive, un rapport immédiat de la conscience incarnée à l'univers. La perception ne peut se ramener à une association de jugements et de raisonnements. Il est clair, en outre, qu'il n'existe pas de sensations pures, isolées. Dans la perception, le tout prime sur l'élément, la synthèse est spontanée et précède l'analyse. La «méthode globale de lecture» est une application directe de la psychologie gestaltiste. Il est possible d'apprendre à lire en reconnaissant d'abord la structure globale de mots écrits complets (au lieu d'apprendre la forme de chaque lettre isolée).

Les gestaltistes ont minimisé le rôle du sujet

Toutefois, il semble que la gestalt-théorie ait minimisé le rôle du sujet vivant dans la perception. Le sujet percevant n'est plus que le spectateur passif, neutre et indifférent «d'un monde immobile et serein de formes éternelles». En réalité, la perception dépend tout autant de la structure du sujet percevant que de la structure de l'objet perçu. Kohler lui-même en fait l'aveu : le ciel bleu, dans une rue étroite, dessine au-dessus des maisons un rectangle qui constitue une très bonne forme. Or, nous ne voyons pas le ciel comme figure, les lignes des toits ne sont pas perçues comme les «bords du ciel». Ce sont au contraire les maisons qui sont perçues comme «figure» et le rectangle du ciel, malgré sa forme géométrique, joue seulement le rôle de fond. Il faut donc reconnaître dans la perception la présence, non certes de raisonnements, mais d'habitudes et de valeurs. **Les objets qui ont un sens humain sont valorisés dans le champ perceptif.**

Le rôle psychologique du sujet dans la perception est d'ailleurs largement souligné dans ces tests projectifs dont nous avons parlé à propos de l'exploration de l'inconscient. A propos du test de Rorschach, Jean Delay écrit pertinemment que «dans une façon de voir se projette une façon d'être». Je perçois les taches d'encre «comme je suis, non comme elles sont».

Les gestaltistes pourraient, il est vrai, répondre que les figures dessinées par les taches d'encre sont des formes «faibles», que les planches de Rorschach ne jouent leur rôle projectif que parce qu'aucune «bonne forme» ne s'y trouve dessinée. Cette situation souligne évidemment et majore le rôle du sujet qui existe cependant dans tous les cas de perception.

C'est le corps-sujet qui perçoit le monde

Merleau-Ponty, tout en acceptant les idées les plus fécondes de la gestalt-théorie, insiste à juste titre sur le rôle du sujet vivant, du **corps propre comme centre de perspective**, dans la perception. L'organisation globale du champ perceptif est effectuée par le corps-sujet en situation. «Le sentir investit la qualité d'une valeur vitale, la saisit d'abord dans sa signification pour nous, pour cette masse pesante qui est notre corps et, de là, vient qu'il comporte toujours une référence au corps [...]. Le sentir est cette communication vitale avec le monde qui nous le rend présent comme lien familier de notre vie[1].» C'est également la situation du corps et les valeurs privilégiées du moment qui décident de la perception du mouvement dans certaines illusions bien connues. «S'il est vrai que mon train et le train voisin peuvent tour à tour m'apparaître en mouvement au moment où l'un deux démarre, il faut remarquer que l'illusion n'est pas arbitraire et que je ne puis la provoquer à volonté par le choix tout intellectuel et désintéressé d'un point de repère. Si je joue aux cartes dans mon compartiment, c'est le train voisin qui démarre. Si, au contraire, je cherche des yeux quelqu'un dans le train voisin, c'est alors le mien qui démarre. A chaque fois nous paraît fixe celui des deux où nous avons élu domicile et qui est notre milieu du moment.[2]»

Une conception biologique de la perception

Nous nous orienterons donc vers une conception anti-intellectualiste et biologique de la perception. La perception ne peut se comprendre qu'à partir de l'être vivant, de ses besoins, de ses valeurs. La perception est une **conduite de l'être vivant aux prises avec l'univers**. Bergson – dans le premier chapitre de *Matière et Mémoire* – avait déjà défini la perception comme une «question posée à mon activité motrice». Anticipant les vues profondes de von Uexküll, Bergson remarquait que la perception découpe dans la totalité des «images» qui constitue l'univers, celles qui sont utiles à la réalisation de mes tendances.

Nous voici bien loin de la théorie de Lagneau et d'Alain qui voyaient dans la perception une œuvre du jugement, une science commençante. En fait, dans la mesure où la perception m'exprime moi-même plus qu'elle n'exprime le monde, on peut opposer la perception du réel à la connaissance scientifique du réel. Bachelard a beaucoup insisté sur le fait que la perception vulgaire, bien loin d'être sur le chemin de la science, constitue – par sa subjectivité fondamentale – un «obstacle épistémologique». Le monde perçu qui sourit de notre joie, grimace de nos angoisses, ressemble à nos préjugés, n'est pas le monde objectif de la science. Déjà Spinoza distinguait le soleil de l'astronome défini par des relations objectives et le soleil de la

1. Maurice Merleau-Ponty, *Phénoménologie de la perception*, Gallimard.
2. Id., *ibid.*

perception sensible qui n'exprime que la position de mon corps et la structure des organes sensoriels. D'où l'idée de Bachelard qu'il faut **«psychanalyser» la perception commune**, c'est-à-dire la dépouiller de ce qu'elle comporte d'inconsciemment subjectif, d'affectif pour conquérir sur elle et **contre elle** le monde objectif et les structures rationnelles.

RENVOIS THÉMATIQUES AU VOLUME 1

- Réalité ou idéalité du temps et de l'espace, chap. 5, p. 88.
- Nature de la vérité, vérité et réalité, chap. 11, p. 250.
- La contemplation esthétique, chap. 15, p. 339.

LES IDÉES ESSENTIELLES

Selon le philosophe Alain, la perception est une activité de la raison : *un objet est jugé et non pas senti*. Par exemple, je dis que je perçois un cube ; or je ne vois littéralement pas le cube puisque le cube possède par définition six faces et douze arêtes et qu'il m'est impossible de les voir toutes simultanément. J'aurais au mieux la sensation de trois faces et de neuf arêtes. Donc, lorsque je dis que je percois un cube, en réalité, je juge d'après les trois faces et les neuf arêtes que c'est un cube.

De même la perception de la distance serait un acte d'interprétation. Je ne «vois» pas la distance puisque chaque rayon lumineux, de si loin qu'il me parvienne, frappe la rétine à bout portant. Mais j'interprète. Alain raconte qu'en regardant distraitement le paysage depuis la fenêtre d'un train, il aperçoit soudain dans l'herbe, à côté d'une vache, un monstre à six pattes, noir et velu, d'une taille énorme. Mais bien vite il reconnaît à quelques centimètres de lui une mouche bien banale sur la vitre du compartiment. En reconnaissant la mouche, il lui a restitué aussitôt la distance qui correspondait à sa grandeur apparente.

Les psychologues dits *de la forme* (traduction de l'allemand *Gestalt*), par exemple en France Paul Guillaume, ont reproché aux rationalistes d'exagérer le rôle de l'intelligence dans la perception. Pour eux, l'intelligence perceptive ajoute moins qu'on ne croit aux données brutes de la perception. J'ouvre les yeux, non sur une poussière de lignes et de couleurs en désordre (qu'il me faudrait construire et interpréter), mais bien au contraire sur un monde d'objets qui, indépendamment de mes habitudes, de mon savoir, de mes jugements se trouvent d'emblée organisés et groupés selon la loi de la «bonne forme», la plus simple et la plus cohérente. Ce n'est pas l'intelligence qui construit une forme perçue à partir de sensations dispersées, mais la forme est sentie, ou perçue immédiatement : «La perception n'est pas un ensemble de sensations, mais toute perception est d'emblée perception d'un ensemble.»

A leur tour, les psychologues de la forme ont été critiqués. La perception n'est sans doute pas un acte de la raison, mais le sujet percevant avec ses désirs et ses habitudes joue un rôle. Le gestaltiste Kohler en fait lui-même l'aveu : le ciel bleu dans une rue étroite dessine au-dessus des maisons un rectangle qui constitue une «très bonne forme». Or ce n'est pas le ciel qui est vu comme figure, ni les lignes des toits comme simples bords du ciel. Ce sont au contraire les maisons qui sont perçues comme «figure» et le rectangle du ciel malgré sa forme géométrique joue seulement le rôle de «fond». Les objets qui ont un sens humain (ici les maisons), les objets qui sont investis par mes préoccupations subjectives sont valorisés dans le champ perceptif. Le sujet joue donc un rôle dans la perception ; mais non pas le sujet calculant et raisonnant. La perception n'est pas «une science commençante». C'est le sujet affectif, vivant, ce que Merleau-Ponty, dans sa *Phénoménologie de la perception,* appelle *le corps propre,* qui percoit le monde. Le monde perçu est tout plein de nous-mêmes ; mais ce n'est pas le moi intellectuel qu'il reflète. Le monde perçu qui sourit de notre joie, grimace de nos angoisses, ressemble à nos sentiments. Il n'est pas le monde objectif de la science.

L E C T U R E S

ALAIN, *Eléments de philosophie,* Gallimard, p. 19 à 54 (texte particulièrement recommandé. Résume d'une façon claire et vivante la théorie intellectualiste de la perception).

H. BERGSON, *Matière et Mémoire* (chapitre I et en partie chapitre II), P.U.F., coll. Quadrige, à confronter avec M. PRADINES, *Traité de psychologie,* P.U.F., (t. I, p. 80-87, p. 188 à 196, p. 404).

BERKELEY, *Essai d'une théorie nouvelle de la vision,* Œuvres choisies, Aubier, t. I, p. 155-167.

DESCARTES, *Méditations* (2e méditation et 6e méditation).

R. FRANCES, *La perception,* P.U.F.

P. GUILLAUME, *Psychologie de la forme,* Champs Flammarion.

M. MERLEAU-PONTY, *Phénoménologie de la perception,* P.U.F. (ouvrage très difficile pour des débutants).
Sens et non-sens, Nagel, p. 97 à 122 (texte très clair qui résume d'une façon brillante et accessible aux débutants les idées essentielles de cet auteur).

J. PIAGET, *Les Mécanismes perceptifs,* P.U.F.

■ On pourra consulter le fascicule VI du *Traité de psychologie expérimentale* de P. FRAISSE et J. PIAGET : *La Perception.*

TEXTE À COMMENTER

L'approche intellectualiste de Descartes : le morceau de cire

Commençons par la considération des choses les plus communes, et que nous croyons comprendre le plus distinctement, à savoir les corps que nous touchons et que nous voyons. Je n'entends pas parler des corps en général, car ces notions générales sont d'ordinaire plus confuses, mais de quelqu'un en particulier. Prenons pour exemple ce morceau de cire qui vient d'être tiré de la ruche : il n'a pas encore perdu la douceur du miel qu'il contenait, il retient encore quelque chose de l'odeur des fleurs dont il a été recueilli ; sa couleur, sa figure, sa grandeur, sont apparentes ; il est dur, il est froid, on le touche, et si vous le frappez, il rendra quelque son. Enfin toutes les choses qui peuvent distinctement faire connaître un corps, se rencontrent en celui-ci.

Mais voici que, cependant que je parle, on l'approche du feu : ce qui y restait de saveur, s'exhale, l'odeur s'évanouit, sa couleur se change, sa figure se perd, sa grandeur augmente, il devient liquide, il s'échauffe, à peine le peut-on toucher, et quoiqu'on le frappe, il ne rendra plus aucun son. La même cire demeure-t-elle après ce changement ? Il faut avouer qu'elle demeure ; et personne ne le peut nier. Qu'est-ce donc que l'on connaissait en ce morceau de cire avec tant de distinction ? Certes ce ne peut être rien de tout ce que j'y ai remarqué par l'entremise des sens, puisque toutes les choses qui tombaient sous le goût, ou l'odorat, ou la vue, ou l'attouchement, ou l'ouïe, se trouvent changées, et cependant la même cire demeure. Peut-être était-ce ce que je pense maintenant, à savoir que la cire n'était pas ni cette douceur du miel, ni cette agréable odeur de fleurs, ni cette blancheur, ni cette figure, ni ce son, mais seulement un corps qui un peu auparavant me paraissait sous ces formes, et qui maintenant se fait remarquer sous d'autres. Mais qu'est-ce, précisément parlant, que j'imagine, lorsque je la conçois en cette sorte ? Considérons-le attentivement, et éloignant toutes les choses qui n'appartiennent point à la cire, voyons ce qui reste. Certes il ne demeure rien que quelque chose d'étendu, de flexible et de muable. Or qu'est-ce que cela : flexible et muable ? N'est-ce pas que j'imagine que cette cire étant ronde est capable de devenir carrée, et de passer du carré en une figure triangulaire ? Non certes, ce n'est pas cela, puisque je la conçois capable de recevoir une infinité de semblables changements, et je ne saurais néanmoins parcourir cette infinité par mon imagination, et par conséquent cette conception que j'ai de la cire ne s'accomplit pas par la faculté d'imaginer.

Qu'est-ce maintenant que cette extension ? N'est-elle pas aussi inconnue, puisque dans la cire qui se fond elle augmente, et se trouve encore plus grande quand elle est entièrement fondue, et beaucoup plus encore quand la chaleur augmente davantage ? Et je ne concevrais pas clairement et selon la vérité ce que c'est que la cire, si je ne pensais qu'elle est capable de recevoir plus de variétés selon l'extension, que je n'en ai jamais imaginé. Il faut donc que je tombe d'accord, que je ne saurais pas même concevoir par l'imagination ce que c'est que cette cire, et qu'il n'y a que mon entendement seul qui le conçoive.

(R. DESCARTES,
Méditations métaphysiques, II.)

SUJETS DE DISSERTATIONS OU DE DÉBATS

■ Commentez un ou plusieurs de ces jugements sur la perception :
«Nos perceptions nous donnent le dessin de notre action possible sur les choses bien plus que celui des choses mêmes» (Bergson ; lire le chapitre I de *Matière et Mémoire).*
«Tout est anticipation dans la perception des choses» (Alain).
«Toute perception est entendement» (Maurice Pradines, *Traité de psychologie,* t. I, p. 484).

SUJETS PROPOSÉS AU BACCALAURÉAT

■ La perception est-elle déjà une science ? (Rouen, A, juin 1984.)

■ Suffit-il de voir pour savoir ? (Nice-Corse, C, D, E, juin 1987.)

■ Y-a-t-il une vérité des apparences ? (Paris, Créteil, Versailles, C, D, E, septembre 1985.)

■ Percevoir, est-ce seulement recevoir ? (La Réunion, A, septembre 1984.)

■ Quand nous percevons, comment savons-nous que nous ne rêvons pas ? (Aix-Marseille, A, juin 1984.)

■ Vous dégagerez l'intérêt philosophique du texte suivant en procédant à son étude ordonnée :
«Quand on dit qu'un bâton paraît rompu dans l'eau, à cause de la réfraction, c'est de même que si l'on disait qu'il nous paraît d'une telle façon qu'un enfant jugerait de là qu'il est rompu, et qui fait aussi que, selon les préjugés auquels nous sommes accoutumés dès notre enfance, nous jugeons la même chose. Mais je ne puis demeurer d'accord de ce que l'on ajoute ensuite, à savoir que cette erreur n'est point corrigée par l'entendement, mais par le sens de l'attouchement ; car bien que ce sens nous fasse juger qu'un bâton est droit, et cela par cette façon de juger à laquelle nous sommes accoutumés dès notre enfance, et qui par conséquent peut être appelée sentiment, néanmoins cela ne suffit pas pour corriger l'erreur de la vue, mais outre cela il est besoin que nous ayons quelque raison, qui nous enseigne que nous devons en cette rencontre nous fier plutôt au jugement que nous faisons en suite de l'attouchement, qu'à celui où semble nous porter le sens de la vue ; laquelle raison, n'ayant point été en nous dès notre enfance, ne peut être attribuée au sens, mais au seul entendement ; et partant, dans cet exemple même, c'est l'entendement seul qui corrige l'erreur du sens, et il est impossible d'en apporter jamais aucun, dans lequel l'erreur vienne pour s'être plus fié à l'opération de l'esprit qu'à la perception des sens.»

DESCARTES
Israël, A, septembre 1988.

Les *Ménines*, le chef d'œuvre de Velázquez, ont inspiré au philosophe Michel Foucault une page célèbre dans *les Mots et les Choses* (1966) : «Le tableau en son entier regarde une scène pour qui il est à son tour une scène. Pure réciprocité que manifeste le miroir regardant et regardé, et dont les deux moments sont dénoués aux deux angles du tableau : à gauche la toile retournée, par laquelle le point extérieur devient pur spectacle ; à droite le chien allongé, seul élément du tableau qui ne regarde ni ne bouge, parce qu'il n'est fait, avec ses gros reliefs et la lumière qui joue dans ses poils soyeux, que pour être objet à regarder.»
La perception est toujours plus ou moins fa qui perçoit : ainsi les *Ménines* de Velázquez se trouvent transfigurées par le regard de Picasso qui ne voit dans l'œuvre originale qu'un jeu de volumes géométriques semblant converger vers le personnage de l'Infante au centre du tableau.
La conscience ingénue croit que la perception se confond purement et simplement avec nos données sensorielles. Il suffirait d'ouvrir les yeux pour voir le monde tel qu'il est. Mais c'est oublier que la perception est avant tout la projection de nos préoccupations subjectives sur la réalité.
Ce tableau réversible du peintre de la Renaissance Arcimboldo n'est perceptible que si l'on *cherche* à le voir dans les deux sens.
Taine disait que «la perception est une hallucination vraie» !
Ce *Cube aux rubans* d'Escher nous en fournit une illustration saisissante.

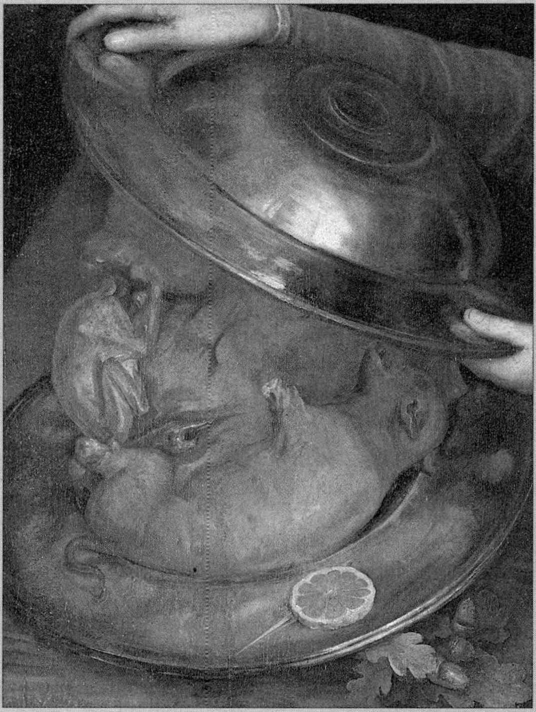

■ *Le Cuisinier*, tableau «réversible» de Giuseppe Arcimboldo (1570).

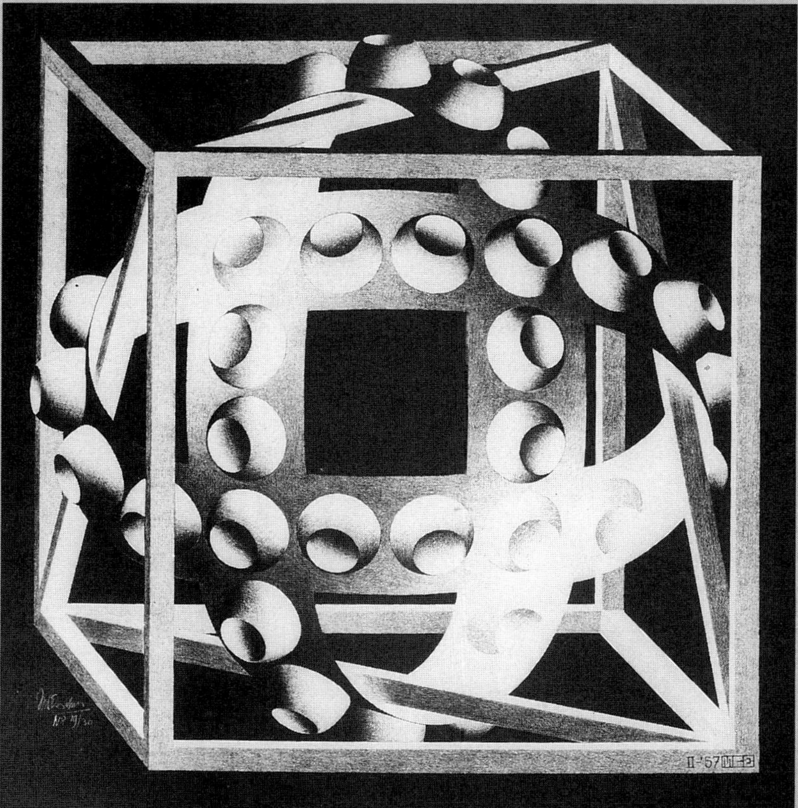

■ *Cube aux rubans*, lthographie de Maurits Escher (1957).

■ *Les Ménines*,
de Picasso (1957).

■ *Les Ménines*,
de Velázquez (1656).

CHAPITRE 4

La mémoire

La résurrection d'un passé...

Notre présent n'est pas un point mathématique insaisissable, une ligne sans épaisseur séparant le passé aboli à tout jamais et le futur qui n'existe pas encore. En fait, ce que nous appelons le présent n'est pas une ligne de démarcation abstraite mais un fragment de la durée qui enveloppe le passé prochain et l'avenir immédiat. Mon présent englobe ce que je viens de faire et ce que je vais faire. Heidegger dit que l'homme est «l'être des lointains», un être soucieux qui projette l'avenir sur le présent et qui confronte le présent avec ce qui l'a précédé. Ainsi, **tandis qu'une chose est à chaque instant contemporaine d'elle-même, l'homme dure, c'est-à-dire se souvient**.

«Les jours s'en vont, je demeure», écrit Apollinaire. La mémoire apparaît ainsi comme une sorte de revanche de l'homme sur la fuite des jours puisque l'esprit humain est capable de retrouver et de garder ce qui passe. Le visage du monde qui change et passe sans cesse ne trouverait quelque fixité que dans notre mémoire. C'est en ce sens que, selon Ibsen, «on ne possède éternellement que ce qu'on a perdu».

... dont on sait qu'il est révolu

Cependant, ces moments que ma mémoire sauve en quelque sorte de la fuite des jours, elle ne les ressuscite pas vraiment. La mémoire n'est pas une hallucination : je ne revis mon passé qu'en le sachant passé, en le pensant comme passé. Je nie sa présence après l'avoir affirmée. Comme le dit Lalande, la mémoire au sens plein du mot est «une fonction psychique consistant dans la reproduction d'un état de conscience passé avec ce caractère qu'il est reconnu pour tel par le sujet[1]».

En un sens, par la mémoire, je retrouve mon passé, je coïncide avec lui ; je **suis** mon passé ; mais, d'autre part, je pose mon passé comme aboli, je le tiens à distance de moi-même. J'**ai** un passé. Il y a là une ambiguïté de la mémoire qui est à la fois résurrection du passé et position du passé comme passé.

1. La fixation du souvenir

Nous ne fixons pas la totalité de nos perceptions, de notre expérience dans notre mémoire ; **un choix s'opère**. De quels facteurs psychologiques cette sélection dépend-elle ?

1. La psychologie classique disait que la mémoire implique un «jugement d'antériorité», ainsi formulé par le logicien Goblot : «ce phénomène présent et mien est mien mais n'est pas présent» (cité par Jean Delay, *Les Malades de la mémoire,* p. 12, P.U.F.).

1. Facteurs objectifs

Rôle de la forme de l'objet

Pour les gestaltistes, **c'est la structure de l'objet qui détermine la fixation du souvenir** ; une mélodie est plus facile à fixer dans la mémoire qu'une suite de sons quelconques, une figure régulière plus facile à retenir qu'un amas informe de lignes. La mélodie ou la figure régulière constituent en effet de bonnes formes qui s'imposent aisément.

2. Facteurs subjectifs

Rôle des valeurs du sujet

La sélection des éléments de mon expérience qui se fixent en souvenirs dépend aussi de facteurs subjectifs. Si nous retenons la mélodie, c'est parce qu'elle nous émeut[1]. En fait, **c'est en fonction de nos valeurs que nous fixons nos souvenirs essentiels**. Il y a des événements que nous fixons d'emblée et pour toujours. Dans certaines provinces françaises, on avait autrefois coutume, après le partage d'un héritage, de conduire les enfants devant les nouvelles bornes installées entre les champs et de les gifler violemment pour fixer à jamais ces emplacements dans leur souvenir. Les enfants n'oublient plus jamais ces lieux, car, comme l'écrit Georges Gusdorf[2] qui relate cette tradition, «l'étonnement et la révolte pour une correction injustifiée se perpétuent dans le souvenir comme une épreuve de certaines valeurs essentielles».

De même on fixera à jamais le souvenir des lieux qui furent le théâtre d'un premier amour. Ainsi, dans *le Lys dans la vallée*, de Balzac, Félix déclare : «Ce fut la seule fois que j'entendis cette caresse de la voix, le tu des amants ; je regardai les haies couvertes de fruits rouges, je contemplai la troupe des vendangeurs, la charrette pleine de tonneaux et les hommes chargés de hottes. Ah ! je gravais tout dans ma mémoire, tout jusqu'au jeune amandier sous lequel elle se tenait ![3]»

L'acquisition d'un souvenir n'est pas un processus mécanique et impersonnel. La mémoire n'est pas un tiroir qui accueillerait automatiquement n'importe quel objet. La mémoire nous apparaît déjà comme un acte de la personne qui fixe le passé en fonction de ses exigences, de ses soucis et de ses valeurs.

Une fois fixé, le souvenir pourra nous revenir à l'esprit, soit spontanément, soit après un effort volontaire d'évocation. Mais comment peut-il rester à notre disposition ? Sous quelle forme survit-il ? Que deviennent nos souvenirs quand nous n'y pensons pas ? C'est le problème classique de la conservation du souvenir.

1. Le début et la fin d'une mélodie, ou d'un poème, sont le plus aisément retenus. Il n'y a pas seulement là une caractéristique structurale comme pensent les gestaltistes. Il faut ajouter que le début et la fin sont valorisés affectivement, qu'ils sont privilégiés humainement. (Les inaugurations sont comme les finales chargées de valeurs affectives.)
2. G. Gusdorf, *Mémoire et personne*.
3. Cf. M. Proust, *Albertine disparue*. «Je revis Gilberte dans ma mémoire. J'aurais pu dessiner le quadrilatère de lumière que le soleil faisait sous les aubépines, la bêche que la petite fille tenait à la main, le long regard qui s'attacha à moi.»

2. La conservation du souvenir

1. Théorie matérialiste de Ribot

Le souvenir comme trace dans le cerveau

Pour Théodule Ribot, le souvenir se conserve dans le cerveau sous forme de **traces matérielles susceptibles d'être réveillées par les impressions présentes**. Lorsque je me souviens de quelque chose à quoi je ne pensais pas l'instant d'avant, le processus psychophysiologique dont il s'agit est un peu analogue au mécanisme mis en jeu lorsque l'aiguille de l'électrophone vient en quelque sorte réveiller la musique gravée et comme endormie dans les sillons du disque.

L'argument essentiel de Ribot est tiré de considérations anatomo-cliniques à propos de certaines maladies de la mémoire. Par exemple, l'aphasie motrice, perte du souvenir des mots articulés, correspond à des lésions de la zone de Broca.

Tel malade, après une hémorragie cérébrale concernant la zone psycho-tactile du lobe pariétal droit, par exemple, souffre d'une agnosie tactile du côté gauche : sa main gauche est incapable de reconnaître les objets qu'elle palpe. Les souvenirs tactiles paraissent perdus[1].

De même, l'apraxie, perte du souvenir des gestes, correspond à des lésions des zones psychomotrices du lobe frontal. Tout se passe comme si le souvenir, fixé à son lieu de naissance, déposé en quelque sorte dans telle région du cerveau, était détruit par une lésion correspondante. La mémoire ne serait que l'ensemble de ces images visuelles, tactiles, articulatoires, graphiques déposées dans des territoires cérébraux bien déterminés. Les différentes catégories de souvenirs (mémoire visuelle auditive, mémoire des gestes) seraient ainsi localisées de façon précise dans des régions spécialisées du cerveau. Telle lésion cérébrale abolirait automatiquement telle catégorie de souvenirs. La mémoire se réduirait à une propriété du tissu nerveux d'enregistrer les impressions subies et d'en conserver la trace.

2. Critique de la théorie de Ribot

Le souvenir peut survivre aux lésions cérébrales

Dans son célèbre ouvrage, *Matière et Mémoire,* Bergson a critiqué la théorie de Ribot ; et les faits mis en lumière par la neurologie paraissent, aujourd'hui encore, confirmer les critiques bergsoniennes. D'après Bergson, le souvenir ne peut pas être conservé par le cerveau car l'expérience montre que la **destruction d'un territoire cérébral supprime non les souvenirs correspondants, mais seulement la possibilité de leur évocation dans certaines conditions**. Tel aphasique donne l'impression, non d'avoir perdu le souvenir de certains mots, mais de se débattre avec un cerveau rétif pour les retrouver. Dans certains cas, il proposera des périphra-

1. Jean Delay, dans *les Maladies de la mémoire,* cite le cas d'une jeune fille agnosique, Modeste, qui, à la suite d'une lésion cérébrale (balle de revolver dans la région pariétale droite), ne peut pas reconnaître au toucher les objets familiers placés dans sa main gauche. Elle déclare au sujet d'un peigne placé dans sa main gauche : «C'est long et plat d'un côté, c'est légèrement interrompu, d'un bout à l'autre il y a des pointes. De l'autre côté, c'est plus épais et tout à fait continu... je ne sais pas ce que c'est» *(Maladies de la mémoire,* P.U.F.).

ses dont le sens équivaut à celui des mots perdus. S'il a oublié le mot «non», il dira par exemple que «c'est un petit mot pour exprimer le refus».

Mieux encore, il pourra retrouver spontanément le mot perdu à la faveur d'une émotion. Par exemple, ce malade s'énerve, se met en colère, et déclare, furieux : «Eh bien **non**, je n'arriverai jamais à retrouver ce mot !» L'évocation volontaire, «à froid», est impossible, mais l'évocation automatique n'est pas exclue. Jean Delay écrit, dans une perspective très bergsonienne : «Un malade de Bruns, incapable de faire, à froid, le signe de la croix, le fait spontanément en entrant dans une église. Tel de nos malades incapable de boire le verre d'eau vidait d'un trait le verre de vin [...]. Incapable de parler *la Marseillaise*, l'anarthrique la chantera [...]. Ces facilitations émotionnelles qui ressusciteront soudain un geste oublié sont la preuve qu'il n'y a pas ici perte des images mais seulement difficulté de leur réalisation[1].»

D'ailleurs, un aphasique qui a perdu le souvenir des mots articulés à la suite de lésions des centres du langage (qui sont situés dans l'hémisphère gauche du cerveau) peut être rééduqué. L'hémisphère droit du cerveau se substituera à l'hémisphère gauche. N'est-ce pas la preuve que les souvenirs eux-mêmes n'étaient pas perdus ? Ce que la lésion a détruit (définitivement ou temporairement), ce n'est pas le souvenir lui-même, c'est la possibilité de l'évoquer normalement.

3. Distinction bergsonienne de la mémoire et de l'habitude

Mémoire et habitude

Bergson reproche à Ribot d'avoir confondu la mémoire et l'habitude, d'avoir cru parler de la mémoire alors qu'il ne parlait que de l'habitude. C'est l'habitude, en effet (et non la mémoire), qui s'explique par des connexions neuro-musculaires montées dans l'organisme. Si je récite un poème appris par cœur, j'ai acquis une habitude ; j'ai lu plusieurs fois le poème, les mots ont fini par s'organiser ensemble. Le texte récité par cœur a tous les caractères de l'habitude, acquise par l'exercice, emmagasinée dans un système clos de mouvements automatiques ; j'ai appris à reproduire dans l'ordre voulu une série de mouvements de mes organes vocaux. Réciter un poème, marcher, nager, danser, faire du ski, ce sont des habitudes.

Remarquons que, dans l'habitude, **le passé est ressuscité, mais il est utilisé, joué et non pensé comme passé**. J'exécute un pas de danse qui est le résultat d'un apprentissage ancien, d'une histoire ; mais j'ai perdu le souvenir des péripéties de cet apprentissage ; l'histoire est oubliée, le résultat demeure.

La mémoire c'est l'esprit en tant qu'il vit et qu'il dure

La mémoire vraie est toute différente. Je récite un poème par cœur, c'est une habitude. Mais supposons que je me revoie lisant ce poème pour la première fois, au fond d'un parc, sur un banc vermoulu. Cette image que j'évoque est un vrai souvenir. Elle n'est pas fixée en moi par l'exercice. Mais elle s'est imprimée du premier coup dans ma mémoire et les lectures successives que j'ai faites depuis du poème n'ont pu la fixer davantage puisque ce sont des souvenirs différents ! Tandis que les habitudes sont des mécanismes, les souvenirs purs sont des images singulières. Le souvenir vrai se situe donc sur un autre plan que l'habitude et la psychologie ne saurait

1. Jean Delay, *op. cit.*

expliquer de la même manière ces fonctions mentales qui n'ont rien de commun. L'habitude d'esquisser un pas de danse et le souvenir d'un premier bal ne sont pas des faits psychiques du même ordre.

4. Théorie bergsonienne de la mémoire

La mémoire pure ne relève pas de la matière, elle est indépendante de la mécanique nerveuse. Le souvenir, d'essence purement spirituelle, ne se conserve pas dans le cerveau. La conservation du souvenir ne pose, d'ailleurs, aucun problème particulier puisque l'esprit est, par essence, inséparable de la durée. Quand je prononce une fin de phrase, l'auditeur se souvient du début sans quoi – s'il vivait dans l'instant – il serait incapable de penser. La mémoire, par opposition à la matière *(mens momentanea,* disait Leibniz), **c'est l'esprit lui-même en tant qu'il vit et qu'il dure**. Puisque l'esprit est durée, rien de ce que l'esprit a fait ou éprouvé n'est perdu. Tout ce que nous avons pensé, senti, voulu depuis le premier éveil de notre conscience est là, derrière nous, et persiste indéfiniment.

Dès lors, ce qui fait problème, ce n'est pas la conservation du souvenir, c'est l'oubli. Comment se fait-il que la totalité de mon passé ne soit pas présentement **consciente** pour moi ?

Ce qui est oublié c'est l'inutile

Bergson répond que la conscience est une fonction biologique, qui a pour but de nous adapter à l'action présente. Pour agir dans le présent, il ne servirait à rien d'avoir conscience de la totalité de son passé ! La conscience n'éclaire que les souvenirs qui me sont immédiatement utiles pour agir. C'est ici que Bergson place le rôle de l'organisme et particulièrement du cerveau. Le cerveau ne sert pas à conserver les souvenirs (qui se conservent d'eux-mêmes dans l'inconscient psychique), **le cerveau sert à actualiser les souvenirs**, à filtrer ceux qui sont utiles pour l'action présente. Il n'est pas le conservatoire des souvenirs, **il est l'instrument de leur évocation consciente**.

Le rêve est le conservatoire des souvenirs

Dans le rêve nocturne, les souvenirs ne sont plus sélectionnés puisque les exigences de l'action s'effacent. «Rêver, c'est se désintéresser.» L'attention à la vie s'est relâchée, les images du passé reviennent alors en foule et en désordre[1]. On pense ici à Verlaine :

«Comme un vol criard d'oiseaux en émoi
Tous mes souvenirs se jettent sur moi.»

Le rêve fournit à Bergson une illustration de sa théorie sur la conservation intégrale du passé.

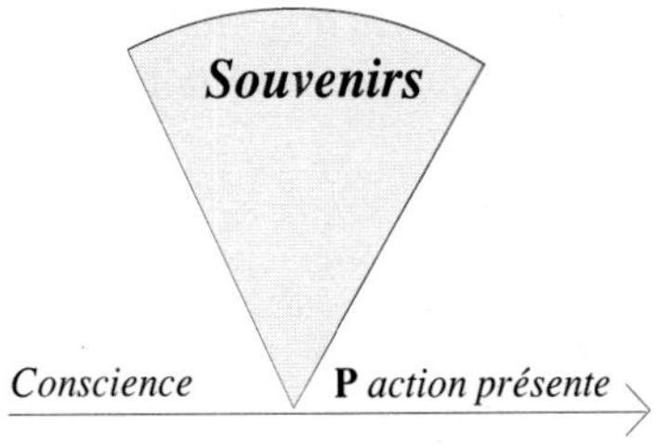

Le cône de Bergson. Bergson illustre sa théorie par cette figure. Le cône représente la masse inconsciente des souvenirs. Parmi ceux-ci, ne deviennent conscients que ceux qui – à chaque instant – entrent dans la ligne de mon action présente (au point P).

1. On opposera à cette théorie bergsonienne du rêve, succession désordonnée d'images, la théorie freudienne : l'enchaînement des images oniriques a un sens caché.

Les images les plus étranges de nos rêves ne viennent-elles pas d'un passé si lointain que nous le croyions à jamais aboli ?

L'amnésie selon Bergson

Bergson reprend le problème des maladies de la mémoire à la lumière de sa théorie qui fait du cerveau un simple instrument d'évocation. Quand le cerveau est fatigué – ou à plus forte raison atteint par une lésion – l'évocation du souvenir est plus difficile et à la limite impossible. Mais le souvenir lui-même existe inconsciemment, il est seulement impuissant à s'actualiser parce que l'organe d'évocation est abîmé. «C'est la matérialité, disait Ravaisson, qui met en nous l'oubli.»

Bergson a remarqué que, dans la plupart des amnésies – et quelle que soit la forme de la lésion – les noms propres disparaissent avant les noms communs et les noms communs avant les verbes «comme si la maladie connaissait la grammaire». Bergson explique ainsi ce fait : «A mesure que nous allons du verbe au nom propre, nous nous éloignons davantage de **l'action tout de suite imitable, jouable par le corps** ; un artifice de plus en plus compliqué devient nécessaire pour symboliser en mouvements l'idée exprimée par le mot qu'on cherche et comme c'est au cerveau qu'il incombe la tâche de préparer ces mouvements, comme son fonctionnement est d'autant plus réduit que la région intéressée est lésée plus profondément, il n'y a rien d'étonnant à ce qu'une altération des tissus qui rend impossible l'évocation des noms propres ou des noms communs laisse subsister celle des verbes.»

3. Discussion de la théorie bergsonienne conservation du passé et reconnaissance des souvenirs

Le postulat réaliste de Bergson

La théorie bergsonienne s'accorde mieux que celle de Ribot avec les faits mis en lumière par la pathologie nerveuse[1]. Elle présente cependant des difficultés et des obscurités d'ordre métaphysique. Comment la mémoire – qui est esprit pur – peut-elle utiliser, pour l'actualisation du souvenir, les mécanismes purement matériels de l'outil cérébral ? Et que dire de cette conservation intégrale du passé dans un inconscient purement psychique ?

La psychologie bergsonienne, tout comme celle de Ribot, semble dupe d'un postulat réaliste. Les souvenirs sont censés se conserver comme des choses. Qu'ils se déposent sous forme de traces dans le tissu nerveux ou bien qu'ils subsistent dans un mystérieux Inconscient, ils sont considérés comme des états, comme des choses : empreintes grossièrement matérielles, ou bien images purement mentales, ils sont dans les deux cas des portraits des

1. Jean Delay paraît accepter par exemple l'essentiel de la théorie bergsonienne : «S'il fallait émettre une hypothèse sur les rapports du cerveau et de la mémoire nous pourrions dire : un souvenir peut **être** sans **paraître**, mais il ne peut paraître sans le secours du cerveau... Le rôle du cerveau se termine quand le souvenir s'endort, il recommence dès qu'il se réveille. Pour reparaître en effet à la rampe de la conscience éclairée les souvenirs doivent reprendre la livrée visuelle, auditive, tactile ou autre qu'ils avaient déposée en entrant dans la nuit de l'inconscient.» (*Maladies de la mémoire,* P.U.F., p. 103.)

événements vécus autrefois, des reflets passifs de mes perceptions antérieures. Dans cette perspective, ce qui est incompréhensible, c'est que la trace cérébrale excitée à nouveau, ou bien l'image revenue à ma conscience me soit donnée comme se rapportant à un événement passé. Maurice Merleau-Ponty écrit très justement : «Si nous remplaçons la trace physiologique par une trace psychique, si nos perceptions demeurent dans un inconscient, la difficulté sera la même : la perception conservée est une perception, elle continue d'exister, elle est toujours au présent, elle n'ouvre pas en arrière de nous cette dimension de fuite et d'absence qu'est le passé[1].»

Phénoménologie de la mémoire

Dans la perspective husserlienne qui est celle de Merleau-Ponty, on pourrait dire que les souvenirs ne sont pas **dans** la conscience. **C'est la conscience elle-même qui constitue le souvenir en posant le passé comme passé.** Le souvenir n'est pas une chose, c'est un acte de la conscience, un jugement de l'esprit qui rapporte certains événements au passé. Dès lors on ne saurait parler d'une conservation des souvenirs. Ce sont les choses qui se conservent et si le souvenir est un acte (l'acte qui consiste à poser le passé comme passé), une visée de la conscience, ce n'est pas lui qui se conserve. Un acte est ou n'est pas, mais ne se conserve pas.

Acte implique actualité, présent. Le souvenir c'est l'acte présent d'évoquer un événement en le rapportant au passé. Il faut bien cependant que quelque chose se conserve pour que l'évocation du passé soit possible. **Plutôt que le souvenir lui-même, ce sont des aide-mémoire qui se conservent.**

Mémoire et sociologie

Ces aide-mémoire sont non seulement d'ordre organique (conçus comme des circuits familiers empruntés par l'influx nerveux plutôt que comme des empreintes statiques) mais aussi d'ordre social. La reconnaissance d'un événement passé comme passé s'appuie sur des points de repère sociaux grâce auxquels je suis capable de situer mes souvenirs dans le passé. Tels sont les «cadres sociaux» de la mémoire dont a parlé Maurice Halbwachs, les repères fournis par le calendrier ou par les grands événements qui concernent le groupe social tout entier. Il me suffit de dire «avant la guerre» ou «après la guerre» ou plus précisément «quand j'étais lycéen, en classe de Première, en classe de Seconde» pour évoquer immédiatement une foule de souvenirs relatifs à ces périodes de ma vie. Grâce aux repères sociaux, je puis «battre les buissons du passé et faire lever des volées de souvenirs». Suivant les repères que j'adopte je puis évoquer les souvenirs les plus divers : je possède ainsi plusieurs mémoires – une mémoire familiale, une mémoire professionnelle, une mémoire nationale, qui toutes utilisent des points de repère collectifs, donc objectifs. Il semble juste de dire avec Halbwachs : «Le passé ne se conserve pas, on le reconstruit à partir du présent[2]», grâce aux cadres sociaux de la mémoire. Et comme le note cet auteur, «il n'est pas de **reconnaissance** qui ne soit un commencement de **localisation**». Sans doute, il est une reconnaissance purement vécue, qui se réduit à un sentiment de familiarité (et qui est déjà présente dans l'habitude au sens où on a dit que «reconnaître un objet c'est savoir s'en servir»), mais la reconnaissance véritable c'est la reconnaissance pensée, l'acte de rapporter un souvenir au passé, ce qui implique toujours au moins l'esquisse d'une localisation, d'une situation du souvenir par rapport à des repères chronologiques.

1. Maurice Merleau-Ponty, *Phénoménologie de la perception.*

2. Maurice Halbwachs, *les Cadres sociaux de la mémoire.*

La mémoire : reconstruction du passé

Il semble qu'il y ait là un caractère de la mémoire méconnu par Bergson dans sa théorie de la mémoire pure. Bergson donne comme exemple de souvenirs purs les images de nos songes qui s'emparent de nous dans le «désintéressement» du sommeil. Mais précisément les images du rêve, résidus des perceptions passées, **ne sont pas reconnues comme des souvenirs** par la conscience rêveuse. Le rêveur, tout comme l'homme de l'habitude, revit son passé mais ne le pense pas comme passé. En fait la mémoire complète dépasse le souvenir-image comme elle dépasse la mémoire-habitude. Et d'après Jean Delay, il faudrait distinguer non pas deux mémoires mais trois : la mémoire sensorimotrice (qui équivaut à la mémoire-habitude de Bergson), la mémoire «autistique» (faite de ces images singulières, personnelles qui remontent de mon passé dans le rêve ou dans le délire) et enfin la mémoire sociale qui est la véritable mémoire, que Pierre Janet nommait la **conduite du récit**. La mémoire serait en effet, selon Janet, liée à l'exigence sociale du récit. La sentinelle d'un camp d'Indiens est tenue de relater au chef tout ce qui s'est passé pendant la nuit : bruits suspects, mouvements de l'ennemi, etc. La survie du groupe dépend de l'exactitude de ce récit. La nécessité du récit contraint le gardien à mettre en ordre le passé, à distinguer un avant et un après, à utiliser des points de repère chronologiques. La mémoire apparaît ainsi en même temps comme une fonction de la raison. La mémoire, écrit Pradines, est une «reconstruction du passé par l'intelligence[1]».

4. Le problème de la fidélité du souvenir

1. L'évolution des souvenirs

La mémoire transfigure les événements du passé

Si le souvenir est une évocation présente du passé – et non pas le passé lui-même qui se transporterait avec nous sans se modifier, comme les bagages d'un voyageur –, on comprend que la structure du souvenir dépende des circonstances de l'évocation et puisse se modifier avec elles. On peut ainsi parler d'une **évolution des souvenirs** que la psychologie expérimentale peut vérifier très simplement. Demandons à un sujet de dessiner d'après un modèle un motif d'architecture (représentant des colonnades, des volutes). Six mois après, invitons le même sujet à dessiner à nouveau, mais cette fois de mémoire, le même thème. Le souvenir apparaît très infidèle, mais les modifications subies par le souvenir ne sont pas quelconques : le souvenir s'est schématisé, «intellectualisé». Le dessin fait de mémoire a des formes plus régulières, plus géométriques que le modèle initial. Les petites dimensions ont été surestimées, les grandes dimensions sous-estimées. Les détails ont disparu. Le souvenir a subi une reconstruction dans le sens de la logique, de la rationalisation des formes, il se montre avant tout simplifié et appauvri.

Et encore ne s'agit-il dans ces expériences que d'un «matériel neutre», d'un dessin qui n'éveille en moi aucune émotion profonde. Que dire des souvenirs qui intéressent mes valeurs essentielles ? S'ils subissent avec le temps une schématisation inévitable, on peut dire d'autre part qu'ils sont

1. Maurice Pradines, *Traité de psychologie générale*.

enrichis et transfigurés par tous les événements qui leur succèdent et qui ne manqueront pas de se projeter sur eux à l'occasion des évocations futures. L'infidélité de la mémoire n'est pas de se projeter sur eux à l'occasion des évocations futures. L'infidélité de la mémoire n'est pas un phénomène purement négatif, une simple absence d'objectivité. En fait elle révèle la présence de ma personne, de ses valeurs, de ses préoccupations actuelles qui ne manquent pas de prêter leur couleur propre à l'évocation du moment. Tel est le thème brillamment illustré par Georges Gusdorf dans son beau livre : *Mémoire et Personne.*

La mémoire est conscience dans le temps

Rousseau, par exemple, rédigeant ses *Confessions*, s'étend complaisamment sur les moments heureux, évoque avec émotion voyages à pied et nuits à la belle étoile. C'est qu'au moment où il écrit, «déjà vieux et dégoûté des vains plaisirs de la vie», il est devenu beaucoup plus sensible aux beaux sites, aux belles promenades. Il s'étend plus longuement sur de tels souvenirs «dont le tempo, dit Gusdorf, correspond mieux à l'apaisement de sa vieillesse». D'autre part, l'évocation lyrique et émue d'une jeunesse besogneuse est également fonction des succès ultérieurs de Rousseau. «Le développement ultérieur de la carrière littéraire et mondaine de Rousseau n'a pas été sans répercussions sur la conscience qu'il a prise des premières époques de sa vie[1].» Si Rousseau était resté toute sa vie le vagabond qu'il fut dans sa jeunesse, il n'aurait pas tant de complaisance pour ce passé picaresque...

La conscience que nous prenons du temps est une conscience qui appartient elle-même au temps. **La conscience du temps est une conscience dans le temps.** Elle ne reflète le passé qu'à travers les thèmes psychologiques du présent.

Pourtant certains présentent à cette théorie de l'évolution du souvenir une objection qui se voudrait décisive. Il existerait une forme de mémoire capable de reproduire intégralement le passé, de restituer jusque dans leurs nuances les plus fines les émotions et les sentiments que j'ai autrefois éprouvés. Telle serait la mémoire affective qui nous ferait fidèlement retrouver, dans le présent, les sentiments passés.

2. La théorie de la mémoire affective

L'expérience de la «petite madeleine»

La mémoire affective serait donc la résurrection des sentiments sous forme de souvenirs, résurrection généralement suscitée par une excitation sensorielle très souvent d'ordre olfactif (Schopenhauer appelait l'odorat le sens de la mémoire). Par exemple, je me promène dans une forêt, je sens l'odeur particulière des feuilles mortes mouillées et brusquement le souvenir de promenades analogues dans mon enfance m'est donné avec toute sa richesse affective, avec tout son charme retrouvé. Marcel Proust, qui a donné tant d'exemples admirables de souvenirs de cet ordre, rappelle à ce propos une croyance celtique : les âmes de ceux que nous avons perdus seraient captives des choses, emprisonnées dans une pierre, dans un arbre et, lorsque nous passons près de ces objets, nous aurions le magique pouvoir de libérer ces âmes. La magie du souvenir ressemblerait, selon Proust, à cette magie celtique. Passant devant quelque paysage, je retrouverai, miraculeusement ressuscitées, les émotions qu'il m'inspira autrefois. Tout le monde connaît l'expérience proustienne de la «petite madeleine». Proust avalant une cuille-

1. Georges Gusdorf, *Mémoire et Personne.*

rée de thé avec quelques miettes d'une petite madeleine se sent envahi d'un plaisir délicieux. Une émotion intense et familière, mais dont il ne peut pas tout de suite identifier l'origine, envahit son âme comme une bouffée de passé et brusquement il se souvient : il se revoit tout enfant, à Combray, lorsque le matin sa tante Léonie lui offrait un morceau de madeleine trempé dans une infusion. Une autre fois, c'est en écoutant le crépitement des bûches dans l'âtre que Proust est saisi par le souvenir des hivers de son enfance : «L'odeur dans l'air glacé des brindilles de bois, c'était comme un morceau du passé, une banquise invisible détachée d'un hiver ancien qui s'avançait dans ma chambre, souvent striée d'ailleurs par tel parfum, telle lueur, comme par des années différentes où je me retrouvais replongé, envahi avant même que je les eusse identifiées, par l'allégresse d'espoirs abandonnés depuis longtemps[1].»

On pourrait trouver dans la littérature d'innombrables exemples de souvenirs de cet ordre. Proust lui-même en cite de très remarquables[2]. par exemple, un texte de Chateaubriand dans les *Mémoires d'outre-tombe.* Chateaubriand se promène en 1817 dans le parc de Montboissier et songe aux bouleversements politiques dont il a été témoin : «Je fus tiré de mes réflexions par le gazouillement d'une grive [...]. A l'instant ce son magique fit reparaître à mes yeux le domaine paternel ; j'oubliais les catastrophes dont je venais d'être le témoin et, transporté subitement dans le passé, je revis ces campagnes où j'entendais si souvent siffler la grive.» Et la tristesse douce que René cultivait dans le manoir paternel envahit l'âme de Chateaubriand.

3. Remarques critiques

Nature de l'émotion éprouvée dans le souvenir

Il est incontestable que beaucoup de souvenirs ne sont pas évoqués de façon froide et abstraite. Leur évocation s'accompagne d'émotions souvent intenses. Mais cela ne suffirait pas à caractériser une mémoire affective authentique. **Il n'y a mémoire affective que si l'émotion éprouvée en évoquant le souvenir est réellement celle qui fut vécue autrefois**, et non pas une émotion nouvelle différente suscitée par le souvenir. Par exemple, écrit justement Delacroix, «le souvenir d'une agression peut provoquer la colère ; nous réagissons violemment à ce souvenir ; mais cette colère est une réaction présente, une émotion présente bien plutôt que le souvenir d'une émotion»[3]. Pouvons-nous être jamais sûr que l'émotion éprouvée soit la même que celle qui fut autrefois ressentie ? Proust retrouve son passé avec émerveillement, avec une joie exaltante. Mais, quand ce passé était présent, Proust l'avait vécu avec indifférence et parfois dans la tristesse.

De même le chant de la grive ne restitue pas véritablement à Chateaubriand la tristesse de Combourg : «quand je l'écoutais autrefois, j'étais triste de même qu'aujourd'hui, mais cette première tristesse était celle qui naît d'un désir vague de bonheur lorsqu'on est sans expérience ; la tristesse que j'éprouve actuellement vient de la connaissance de choses appréciées et jugées». Ainsi la tristesse du vieux Chateaubriand vient recouvrir la tristesse de l'enfance bien plutôt qu'elle ne la découvre. Si notre vie mentale ne cesse de s'enrichir, si les péripéties de notre histoire retentissent les unes sur les

1. Marcel Proust, *la Prisonnière.*

2. Marcel Proust, *le Temps retrouvé.*

3. *In* Georges Dumas, *Traité de psychologie.*

autres et se fondent en nous – loin de se juxtaposer en notre esprit comme des objets rangés dans une armoire –, **il n'est pas de souvenir capable de nous restituer celui que nous fûmes**. «Nous n'aurons plus jamais notre âme de ce soir.»

La mémoire affective comme réponse à un stimulus

Il est vrai que les psychologues qui croient à la réalité de la mémoire affective la présentent parfois comme un phénomène psychologique exceptionnel. Accordons-leur par hypothèse la possibilité de cette résurrection intégrale du passé. Il reste qu'un tel retour affectif du passé ne serait pas au sens strict du mot un souvenir mais se rapprocherait plutôt de l'habitude. On pourrait par exemple rattacher la mémoire affective au **réflexe conditionné**. Le chien qui salive en entendant le son d'une cloche retrouve les sensations (et peut-être les émotions) que suscitait en lui le stimulus premier, la poudre de viande. On pourrait dire – pour revenir aux exemples que nous avons cités – que le chant de la grive, la petite madeleine, le crépitement des bûches dans l'âtre servent de stimulus conditionnel. La même explication vaudrait pour le phénomène du transfert affectif en psychanalyse. Tel malade qui se comporte à l'égard du médecin comme jadis à l'égard de son père (jusqu'à se précipiter dans le fond du cabinet de consultation en projetant ses mains devant ses yeux) retrouve les émotions et les gestes mêmes de son enfance – sans qu'on puisse pourtant qualifier de souvenir au sens plein du mot cette brusque invasion du passé affectif dans le présent, puisque le malade ne prend pas conscience qu'il reproduit des attitudes anciennes. Irène, une malade observée par Pierre Janet, frappée d'amnésie à la mort de sa mère, revit au cours de crises hallucinatoires tous les épisodes de la mort de sa mère. Elle fait les mêmes gestes qu'elle avait accomplis, pleure, s'effondre, etc. Elle revit son passé, retrouve toutes ses émotions mais précisément ne se souvient pas, ne sait pas rapporter ces événement au passé. **Le souvenir est revécu mais n'est pas reconnu.**

Une habitude, plutôt qu'une mémoire affective

Si le souvenir était réellement reconnu, renvoyé au passé, il cesserait précisément d'être affectif pour devenir un acte intellectuel. Les états affectifs sont essentiellement actuels, de l'ordre du présent, tandis que le souvenir, dit très bien Delacroix, «est représenté actuellement dans la conscience mais en tant que passé, en tant que rejeté hors du présent ; la présence du souvenir signifie du passé et représente une absence»[1]. La notion de mémoire affective apparaît donc contraditoire. Il vaudrait mieux parler d'**habitude affective**. Et l'on pourrait dire que le but de la cure psychanalytique est de délivrer la malade de ses habitudes affectives morbides pour lui rendre un souvenir authentique. De même les hallucinations d'Irène cesseront quand cessera son amnésie. Quand elle pourra se souvenir, c'est-à-dire penser le passé comme passé, elle sera libérée de ses crises affectives. **Libérer de l'affectivité en rendant la mémoire**, tel est le but de la psychanalyse ; on pourrait dire en transformant un peu une formule célèbre de Lachelier : «La mémoire d'une douleur n'est pas douloureuse mais vraie.» La mémoire authentique n'est pas le passé redevenu présent, mais le passé reconnu et pensé comme passé. **Dans l'habitude je suis mon passé ; par la mémoire j'ai un passé.** Dans ses crises hallucinatoires, Irène coïncide exactement avec son histoire. Elle est son histoire ; une fois guérie, elle aura une histoire, elle projettera à l'extérieur et à distance d'elle-même un passé exorcisé.

1. *In* Georges Dumas, *Nouveau Traité de psychologie*.

5. Le problème de l'oubli

Les « lois de l'oubli »

Pour certains auteurs l'oubli n'est qu'un phénomène négatif, un simple «manque de mémoire». Le candidat malheureux à un examen s'accusera d'avoir eu «un trou de mémoire». On peut être tenté de donner une explication purement matérialiste de ces déficits de la mémoire. C'est le point de vue de Ribot. Dans le cas de l'oubli pathologique, le matérialisme imagine aisément que le souvenir, localisé dans des territoires cérébraux déterminés, disparaît avec la substance nerveuse elle-même. L'oubli normal correspond d'autre part à **l'effacement des traces gravées dans le cerveau**.

On a cherché, dans cette perspective, les lois qui régissent la disparition des souvenirs. Par exemple, on fait apprendre à un sujet une liste de syllabes quelconques et l'on note le nombre de répétitions nécessaires à la fixation. Trois mois après, le sujet a oublié cette liste de syllabes, on la lui fait réapprendre et l'on note encore le nombre (plus faible) de répétitions nécessaires. Trois mois après, on recommence l'expérience, etc. Cette méthode fait apparaître une certaine résistance du souvenir. L'oubli ne serait pas une fonction linéaire du temps écoulé mais croîtrait seulement comme le logarithme du temps. Dans d'autres cas, le souvenir résiste au contraire d'autant mieux qu'il est plus ancien, par exemple chez le vieillard qui oublie les événements récents et se souvient de son enfance. Ribot explique que «les souvenirs les plus récents, mal fixés dans les éléments nerveux, rarement répétés et par conséquent faiblement associés avec les autres, représentent l'organisation la plus faible»[1].

Le pourquoi de l'oubli

Mais nos analyses précédentes nous ont montré qu'on ne saurait étudier les souvenirs comme des choses. Rappelons tout d'abord que, même dans les cas pathologiques d'aphasies, d'apraxies ou d'agnosies, la lésion ne détruit pas le souvenir lui-même mais empêche seulement de l'évoquer à froid. Le malade peut retrouver le mot ou le geste perdu à la faveur d'une émotion, ce qui montre déjà que l'évocation n'est pas un mécanisme impersonnel, qu'elle est inséparable de conditions affectives, d'une certaine situation de la personne. Si l'oubli n'est pas la destruction du passé mais seulement l'impossibilité de l'évoquer dans certaines conditions (pour Bergson aussi bien que pour Freud, le passé n'est jamais réellement anéanti), le problème doit être envisagé sous un autre éclairage. Comme on l'a dit très justement, «il ne s'agit pas de savoir **comment** les souvenirs se détruisent mais de dire **pourquoi** ils ne peuvent être évoqués». Il convient ici de chercher, non le processus mécanique d'un phénomène naturel, mais la signification psychologique d'un phénomène humain. Dans le langage de Karl Jaspers, on pourrait dire que Ribot cherchait à **expliquer** l'oubli ; nous devons, nous, le **comprendre** : non pas découvrir ses lois mais élucider son sens. Que peut signifier la loi logarithmique de l'oubli (valable pour un matériel de syllabes dépourvues de sens) lorsqu'il s'agit d'un souvenir d'amour ou du souvenir d'une faute commise, d'une humiliation subie ? L'oubli n'est pas le trouble d'une fonction indépendante des autres, d'un mécanisme isolé de la per-

1. Théodule Ribot, *Maladies de la mémoire*.

sonne. Mais l'oubli se comprend à partir de l'être tout entier, il est révélateur de la personne, de ses exigences et de ses soucis. Par là, il cesse d'être simplement le **négatif de la mémoire** pour se charger de **significations positives**.

Oubli et refoulement

C'est ce que Freud d'abord et, après lui, tous les psychanalystes ont largement mis en lumière ; je n'oublie pas n'importe quoi, mais j'expulse de ma conscience claire tout ce qui, dans mon passé, m'est insupportable, ce qui est trop pénible ou ce qui est contraire aux exigences de mon surmoi. L'oubli se ramènerait donc dans bien des cas à un refoulement qui pour être involontaire, n'est pas moins significatif. Déjà Nietzsche notait dans l'un de ses *Aphorismes*. «C'est moi qui ai fait cela, dit ma mémoire, il est impossible que je l'aie fait, dit mon orgueil [...]. Finalement c'est la mémoire qui cède.» Et Darwin se donnait comme règle d'or de «noter fidèlement et immédiatement» tous les faits publiés, tous les arguments en opposition avec ses propres idées, car il «savait par expérience que les idées et les faits de ce genre disparaissent plus facilement de la mémoire que ceux qui nous sont favorables»[1].

Dans la perspective psychanalytique, d'ailleurs, le souvenir refoulé n'est pas anéanti. Il continue à hanter mon existence et mes conduites alors même qu'il a quitté ma conscience claire. Il réapparaît sous forme de symptôme morbide. Tel malade ayant fait, dans son enfance, accidentellement couler le sang de son frère refoule ce souvenir traumatisant qui réapparaît sous forme de symptômes obsessionnels incompréhensibles pour le patient lui-même (le malade est angoissé à la vue d'objets de couleur rouge). L'oubli consiste ici non à perdre son passé mais à cesser de le dominer. On est le prisonnier du passé au lieu d'être le maître du souvenir. On est son passé au lieu de l'avoir. **L'oubli est ici la transposition du souvenir dans un autre langage.**

C'est ainsi que la médecine psychosomatique nous a montré que le malade pouvait tenter de se délivrer d'une angoisse ou d'un sentiment de culpabilité, en les faisant en quelque sorte exprimer par le corps (sous forme de crises d'asthme ou d'un ulcère à l'estomac par exemple). Le refoulement est ainsi le passage d'un langage à un autre. Le langage clair du souvenir est devenu le langage hermétique des symptômes (qui ne sera clair que pour le psychanalyste).

Valeur ou danger de l'oubli

On voit comment l'oubli remplit ainsi une fonction de défense. Il est une manière de solution aux conflits psychologiques, une mauvaise solution mais une solution qui a tout de même un sens. La solution des conflits par le refoulement fait penser au comportement de ces crustacés qui se coupent une patte pour se délivrer. Le refoulement ne résout les conflits qu'en nous mutilant. La personne refuse d'assumer son propre passé.

Du point de vue, moral on peut condamner cette forme d'oubli qui est une conduite de fuite, qui manifeste faiblesse et lâcheté. Oublier c'est souvent se refuser, se mentir à soi-même. Il faut avoir le courage de se souvenir. Comme on l'a dit avec pertinence, «on a les souvenirs dont on est capable et c'est pourquoi la mémoire est si intimement liée à la conscience morale».

On peut juger la théorie freudienne de l'oubli trop pessimiste. S'il est un oubli nocif, il y a aussi un oubli bienfaisant. Bergson a bien vu que l'oubli

1. Ces textes préfreudiens très remarquables sont cités par Challaye, *Manuel de psychologie* et également par Delay, *les Maladies de la mémoire*.

était d'une certaine façon le signe de l'adaptation au réel. Les nécessités du présent sélectionnent les souvenirs. Il est normal que nous fassions un tri dans la richesse informe du passé. La vraie fonction de la mémoire est de tirer les leçons du passé, de transformer l'événement en expérience. La mémoire en ce sens suppose l'oubli, un peu comme le récit de l'historien exige l'abandon des détails inutiles et la mise en valeur de l'essentiel. A côté du mauvais oubli, il y a un oubli salutaire, signe de liberté. La conscience humaine est tendue vers l'avenir ; elle n'évoque normalement le passé qu'en fonction des projets qu'elle assume et des actes qu'elle accomplit.

6. Une illusion étrange : la fausse reconnaissance ou la paramnésie

Les fausses réminiscences

Le thème baudelairien de la «vie antérieure», celui de l'éternel retour chez Nietzsche, ainsi que la théologie platonicienne de la réminiscence transposent dans le langage mythologique ce fait psychologique qu'est l'illusion du déjà-vu. Il arrive quelquefois qu'en découvrant un paysage, en écoutant un air de musique pourtant inconnus de nous, nous éprouvions le sentiment d'avoir déjà vu ce paysage, d'avoir déjà entendu cette musique. Delacroix cite plusieurs exemples de cette illusion banale, empruntés à la littérature. Alphonse Daudet écrivait par exemple : «Il y a des jours où tout ce qui m'arrive a l'air de m'être arrivé déjà, où tout ce que je fais je me figure l'avoir fait il y a longtemps, dans une autre vie, dans un rêve.» Et Verlaine écrit :

Dans une rue, au cœur d'une ville de rêve
Ce sera comme quand on a déjà vécu
Un instant à la fois très vague et très aigu
Ô ce soleil parmi la brume qui se lève[1].

Telle est la paramnésie : le présent se donne à nous comme s'il était le passé. C'est ce que Delay appelle «l'hallucination du présent» (au contraire l'ecmésie où le malade revit le passé comme s'il était présent ainsi que fait Irène dans l'observation de Pierre Janet, serait «l'hallucination du passé»).

Explication par la « fatigue nerveuse »

Comment expliquer la paramnésie ? D'après Janet, elle correspond à une simple fatigue nerveuse, à une chute de la tension psychologique. Le sujet déprimé, psychasthénique, n'est plus adapté à l'action, au réel. Or le réel c'est avant tout le présent. On comprend donc qu'un psychisme épuisé, trop affaibli pour répondre aux exigences du présent, vive spontanément ce présent **comme en un rêve, comme si c'était du passé**. La célèbre explication bergsonienne de l'illusion du déjà-vu se situe dans la même perspective. Pour Bergson, «le présent se dédouble à tout instant dans son jaillissement même en deux jets symétriques dont l'un retombe vers le passé tandis que l'autre s'élance vers l'avenir». Il y a deux façons de vivre le présent. Ou bien nous sommes prêts à agir tournés vers l'avenir, et nous vivons les événe-

1. *In* Georges Dumas, *Traité de psychologie*.

ments au présent. Ou bien l'attention à la vie se relâche, nous rêvons notre vie au lieu de la vivre et les événements présents nous sont donnés comme déjà passés. Et sans doute accorderons-nous à Janet et à Bergson que le sujet déprimé et distrait vit le réel comme il vivrait un rêve, s'adapte mal à l'action, à l'actualité. **Mais cela implique-t-il que le présent soit confondu avec du passé** ? Tous ceux qui ont été longtemps étudiants et qui ont passé des concours difficiles ont le souvenir de certaines épreuves, passées dans des moments de grande fatigue : on a le sentiment de réagir comme un automate ; on s'écoute répondre aux questions de l'examinateur tout en ayant l'impression de ne pas être réellement là, dans la salle d'examen. On a le sentiment de vivre un rêve pénible. Mais tout cela – qui correspond assez bien aux analyses de Janet sur la chute de la tension psychologique – ne nous donne nullement l'impression du déjà-vu, qui, dans bien des cas, exige une autre explication.

Explication psychanalytique de l'illusion du déjà-vu

Freud s'efforce d'expliquer la spécificité de l'illusion du déjà-vu. Par exemple, une de ses clientes se rend chez de nouvelles amies et, en découvrant leur maison – où elle vient pourtant pour la première fois –, elle éprouve une saisissante impression de déjà-vu. Voici l'explication psychanalytique de l'illusion : les amies de la cliente ont un frère gravement malade. Or le frère de la cliente a été lui-même gravement malade quelque temps auparavant et sa sœur a inconsciemment souhaité sa mort pour rester fille unique. Ce souvenir – lié à un désir interdit – est évidemment refoulé. Il tend à revenir à la conscience lorsque la cliente découvre la maison de ses amies, mais il est aussitôt transfiguré et l'impression de souvenir se projette sur la maison et le jardin, objets tout à fait anodins. Comme le dit Georges Gusdorf, la fausse reconnaissance est interprétée par Freud «comme une reconnaissance vraie camouflée en faux souvenir». La malade croit – dans sa conscience claire – **reconnaître un objet** alors qu'en fait **elle se reconnaît** inconsciemment dans une situation.

Conclusion

Qu'il s'agisse du problème de la fixation du souvenir, de celui de l'oubli, de l'évolution du souvenir, des maladies de la mémoire, l'analyse psychologique aboutit aux mêmes conclusions : la mémoire n'est pas un mécanisme cérébral en troisième personne, une fonction autonome et isolée dans le psychisme qui s'accomplirait en moi, sans moi. La mémoire n'est pas une collection de souvenirs anonymes. Elle est, comme l'a bien vu Gusdorf, l'expression de la personne concrète et vivante. «Le souvenir vivant ne doit pas être désolidarisé de l'existence personnelle dont il porte témoignage.»

RENVOIS THÉMATIQUES AU VOLUME 1

- L'exploration psychanalytique de l'inconscient, chap. 2, p. 27.
- Description de l'état de passion, chap. 3, p. 49.
- L'espace, le temps et la condition humaine, chap. 5, p. 79.
- La subjectivité de l'historien, chap. 10, p. 226.

LES IDÉES ESSENTIELLES

Que deviennent nos souvenirs quand nous n'y pensons pas ? La réponse des matérialistes, «les souvenirs sont dans le cerveau», est loin d'être décisive. Certes, à la suite d'une lésion bien localisée du cerveau, telle catégorie de souvenirs disparaît. Mais leur évocation demeure possible ; par exemple, tel malade qui a perdu l'usage du mot *non* le retrouvera à la faveur d'une émotion ou en donnera une définition convenable (un mot de refus). Ce sont de tels faits, soigneusement analysés par Bergson à la fin du siècle dernier, qui lui ont suggéré dans son ouvrage illustre, *Matière et Mémoire,* une théorie spiritualiste de la mémoire. Alors que l'habitude n'est qu'un montage neuro-musculaire dans l'organisme, la mémoire est purement spirituelle. Réciter par cœur un poème, c'est une habitude. Me souvenir que j'ai lu pour la première fois ce poème un jour de septembre, dans un parc, sur un banc vermoulu, c'est un souvenir pur, non pas étalé dans un espace (cerveau) mais daté, situé dans le temps, dans la durée. Or la conscience de la durée est pur esprit. Pour Bergson, le cerveau ne sert qu'à actualiser le souvenir (ce qu'une lésion du cerveau empêche). Les souvenirs se conserveraient spirituellement, en dehors du corps, le cerveau n'ayant pour fonction que de rendre conscients les souvenirs lorsqu'ils sont utiles pour l'action présente.

Avouons-le cependant : cette conservation du souvenir en dehors du cerveau est mystérieuse et difficile à accepter. Et, de toute façon, *le souvenir ne se conserve pas*. Il évolue avec le temps. D'une part, il s'appauvrit. Un dessin d'architecture refait «de mémoire» après un délai de quelques mois a des formes plus régulières, plus géométriques que le dessin initial. Le dessin remémoré s'est à la fois simplifié et intellectualisé. Mais, d'autre part, le souvenir s'enrichit. Il est transfiguré par tous les événements qui lui succèdent. Tout souvenir révèle la présence des préoccupations et des valeurs de la personne qui se souvient. Ce qui est vrai du souvenir l'est de l'oubli. Freud a bien montré que l'oubli n'est pas simplement le négatif de la mémoire, mais qu'il est révélateur de la personne. J'oublie ce que je refoule, j'expulse de ma conscience claire tout ce qui est, dans mon passé, insupportable, contraire aux exigences de ma moralité.

Certes, Marcel Proust croit que dans des circonstances particulières, des émotions vécues autrefois reviennent exactement telles qu'elles ont été vécues : par exemple en écoutant le crépitement des bûches dans l'âtre, Proust revit brusquement une lointaine soirée de décembre : «L'odeur dans l'air gelé des brindilles de bois, c'était comme un morceau de passé, une banquise invisible détachée d'un hiver ancien qui s'avançait dans ma chambre.» Mais cette «mémoire affective» est-elle fidèle ? Non, puisque Proust lui-même retrouve avec émerveillement, avec une joie exaltante, des moments qui furent vécus autrefois dans l'indifférence ou la tristesse. Le souvenir proustien est plutôt transfiguration que résurrection.

LECTURES

H. Bergson, *Matière et Mémoire,* P.U.F. (Un grand classique mais d'une lecture difficile.)

A. Brilloux, *le Souvenir*, P.U.F., coll. Initiation philosophique.

J. Delay, *les Dissolutions de la mémoire,* P.U.F. (Ouvrage court et très brillant, particulièrement recommandé.)

C. Florès *la Mémoire,* P.U.F., Que sais-je ?

G. Gusdorf, *Mémoire et Personne,* P.U.F. (Analyse très riche, parfaitement accessible, une mine d'exemples littéraires.)

M. Halbwachs, *les Cadres sociaux de la mémoire,* P.U.F.

M. Pradines, *Traité de psychologie*, P.U.F.

M. Proust, *A la recherche du temps perdu,* Gallimard, (Tout particulièrement le dernier volume : *le Temps retrouvé.)*

■ ***On consultera*** :

Dans le *Traité de psychologie expérimentale* de P. Fraisse et J. Piaget, *Apprentissage et Mémoire,* fascicule IV.

■ ***Sur le point de vue psychanalytique, on consultera*** :

S. Freud, *Psychopathologie de la vie quotidienne,* Payot.

TEXTE À COMMENTER

Les deux formes de mémoire selon Bergson

J'étudie une leçon, et pour l'apprendre par cœur je la lis d'abord en scandant chaque vers ; je la répète ensuite un certain nombre de fois. A chaque lecture nouvelle un progrès s'accomplit ; les mots se lient de mieux en mieux ; ils finissent par s'organiser ensemble. A ce moment précis je sais ma leçon par cœur ; on dit qu'elle est devenue souvenir, qu'elle s'est imprimée dans ma mémoire.

Je cherche maintenant comment la leçon a été apprise, et je me représente les phases par lesquelles j'ai passé tour à tour. Chacune des lectures successives me revient alors à l'esprit avec son individualité propre ; je la revois avec les circonstances qui l'accompagnaient et qui l'encadrent encore ; elle se distingue de celles qui précèdent et de celles qui suivent par la place même qu'elle a occupée dans le temps ; bref, chacune de ces lectures repasse devant moi comme un événement déterminé de mon histoire. On dira encore que ces images sont des souvenirs, qu'elles se sont imprimées dans ma mémoire. On emploie les mêmes mots dans les deux cas. S'agit-il bien de la même chose ?

Le souvenir de la leçon, en tant qu'apprise par cœur, a *tous* les caractères d'une habitude. Comme l'habitude, il s'acquiert par la répétition d'un même effort. Comme l'habitude, il a exigé la décomposition d'abord, puis la recomposition de l'action totale. Comme tout exercice habituel du corps , enfin, il s'est emmagasiné dans un mécanisme qu'ébranle tout entier une impulsion initiale, dans un système clos de mouvements automatiques, qui se succèdent dans le même ordre et occupent le même temps.

Au contraire, le souvenir de telle lecture particulière, la seconde ou la troisième par exemple, n'a *aucun* des caractères de l'habitude. L'image s'en est nécessairement imprimée du premier coup dans la mémoire, puisque les autres lectures constituent, par définition même, des souvenirs différents. C'est comme un événement de ma vie ; il a pour essence de porter une date, et de ne pouvoir par conséquent se répéter. Tout ce que les lectures ultérieures y ajouteraient ne ferait qu'en altérer la nature originelle ; et si mon effort pour évoquer cette image devient de plus en plus facile à mesure que je le répète plus souvent, l'image même, envisagée en soi, était nécessairement d'abord ce qu'elle sera toujours.

(H. BERGSON, *Matière et Mémoire*, p. 83, P.U.F.)

SUJETS PROPOSÉS AU BACCALAURÉAT

■ Oublier, est-ce la condition de la vie humaine ? (Paris, Créteil, Versailles, A, juin 1990.)

■ Un peuple sans mémoire peut-il être libre ? (Aix-Marseille, A, juin 1990.)

■ Pourquoi les hommes éprouvent-ils le besoin de commémorer leur passé ? (Besançon, A, juin 1989.)

■ Y a-t-il une vertu de l'oubli ? (Paris, Créteil, Versailles, B, juin 1988.)

■ Peut-on se libérer du passé ? (Amiens, A, juin 1986.)

■ L'oubli est-il une déficience de la mémoire ? (Rouen, A, juin 1983.)

■ Dégagez l'intérêt philosophique du texte suivant, en procédant à son étude ordonnée :
«En réalité, le passé se conserve de lui-même, automatiquement. Tout entier, sans doute, il nous suit à tout instant ; ce que nous avons senti, pensé, voulu depuis notre première enfance est là, penché sur le présent qui va s'y joindre, pressant contre la porte de la conscience qui voudrait le laisser dehors. Le mécanisme cérébral est précisément fait pour en refouler la presque totalité dans l'inconscient et pour n'introduire dans la conscience que ce qui est de nature à éclairer la situation présente, à aider l'action qui se prépare, à donner enfin un travail *utile*. Tout au plus des souvenirs de luxe arrivent-ils, par la porte entrebâillée, à passer en contrebande. Ceux-là, messagers de l'inconscient, nous avertissent de ce que nous traînons derrière nous sans le savoir. Mais, lors même que nous n'en aurions pas l'idée distincte, nous sentirions vaguement que notre passé nous reste présent. Que sommes-nous en effet, qu'est-ce que notre *caractère*, sinon la condensation de l'histoire que nous avons vécue depuis notre naissance [...] ? Sans doute nous ne pensons qu'avec une petite partie de notre passé ; mais c'est avec notre passé tout entier, y compris notre courbure d'âme originelle, que nous désirons, voulons, agissons. Notre passé se manifeste donc intégralement à nous par sa poussée et sous forme de tendance, quoiqu'une faible part seulement en devienne représentation.»

BERGSON
Nice-Corse, A, juin 1982.

Jean-Paul Sartre évoque cinquante ans plus tard les premières années de sa vie lorsqu'il était choyé par sa mère ; Marcel Proust fait revivre les souvenirs de son enfance ; dans *Citizen Kane*, le célèbre film d'Orson Welles, c'est tout le passé d'un homme qui se reconstitué ; enfin l'empereur moghol Shah Jahan érige le plus fameux monument funéraire, le Taj Mahal, en souvenir de son épouse bien-aimée : la mémoire est la fonction mentale par laquelle je fais revivre un passé qui, dépassé, n'est plus. C'est une véritable résurrection que permet le souvenir. Grâce à cette fonction de notre personnalité, nous pouvons éterniser le passé en rappelant dans le présent des faits effacés depuis des années. Nous partons, tout me Proust, «à la recherche du temps perdu et par la puissance de la mémoire nous découvrons qu'il peut exister un «temps retrouvé». Toutefois, il est heureux que l'oubli permette d'éliminer un grand nombre de souvenirs qui encombreraient notre conscience si nous étions continuellement submergés par eux. Il convient pourtant de ne pas confondre l'*oubli*, qui n'est qu'une défaillance normale de la mémoire, avec l'*amnésie*, qui frappe le héros du film d'Alfred Hitchcock, *la Maison du docteur Edwards*, trouble pathologique de la mémoire, que Freud explique par le refoulement d'images ou d'événements dont le sujet ne pourrait supporter le souvenir. Ravaisson l'a dit clairement : «C'est la matérialité qui met en nous l'oubli !»

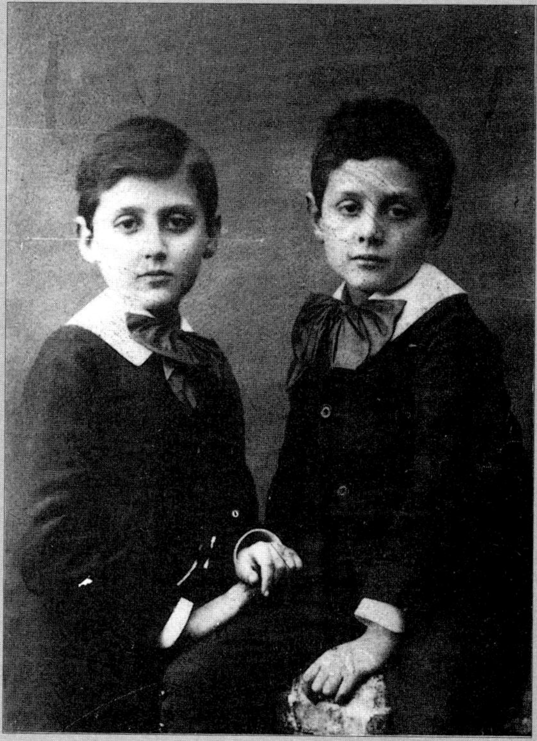

■ Marcel Proust (à gauche) et son frère.

■ Jean-Paul Sartre et sa mère.

■ *Citizen Kane*, d'Orson Welles (1941).

■ *La Maison du docteur Edwards*, d'Alfred Hitchcock (1945).

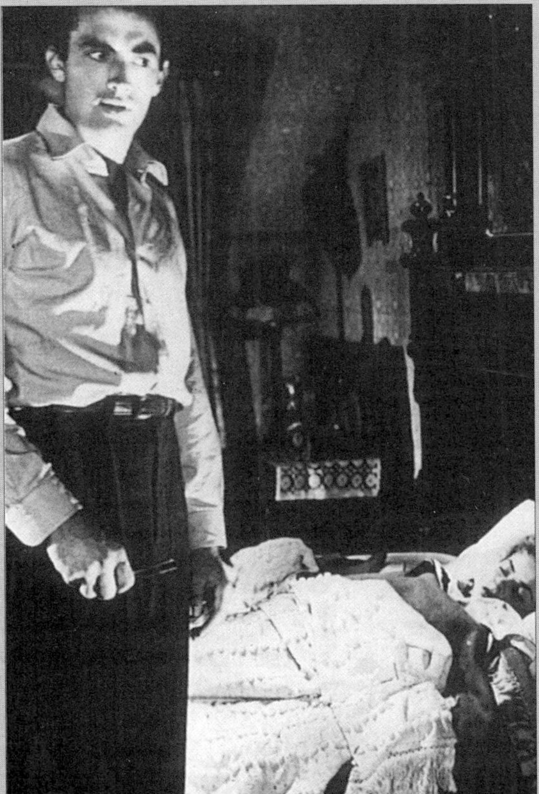

■ Le Taj Mahal à Agra, en Inde.

CHAPITRE 5

Tendance et désir

L'origine étymologique du mot désir est assez curieuse mais très éclairante. Les termes latins *considerare* et *désiderare* (notre mot désir est issu de ce dernier) dérivent de la langue des augures puisque *sidus* désigne un astre. *Considerare,* c'est contempler un astre, *desiderare,* c'est regretter son absence. Le désir, au sens étymologique, c'est **le regret d'un astre disparu**, c'est **la nostalgie d'une étoile**.

La naissance d'Éros dans* le Banquet *de Platon

Déjà ici l'ambiguïté du désir se révèle. Dire que le désir est tout proche du regret et de la nostalgie, c'est reconnaître que le désir n'est pas seulement négatif, pas seulement défaut et privation. Il est pressentiment d'un bien qui nous comblera ou peut-être souvenir confus d'avoir possédé jadis cette richesse. Platon a posé admirablement le problème dans le mythe où il raconte la naissance d'Éros – ce demi-dieu qui personnifie le désir. Éros est fils de Poros (personnage divin, invité au banquet de Zeus) et de la mendiante Pénia. Éros est donc un **démon,** il tient le milieu entre les dieux et les mortels. Le sens du mythe est clair : le désir ne saurait être de nature purement divine. Aucun dieu ne désire puisque les dieux sont comblés. Mais le désir ne peut être non plus, comme la pauvre Pénia, pure indigence, «car l'ignorance a ceci de terrible que quand on n'a ni beauté, ni bonté, ni science, on croit en posséder suffisamment. Or, quand on ne sait pas qu'on manque d'une chose, on ne la désire pas.» Comment pouvons-nous désirer ce que nous ne possédons pas ? Platon répond à cette question par le mythe de la **réminiscence.** Avant notre existence terrestre, c'est-à-dire avant que l'âme ne soit incarnée – incarcérée dans un corps – nous vivions parmi les pures idées – l'Idée du Beau, l'Idée du Vrai, l'Idée du Bien qui est la première et la source des autres ; mais, après que les âmes ont été précipitées dans des corps, elles ont conservé sur terre un vague souvenir des Idées qu'elles contemplaicnt avant leur incarnation. C'est ainsi que le désir amoureux n'est rien d'autre qu'une réminiscence. L'émotion qui s'empare de l'âme à la vue d'un corps gracieux n'est que le souvenir confus de la pure **Idée du Beau,** dont le jeune corps contemplé avec ravissement est un lointain reflet. Nous trouvons donc chez Platon deux thèmes qui sont présents (de façon explicite ou simplement latente) à l'arrière-fond de toutes les théories du désir.

Les postulats de toute théorie du désir

a) Le désir renvoie à une expérience passée, il réclame le retour d'un plaisir éprouvé. Au Moyen Age, les penseurs scolastiques écrivaient : *Ignoti nulla cupido* (on se saurait avoir aucun désir de ce qu'on ignore).

b) Le désir, si l'on veut en proposer un approfondissement métaphysique, postule un autre monde que le monde présent, ce monde pouvant être le monde des Idées (selon Platon) ou le royaume de Dieu (selon saint Augustin), ou encore le royaume de l'imaginaire et des fantasmes (selon la théorie psychanalytique). Dans les deux hypothèses cependant, une conséquence est identique, à savoir qu'il est de l'essence du désir de ne pouvoir être satisfait (ici-bas), qu'aucun objet donné en ce monde ne peut combler le désir.

1. Besoin, demande et désir selon Lacan

Dans la langue commune, les mots **besoin, demande, désir, tendance** sont employés parfois indifféremment. L'analyse philosophique se doit de proposer des distinctions susceptibles d'éclairer le problème.

Évoquons la distinction de Jacques Lacan (1901-1981) entre le **besoin**, la **demande** et le **désir**, inspirée non seulement par Freud mais par Hegel.

Le besoin est d'ordre physiologique

a) Le besoin est un fait physiologique. C'est l'état de tension d'un organisme, tension qui ne peut être résolue que par l'appropriation d'un objet spécifique ; par exemple, le besoin de boire par de l'eau, le besoin sexuel par l'accouplement avec le partenaire adéquat. Nous dirons en ce sens que chaque espèce animale a **besoin** d'un régime alimentaire spécifique. Hegel appelle désir naturel le besoin alimentaire et esquisse déjà à ce niveau, dans la *Phénoménologie de l'esprit*, une **dialectique.** Le désir (besoin) est **négation de son objet.** Par exemple, le désir de manger un fruit entraîne la consommation, la négation du fruit. Paul Valéry évoque ce thème hégélien dans le *Cimetière marin* :

> Comme le fruit se fond en jouissance
> Comme en délices il change son absence
> Dans une bouche où sa forme se meurt.

Donc, pour Hegel, au niveau du désir-besoin, le moi s'affirme par la consommation et la négation d'une chose, par la négation du non-moi. Mais le moi affirmé de la sorte n'est encore qu'un moi animal. C'est un moi qui n'est pas encore pleinement humain, qui reste au niveau de la nature comme la chose consommée elle-même. **Le besoin ne devient désir humain qu'en passant par la médiation, par le détour des autres hommes.** Par exemple, j'ai seulement besoin de nourriture, mais j'ai le désir d'une nourriture raffinée, j'ai seulement besoin d'un logement, mais j'ai le désir d'habiter une demeure somptueuse. Je désire ce que désirent les autres pour affirmer leur importance et leur prestige. **Je désire être reconnu par autrui, être envié par l'autre.**

La demande est d'ordre affectif

b) D'où la distinction lacanienne entre **le besoin qui porte sur un objet** et **la demande qui s'adresse à l'autre**. On peut éclairer très simplement cette distinction en évoquant, par exemple, les travaux de Spitz sur l'hospitalisme : des enfants abandonnés à leur naissance et recueillis dans des orphelinats, bien que leur hygiène et leur régime soient satisfaisants, bien qu'ils obtiennent tout ce dont ils ont matériellement, physiologiquement **besoin** dépérissent ; tandis que d'autres enfants élevés dans un confort plus rudimentaire, dans une prison par leur propre mère délinquante condamnée se portent mieux. Ils bénéficient en effet de l'amour maternel, cette «vitamine psychologique de croissance». Tous leurs besoins ne sont peut-être pas parfaitement satisfaits, mais leur mère est là pour répondre à leur **demande d'amour**. C'est ainsi, pour citer une célèbre formule de Lacan, que «le désir s'ébauche dans la marge où la demande se déchire du besoin».

Le désir n'a pas une conscience claire de son objet

c) Cependant le désir déborde la simple demande. La négativité du désir (le désir suppose le manque de ce qui est désiré) s'exprime certes dans la demande (puisqu'on demande ce qu'on n'a pas) mais peut impliquer aussi la haine pour l'Autre, à la limite la négation de l'Autre (puisque l'Autre peut s'opposer à mon désir, le réprimer, puisque l'inconscient d'autrui et son langage peuvent faire barrage à mon désir). De plus, la demande est plus précise que le désir. La demande s'adresse à quelqu'un. Le désir ne sait pas au fond à qui il s'adresse ; il est de son essence **de n'être jamais satisfait, de réclamer toujours autre chose**, d'ignorer au fond ce qu'il souhaite. Lacan parle de ces trois «figures du **rien** qui fait le fond de la demande d'amour, de la haine qui va nier l'être de l'Autre, et de l'indicible de ce qui s'ignore dans sa requête».

Freud avait bien montré comment le désir appartient au monde de l'imaginaire et du fantasme, car il trouve sa racine dans les émotions et les plaisirs de notre enfance dont nous souhaitons inconsciemment le retour. C'est ainsi que l'adulte désire dans la femme aimée ce que fut pour lui la mère de sa petite enfance. Dans les êtres et les objets actuels, nous cherchons inconsciemment les **signes** de ce qui fut notre bonheur passé. C'est, disent Laplanche et Pontalis, «l'agencement de ces signes qui constitue ce corrélatif du désir qu'est le fantasme». L'objet du désir n'est pas une chose présente mais **un signifiant qui renvoie à un signifié, venu du passé et englouti dans l'inconscient**.

2. Le désir et le bien : de Platon à Spinoza

Pour les idéalistes, le désir est manque

Si nous suivons Platon et, dans le même sens mais avec d'autres mots, les psychanalystes, **le désir est absence**, désir de ce qui n'est pas, désir d'un Bien absolu. Dans cette perspective qu'on peut nommer **idéaliste** (puisqu'il y a primat de l'Idée ou du Bien, ou de l'Absolu sur le désir), le désir n'est qu'un manque, la seule production effective présente dans le désir étant production d'illusions ou de fantômes.

Pour Spinoza, le désir est créateur de valeurs

A cette théorie idéaliste, on peut opposer une théorie matérialiste en s'appuyant par exemple sur la philosophie de Spinoza (1632-1677). Spinoza refuse de définir le désir à partir de l'Idéal dont il serait le manque : «Nous ne désirons aucune chose parce que nous la jugeons bonne, mais au contraire nous jugeons qu'une chose est bonne parce que nous la désirons.» Le désir est pour Spinoza l'essence même de l'homme, l'effort que l'homme manifeste pour «persévérer dans son être». Il ne faut pas entendre par là un simple «instinct de conservation», transposition psychologique du principe d'inertie de la physique galiléenne et cartésienne, mais tout différemment un **instinct de développement, d'épanouissement de soi**.

Fourier : la nécessité de satisfaire tous nos désirs

Au XIXe siècle, Fourier concevra une philosophie toute révolutionnaire fondée sur la réalisation du désir. Le matérialisme de Fourier se masque sous l'apparence d'une philosophie de la providence. «Les attractions, dit Fourier, sont proportionnelles aux destinées.» Autrement dit, nos désirs sont l'indice de ce que Dieu attend de nous. Et la société nouvelle que Fourier veut instaurer est **une société où tous nos désirs seront satisfaits**. Dans le monde «civilisé», chacun ne pourrait satisfaire ses désirs qu'au détriment d'autrui. Mais, précisément, il faut changer la société et construire un monde nouveau où les désirs de chacun puissent se réaliser dans l'harmonie universelle. Certes, la foi en la providence est le fondement du rêve fouriériste. Mais la non-satisfaction du désir (dans nos sociétés «civilisées») débouche chez Fourier non pas sur une métaphysique nostalgique mais sur une interrogation sociale et politique. Pourquoi les désirs sont-ils réprimés ? Pourquoi l'organisation sociale – œuvre des hommes – se retourne-t-elle contre ces désirs qui appartiennent à l'essence de l'homme ? L'interrogation sur le désir s'achève chez Fourier par la construction d'une cité nouvelle : le «phalanstère».

3. Le problème classique du désir fondamental

Certes nos désirs sont multiples ; il faut insister en outre sur la plasticité du désir, apte à subir maintes transformations.

Transfert et sublimation

Le «déplacement au niveau de l'objet» n'est rien d'autre que le **transfert**, notion très utilisée en psychanalyse, mais familière en psychologie avant Freud. On parlait du transfert par contiguïté (on adore non seulement un saint mais aussi les reliques) ou par ressemblance (nous éprouvons de la sympathie pour quelqu'un qui nous rappelle une personne que nous aimons). La **sublimation** est une transformation de la tendance dans le sens d'une spiritualisation, d'une purification. Charles Baudouin montre que la sublimation peut s'opérer au niveau de l'objet (une curiosité sexuelle refoulée se sublime en une curiosité intellectuelle, un amour humain frustré se sublime en amour mystique, «une certaine tendance plastique se transfère des pâtés de sable sur la pâte à gâteaux, sur la pâte à modeler, sur la sculpture»), mais aussi au niveau du verbe («l'hostilité qui se transforme en émulation», l'instinct sexuel qui devient tendresse).

Projection et régression

Parfois une tendance paraît se transformer en une tendance contraire. Par exemple, l'agressivité d'un enfant à l'égard de ses parents (produite par la frustration de ses tendances) sera refoulée par la moralité, se retournera contre le sujet lui-même et engendrera un désir d'autopunition souvent manifesté par de l'angoisse. Le sadisme (agressivité envers autrui) se convertit en masochisme (agressivité envers soi-même). Parfois, au contraire, un sentiment de culpabilité se tourne par **projection** en une attitude d'accusation d'autrui. Il peut y avoir enfin **régression** d'une tendance. Par exemple, la frustration peut faire régresser la tendance sexuelle, c'est-à-dire la ramener à des formes infantiles, buccales ou anales.

Ces remarques ne contredisent pas ce que nous avancions précédemment au sujet de l'impossibilité d'acquérir une tendance nouvelle. Au contraire, elles le confirment. Une tendance qui semble nouvelle n'est qu'une tendance préexistante qui, par déguisement, transfert, sublimation, projection ou régression, a pris un nouveau visage. Pas plus qu'on ne peut créer de toutes pièces une tendance, on ne peut en supprimer une. Frustrée ou refoulée la tendance n'a pas disparu ; elle s'exprime alors au-dessous du seuil de la conscience dans le langage des symptômes névrotiques.

Telles qu'elles nous apparaissent, déguisées par les «refoulements et les compensations», enrichies par notre expérience, modelées par les normes et les habitudes sociales, nos tendances n'ont plus leur forme primitive. On peut alors se demander si leurs aspects multiples et complexes ne pourraient se ramener à l'unité. Ne dérivent-elles pas d'une tendance fondamentale, originaire ?

La Rochefoucauld : il n'est de désir qu'égoïste

Cela rejoindrait l'opinion bien connue de La Rochefoucauld pour lequel, déjà, toutes nos inclinaisons n'étaient que les manifestations sous des formes diverses, plus ou moins déguisées, de l'amour-propre, «amour de soi-même et de toutes choses pour soi-même». On cite souvent ses formules bien frappées :

«L'amitié la plus désintéressée n'est qu'un commerce où notre amour-propre se propose toujours quelque chose à gagner.»
«Le refus des louanges est un désir d'être loué deux fois.»
«La pitié est une habile prévoyance des malheurs où nous pouvons tomber.»
«La reconnaissance n'est qu'une secrète envie de recevoir de plus grands bienfaits.»
«L'intérêt parle toutes sortes de langues et joue toutes sortes de personnages, même celui de désintéressé.»

Parmi les critiques adressées à La Rochefoucauld, relevons celle, inattendue, qui le trouve exagérément **optimiste** ! La Rochefoucauld, dit-on, a mis en lumière l'égoïsme, il a oublié la méchanceté. Or, l'intérêt n'est pas le seul mobile de nos actes. Il y a des haines gratuites, des haines qui visent directement la personne de l'autre sans aucun avantage pour nous-mêmes. Dans un roman de Marcel Jouhandeau, Véronique dit à M. Godeau : «Quand vous m'aimez, vous pensez à vous, quand vous me haïssez, vous pensez à moi.»

Ces remarques appellent des réserves. Il ne semble pas (malgré l'opinion de Freud à ce sujet) qu'il y ait en nous un instinct originaire d'agressivité. En fait, l'agressivité est toujours dérivée ; elle procède, comme l'a montré J. Dollard, de la frustration.

Égoïsme réfléchi, égoïsme inconscient

Mais, en général, la théorie de La Rochefoucauld, du moins dans la forme très systématique qu'il lui donne, passe pour trop **pessimiste**. On lui reproche parfois d'être exagérément «intellectualiste». Ne paraît-il pas supposer que tous nos actes émanent d'un habile calcul, d'une réflexion intéressée ? On lui oppose de nombreux exemples de dévouements spontanés, irréfléchis. Talleyrand disait cyniquement : «Méfiez-vous du premier mouvement, c'est le bon.» En somme, mes désirs seraient d'eux-mêmes purs, innocents. C'est la réflexion du psychologue qui, après coup, comme le dit Jean-Paul Sartre, les «empoisonne»[1] en imaginant gratuitement à la source de tous mes actes, des ruses, des calculs.

Cette critique ne nous paraît aucunement fondée. En effet, La Rochefoucauld ne prétend nullement que nos actes soient inspirés par des calculs réfléchis, par des raisonnements égoïstes de l'intelligence claire. Tout au contraire, l'intelligence claire travaillerait plutôt, d'après lui, à nous

1. Jean-Paul Sartre, «Transcendance de l'Ego» dans *Recherches philosophiques*, t. VI, p. 96 -99.

dissimuler notre amour-propre qui demeure généralement «invisible à lui-même», qui ourdit ses intrigues dans une «obscurité épaisse»[1]. Dans le domaine de l'amour-propre, il y a «bien des terres inconnues». La Rochefoucauld reçoit d'ailleurs en tout ceci l'influence des penseurs jansénistes (lui-même déclare considérer l'homme «dans l'état déplorable de la nature corrompue par le péché»). Les moralistes jansénistes font sans cesse appel à la causalité psychique inconsciente[2], devançant ainsi les analyses les plus modernes[3].

Pradines : la tendance spontanément altruiste

Cependant, La Rochefoucauld a-t-il le droit de dire que tous nos actes ont pour fin (consciente ou inconsciente) la satisfaction de notre moi ? Cette affirmation n'est-elle pas contraire à l'analyse même que nous proposions de la notion de tendance ? Il n'y aurait pas d'égoïsme spontané puisque **toute tendance est centrifuge, vise autre chose que soi**. «Toutes nos tendances, dit Maurice Pradines, sont spontanément altruistes.» En lui-même, le désir «nous détacherait plutôt de nous-mêmes par l'attachement qu'il nous inspire pour l'objet de notre amour». L'égoïsme serait au contraire une attitude dérivée, antinaturelle, vicieuse. L'égoïsme consisterait à prendre pour but non pas innocemment l'objet d'une tendance, mais le plaisir qui résultera de la possession de cet objet. Dans le plan de la nature, le plaisir est le signe que la tendance a atteint son objet. Pour l'égoïste, le plaisir devient le but recherché (par exemple, les anciens Romains se faisaient, dit-on, vomir au terme d'un festin afin d'éprouver à nouveau le plaisir de manger). La recherche égoïste du plaisir, bien loin d'être un fait primitif, supposerait un certain niveau de développement intellectuel, une conscience déjà claire de mon individualité. L'égoïsme serait non pas la racine de toutes mes inclinations, mais une attitude acquise[4].

En réalité cette distinction si souvent reprise d'un acte fait **par plaislr** (égoïsme) ou seulement **avec plaisir** (spontanéité non égoïste) n'est claire que sur le plan des concepts. Si nous l'appliquons à telle conduite alimentaire ou sexuelle concrète, elle nous paraîtra très subtile et pratiquement peu utilisable. Aussi bien est-il difficile d'admettre que chez l'homme – être naturellement conscient et intelligent – la recherche du plaisir ne soit pas «naturelle».

1. On pourrait multiplier les citations de La Rochefoucauld relatives à l'inconscience de l'amour-propre : «Nous sommes si accoutumés à nous déguiser aux autres, qu'enfin nous nous déguisons à nous-mêmes». «Il s'en faut bien que nous connaissions toutes nos volontés.» «L'orgueil cache nos défauts aux autres et souvent à nous-mêmes.» «Il s'en faut bien que nous connaissions tout ce que nos passions nous font faire.» «Rien de si caché que les desseins de l'amour-propre.» «L'homme croit souvent se conduire lorsqu'il est conduit.»
2. Dans son beau livre *les Morales du Grand Siècle,* Paul Bénichou en donne des exemples caractéristiques. Le janséniste Nicole écrit : «On peut désirer par amour-propre, être délivré de l'amour-propre, on peut désirer l'humilité par orgueil [...] il y a toujours en nous un certain fond et une certaine racine qui nous demeurent inconnus et impénétrables.»
3. C'est-à-dire d'abord les analyses de Nietzsche – qui s'efforcera, lui aussi, de descendre dans les «oubliettes de l'idéal», de chercher les mobiles intéressés d'aspirations qui se veulent pures et nobles – et, bien entendu, les découvertes de Freud et de ses disciples.
4. L'égoïsme serait en particulier étranger aux sociétés primitives (comme il est inconnu dans la fourmilière) parce que l'individu n'a pas encore appris à se distinguer clairement du groupe.

La fin ultime du désir est le moi

D'autre part, le caractère centrifuge de la tendance n'empêche pas celle-ci de se rapporter à moi-même quant à ses fins dernières[1]. Si le but d'abord manifeste de la tendance est un objet extérieur, sa fin dernière est le rétablissement de l'équilibre organique rompu par la «tension» du désir. Qu'on songe à l'Harpagon de Molière. D'une certaine façon, il s'oublie lui-même, ne songe qu'à sa cassette, est prêt pour la retrouver à tous les efforts, à tous les sacrifices. «Puisque tu m'es enlevée, j'ai perdu mon support, ma consolation, ma joie ; tout est fini pour moi et je n'ai plus que faire au monde ; sans toi il m'est impossible de vivre.» Il n'en reste pas moins que l'attitude d'Harpagon est égoïste, que son avarice se rattache (d'une façon qui peut d'ailleurs être très complexe) aux besoins et aux exigences de son moi.

Sans doute n'y a-t-il pas une tendance bien déterminée, bien définie qui s'appellerait l'amour-propre. Mais on peut admettre que des tendances fondamentales, originaires comme la tendance alimentaire, la tendance sexuelle, sont des tendances égoïstes. En les satisfaisant, l'individu ne vise primitivement qu'à rétablir un équilibre de l'organisme. Peut-être même faudra-t-il réserver le nom de **tendances** à ces pulsions biologiques.

Objets et valeurs

Mais faut-il affirmer que toutes nos attitudes ne sont que des expressions directes ou dérivées de ces tendances originaires ? A côté de ces tendances biopsychologiques, à côté de ces **fonctions**, comme dit le Docteur Odier[2], ou plutôt au-dessus d'elles il y a un monde de **valeurs** auquel l'homme semble pouvoir participer. Et c'est ce monde de valeurs que La Rochefoucauld paraît méconnaître. En effet, comme écrit le docteur Odier, «on ne peut parler de valeurs que dès l'instant où le moi esquisse ou accomplit un pas en dehors de la sphère délimitée des fonctions, c'est-à-dire de ses besoins biologiques instinctifs et affectifs d'une part ; et dans le domaine social, de ses intérêts d'autre part». Envisageons le cas d'un témoignage de reconnaissance, que nous supposerons sincère, ou bien le travail d'un peintre, d'un sculpteur, guidés par un pur idéal de beauté. Ces attitudes, dans la terminologie classique, étaient, elles aussi, rangées sous la rubrique des tendances ; on parlait de **tendance altruiste** dans le premier cas, de **tendance idéale** dans le second exemple. Tendances égoïstes, altruistes (sympathie), idéales (recherche du beau, du vrai, du bien) constituaient trois grands chapitres dans la classification des tendances. Nous ne ferons pas aux conceptions traditionnelles une querelle de mots ; toutefois, il faut reconnaître que les tendances altruistes ou idéales diffèrent du tout au tout des tendances biologiques. Celles-ci visent un **objet** (nourriture, partenaire sexuel) . «Activées» par la promesse de l'objet, elles deviennent «latentes» (d'après les termes de Pierre Janet) lorsque la satisfaction est obtenue. Celles-là au contraire ne sont pas susceptibles d'une satisfaction qui interromprait provisoirement leur exercice. C'est qu'elles visent non des **objets** mais des **valeurs** transcendantes. Comme dit très bien le docteur Odier, «un sentiment de reconnaissance que l'intérêt ne dictait pas acquiert une valeur dans la mesure où il révèle qu'un individu s'est lié de façon durable à une conception des relations avec son prochain qui dépasse ses intérêts et survit à leur satisfaction». L'Autre est ici envisagé non comme objet, mais comme personne. De même une exigence

1. La Rochefoucauld dit très bien que «l'amour-propre ne s'arrête sur les objets étrangers que comme les abeilles sur les fleurs pour en tirer ce qui lui convient».

2. Odier, *les Deux Sources consciente et inconsciente de la vie morale,* Éd. Baconnière, Neuchâtel.

esthétique n'est pas susceptible d'être complètement assouvie. Car le beau n'est pas objet mais valeur. Les plus grands peintres, les plus grands romanciers (par exemple Flaubert) ont dit leur désespoir de s'égaler à leur idéal, et cela au moment même où ils réussissaient leurs chefs-d'œuvre. C'est qu'il ne s'agit plus ici de retrouver son équilibre en «réduisant» une «tension» organique mais bien au contraire de se dépasser toujours soi-même.

Les déguisements du désir

Cela dit, on peut apprécier la thèse de La Rochefoucauld à la lumière des distinctions du docteur Odier. La Rochefoucauld a mis l'accent sur un fait que la psychanalyse devait illustrer par une foule d'exemples : **les fonctions peuvent se déguiser en pseudo-valeurs pour mieux se satisfaire**. C'est ainsi que tel névrosé, croyant dans sa conscience claire faire preuve d'«humilité chrétienne», acceptera en fait pour assurer sa sécurité un état de dépendance abjecte. L'humilité, c'est le prétexte, l'alibi invoqué, la rationalisation de la peur et de la lâcheté (qui est le vrai mobile de son attitude). Mais cela ne veut pas dire (et c'est ici que certaines formules de La Rochefoucauld sont inquiétantes) que la véritable humilité n'existe pas. De même ceux qui contemplent avec ravissement des photographies de «nus artistiques» satisfont souvent sous le couvert d'«émotions esthétiques» des tendances sexuelles frustrées. Mais cela ne veut pas dire que les valeurs purement esthétiques n'existent pas !

Si La Rochefoucauld a voulu dire qu'il n'y avait pas de valeurs et que les prétendues valeurs étaient toujours de simples instruments de «l'amour-propre», il s'est trompé, il est tombé dans l'erreur du psychologisme (c'est une erreur qui menace précisément les psychanalystes dans la mesure où ils ne connaissent que des névrosés). Mais si La Rochefoucauld a seulement pensé que l'égoïsme prenait souvent le déguisement d'une pseudo-valeur, sa thèse devient acceptable. En déclarant que l'«hypocrisie n'est qu'un hommage du vice à la vertu», La Rochefoucauld semble reconnaître l'existence de valeurs transcendantes. «L'amour-propre, dit-il, corrompt la raison.» C'est donc qu'il y a un ordre de vérités et de valeurs que les tendances égoïstes peuvent certes corrompre mais qui, dans son essence, leur est étranger.

RENVOIS THÉMATIQUES AU VOLUME 1

- L'exploration psychanalytique de l'inconscient, chap. 2, p. 27.
- Sentiment, émotion, passion, chap. 3, p. 48.
- La source des passions, chap. 3, p. 52.
- L'acte gratuit, chap. 16, p. 360.

LES IDÉES ESSENTIELLES

Le désir, c'est une tendance consciente *vers* un objet. Mais le désir conscient peut avoir des sources inconscientes. Pensez à l'étymologie énigmatique du mot désir : le mot latin *desiderare* dérive de la langue des augures. *Considerare*, c'est contempler un astre *(sidus, sideris)*, *desiderare*, c'est regretter son absence. Le désir, c'est le regret d'un astre disparu, c'est la *nostalgie d'une étoile*.
Tout désir serait nostalgie : selon Platon, nostalgie des Idées contemplées avant la chute de l'âme dans le corps ; selon les psychanalystes, nostalgie de l'image de la mère ou même nostalgie de l'embryon qui, dans le ventre maternel, connaissait la sécurité absolue. Mais le désir, quelle que soit sa lointaine origine, est capable de métamorphoses innombrables. Les psychanalystes ont parlé du *transfert* (le désir se porte sur un nouvel objet), de la *sublimation* (le désir se porte sur un objet spirituellement «supérieur» : un amour déçu se transforme en amour mystique), de la *régression* de nos désirs (une frustration peut faire régresser le désir à un stade infantile de son évolution).
Le désir se définit-il par l'objet désiré ou n'y a-t-il d'objet désirable que parce que le désir a préalablement investi celui-ci d'une valeur singulière ? Spinoza répondait : «Ce qui fonde le désir, ce n'est pas qu'on ait jugé qu'une chose est bonne, mais au contraire, on juge qu'une chose est bonne parce qu'on y tend par le désir.»
Tout désir est-il égoïste ? A cette question un penseur du xxe siècle, Maurice Pradines, répondait : au sens strict le désir n'est pas égoïste, puisqu'il est oubli de soi et *tendance vers* autre chose. A ce compte, Harpagon n'est pas égoïste, puisqu'il ne pense qu'à sa cassette et s'oublie en quelque sorte !
Seulement, si l'objet immédiat du désir est autre que moi-même, sa fin ultime est tout de même le *moi désirant*. Selon La Rochefoucauld, il n'est de désir qu'égoïste, qu'il s'agisse d'un égoïsme réfléchi, calculé, ou d'un égoïsme inconscient. Sans doute s'agit-il ici de s'entendre sur les mots. Chacun, assurément, cherche son accomplissement, son épanouissement propres : en ce sens, la théorie de La Rochefoucauld est une lapalissade. Mais peut-on parler d'égoïsme lorsque nous trouvons notre joie la plus profonde dans l'épanouissement d'une autre personne ou dans le service des valeurs spirituelles ? Ici le visage du désir est ambigu ; car chacun tout à la fois s'épanouit et s'oublie au service des personnes et des valeurs.

LECTURES

C. BAUDOUIN, *l'Âme et l'Action*, Ed. du Mont-Blanc.
A. BURLOUD, *Principes d'une psychologie des tendances*, Alcan.
ÉPICURE, *Sentences vaticanes*, *Maximes fondamentales*, in *Lettres*, Nathan, coll. les Intégrales de philo.
S. FREUD, *Métapsychologie*, Gallimard.
J. LACROIX, *le Désir et les désirs*, P.U.F.
PLATON, *le Banquet*, Garnier-Flammarion.
M. PRADINES, *Traité de psychologie générale*, P.U.F.
SPINOZA, *Éthique* (Livre III), Garnier-Flammarion.

TEXTE À COMMENTER

La hiérarchie des désirs selon Épicure

Il faut se rendre compte que parmi nos désirs les uns sont naturels, les autres vains, et que parmi les premiers il y en a qui sont nécessaires et d'autres qui sont seulement naturels. Parmi les nécessaires, il y en a qui le sont pour le bonheur, d'autres pour la tranquillité continue du corps, d'autres enfin pour la vie même. Une théorie non erronée de ces désirs sait en effet rapporter toute préférence et toute aversion à la santé du corps et à la tranquillité de l'âme puisque c'est là la perfection même de la vie heureuse. Car tous nos actes visent à écarter de nous la souffrance et la peur. Lorsqu'une fois nous y sommes parvenus, la tempête de l'âme s'apaise, l'être vivant n'ayant plus besoin de s'acheminer vers quelque chose qui lui manque, ni de chercher autre chose pour parfaire le bien-être de l'âme et celui du corps. C'est alors en effet que nous éprouvons le besoin du plaisir quand, par suite de son absence, nous éprouvons de la douleur ; mais quand nous ne souffrons pas, nous n'éprouvons plus le besoin du plaisir.

Et c'est pourquoi nous disons que le plaisir est le commencement et la fin de la vie heureuse. C'est lui en effet que nous avons reconnu comme bien principal et conforme à notre nature, c'est de lui que nous partons pour déterminer ce qu'il faut choisir et ce qu'il faut éviter, et c'est à lui que nous avons finalement recours lorsque nous nous servons de la sensation comme d'une règle pour apprécier tout bien qui s'offre. Or, précisément parce que le plaisir est notre bien principal et inné, nous ne cherchons pas tout plaisir ; il y a des cas où nous passons par-dessus beaucoup de plaisirs s'il en résulte pour nous de l'ennui. Et nous jugeons beaucoup de douleurs préférables aux plaisirs lorsque, des souffrances que nous avons endurées pendant longtemps, il résulte pour nous un plaisir plus élevé. Tout plaisir est ainsi, de par sa nature propre, un bien, mais tout plaisir ne doit pas être recherché ; pareillement, toute douleur est un mal, mais toute douleur ne doit pas être évitée à tout prix. En tout cas, il convient de décider de tout cela en comparant et en examinant attentivement ce qui est utile et ce qui est nuisible, car nous en usons parfois avec le bien comme s'il était le mal, et avec le mal comme s'il était le bien.

C'est un grand bien, à notre sens, de savoir se suffire à soi-même, non pas qu'il faille toujours vivre de peu, mais afin que, si nous ne possédons pas beaucoup, nous sachions nous contenter de peu, bien convaincus que ceux-là jouissent le plus de l'opulence qui ont le moins besoin d'elle. Tout ce qui est naturel est aisé à se procurer mais tout ce qui est vain est difficile à avoir. Les mets simples nous procurent autant de plaisir qu'une table somptueuse si toute souffrance causée par le besoin est supprimée. Le pain d'orge et l'eau nous causent un plaisir extrême si le besoin de les prendre se fait vivement sentir.

L'habitude, par conséquent, de vivre d'une manière simple et peu coûteuse offre la meilleure garantie d'une bonne santé ; elle permet à l'homme d'accomplir aisément les obligations nécessaires de la vie, le rend capable, quand il se trouve de temps en temps devant une table somptueuse, d'en mieux jouir et le met en état de ne pas craindre les coups du sort. Quand donc nous disons que le plaisir est notre but ultime, nous n'entendons pas par là les plaisirs des débauchés ni ceux qui se rattachent à la jouissance matérielle, ainsi que le disent les gens qui ignorent notre doctrine ou qui sont en désaccord avec elle, ou qui l'interprètent dans un mauvais sens. Le plaisir que nous avons en vue est caractérisé par l'absence de souffrances corporelles et de troubles de l'âme.

(ÉPICURE, *Doctrines et Maximes*, p. 100-103, Hermann.)

SUJETS PROPOSÉS AU BACCALAURÉAT

■ Pourquoi désirer l'impossible ? (Antilles-Guyane, A, juin 1988.)

■ Le désir est-il la marque de la misère de l'homme ? (Orléans-Tours, A, juin 1983.)

■ Les hommes ne désirent-ils rien d'autres que ce dont ils ont besoin ? (Montpellier, B, juin 1982.)

■ Le désir suppose-t-il la connaissance préalable de son objet ? (Rouen, A, septembre 1982.)

■ Que peut nous apporter une réflexion sur nos désirs ? (Nice, A, septembre 1982.)

■ Vous dégagerez l'intérêt philosophique du texte suivant, en procédant à son étude ordonnée :
«Et ce n'est certes qu'une sauvage et triste superstition qui interdit de prendre du plaisir. Car, en quoi convient-il mieux d'apaiser la faim et la soif que de chasser la mélancolie ? Tels sont mon argument et ma conviction.
Aucune divinité, ni personne d'autre que l'envieux ne prend plaisir à mon impuissance et à ma peine et ne nous tient pour vertu les larmes, les sanglots, la crainte, etc., qui sont signes d'une âme impuissante. Au contraire, plus nous sommes affectés d'une plus grande joie, plus nous passons à une perfection plus grande, c'est-à-dire qu'il est d'autant plus nécessaire que nous participions de la nature divine. C'est pourquoi, user des choses et y prendre plaisir autant qu'il se peut (non certes jusqu'au dégoût, car ce n'est plus y prendre plaisir) est d'un homme sage. C'est d'un homme sage, dis-je, de se réconforter et de réparer ses forces grâce à une nourriture et des boissons agréables prises avec modération, et aussi grâce aux parfums, au charme des plantes verdoyantes, de la parure, de la musique, des jeux de gymnase, des spectacles, etc., dont chacun peut user sans faire tort à autrui. Le corps humain, en effet, est composé d'un très grand nombre de parties de nature différente, qui ont continuellement besoin d'une alimentation nouvelle et variée, afin que le corps, dans sa totalité, soit également apte à tout ce qui peut suivre de sa nature [...]. C'est pourquoi cette ordonnance de la vie est parfaitement d'accord et avec nos principes et avec la pratique commune.»

SPINOZA
Nice, A, juin 1985.

Le problème philosophique du désir, évoqué déjà par Platon dans son *Banquet*, dans sa dialectique de «Poros» et «Pénia», repose tout entier sur l'idée fondamentale d'une «désirabilité» : la valeur se règle-t-elle sur le désir ou le désir sur la valeur ?
La pomme qu Ève propose à Adam de croquer tire-t-elle sa valeur essentielle de la défense qu'on leur a fait d'y toucher ? Mais sans ce goût du risque, les choses peuvent-elles encore avoir une saveur ?
Marilyn Monroe, Sophie Marceau, Marlon Brando ou Prince, qui ont fait ou font «craquer» des millions de spectateurs, sont-ils eux-mêmes désirables en tant que tels ? Pour le philosophe contemporain René Girard, le désir passe toujours par un *médiateur*, un tiers qui – tantôt modèle, tantôt rival – focaliserait notre désir sur les objets que lui-même désire. Ainsi la désirabilité de la "star" tiendrait davantage dans le nombre (réel ou supposé) de ses adorateurs et de ses «fans» que dans ses propres qualités. N'est-ce pas en effet l'idée de la star qui rend la star possible ?

■ Affiche annonçant un débat sur le sida le 15 janvier 1988.

■ Adam et Ève, gravure d'après Albert Dürer.

■ Prince.

■ Marilyn Monroe
et Tom Ewell, dans
Sept ans de réflexion,
de Billy Wilder (1955).

■ Sophie Marceau, dans *Pacific Palisades*, de Bernard Schmitt (1989).

■ Marlon Brando et Vivien Leigh, dans *Un tramway nommé désir*, d'Elia Kazan (1951).

CHAPITRE 6

L'illusion

1. Définition

Une ignorance double

Le verbe latin *illudere* signifie **jouer**, notamment au sens de tromper, abuser, faire prendre des fictions pour des réalités. Le mot illusion, formé à partir de la voie passive du verbe *illudere,* désigne **l'état de celui qui est joué, trompé, abusé**.

Il y a donc dans l'illusion un côté négatif qui est l'ignorance, le **défaut de savoir**, l'absence de vérité, et un côté positif qui est ce que j'affirme en toute bonne foi (bien que ce soit faux) qui est ma **croyance.** Aspect positif si l'on insiste sur l'énergie de ma croyance, sur mon acharnement à affirmer une idée fausse. Négativité encore, pourtant, si l'on fait ressortir que j'ai été joué, trompé soit par une personne, soit par des mécanismes, par l'agencement des choses et des apparences.

On peut d'ailleurs définir parfaitement ce qu'est une illusion à partir de l'idée d'ignorance, en précisant que l'illusion n'est pas une ignorance simple, mais ce que Platon appelle à plusieurs reprises une **ignorance double** : à savoir non pas le simple défaut de connaissance (l'ignorance simple définie négativement) mais encore le fait que ce défaut même de connaissance est méconnu. L'illusion consiste en effet non seulement à ignorer le vrai (ignorance simple) mais à **ignorer qu'on l'ignore** (ignorance double) et, par là même, à affirmer comme vrai quelque chose de faux. Toute illusion est une ignorance qui s'ignore, une ignorance «au carré».

L'illusion et les autres figures de l'imaginaire

L'illusion est donc une des nombreuses figures de l'imaginaire ; on peut dire qu'elle appartient à l'imaginaire, mais la réciproque n'est pas vraie. Car il y a des formes de l'imaginaire qui excluent toute illusion. L'imaginaire tel que le décrit Jean-Paul Sartre se présente comme le contraire d'une illusion. Par exemple, si «mon image de mon ami Pierre, c'est une certaine façon de ne pas le toucher, de ne pas le voir», si imaginer Pierre c'est **le poser comme n'étant pas là**, l'imagination implique une «néantisation», un jugement de négation qui est précisément absent dans l'illusion. Dans le rêve nocturne, dans les hallucinations du malade, il y a illusion, le rêveur et l'halluciné sont dupes et c'est pourquoi d'ailleurs la théorie sartrienne de la fonction imageante (pour laquelle imaginer c'est nier) s'applique si mal à leur cas.

Distinguons en tout cas soigneusement l'illusion de tous les cas d'imagination où l'objet fictif est expressément donné pour une fiction. Par exemple, l'illusion n'est pas la **chimère** : la chimère au sens strict est un monstre (par exemple, une chèvre à tête de lion), un être fictif que je reconnais comme tel. De même, ne confondons pas **illusion** et **utopie**. L'étymologie même du mot utopie indique que la société dont on rêve, le monde idéal que l'on décrit **n'existent encore nulle part**. Sans doute l'utopiste veut-il sous-entendre que demain cette société idéale existera et, ce disant, peut-être s'illusionne-t-il, mais nous ne pouvons l'affirmer, car le temps précisément pourra transformer le projet en réalité. Dans la mesure où l'utopie est active et projective, elle échappe, pour une part difficile à prévoir, à l'illusion. **L'utopie est déjà une praxis ; l'illusion est foncièrement passive** au contraire puisque je suis prisonnier d'une erreur. Et si j'agis dans l'illusion, c'est un acte dont le sens et la portée m'échappent. Sans doute y a-t-il des formes de l'imaginaire très ambiguës. Par exemple, peut-on parler d'illusion chez le spectateur d'une pièce de théâtre ou le lecteur d'un roman ? Il y a chez le lecteur ou le spectateur une certaine complaisance pour les productions imaginaires de l'auteur, la fiction imitant la vie réelle, lui empruntant des éléments, mais il n'y a pas d'illusion au sens strict : je ne suis pas vraiment dupé.

L'illusion analysée par Spinoza

Dans un texte célèbre (*Éthique* IV, scolie de la proposition I), Spinoza a bien mis en lumière le caractère propre de l'illusion. Tandis qu'une erreur est susceptible d'être corrigée (par exemple, dans un raisonnement mathématique, je ne ferai plus l'erreur qu'on m'a montrée), **l'illusion survit à sa réfutation**. Lorsque nous regardons le Soleil, nous le voyons comme une boule rouge tournant autour de la Terre à quelque deux cents pieds du sol. Cette erreur peut être réfutée par le savoir astronomique qui nous enseigne (et nous démontre) que c'est la Terre qui tourne autour du Soleil, que le Soleil est beaucoup plus gros que la Terre, qu'il est situé à une grande distance ; mais l'illusion persiste : le plus grand astronome du monde a beau **savoir** la distance, les dimensions du Soleil, il continue de **voir** le Soleil comme un ballon rouge tout proche. C'est la structure de notre corps, sa position à la surface de la Terre qui expliquent notre façon de percevoir le Soleil. La connaissance du vrai ne fait pas disparaître la perception illusoire. Tout ce qui est positif dans l'illusion est véridique mais il s'agit d'une vérité partielle, relative à mon corps. Le savoir scientifique, en réfutant l'illusion, ne la supprime pas mais au contraire explique pourquoi et comment celle-ci se produit nécessairement.

2. Les deux sujets de l'illusion

Sujet illusionné et sujet connaissant

L'analyse du célèbre exemple spinoziste (le soleil à deux cents pieds du sol) nous montre qu'on ne peut parler d'illusion qu'à partir de la **dialectique de deux sujets** (chez Spinoza, d'une part le sujet de la perception, le sujet qui imagine, et d'autre part le sujet de l'entendement, le sujet qui pense par liaisons rationnelles). S'il n'y avait que le sujet dupé, s'il n'y avait que le sujet victime de l'illusion (le sujet percevant, selon Spinoza), nous ne saurions pas que nous sommes dans l'illusion. Le mot même d'illusion dont je me sers manifeste qu'au moins pour moi qui parle, la tromperie a été déjouée ; le concept d'illusion met donc en scène deux sujets : le sujet dupé, victime de l'illusion et le sujet qui connaît et déjoue l'illusion, se référant à des normes de vérité que le premier ignorait. Ce second sujet, le sujet connaissant, est en principe capable, tout d'abord, **de substituer le vrai au faux** ; mais aussi d'expliquer **comment et pourquoi l'illusion se produit**, de dire pourquoi et par quels mécanismes le premier sujet a été dupé.

L'illusion ne se définit en un mot comme telle qu'au niveau du sujet rationnel qui l'a dépassée et intégrée à un savoir nouveau. Au niveau du sujet premier, elle demeure indépassable.

Le spectateur et l'illusionniste

Ces deux sujets, celui qui est abusé par l'illusion, donc ne la reconnaît pas comme telle et celui qui l'a dépassée et qui l'explique, sont matérialisés, au music-hall, par deux personnages réels : le personnage du **spectateur**, et le personnage du prestidigitateur que l'on nomme aussi **illusionniste**. Il faut d'ailleurs noter que, dans ce cas, le second sujet n'est plus seulement le sujet qui connaît le mécanisme de l'illusion, mais en même temps le sujet qui la provoque. L'illusionniste attire l'attention du public par quelque manifestation visible, évidente et même spectaculaire, alors qu'en même temps il exécute en secret et à toute vitesse un mouvement précis et décisif. Le spectateur voit ce qui n'a pas d'importance et ne voit pas ce qui produit l'apparence ! Cependant, dans cet exemple concret, la dualité des deux sujets (l'illusionné et l'illusionniste) est en quelque sorte atténuée. Bien que le sujet trompé et le sujet savant soient ici deux personnes distinctes, d'une certaine façon ils ne sont pas radicalement séparés parce que l'illusionné sait bien qu'il est dupé : il est venu au music-hall précisément pour cela et il s'en amuse. On pourrait dire qu'il affirme le **que** de l'illusion (il sait **que** il est joué) mais qu'il ignore seulement le **comment** (c'est-à-dire les mécanismes cachés utilisés par le prestidigitateur). Il y a comme une **complicité** entre l'acteur et le spectateur, entre le dupeur et le dupé. Le prestidigitateur, en se désignant lui-même sous le nom d'illusionniste, ne trompe son monde que pour rire. Tout au contraire, le sophiste dont parle Platon, tout comme le dieu-trompeur auquel Descartes, un moment, feignait de croire, ne vendent pas la mèche. Ils sont censés produire des apparences fictives sans les désigner comme telles. C'est pourquoi la véritable illusion présente un caractère tragique ; tant que l'on se maintient à un certain niveau (celui du premier sujet), l'illusion est **indépassable.** Chez Spinoza, le sujet percevant (tant qu'il n'a pas dépassé le moment de la perception, du «premier genre» de connaissance) croit nécessairement que le Soleil tourne autour de la Terre. Seul, l'homme instruit d'astronomie, l'homme du second genre (raisonnement) ou du troisième genre (intuition rationnelle) de connaissance, tout en continuant à **voir** comme le premier, **pense** autrement.

Platon et la tragédie de l'illusion

Le caractère tragique de l'illusion apparaît dans l'extrême difficulté qu'il y a à passer du premier genre de connaissance au second. Puisque l'illusion, par définition même, s'ignore d'abord pour ce quelle est, comment peut-on être désillusionné ? La séparation radicale et tragique des deux sujets, ou si l'on veut des deux discours (le discours de l'illusionné et le discours du sujet guéri, délivré de l'illusion) est bien mise en lumière par Platon au livre VII de la *République,* dans son célèbre mythe de la caverne. Les prisonniers enchaînés devant la grotte, face au mur de la caverne, le dos tourné vers la lumière, comment ne prendraient-ils pas pour vérités les ombres portées qu'ils voient défiler ? Ils sont dans l'illusion, précisément parce qu'ils n'ont pas conscience d'y être. Pour être désillusionnés, il leur faudrait tourner la tête, prendre conscience des choses réelles qui bougent derrière leur dos. Mais ils sont très solidement attachés, enchaînés et, précisément, ces chaînes dont parle Platon symbolisent **le caractère momentanément indépassable de l'illusion**. Le passage du premier au second discours, du discours illusoire au discours vrai, s'opère cependant chez Platon, mais le mystère de cette transition, l'énigme de la désillusion (c'est le sens étymologique du mot grec *aléthéia* = vérité) est volatilisé par l'appel au mythe. Que se passera-t-il, demande Platon, si l'on délivre un de ces prisonniers, si on le détache de ses chaînes, si on le force à se dresser immédiatement, à lever les yeux vers la lumière ? Qui est donc ce *on* libérateur ? Quel est le démon généreux qui se fait l'agent de la délivrance ? Platon esquive cette question fondamentale. Et la suite, ainsi que la fin du récit mythique continuent à illustrer des illusions tragiques.

De l'illusion à la vérité

C'est d'abord l'illusion de l'homme à peine libéré qui, ébloui par le vrai soleil, ne voit plus rien. Progressivement, il est vrai, cet homme reconnaît les reflets des choses, les objets eux-mêmes dans la lumière mais, lorsqu'il est replongé dans la caverne, il ne peut délivrer ses camarades de leurs illusions. Tout au contraire, lui-même brusquement plongé dans le noir, ne voit plus rien. Ses yeux éblouis ne distinguent plus les ombres mouvantes. Et, tout naturellement, ses camarades croient (nouvelle illusion) qu'on lui a crevé les yeux alors que, tout au contraire, il a pour la première fois tout à l'heure contemplé la vérité. Le célèbre mythe de Platon, s'il laisse dans les nuages le problème de la **conversion** de l'illusion à la vérité, illustre à merveille la **transcendance radicale** du second sujet, le sujet délivré et raisonnant par rapport au premier sujet, celui qui est victime de l'illusion. Le prisonnier ne saurait échapper à l'illusion tant qu'une main étrangère ne l'arrache pas à la caverne, à ses ombres mouvantes, à ses séductions fantasmatiques. Seul le lecteur (qui est dans la coulisse, avec Platon) pose le fait de l'illusion pour ce qu'il est.

De tout cela, il nous faut conclure que le problème de l'illusion est le problème de sa puissance, de son prestige. Il ne suffit pas de dire qu'on se trompe et que l'erreur peut être rectifiée. Il faut comprendre la puissance et la séduction de cette erreur originaire. Bachelard parle finement de certains esprits scientifiques qui, forts de leur savoir bien clair, méconnaissent le pouvoir de l'illusion. Ainsi, ces professeurs de mathématique capables de tout comprendre sauf une chose : le fait qu'on ne les comprenne pas ! Dans *la Formation de l'esprit scientifique,* Bachelard écrit : «Pour le savant, la connaissance sort de l'ignorance comme la lumière sort des ténèbres. Le savant ne voit pas que l'ignorance est un tissu d'erreurs positives, tenaces, solidaires. Il ne se rend pas compte que les ténèbres spirituelles ont une structure.»

3. Les illusions de la perception La perception considérée comme illusion

Les illusions les plus fameuses qui, d'Aristote au XVIIe siècle surtout, ont exercé l'esprit critique des philosophes, sont **les illusions des sens**. On peut, sur cet exemple élémentaire, bien analyser la nature de l'illusion, c'est-à-dire montrer, à côté de son caractère erroné, son caractère inévitable, nécessaire. L'illusion a toujours une cause précise, un mécanisme qui la provoque et ne peut pas ne pas la provoquer. **Rectifier une illusion sera donc en même temps l'expliquer**, faire comprendre que, dans telle situation donnée, elle ne pouvait pas ne pas être.

L'illusion dite d'Aristote consiste à faire glisser une boule entre l'index et le majeur repliés sur eux-mêmes. Le sujet a l'impression qu'il touche deux boules, non une seule. La lune vue à l'horizon paraît plus grande qu'au zénith (illusion qui a beaucoup intéressé le philosophe cartésien Malebranche) ; Descartes lui-même et Malebranche ont parlé de l'illusion des amputés.

Illusions des sens et mirages

C'est le cas très classique du manchot qui «a mal au bras qu'il n'a plus», qui éprouve des impressions tactiles et surtout douloureuses à la place qui était naguère celle de son bras (le membre fantôme). Le mirage est une illusion d'optique propre aux pays chauds : la densité inégale des couches d'air plus ou moins réchauffé modifie le phénomène de réflexion de la lumière. Les objets éloignés produisent une image renversée d'eux-mêmes, comme s'ils se reflétaient dans une nappe d'eau. On voit que l'illusion réside dans **l'interprétation erronée d'un fait optique objectif**. Mais l'interprétation s'impose évidemment aux victimes du mirage parce que, dans les conditions normales et habituelles où l'on voit dans le lointain une image renversée du paysage, c'est que cette image est ordinairement un reflet dans le miroir d'un étang ou d'un fleuve à l'horizon. De même, les cartésiens expliquent l'illusion des amputés par un mécanisme neurologique : l'excitation d'une partie quelconque du nerf qui, normalement, va de la main jusqu'au cerveau, provoque la même sensation que naguère l'excitation de la main elle-même. La douleur n'est pas localisée dans le moignon mais à la place de la main absente, parce que cette sensation correspondait habituellement à une excitation de la main elle-même. Même si, aujourd'hui, l'explication «périphérique» de l'illusion des amputés est abandonnée, on donne communément une explication du même genre (Lhermitte). On souligne que **l'image du corps comme schéma global**, comme représentation d'ensemble que j'éprouve depuis ma naissance, est plus solide et plus durable que l'intégrité du corps lui-même.

Une illusion célèbre : la lune plus grosse à l'horizon

De même, Malebranche explique l'illusion de la lune plus grosse à l'horizon à partir des lois de la perspective ou, plus exactement, des lois qui nous font juger grands ou petits les objets selon la distance qui nous sépare d'eux. L'image optique de la lune n'est pas par elle-même plus grande à l'horizon qu'au zénith. Seulement, la distance de la lune à nous est jugée, de façon erronée mais automatique, beaucoup plus grande quand la lune est à l'horizon. En effet, dans ce cas-là, entre la lune et nous, nous apercevons beaucoup de champs, de bois, ou de maisons interposées. La lune paraissant plus éloignée tout en donnant une image optique de même dimension, **nous interprétons automatiquement cette image comme plus grande** pour compenser la distance éprouvée à tort comme plus longue. C'est ce que Malebranche appelle un «jugement naturel», une interprétation strictement déterminée par les conditions normales et habituelles de la perception, qui dans ce cas nous induisent en erreur.

Les hallucinations

Les hallucinations et même parfois le délire des grands malades mentaux peuvent être dus à des mécanismes du même ordre. Par exemple, un malade est atteint d'une tumeur cérébrale de la zone occipitale. Cette zone est celle où normalement se projettent toutes les impressions recueillies par la rétine. La tumeur qui, dans ce cas, excite la zone optique de l'écorce cérébrale, provoque donc des hallucinations visuelles (même si le sujet est devenu, de fait, aveugle). Le délire est quelquefois la prolongation directe de ces hallucinations, il n'est rien d'autre qu'un système de croyances pour rendre cohérentes, intelligibles les hallucinations. Le psychiatre Clérambault disait : «Le malade serait bien fou s'il ne délirait pas !»

Toute perception est illusion

Mais il faut insister sur le fait qu'à partir de Descartes et des cartésiens le problème des illusions des sens va passer au second plan, du moins ce genre d'illusions sera considéré en quelque sorte comme une illusion au second degré. Pourquoi ? Parce que la perception elle-même est, à partir de la révolution épistémologique des cartésiens, considérée comme une illusion, une illusion au premier degré. Ainsi, Spinoza (philosophe du XVIIe siècle précisément, et sur ce point dans la ligne cartésienne) **désigne sous le nom d'imagination ce que nous appelons perception**, connaissance du monde sensible. C'est qu'en effet ce soleil que nous voyons tourner comme un gros ballon à quelque deux cents pieds du sol, ce soleil que nous percevons tous ainsi, que nous ne pouvons pas percevoir autrement, est, rapporté aux vérités de l'astronomie, un soleil imaginaire. La perception tout entière bascule dans le domaine de l'illusion, se trouve disqualifiée en tant que prétendu savoir au moment où la science galiléenne et cartésienne prend son essor.

Pourquoi ce qui est perçu est illusoire

Descartes et Malebranche insistent sur le fait que les qualités sensibles (le rouge et le vert, comme le salé et le sucré, comme le chaud et le froid) sont des impressions purement subjectives. Considérons un triangle dessiné au tableau à la craie bleue. Qu'y a-t-il d'objectif, de vrai dans ce triangle bleu ? C'est l'espace géométrique, l'étendue en tant que lieu de relations intelligibles, ce sont les propriétés démontrables du triangle. **Nous n'avons d'autre idée claire**, dit Malebranche, **que celle de l'étendue et des nombres**. Ce qui au contraire est subjectif, c'est la couleur bleue qui n'est rien d'autre qu'une impression qualitative, un état d'âme personnel. Bien entendu, quand on voit des couleurs, des lumières, quand on entend des sons ou qu'on respire des parfums, il est certain qu'on voit, qu'on entend, qu'on sent tout cela. Mais l'illusion commence lorsqu'on s'imagine que la chaleur qu'on sent est hors de l'âme qui la sent, que la couleur qu'on voit est hors de l'âme qui la voit et existe réellement dans les choses. Il y a dans le monde sensible une illusion d'objectivité.

Une finalité biologique

Cette illusion n'est d'ailleurs pas propre à toutes les impressions sensibles mais seulement à quelques-unes d'entre elles : par exemple, je sens la couleur sur la fleur, je dis (faussement) que la rose **est** rouge tandis que je sens la piqûre des épines dans mon doigt et non dans les épines ! Et la finalité propre aux impressions sensibles, qui n'est pas une finalité de connaissance mais une finalité utilitaire, biologique, apparaît bien dans ces exemples. Il est juste que je sente la piqûre dans mon doigt pour pouvoir à temps retirer le doigt, il est bon que je voie les couleurs dans les objets (bien que ce soit faux), car ainsi je distingue les objets les uns des autres. Nous comprenons ainsi quelle est, aux yeux de Descartes et de Malebranche, la finalité du monde sensible : «Ne juger jamais par les sens de ce que les choses sont en elles-mêmes, mais seulement du rapport qu'elles ont avec notre corps, parce qu'en effet les sens ne nous sont point donnés pour connaître la vérité des choses en elles-mêmes, mais seulement pour la conservation de notre corps[1].» Les sens sont donc source d'illusion si on les considère comme des outils de connaissance, **ils ont cependant une valeur pour ce que nous nommerions aujourd'hui l'adaptation biologique**. Dans ses *Entretiens sur la métaphysique*, Malebranche conclut que les sens sont «faux témoins par rapport à la vérité, mais moniteurs fidèles par rapport à la conservation et à la commodité de la vie». Tandis que toute la sphère du sensible devient illusion au premier degré (par rapport à la vérité rationnelle) mais illusion utile (par rapport à sa finalité biologique), les illusions des sens représentent une **illusion au deuxième degré** car, ici, les mécanismes finalisés sont détraqués. Pourquoi l'amputé ressent-il très inutilement de la douleur dans son «membre fan-

1. Malebranche, *De la recherche de la vérité*, livre I, chap. 5.

tôme», pourquoi, dit Descartes, l'hydropique éprouve-t-il de la soif alors que boire aggrave sa maladie ? C'est que l'effet des lois mécaniques, l'effet des «lois générales», dit Malebranche, continue à jouer, avec sans doute dans ces cas exceptionnels des conséquences désastreuses ou pour le moins inutiles, conséquences dont l'absurdité exceptionnelle fait ressortir l'utilité générale : «Et quoique la sécheresse du gosier, dit Descartes, ne vienne pas toujours comme à l'ordinaire, de ce que le boire est nécessaire pour la santé du corps, mais quelquefois d'une cause toute contraire comme expérimentent les hydropiques, toutefois il est beaucoup mieux qu'elle trompe en cette rencontre-là que si, au contraire, elle trompait toujours quand le corps est bien disposé.»

4. Illusion, désir et langage

Le corps, source d'illusion

La théorie cartésienne de la perception nous donne en tout cas une des deux clefs majeures de l'illusion en général. L'illusion propre à toute perception, en effet, n'est pas simple négation, c'est-à-dire défaut de raison et de vérité, elle laisse lire clairement la positivité qu'elle contient, qui est celle du corps et de ses besoins, celle de l'utilité subjective, celle des passions : **la positivité de l'illusion, c'est la positivité du désir**. Si les cartésiens dénoncent la perception comme illusoire, comme non rationnelle, c'est parce que la perception est avant tout (Maurice Merleau-Ponty retrouvera ce thème à notre époque) l'œuvre du corps et que le corps ne suit pas la voie du vrai mais précisément le chemin du désir.

Le langage, source d'illusion

L'illusion n'a pas le caractère passager éphémère que peut revêtir, réduit à lui-même, le désir d'un individu et d'un instant. Les individus communiquent entre eux par le langage : le langage recueille l'illusion fugitive, lui donne une durée, une structure, permet sa communication et son partage. Le langage a d'ailleurs par lui-même une puissance de **réification**. En classifiant tout ce qu'il nomme, il est, par sa force propre, créateur d'illusions. C'est ce que montre admirablement Spinoza lorsqu'il analyse l'illusion de libre-arbitre. Alors que la raison démontre que rien ne se produit sans cause et que toutes les causes s'enchaînent nécessairement, beaucoup d'hommes continuent à s'imaginer qu'ils disposent d'un libre-arbitre, d'un pouvoir de choix, d'attention, ou d'action qui transcenderait tout déterminisme. A première vue, selon Spinoza, l'illusion du libre-arbitre n'est pas quelque chose de positif, c'est un défaut de savoir. Les hommes, dit Spinoza, croient au libre-arbitre parce qu'ils sont «conscients de leurs actions et ignorants des causes par lesquelles ils sont déterminés» *(Éthique)*. **La conscience de leur indépendance n'est rien d'autre que l'inconscience de leur dépendance.**

L'exemple de la volonté

Pourtant, on saisit mal comment la simple ignorance des causes qui nous déterminent suffirait à produire en nous l'illusion d'une faculté transcendante, source de toutes nos décisions et que nous appelons volonté ou liberté. Il y a là un piège du langage. Volonté, liberté sont de ces mots abstraits dont le simple usage engendre le mythe des facultés de l'âme. Nommer la volonté, c'est en quelque sorte l'inventer. Nous imaginons, à partir des volitions diverses, toujours motivées, déterminées, connues par expérience, une faculté abstraite : la volonté, qui serait, elle, comme le mot qui la désigne, indépendante de toutes circonstances. La volonté n'est qu'un «**être de raison**», c'est-à-dire l'une de ces idées générales, issues du langage et purement imaginaires, que Spinoza a souvent dénoncées ; une fiction abstraite que nous prenons pour une réalité : «Il arrive que l'homme considère des êtres de raison comme des choses qui existent réellement dans la nature [...]. Car si l'on demande : Pourquoi l'homme veut-il ceci ou cela, la réponse sera : parce qu'il a une volonté ! Mais puisque la volonté n'est qu'une idée générale, rien ne peut être produit par elle» (*Court Traité*). La «volonté» n'est pas plus cause de telle ou telle décision particulière que la «pierréité» n'explique l'existence de ce caillou particulier au bord du chemin, que l'idée abstraite d'humanité n'explique l'existence de Pierre ou de Paul ! L'illusion métaphysique est donc, on le voit, celle du mot autant et plus que celle du désir et de la passion.

5. Illusion et psychanalyse

Le désir refoulé, source d'illusion

La psychanalyse peut être considérée comme une technique de déchiffrage et de décryptage de nos illusions. En insistant sur le **refoulement**, Freud montre qu'en effet nos désirs ne se manifestent pas couramment à nous dans leur vérité et leur nudité. Comme les désirs entrent en conflit avec les interdits sociaux, ils sont contraints de se dissimuler. Ils sont toujours là, aucune répression ne pouvant faire disparaître purement et simplement nos pulsions. **Nos désirs portent un masque** ; ils sont contraints de se cacher, ils ne se montrent à nous que sous un déguisement. C'est pourquoi, à tout moment, le psychanalyste rencontre l'illusion et l'explique par le refoulement des désirs. Empruntons à Freud quelques exemples concrets : le président Schreber, haut magistrat allemand, souffre d'un délire de persécution ; il s'imagine que son médecin, le docteur Flechsig, le hait, veut l'émasculer et assassiner son âme ! Pure illusion, mais dont Freud essaie d'analyser le mécanisme. En fait, le président Schreber éprouve des désirs homosexuels pour le docteur Flechsig. Ces désirs sont inavouables, refoulés par le «surmoi». Ils ne peuvent réapparaître à la concience qu'avec un masque. C'est ainsi que l'affect initial, «moi un homme, je l'aime, lui un homme», subit **deux transformations**. La première change le verbe : le «je l'aime» devient un «je le hais» ; la seconde bouleverse l'ordre de la proposition. Ce n'est pas moi qui le hait (affect culpabilisant) mais c'est lui qui me hait et me persécute : «Une perception interne est réprimée et, à sa place, son contenu, après avoir subi une certaine déformation, parvient à la conscience sous forme de perception venant de l'extérieur. Dans le délire de persécution, la déformation consiste en un retournement de l'affect ; ce qui devait être ressenti intérieurement comme de l'amour est perçu extérieurement comme de la haine.» Les mécanismes de défense du moi œuvrent ici pour protéger le malade contre ses sentiments de culpabilité. L'illusion d'être haï retourne ainsi le sentiment inacceptable pour Schreber d'être amoureux de son médecin.

L'illusion du déjà-vu

Nous avons vu (au chapitre 3), que Freud explique de la même manière la fameuse **illusion du déjà-vu ,** : une malade ne veut pas, ne peut pas se souvenir que la situation familiale d'une de ses amies est proche de la sienne, particulièrement pénible à évoquer. **L'impression de reconnaissance se**

déplace alors. La malade refoule le souvenir de la situation familiale mais croit reconnaître la maison de son amie (où cependant elle n'était jamais allée). La reconnaissance illusoire mais insignifiante et anodine des lieux lui épargne le souvenir authentique. L'illusion, ici encore, appartient au mécanisme de défense du désir.

Religion et illusion

Dans *l'Avenir d'une illusion,* Freud dénonce comme illusion la croyance religieuse – et d'ailleurs tout autant, si l'on y regarde de près, l'athéisme militant. En effet, l'adoration pour Dieu transpose l'amour du tout petit enfant pour le père, comme la haine de Dieu transpose la haine du père (liée à l'amour œdipien pour la mère). Les souvenirs pénibles liés à l'infantile crise œdipienne sont ainsi refoulés et déplacés au niveau de croyances, d'illusions religieuses conscientes aux yeux de Freud. Un correspondant de Freud (étudiant en médecine américain) lui écrit ainsi qu'il avait perdu (provisoirement) la foi en voyant un jour dans une salle de dissection le cadavre d'une vieille dame aux traits adorables ! Et pourtant, remarque Freud, il est notoire que Dieu permet des injustices et des catastrophes bien plus terribles que la présence d'un cadavre aux traits sympathiques dans une salle de dissection ! Cet événement insignifiant en lui-même n'a bouleversé l'étudiant que parce que la vieille dame morte est de toute évidence un symbole de la mère. La révolte contre Dieu qui s'ensuit est une reviviscence de la révolte œdipienne contre le père. On voit clairement, à partir de tous ces exemples, comment pour Freud les illusions dérivent de l'affectivité, proviennent du refoulement, du déplacement, de la métamorphose de nos désirs.

6. Illusion et idéologie

L'idéologie est une illusion collective

L'idéologie – du moins au sens marxiste du mot qui s'est imposé à l'usage de notre langue philosophique – désigne un système de représentations fausses, très exactement un système d'illusions, mais d'illusions propres à un groupe, par exemple à une classe sociale tandis que, jusqu'à présent, nous n'avons surtout envisagé que des illusions individuelles et privées. Ce que les marxistes nomment **idéologie**[1], c'est bien l'illusion, car nous retrouvons ici cette dualité entre le désir et la raison, ce refoulement de la raison objective par le désir qui nous a paru caractériser l'illusion. En effet, l'idéologie est un système de représentations, d'idées (juridiques, morales, religieuses) qu'une classe sociale présente et tient elle-même pour autant de vérités, mais dont le ressort caché se trouve dans des désirs et des intérêts soigneusement dissimulés.

L'idéologie ne s'avoue jamais comme idéologie, elle se croit vérité, elle est donc très exactement de l'ordre de l'illusion. Le 14 juillet 1893, Engels écrit à Mehring : «L'idéologie est un processus que le soi-disant penseur accomplit avec conscience, mais avec une conscience fausse. Les

1. Le mot **idéologie** a été créé par Destutt de Tracy dans le *Mémoire sur la faculté de penser,* lu à l'institut en 1796. Le mot signifiait pour Destutt de Tracy : **science exacte** des états de conscience, des sensations et des idées. Le sens marxiste, qui a prévalu, est, on le voit, directement opposé au sens de Destutt de Tracy, puisque l'idéologie, pour les marxistes, n'est pas autre chose qu'un **système d'illusion**.

forces motrices qui le meuvent lui restent inconnues.» L'idéologie est ce que Marx et Engels appellent une fausse conscience, c'est-à-dire une conscience ignorante de sa fausseté, très exactement une illusion. Les exemples ne manquent pas. Considérons la hiérarchie des anges sur laquelle Thomas d'Aquin s'attarde si soigneusement dans sa *Somme théologique* (chérubins, séraphins, trônes, dominations, principautés, archanges, anges) ; cette «idéologie» n'est-elle pas **la projection** dans le ciel de la théologie (et par là même la justification) de la très réelle et très terrestre hiérarchie féodale qui descend du roi jusqu'au dernier des serfs par toute une cascade de suzerains et de vassaux ? La hiérarchie des classes, ou plus exactement, dans ce cas, des castes médiévales, se traduit, se justifie et se dissimule dans l'idéologie de la hiérarchie angélique.

L'exploitation est la clef de l'illusion idéologique

De même, l'idéologie des «libéraux» de 1789 exprime un «intérêt de classe» caché. Au nom des droits sacrés de l'individu et des exigences de la «liberté», les révolutionnaires de 1789 suppriment par exemple les «corporations», ce qui a pour conséquence réelle de créer une classe d'employés isolés, sans défense devant l'employeur. Ou bien encore, dans la France du XIXe siècle, légitimistes et orléanistes croyaient combattre au nom de deux maisons royales opposées, au nom de deux traditions, de principes différents et même pour deux drapeaux (le drapeau blanc pour les légitimistes, bleu-blanc-rouge pour les orléanistes !) alors qu'ils représentaient seulement, et sans bien s'en rendre compte eux-mêmes, deux formes différentes de la grande propriété – propriété foncière chez les légitimistes, propriété industrielle chez les orléanistes. L'idéologie consiste donc, comme le dit très bien Lucien Goldmann, «dans le fait que les hommes, en toute bonne foi, ont une tendance à déformer leurs pensées et leurs actions dans le sens qui correspond aux intérêts du groupe social dont ils font partie»[1]. Le mécanisme de l'illusion tel qu'il est décrit par les marxistes est donc bien clair. **L'intérêt d'une classe dirigeante la pousse toujours à présenter ses exigences comme étant celles de l'intérêt général lui-même.** L'intérêt d'une classe qui exploite une autre classe tend à se dissimuler sous le masque idéologique d'un intérêt universel et indépendant. L'exploitation de l'homme par l'homme cherche toujours à se masquer. Un rapport d'exploitation concernant des personnes (par exemple, la classe des employeurs exploitant la classe des employés) c'est-à-dire un conflit de classes, se dissimule sous la forme anodine et neutre d'un échange de choses (les employés échangent leur force de travail contre un salaire). Marx lui-même écrit : «Un rapport social déterminé des hommes revêt pour eux la forme fantastique d'un rapport entre les choses.»

Il y aura toujours des idéologies

L'illusion témoigne donc à la fois (dans la théorie marxiste exactement comme dans la théorie psychanalytique) de la **toute-puissance du désir et de son travestissement par des conflits**. Le président Schreber, parce qu'il refuse de s'avouer à lui-même son amour pour son médecin Flechsig, entretient l'illusion de la haine de Flechsig à son égard. La classe sociale dominante dissimule à elle-même et à ceux qu'elle exploite ses intérêts égoïstes sous le masque d'une idéologie qui fonctionne comme une rationalisation, comme une justification illusoire de sa pratique. De même, écrit Marx, que «dans la vie privée on distingue entre ce qu'un homme d'une part

1. Lucien Goldmann, in *Revue internationale de philosophie*, n°s 45-46, p. 260.

dit et pense de lui-même et d'autre part ce qu'il est réellement, on doit *a fortiori* distinguer dans les luttes historiques les phrases et les chimères des partis de leur organisme réel et de leurs intérêts matériels, leur imagination de leur réalité».

Mais, si les idéologies traduisent (en les dissimulant) des intérêts de classe, si l'idéologie bourgeoise dominante n'exprime rien d'autre que les intérêts et les désirs masqués de la bourgeoisie, faut-il penser qu'une société sans classes marquerait l'avènement d'une philosophie dépouillée de toute idéologie, de toute illusion ? Faut-il juger également que la pensée du prolétariat, parce que cette classe n'en exploite aucune autre, que ses intérêts coïncident finalement avec ceux de l'humanité tout entière, est une pensée qui a valeur universelle, pure dès lors de toute partialité, de toute illusion idéologique ? A cette question, le philosophe marxiste Louis Althusser répond par la négative : «Pour ne pas éviter la question la plus brûlante, le matérialisme historique ne peut concevoir qu'une société communiste elle-même puisse jamais se passer d'idéologie, qu'il s'agisse de morale, d'art, ou de représentation du monde[1]».

Seule la science exclut l'illusion

La seule connaissance réellement objective, la seule connaissance qui exclut l'illusion est en effet la connaissance scientifique. Mais le savoir scientifique, système cohérent, rationnel, formalisé ne pourra jamais recouvrir l'ensemble des relations des hommes avec le monde ; mon rapport vécu avec le monde, ma façon de me représenter les autres, les valeurs, ma mort, restera toujours pour une part imaginaire. Entre **les rapports réels** des hommes à leurs conditions d'existence et **la façon dont ils vivent ces rapports**, il y aura toujours une marge, une certaine distance ; tel est le lieu où le désir et la crainte ne cesseront jamais de tisser les idéologies et les illusions. On le voit, de la conception cartésienne de la perception-illusion jusqu'aux théories contemporaines de l'idéologie, de Spinoza jusqu'à Althusser, nous trouvons cette idée que l'illusion est rendue possible par la dualité entre la rationalité et le désir. Toute illusion est une projection du désir qui demeure étrangère à la raison véritable ; la rationalisation (c'est-à-dire les procédés d'autojustification propres à l'illusion) demeure précisément au service de l'irrationnel.

7. Kant : les illusions de la raison pure

Les illusions métaphysiques viennent-elles de l'affectivité ?

L'originalité de Kant n'est pas de considérer la métaphysique dogmatique (affirmation de l'existence d'un Dieu créateur et parfait, affirmation de l'immortalité de l'âme) comme une illusion. Cette idée est fréquente chez les philosophes du XVIIIe siècle. Kant remarque lui-même que, tandis que les propositions scientifiques sont vérifiables et obtiennent tôt ou tard l'accord des spécialistes compétents, en revanche les affirmations métaphysiques sont l'objet de **controverses sans fin**. Les métaphysiciens discutent sans se convaincre. La métaphysique est «un champ de bataille où il n'y a ni vainqueurs ni vaincus». L'impossibilité de se mettre d'accord sur une proposition quelconque, en métaphysique, c'est le constat du caractère illusoire de la métaphysique.

1. Louis Althusser, *Pour Marx,* Maspéro.

Mais cette illusion, comment se produit-elle ? Pourquoi survit-elle, impénitente, à toute critique ? C'est ici que Kant adopte une position très originale. **L'illusion métaphysique ne s'explique pas par le conflit du désir et de la raison**, comme à son époque et après lui de nombreux philosophes l'affirment et l'affirmeront. Pour presque tous ceux qui dénoncent l'illusion métaphysique, en effet, celle-ci se rattache à nos passions : l'homme ne pouvant supporter sa solitude appelle Dieu au secours ; ou bien encore l'angoisse de la mort fait imaginer l'idée compensatrice d'immortalité. Pour Marx, qui voit dans la religion à la fois une ruse des exploiteurs et une consolation fantasmatique à la misère des humbles, pour Nietzsche qui pense que le mythe de l'au-delà est inventé par les faibles, par les vaincus de la vie (ceux qui n'ont pas la santé du corps rêvent au salut de l'âme), pour Freud qui dit que «la mort du père est la naissance de Dieu», l'illusion métaphysique est fille du sentiment, elle dérive de l'irrationnel, ou des «raisons du cœur» qui précisément sont le contraire de véritables raisons.

Les illusions métaphysiques viennent de la raison elle-même

Or, aux yeux de Kant – c'est là l'extrême originalité de sa doctrine –, **l'illusion métaphysique dérive de la raison pure elle-même**. Comme l'écrit très pertinemment Ferdinand Alquié, «Kant, tout en estimant que la métaphysique dogmatique est illégitime, se refuse à y voir l'effet d'un besoin du cœur ; il la rattache à une exigence de l'esprit»[1]. Distinguons tout d'abord l'**illusion** et le **phénomène**. Le phénomène, c'est ce qui apparaît à mes sens, ce n'est pas la chose en soi (qui m'échappe toujours) mais c'est le monde réfracté par les «formes *a priori* de ma perception» (l'espace et le temps). Le phénomène n'est ni vrai ni faux, c'est le donné sensible avant tout jugement de vérité et de fausseté. Mais le phénomène est malgré tout la matière première de la science objective ; celle-ci est une liaison rationnelle, valable universellement, des données sensibles, des phénomènes.

Trois sortes d'erreur

Quant à l'illusion, **elle suppose toujours un jugement** et, en l'espèce, un jugement faux. L'illusion est toujours une erreur, même si elle est une erreur d'un genre un peu particulier. Kant cite trois cas d'erreurs : l'erreur des sens (un jugement erroné provoqué par l'imagination : par exemple, le Soleil à deux cents pieds du sol tournant autour de la Terre), l'erreur dans un raisonnement logique (par exemple un faux syllogisme, un paralogisme, un sophisme) et enfin l'erreur métaphysique (prétendre qu'il est possible de démontrer rationnellement l'existence de Dieu, ou sa non-existence, la liberté humaine ou, à l'opposé, le fatalisme, etc.).

Entre ces trois types d'erreur, Kant remarque que l'erreur logique, par exemple la faute de raisonnement par défaut d'attention (erreur n° 2), n'est pas, au sens strict, une illusion. Pourquoi ? Parce que, dans ce cas-là, l'apparence fausse se dissipe dès que l'attention a retrouvé sa vigilance, dès que les règles logiques sont correctement appliquées. Tandis que l'erreur n° 1 (le faux jugement tiré des apparences perceptives) tout comme l'erreur n° 3 (la proposition métaphysique, invérifiable puisque étrangère à l'expérience) sont des **illusions**, c'est-à-dire sont toujours présentes, ne se dissipent pas, alors même qu'elles sont réfutées. «L'astronome ne peut empêcher que

1. Ferdinand Alquié, *la Critique kantienne de la métaphysique*, P.U.F., 1968, p. 14. Bien entendu, Kant condamne aussi les illusions du sentiment. Sans trêve, il lutte contre la *schwärmerei*, c'est-à-dire contre l'exaltation mystique, le rêve mis à la place de la raison. Mais cela n'empêche pas que l'illusion métaphysique soit une **illusion de la raison**.

la lune ne lui paraisse plus grande à son lever, bien qu'il ne soit pas trompé par cette apparence»[1]. De la même façon, les illusions métaphysiques se reforment toujours. Malgré les contradictions des systèmes et la stérilité des controverses, la métaphysique renaît à chaque époque. «La métaphysique surnage comme de l'écume, mais en sorte que si l'écume qu'on avait puisée se dissipait, il s'en formerait immédiatement une nouvelle à la surface. Les uns la recueilleraient toujours aussi avidement tandis que les autres, au lieu de chercher dans les profondeurs la cause de ce phénomène, se figureraient être sages parce qu'ils se railleraient de l'inutile effort des premiers[2]».

La raison s'illusionne inévitablement

L'illusion métaphysique, persistante et inévitable, vient pour Kant de la nature de la raison elle-même, **qui ne peut s'empêcher de poursuivre au-delà de toute expérience une exigence d'unification et de totalisation**. La raison crée par exemple l'illusion d'une «âme-substance» parce qu'elle suppose réalisée l'unification en un tout de mes états de conscience ; la raison crée l'illusion d'un Dieu créateur parce qu'elle pose un fondement absolu, un inconditionné, à tous les phénomènes qui se conditionnent les uns les autres dans l'expérience. Or, nous n'avons pas d'intuition intellectuelle. Nous n'avons aucune connaissance de l'absolu. Nos seules intuitions sont des perceptions sensibles, assujetties au cadre spatiotemporel. L'illusion métaphysique résulte donc d'une exigence intérieure à la raison que nous ne pouvons pas nous empêcher de projeter à l'extérieur sous forme d'être. D'une tendance (celle de la raison pure à poursuivre au-delà de l'expérience son effort d'unification), «nous faisons un objet». Cette formule de l'historien Émile Boutroux définit bien ce que Kant entend par illusion métaphysique. L'illusion suppose pour Kant (comme pour tous les historiens de l'illusion) une **dualité de perspective** mais ce n'est pas, comme dans la plupart des autres cas, la dualité entre raison et désir. Si le désir est toujours présent dans les illusions étudiées par Kant, c'est un désir intérieur à la raison pure elle-même. L'opposition est plutôt entre **l'entendement** qui se propose seulement de relier les phénomènes par des lois (et qui constitue la science objective) et **la raison** qui poursuit l'unification de nos jugements au-delà de toute expérience possible, c'est-à-dire dans le vide. Aux vérités objectives (mais relatives aux phénomènes) de l'entendement, il convient d'opposer les illusions ontologiques engendrées par la raison.

8. La philosophie et les illusions : critique et soupçon

L'illusion survit à sa réfutation

Ce qui caractérise l'illusion, c'est qu'elle survit aux réfutations. La perception du soleil à deux cents pieds n'est pas détruite par le savoir de l'astronome. De même, l'homme de l'idéologie est réfractaire aux critiques même pertinentes que vous ferez de son système. Il est à cet égard pareil au névrosé que vous ne calmerez guère en critiquant patiemment l'absurdité de ses scrupules et des arguments par lesquels il les justifie. Comme l'a dit

1. Emmanuel Kant, *Critique de la raison pure : Dialectique transcendantale* (Introduction).
2. Id., *Prolégomènes à toute métaphysique future*, §4.

Marcel Proust : «Les faits ne pénètrent pas dans le monde où vivent nos croyances. Ils n'ont pas fait naître celles-ci, ils ne les détruisent pas. Ils peuvent leur infliger les plus constants démentis sans les affaiblir, et une avalanche de malheurs et de maladies se succédant sans interruption dans une famille ne la fera pas douter de la bonté de son Dieu ou du talent de son médecin.» La cause de l'illusion n'est pas dans les rationalisations que la conscience mystifiée se propose ; les mobiles sont inconscients, c'est au-delà des motifs proposés qu'il faut les rechercher pour les dissoudre.

La philosophie «du soupçon» cherche les mobiles cachés des illusions

Il faut noter ici qu'une tendance très actuelle de la philosophie (tendance dont les maîtres sont Marx, Nietzsche et Freud) consiste à considérer les idées qu'on ne partage pas, **non comme des erreurs** (qu'il faudrait critiquer par des arguments, par une réfutation directe) **mais comme des illusions dont on cherchera plutôt les mobiles cachés**, les soubassements inconscients. Telle est la **philosophie du soupçon** qui renonce à opposer arguments à arguments, qui renonce à critiquer les idées de l'adversaire (en se plaçant sur le même plan que lui) pour le soupconner. C'est ainsi qu'on voit couramment aujourd'hui le contenu de telle ou telle philosophie considérée comme une illusion c'est-à-dire **jugée indigne d'une réfutation directe**, mais attribuée à des désirs cachés, à des intérêts inavouables, et relevant ainsi d'une sorte de psychanalyse. Par exemple, pour John Oulton Widson, la philosophie immatérialiste de Berkeley (qui nie l'existence d'un monde matériel) n'est pas une erreur à réfuter, mais une illusion dont il faut chercher la source inconsciente. Pourquoi Berkeley nie-t-il l'existence de la matière ? Cela, dit – sans rire – le psychanalyste, s'explique par les effets psychologiques inconscients d'une colique diarrhéique chronique dont souffrait le malheureux philosophe : obsédé par ses «matières», il a voulu, pour compenser, nier l'existence de la matière ! Cet exemple caricatural, mais significatif, indique bien l'esprit et les excès de la philosophie du soupçon. Cette philosophie consiste à présupposer que les opinions adverses sont toutes des illusions. Claude Bruaire caractérise fort bien la philosophie du soupçon en ces termes : «Soupçonner, c'est rapporter l'idée à autre chose, obscur et secret, dont l'idée dérive.» Ainsi, pour la philosophie du soupçon, «toute proposition doit être envisagée de dos, dans ses arrière-mondes qu'elle dissimule.[1]»

Les excès de la philosophie du soupçon

Cette dénonciation systématique des illusions a toutes les apparences de la profondeur : elle ne reste pas à la surface des idées, creuse dans les profondeurs (c'est la philosophie nietzschéenne, la **philosophie au marteau**, ce marteau du spéléologue qui sonde la paroi des grottes). Mais la philosophie du soupçon est aussi une philosophie facile qui abuse de la notion d'illusion. Devant les symptômes d'un «délire de jalousie», il est bien connu que le psychiatre, avant de chercher ce qu'éventuellement ces symptômes dissimulent, doit se demander d'abord si les accusations ne sont pas fondées, si la jalousie est vraiment «délirante» ! Le philosophe ne doit pas davantage postuler que la doctrine qu'il entend réfuter est une illusion. **Il faut d'abord démontrer qu'il y a erreur**, quitte à montrer ensuite que cette erreur est une illusion, qu'elle dérive de mobiles cachés, de désirs inconscients. Considérer *a priori* la doctrine de l'autre comme une illusion, comme une idéologie, c'est refuser le dialogue et la discussion. C'est souvent faire l'économie d'une réfutation argumentée, au profit d'insinuations arbitraires.

1. Claude Bruaire, *Démythisation et idéologie,* Aubier.

L'hyperlucidité des philosophes du soupçon, des dénonciateurs d'illusions peut à son tour n'être que le masque de l'intolérance. Il est trop facile d'accuser l'adversaire d'entretenir des illusions. Comme le remarquait Raymond Aron, «la formule : l'idéologie est l'idée de mon adversaire serait une des moins mauvaises définitions de l'idéologie». Prenons garde que la philosophie du soupçon – en postulant systématiquement l'illusion chez l'adversaire – ne devienne (selon la dure formule d'Alquié) **philosophie du mépris**.

RENVOIS THÉMATIQUES AU VOLUME 1

- La conscience et l'inconscient, chap. 2, p. 22.
- Description de l'état de passion, chap. 3, p. 49.
- Nature de la vérité, vérité et réalité, chap. 11, p. 250.
- La nature et l'art, chap. 15, p. 333.

LES IDÉES ESSENTIELLES

L'erreur est une ignorance double, disait Platon. 1. On ignore une certaine connaissance. 2. Mais on croit savoir, on est de bonne foi. En somme, *on ignore qu'on ignore,* l'erreur n'est pas le mensonge.
L'illusion ajoute un caractère supplémentaire. Tandis que l'erreur peut être corrigée (je ne ferai plus l'erreur de raisonnement qu'on m'a montrée), *l'illusion survit à sa réfutation :* même si je connais l'astronomie, je continue à voir le Soleil tourner autour de la Terre comme un gros ballon rouge.
Quelles sont les causes qui font de l'erreur une *illusion,* c'est-à-dire quelque chose qui subsiste malgré critiques et réfutations ? L'élément positif, subsistant, clé de l'illusion peut être :
1. *notre corps,* sa position dans l'espace (illusion du Soleil qui tourne autour de la Terre) ;
2. *nos désirs,* qui nous dictent d'autant plus impérieusement nos opinions et nos croyances qu'ils sont refoulés dans l'inconscient ;
3. *nos intérêts,* par exemple *l'attachement* que nous avons pour notre classe sociale (bourgeoise ou prolétaire) ou parfois notre *haine* pour elle nous imposent des opinions politiques qui peuvent être fausses (non rationnelles ni démontrables), mais auxquelles nous tenons ;
4. *la raison pure* elle-même peut être source d'illusion, comme l'a montré Kant, parce que, en dehors de toute possibilité de vérification, de contrôle expérimental, la raison a une tendance invincible à tout unifier et à poser des causes dernières (par exemple inventer une cause ultime du monde).
Tandis que la pensée traditionnelle (philosophique ou scientifique) se borne à réfuter des erreurs, la philosophie d'aujourd'hui se veut parfois (avec Marx, Nietzsche et Freud) *une philosophie du soupçon* qui ne réfute pas directement l'adversaire, mais cherche à dévoiler les désirs et les intérêts cachés qui donnent leur force aux illusions.

LECTURES

■ ***Textes philosophiques :***

S. Freud, *l'Avenir d'une illusion,* P.U.F. (Le désir source intarissable d'illusions.)

E. Kant, *Prolégomènes à toute métaphysique future,* Gallimard.

Malebranche, *Recherche de la vérité,* livre I, Vrin, éd. du CNRS. (L'illusion de la Lune plus grosse à l'horizon.)

K. Marx et F. Engels, *l'Idéologie allemande,* Ire partie, Nathan, coll. Les Intégrales de philo. (Dans cette philosophie matérialiste, toute conscience est un reflet mystifié des luttes concrètes.)

F. Nietzsche, *Généalogie de la morale.* (La morale chrétienne, considérée comme illusion de l'esclave.)

Platon, *République,* VII. (Le mythe de la caverne, allégorie de l'illusion, a été analysé dans ce chapitre.)

B. Spinoza, *Éthique,* IV, Garnier-Flammarion. (L'illusion du Soleil que, malgré tout notre savoir, nous voyons tourner autour de la Terre.)

■ ***Un ouvrage important :***

R. Girard, *Des choses cachées depuis la fondation du monde,* Grasset. (Ce beau livre retourne les généalogies de type nietzschéen puisqu'ici le christianisme, loin d'être tenu pour illusion, est au contraire éminemment démystificateur. L'illusion analysée, c'est celle des rites sacrificiels primitifs, qui tout à la fois masquent et célèbrent la violence originaire.)

■ ***Sur la nécessité de se «désillusionner» :***

A. Comte-Sponville, *Traité du désespoir et de la béatitude,* P.U.F.

■ ***Sur l'idéologie :***

R. Boudon, *l'Idéologie,* Fayard.

J. Lacroix, *le Personnalisme comme anti-idéologie,* P.U.F.

TEXTE À COMMENTER

L'illusion : une opinion produite par le désir

Une illusion n'est pas la même chose qu'une erreur, une illusion n'est pas non plus nécessairement une erreur. L'opinion d'Aristote, d'après laquelle la vermine serait engendrée par l'ordure – opinion qui est encore celle du peuple ignorant –, était une erreur ; de même l'opinion qu'avait une génération antérieure de médecins et d'après laquelle le tabès aurait été la conséquence d'excès sexuels. Il serait impropre d'appeler ces erreurs des illusions, alors que c'était une illusion de la part de Christophe Colomb, quand il croyait avoir trouvé une nouvelle route maritime des Indes. La part de désir que comportait cette erreur est manifeste. On peut qualifier d'illusion l'assertion de certains nationalistes, assertion d'après laquelle les races indo-germaniques seraient les seules races humaines susceptibles de culture, ou bien encore la croyance d'après laquelle l'enfant serait un être dénué de sexualité, croyance détruite pour la première fois par la psychanalyse. Ce qui caractérise l'illusion, c'est d'être dérivée des désirs humains ; elle se rapproche par là de l'idée délirante en psychiatrie, mais se sépare aussi de celle-ci, même si l'on ne tient pas compte de la structure compliquée de l'idée délirante.

L'idée délirante est essentiellement – nous soulignons ce caractère – en contradiction avec la réalité ; l'illusion n'est pas nécessairement fausse, c'est-à-dire irréalisable ou en contradiction avec la réalité. Une jeune fille de condition modeste peut par exemple se créer l'illusion qu'un prince va venir la chercher pour l'épouser. Or, ceci est possible, quelques cas de ce genre se sont réellement présentés. Que le Messie vienne et fonde un âge d'or, voilà qui est beaucoup moins vraisemblable : suivant l'attitude personnelle de celui qui est appelé à juger de cette croyance, il la classera parmi les illusions ou parmi les équivalents d'une idée délirante. Des exemples d'illusions authentiques ne sont pas, d'ordinaire, faciles à découvrir ; mais l'illusion des alchimistes de pouvoir transmuter tous les métaux en or est peut-être l'une d'elles. Le désir d'avoir beaucoup d'or, autant d'or que possible a été très atténué par notre intelligence actuelle des conditions de la richesse ; cependant, la chimie ne tient plus pour impossible une transmutation des métaux en or. Ainsi nous appelons illusion une croyance quand, dans la motivation de celle-ci, la réalisation d'un désir est prévalente, et nous ne tenons pas compte, ce faisant, des rapports de cette croyance à la réalité, tout comme l'illusion elle-même renonce à être confirmée par le réel.

(S. FREUD, *l'Avenir d'une illusion*, p. 44-45, P.U.F.)

SUJETS DE DISSERTATIONS OU DE DÉBATS

■ Erreur et illusion.

■ Illusion et désir.

■ Paul Valéry écrit : «Mythe est le nom de tout ce qui n'existe et ne subsiste qu'ayant la parole pour cause.» Pensez-vous que le langage soit créateur d'illusions ?

■ Acceptez-vous cette opinion de Spinoza : «Si fort qu'un homme soit supposé adhérer à des idées fausses, jamais pourtant, nous ne dirons qu'il est dans la certitude» ?

■ Critique et soupçon.

■ La réfutation des illusions.

SUJETS PROPOSÉS AU BACCALAURÉAT

■ Que gagne-t-on à perdre ses illusions ? (Amérique du Nord, A, juin 1989.)

■ Toute connaissance autre que scientifique doit-elle être considérée comme une illusion ? (Montpellier, A, juin 1989.)

■ Lorsque la vérité dérange, faut-il lui préférer l'illusion qui réconforte ? (Paris, Créteil, Versailles, A, juin 1988.)

■ Y a-t-il une vérité des apparences ? (Paris, Créteil, Versailles, C, D, E, septembre 1985.)

■ Toutes les illusions sont-elles dangereuses ? (Caen, A, septembre 1982.)

■ Vous dégagerez l'intérêt philosophique du texte suivant, en procédant à son étude ordonnée :
«Mon opinion est que tout homme sent, en quelque façon, la vérité de la religion dans son propre cœur ; et que par le sentiment intime de sa faiblesse et de sa misère plutôt que par aucun raisonnement, il est conduit à recourir à la perfection de cet être, dont il dépend, ainsi que toute la nature. Les plus brillantes scènes de la vie sont obscurcies par les nuages de tant d'inquiétudes et d'ennuis, que l'avenir est toujours l'objet de nos craintes et de nos espérances. Nous regardons devant nous et nous tâchons, à force de prières, d'hommages et de sacrifices, d'apaiser ces puissances inconnues que nous savons, par expérience, être si fort en état de nous affliger et de nous accabler. Pauvres créatures que nous sommes ! Quelle ressource aurions-nous au milieu des maux innombrables de la vie, si la religion ne nous fournissait quelques moyens expiatoires et ne calmait ces terreurs qui nous troublent et nous tourmentent sans cesse ?»

HUME

Antilles-Guyane, A, juin 1988.

L'illusion est dans tous les cas une erreur qui survit à sa réfutation. Ce reflet dans un miroir donne l'impression d'un gros personnage à deux visages. Mais l'image continue à être *vue*, même si nous *savons* que ce n'est qu'un reflet. De même, nous croyons à King Kong le temps d'un film, malgré le trucage ici dévoilé. L'ombre sur un mur, la taille gigantesque d'un personnage sur une fresque produisent des effets spectaculaires qui sont des sortes d'illusions. La peinture de Magritte intitulée *la Condition humaine* représente un chevalet qui, au lieu de porter un tableau, est directement ouvert sur une fenêtre. La «condition humaine» est en effet souvent asservie aux illusions : il n'y a pas que les illusions sensorielles, il y a aussi et surtout les illusions passionnelles, les croyances inspirées par de puissants désirs et qui subsistent aussi longtemps que le désir lui-même. L'illusion fille du corps, des apparences sensibles et des désirs joue dans un monde où les réfutations de la raison sont sans pouvoir.

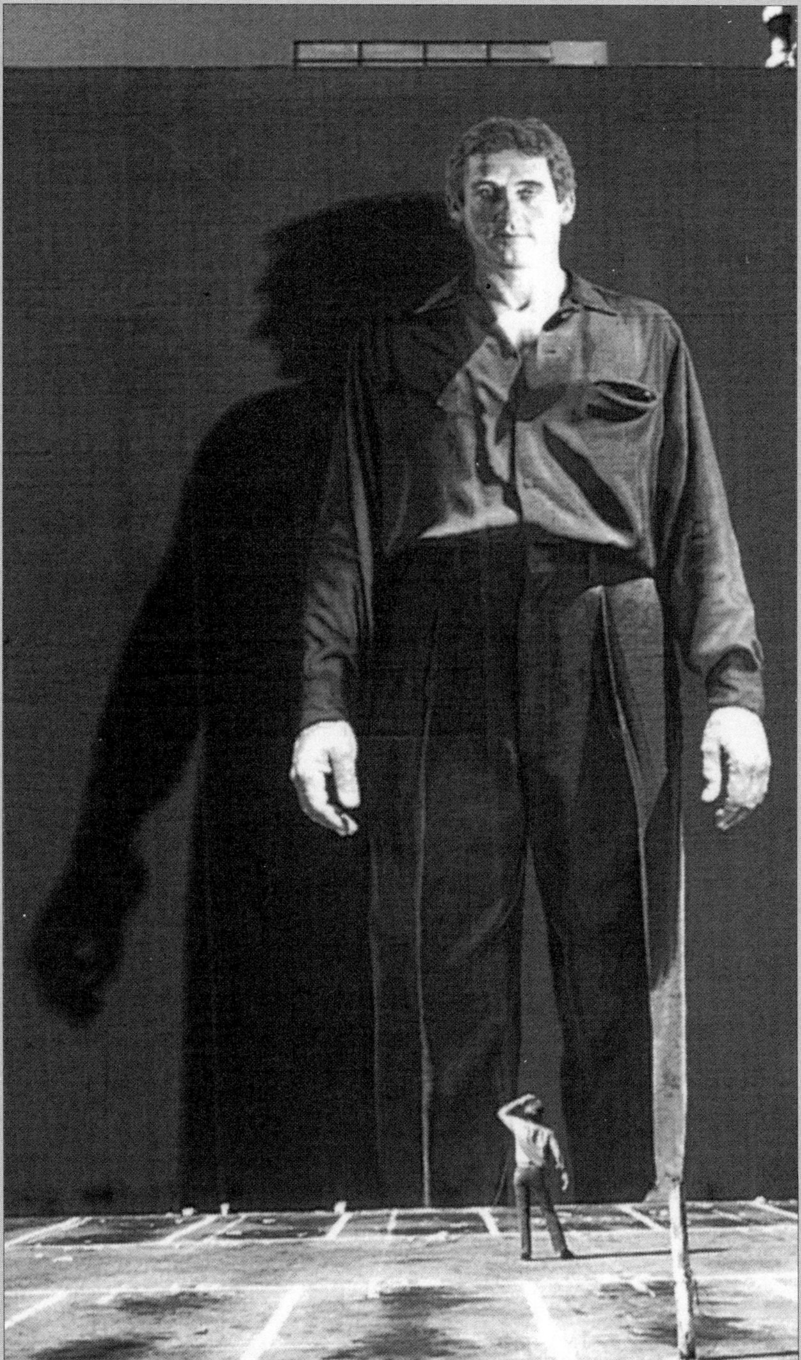

■ Peinture murale de K. Twitchell, à Los Angeles.

■ Reflet. Photographie de René Maltête.

■ *La Condition humaine,* de René Magritte (1933).

■ Sur le tournage de *King Kong*.

CHAPITRE 7

L'existence

1. Double fonction du verbe être

Le verbe être comme simple liaison

Le verbe être peut être d'abord considéré comme simple liaison, comme simple *copule* dans le langage des anciens logiciens. Par exemple, si j'affirme que la neige **est** blanche, que Socrate **est** mortel, le verbe être me sert uniquement à relier un **attribut**, ou **prédicat** (blanc, mortel) à un **sujet,** à une **substance** (la neige, Socrate). En d'autres termes, dans le langage de la logique des classes, le verbe être me permet tout simplement d'affirmer l'**appartenance** : la neige appartient à la classe des objets blancs, Socrate à la classe des êtres mortels.

Le verbe être comme affirmation absolue

Mais le verbe être peut être considéré aussi dans son sens absolu : je dis que je **suis**, que cette horloge **est**. Dans ce cas, le verbe être me sert à **affirmer l'existence**, de la façon la plus générale et sans préjuger des différentes sortes d'existence (ce ne saurait être évidemment la même chose d'affirmer que Dieu est, que je suis, que ces objets sont). Le verbe **exister** nous apparaît ici, au moins à première vue, du même ordre que le verbe être : je puis affirmer que ce bois de pins au bord de la route est, ou bien qu'il **existe**. Dans la langue courante, cela revient au même, quoique le langage philosophique puisse apporter, nous le verrons, une distinction entre ces termes. Mais, au tout premier sens du mot, et dans l'usage le plus courant, le verbe exister affirme tout simplement avec plus d'énergie ce que dit le verbe être ; le verbe exister insistant sur la réalité, sur le caractère authentique, donné dans l'expérience de ce qui existe.

2. Essence et existence

La notion d'**essence,** opposée couramment dans la langue philosophique à celle d'**existence,** dérive directement du verbe être. L'infinitif être, en latin, se dit *esse*. L'essence, c'est donc tout simplement ce qu'est une chose. Tandis que l'existence est le fait **que** quelque chose existe, l'essence dit **ce qu'est** la chose qui existe, quels sont les attributs fondamentaux qui lui appartiennent en propre. Les scolastiques distinguaient, à la suite d'Aristote, l'essence et l'accident (par exemple l'homme est **par essence** animal raisonnable, par accident grand ou petit, blanc ou noir).

3. L'irréductibilité de l'existence ; l'argument ontologique et sa réfutation

L'existence déduite de l'essence

L'argument ontologique est une preuve de l'existence de Dieu proposée par saint Anselme (XIe siècle), reprise par Descartes (XVIIe siècle) et critiquée par Kant (XVIIIe siècle). Cette preuve illustre concerne directement notre propos puisqu'elle prétend déduire de l'**essence** même de Dieu, défini comme être parfait, son **existence**. Bien entendu, les partisans de l'argument reconnaissent que, pour tout ce qui n'est pas Dieu, l'essence doit être radicalement distinguée de l'existence. Par exemple, l'essence de l'homme n'implique pas son existence. La définition de l'homme n'implique pas qu'il existe au monde un milliard d'hommes, ou cinq, ou aucun. L'essence d'aucun être fini – l'essence d'aucune «créature», diraient les théologiens – n'implique son existence. Rien de plus fragile, de moins assuré et de plus dépendant que l'existence d'une créature. Il est, disait le cardinal de Bérulle, «plus facile d'effacer son être que sa servitude». En ce qui concerne Dieu selon saint Anselme et Descartes, c'est tout à l'opposé : **la seule essence, la seule idée de Dieu implique son existence**. Selon Descartes, de même que le mathématicien, à partir d'une définition, déduit les conséquences qu'elle renferme, de même peut-on, de l'idée de Dieu, déduire son existence. L'idée de Dieu est l'idée d'un être parfait : s'il n'existait pas, il ne serait pas vraiment parfait puisqu'il lui manquerait précisément cette qualité qu'est l'existence ! Parmi les attributs qu'embrasse l'essence de l'être parfait se trouve l'existence nécessaire qui peut être considérée comme une perfection aussi bien que toute qualité.

L'existence irréductible à l'essence

Kant, en critiquant vigoureusement cette preuve, fait ressortir ce qu'il y a d'irréductible, d'extérieur aux arguments et aux concepts, dans l'existence proprement dite. L'existence, dit-il, n'est pas un attribut, **l'existence n'est pas un concept contenu dans un autre concept**. De l'*idée* d'un Être parfait sans doute puis-je déduire l'*idée* d'un être existant nécessairement. Mais je ne peux pas, d'une idée, déduire l'existence elle-même. L'existence est une position absolue, quelque chose qui est donné. L'existence est tout autre chose que le concept, elle se situe sur un tout autre plan que l'enchaînement des idées. Une fortune de cent thalers réels n'est pas un autre concept, un concept plus «parfait», plus complexe que la simple idée de cent thalers. Conceptuellement, il n'y a pas de différence entre les cent thalers réels et les cent thalers seulement pensés. Seulement, dans un cas, cette fortune existe, dans l'autre, elle n'existe pas. Et ce donné brut, l'existence, ne saurait être un attribut, un concept. L'existence ne saurait en aucun cas être déduite de l'essence. L'idée de Dieu ne fait nullement exception, malgré l'avis de saint Anselme et de Descartes, à cette règle absolue. De même que je ne puis à partir de l'idée de cent thalers possibles déduire l'existence de cent thalers réels, de même **je ne puis de l'essence de Dieu conclure à son existence**.

Certains historiens de la philosophie ont pris la défense de l'argument d'Anselme et de Descartes contre la critique kantienne. Mais, ce faisant, ils confirment, malgré tout, ce qu'il y a de plus important dans cette critique, à savoir le fait que l'existence est une «position absolue», extérieure à tout concept, et non déductible. On peut en effet objecter à Kant que l'idée de l'être parfait dont partent Anselme et Descartes n'est pas un simple concept, mais une sorte d'expérience intérieure. L'idée de perfection, c'est la présence en mon esprit d'une transcendance qu'il conçoit sans la comprendre et qui le dépasse. C'est déjà la présence d'une **existence**. En ce sens, la preuve ontologique serait l'expérience intérieure d'une existence et non la déduction de cette existence. Kant a peut-être mal compris ce que voulaient dire en profondeur Anselme et Descartes, mais il a parfaitement compris ce qu'il y a d'original, d'irréductible, de non déductible et de non rationnel dans l'existence proprement dite.

4. L'énigme de l'être

L'être oublié et retrouvé

L'existence, au sens le plus large, autrement dit l'**être**, est ce qu'il y a de plus banal au monde et en même temps de plus mystérieux : je suis, le monde et toutes les choses du monde sont : affirmation élémentaire et pourtant tout de suite oubliée. Car, plutôt que de s'étonner de l'existence des choses, de «l'être» de «l'étant», comme dit Heidegger, on s'occupe communément de la nature des choses qui existent, de l'essence de ces multiples «étants». L'évidence toute simple du «il y a», du simple fait de l'être est laissée de côté. Ce mystère philosophique est le plus souvent méconnu. Il est méconnu bien sûr par tous les hommes plus soucieux de vivre que de penser. Ceux-là s'occupent de leurs affaires, pressés par leurs intérêts ou leurs passions. Ceux-là se divertissent au sens pascalien du mot. Mais même ceux qui veulent connaître et réfléchir vont tout de suite aux essences, aux concepts, c'est-à-dire aux idées abstraites qui expliquent les choses concrètes.

Pourquoi y a-t-il quelque chose plutôt que rien ?

Et pourtant, l'être des choses fait problème avant leur essence. Pourquoi, demandait Leibniz, «y a-t-il quelque chose plutôt que rien» ? Certes, Leibniz donnait à cette question une réponse de théologien : l'existence mystérieuse du monde renvoie à un Dieu nécessaire, créateur de ce monde. L'être en général trouverait son fondement et sa source dans un être inconditionné, Dieu, et le créateur incréé serait la raison de toute créature. Cette réponse déplace le problème plus qu'elle ne le résout : si l'existence du monde s'explique par l'existence de Dieu, l'existence de Dieu lui-même reste énigmatique, ne peut être déduite de rien. Ce dernier point est même, nous l'avons souligné, ce qui ressort de plus clair de la critique kantienne de l'argument ontologique. L'existence – fût-ce l'existence de Dieu lui-même – ne peut être déduite ; quant à l'existence du monde, Dieu ne lui ôte pas son mystère. Il n'y a que dans la philosophie de Spinoza que le monde, avec toutes ses particularités, résulte en quelque sorte de Dieu «comme les propriétés du triangle découlent de sa définition». Mais, pour les chrétiens par exemple, le monde est bien loin de se déduire de Dieu. Le monde est issu d'une création imprévisible, il est l'expression d'un amour mystérieux. L'être du monde et notre être n'est pas la conclusion d'un théorème mais **l'effet d'une grâce**.

L'énigme de l'être chez Heidegger et Sartre

Cette énigme de l'**être** a été soulignée en notre siècle avec une force particulière par Martin Heidegger. Jean-Paul Sartre, dans *la Nausée,* s'est fait l'écho de l'interrogation heideggerienne. L'être ne se justifie pas. «Tout est gratuit, écrit Sartre, le jardin, cette ville et moi-même ; quand il arrive qu'on s'en rende compte, ça vous tourne le cœur et tout se met à flotter.» Dans cette perspective, on dit couramment que l'être est absurde ; mais si du moins on s'en tient au sens premier et immédiat du mot, l'affirmation de l'absurdité de l'être n'est pas un jugement de valeur, un jugement moral sur la qualité de l'existence. Dire que **l'être est absurde** ne veut pas dire que la vie est laide ou cruelle à la manière de Schopenhauer. Le mot absurde doit être pris dans le sens que lui donnent les logiciens : **non déductible par la raison.** «Les existants apparaissent, dit Sartre, se laissent rencontrer, mais on ne peut jamais les déduire.» Insistons sur le fait qu'une telle révélation, la gratuité de l'être, n'est pas nécessairement liée à des expériences négatives mornes ou douloureuses. Certes, c'est parfois au sein de l'ennui ou à l'occasion d'un grand désespoir que surgit en nous le sentiment de la contingence de l'être. Mais c'est parfois aussi dans la joie, dans l'ivresse d'une passion heureuse, d'un émerveillement que nous découvrons la gratuité des choses : «Dans l'allégresse du cœur, dit Heidegger, la question est là aussi parce que maintenant toutes les choses sont transformées et comme pour la première fois se présentent à nous comme s'il nous était plus facile de comprendre leur inexistence que leur existence.» Telle est en tout cas la question fondamentale : «Pourquoi y a-t-il quelque chose plutôt que rien ?» Même si nous nous efforçons d'oublier cette question, elle demeure, latente. Elle a un sens pour tous les hommes même si, dit Heidegger, «elle ne nous frappe qu'une fois, comme le son voilé d'une cloche qui retentit dans l'existence pour s'estomper bientôt de nouveau».

5. De l'être à l'existence

L'existence distincte de l'être

Jusqu'ici, nous avons, comme on le fait parfois, confondu la question de l'être et celle de l'existence. Bien entendu, les définitions sont libres et l'on peut prendre le mot **exister** dans le sens très général d'**être.** Mais on peut aussi refuser de confondre ces termes. Heidegger, qui se veut **philosophe de l'être,** entend par exemple distinguer tout à fait sa pensée de celle des **philosophes de l'existence**. L'existence, en effet, au sens étroit, c'est l'existence subjective. Cette existence sur laquelle les philosophies dites existentialistes s'interrogent, c'est d'abord mon existence. Les choses sont, mais elles ignorent qu'elles sont. **Les choses sont, mais elles n'existent pas.** Les choses sont «en soi» et non «pour soi». C'est moi qui sais que les choses sont et qui sais que je suis et en ce sens les choses et moi-même sont «pour moi». C'est moi qui existe et par ma conscience je fais exister l'univers. A côté des philosophies de type rationaliste qui tentent de rendre compte de l'homme par rapport à l'univers (à la façon spinoziste), par rapport à la totalité de l'histoire (à la façon hégelienne), d'autres philosophies mettent au premier plan le sujet existant.

Descartes, Pascal, Platon : philosophes de l'être ou de l'existence ?

Descartes, bien que sa philosophie débute par le **cogito**, par une réflexion sur le **je pense**, n'est pas un philosophe de l'existence, car le sujet pensant de Descartes est la raison universelle et non un sujet existant individuel. Au contraire, la philosophie de Pascal qui, à la même époque que Descartes, part d'une interrogation tout autre, s'intéresse à la solitude de l'homme dans «le silence éternel des espaces infinis», à son angoisse, à son péché, à son salut éternel, est par excellence une philosophie de l'existence. On pourrait dire que chez Platon, philosophe dont la pensée est infiniment riche et complexe, on trouve à la fois une philosophie rationaliste et une philosophie de l'existence. Philosophie rationaliste parce que Platon argumente, réfute ou démontre, donne une place essentielle au **logos**. Philosophie existentielle aussi d'abord à cause du **dialogue** qui n'est pas toujours un artifice. Dans le *Gorgias* par exemple, Socrate et Calliclès s'affrontent comme deux personnes existantes qui ont des styles de vie opposés. Philosophie de l'existence encore à cause du rôle éminent de Socrate – un penseur existant qui **s'interroge** et non pas le porte-parole d'un système achevé, bouclé. Philosophie de l'existence enfin à cause de l'importance des **mythes**, ces récits allégoriques qui traduisent les idées en images ou plus exactement qui invoquent des images là où le logos, où la raison raisonnante se révèle impuissante. Les mythes posent en effet les questions proprement existentielles, c'est-à-dire, chez Platon, les questions qui mettent en jeu la **temporalité**. La raison en effet peut seulement déduire une vérité d'une autre vérité, construire un système où les vérités s'impliquent immédiatement l'une l'autre, en dehors de toute considération de temps. Mais partout où le temps, le temps existentiel, est présent, il faut bien que le mythe raconte et décrive ce que la raison ne peut construire. C'est ainsi que, chez Platon, le mythe est par excellence le procédé d'exposition pour les problèmes d'origine (événements sans témoins, par exemple la création du monde dans le *Timée)* et pour les problèmes des fins dernières (la destinée ultime et surnaturelle de l'homme). L'intellect, le logos ne peut en règle générale comprendre la temporalité, l'historicité qui est existentielle.

Kierkegaard et la philosophie de l'existence

Mais le philosophe de l'existence par excellence, celui qui est le père de tous les «existentialismes» du XXe siècle, c'est le penseur danois Sören Kierkegaard (1813-1855). Plutôt qu'un philosophe de l'existence (puisque d'une certaine façon Kierkegaard s'est défini comme antiphilosophe), nous dirons qu'il s'est voulu un témoin de l'existence par opposition à toutes les philosophies, et en particulier à la philosophie de Hegel. En effet, la philosophie (notamment chez Hegel) tend au système alors que **l'existence c'est la présence du sujet humain avec son individualité irréductible à tout système**. L'existence ne peut pas être expliquée, elle peut seulement être vécue. La **vérité** visée par les philosophes se veut objective, universelle mais la **réalité existentielle** est subjective, particulière, partiale. La philosophie, essentialiste, rationaliste et systématique, ne peut comprendre l'existence, en particulier l'existence sous sa forme la plus aiguë et la plus tragique : à savoir l'existence religieuse, relation vécue, unique, inexplicable entre la créature et le Créateur. L'expérience de la foi est pour Kierkegaard une expérience d'ordre **existentiel**, absolument étrangère à la raison, irréductible aux concepts et aux essences d'ordre général.

L'exemple de l'expérience religieuse

Le philosophe peut parler de l'expérience morale, éthique parce que l'homme de devoir obéit précisément à des **règles générales**, alors que l'expérience religieuse est celle d'une relation unique qui récuse toute règle générale. Un exemple très simple permet de comprendre la différence entre le sacrifice éthique et le sacrifice religieux. En apparence, Abraham prêt à sacrifier son fils et Agamemnon qui sacrifie sa fille se ressemblent. En réalité, il n'en n'est rien, Agamemnon est seulement un héros éthique : il sacrifie sa fille Iphigénie à la volonté des dieux, mais dans un but moral, patriotique ; il faut que le vent se lève et que la flotte grecque puisse partir. Agamemnon sacrifie son devoir de père à son devoir de roi, c'est-à-dire à un devoir plus général. Abraham, tout au contraire, ne poursuit aucun but éthique. Il est prêt à sacrifier son fils Isaac parce que Dieu l'ordonne, mais cet ordre n'est justifié par aucune fin éthique. Au point de vue moral, ce sacrifice est même absurde, scandaleux. Au fond, c'est une affaire strictement privée entre Abraham et Dieu. **Dans l'expérience religieuse, il y a une relation ineffable, intraduisible en langage rationnel, entre un homme et un Dieu.**

Bien entendu, une philosophie de l'existence n'est pas nécessairement, comme chez Kierkegaard ou Pascal, une philosophie religieuse. Mais c'est toujours une philosophie de l'homme subjectif, du sujet existant, **en situation dans le monde**, c'est-à-dire en relation avec son propre avenir, avec ses possibles qu'il lui appartient ou non de réaliser, en relation aussi avec le monde, c'est-à-dire non seulement avec les objets de la nature mais avec les autres personnes. On éclairera cette idée d'existence par l'analyse d'une des philosophies de l'existence qui a eu le plus de succès en France dès 1945, l'existentialisme de Jean-Paul Sartre.

6. L'existentialisme de Jean-Paul Sartre

1. L'existentialisme est un humanisme

Le primat de l'existence

Jean-Paul Sartre a donné à une longue conférence le titre suivant, très caractéristique : *L'existentialisme est un humanisme*. **L'existence**, proclame Jean-Paul Sartre, **précède l'essence.** Il s'agit ici de l'existence humaine qui diffère radicalement de l'existence des objets fabriqués ; par exemple, cette carafe d'eau qui est là devant le conférencier existe. Mais, avant d'exister, elle a été pensée, dessinée peut-être par le fabricant ; elle a été conçue expressément pour contenir de l'eau. Construite selon un modèle et pour un usage, cette carafe a été un concept, une idée, autrement dit une essence avant d'être une existence. Mais moi, homme, j'existe tout simplement. Ma personnalité n'est pas construite sur un modèle dessiné d'avance et pour un but précis. Quand il s'agit de l'homme, l'existence précède l'essence. Ce primat de l'existence sur l'essence entraîne une philosophie de la liberté : c'est moi qui choisis de servir telle fin, de m'engager dans telle entreprise.

En affirmant ce primat de l'existence, Sartre s'en prend assurément à la théologie essentialiste de certains philosophes classiques. Il s'oppose tout à fait à la théologie rationnelle de Leibniz qui voulait que Dieu eût d'abord imaginé le concept d'homme possible pour le réaliser ensuite. Dans une telle philosophie, l'existence concrète n'est que le déploiement de l'essence. Et les actes de toute ma vie, par exemple, ne font qu'expliciter la formule initiale qui, prétendument, me définirait. Mais l'existentialisme rejoint sur ce point – même si Sartre se déclarait athée – la tradition chrétienne selon laquelle l'homme surgit d'un acte d'amour mystérieux, d'une générosité divine gratuite. L'homme n'est pas un mécanisme bien monté mais une créature libre qui peut se perdre ou se sauver. L'existentialisme s'oppose en tout cas radicalement au scientisme, et le structuralisme sera une sorte de revanche du scientisme sur la philosophie de l'existence.

Existence et objectivité

Le scientisme de toujours cède à la tentation d'expliquer l'homme comme une chose (tandis que, dans l'ordre pratique, la technocratie cherche à utiliser l'homme comme un objet). Gabriel Marcel avait, bien avant Sartre, développé ce thème. Dès 1925, il distinguait **existence** et **objectivité**. L'objet est là devant moi, je peux l'étudier du dehors, l'analyser. Il constitue un problème (problème en grec, ob-jet en latin signifient : ce qui est jeté devant moi). J'**ai** des objets tandis que mes rapports avec moi-même ne sont plus des relations d'**avoir** mais une situation d'**être**, c'est-à-dire d'existant. J'**ai** cette montre mais je **suis** ce corps ou cette conscience. Un dérèglement de ma montre est un problème objectif que la technique de l'horloger pourra résoudre. Tandis que la faute dont je m'accuse est non pas un problème mais un **mystère existentiel.** Rien de ce qui touche directement ma personne, mon existence ne relève des techniques objectives. Le péché du technicien, c'est d'objectiver la personne, de la traiter comme un élément utilisable dans un tout.

2. La transcendance de l'homme

Donner un sens à chaque situation

Tout cela souligne l'irréductibilité de l'existence humaine à toute tentative pour l'expliquer, la réduire à la nature. Sartre souligne particulièrement la transcendance de l'homme. Spinoza, à l'opposé de l'existentialisme contemporain, disait : l'homme n'est pas un empire dans un empire, il n'est qu'une partie de la nature, il est totalement déterminé par ce qui l'entoure. A cette affirmation dogmatique, Sartre substitue une dialectique. D'une part, en effet – et ceci est propre à toute philosophie de l'existence –, Sartre accorde que tout homme est «en situation». Il a un corps, un passé, des amis ou des ennemis, des obstacles devant lui, etc. Mais, d'autre part, **c'est l'homme existant qui confère à la situation son sens**. Par exemple, un déterministe, un «essentialiste» prétendrait que des hommes se sont révoltés **parce qu**'ils étaient dans une «situation intolérable». Sartre fait remarquer qu'aucune situation n'est intolérable en soi, c'est un projet existentiel de révolte qui lui a conféré ce sens. On aurait pu, avec un autre objet, considérer la situation comme une épreuve sanctifiante. En projetant mes intentions, mes visées d'avenir sur la situation actuelle, je fais de la situation, quelle qu'elle soit, un motif de ma liberté. Kierkegaard avait déjà remarqué que toute situation d'existant entraîne de multiples possibles, dès lors un choix angoissant. Il n'est pas nécessaire d'occuper un rôle de premier plan sur la scène du monde pour être un existant, pour concevoir des «possibles». Même au milieu des plaines du Jutland, au cœur de la lande danoise, disait Kierkegaard, là où il ne se passe presque rien, «où le plus grand événement est l'envol d'un coq de bruyère», l'homme est encore un existant, **il lui appartient de choisir** (par exemple de maudire Dieu ou au contraire de lui rendre grâces). Les situations les plus douloureuses et les plus contraignantes n'enlèvent pas à l'homme sa condition d'existant libre, mais la font ressortir. Sartre disait en 1945 : «Nous n'avons jamais été plus libres que sous l'occupation allemande.» Le paradoxe n'est qu'apparent, car plus une situation est pressante, difficile, tragique, plus urgent est le choix. Ce sont mes décisions d'existant qui donnent un sens aux situations. Le monde n'est jamais que le miroir de ma liberté. **Et c'est ce dépassement d'une situation présente par un projet à venir que Sartre nomme transcendance.**

Condamnés à être libres

C'est précisément parce que nous sommes des existants en situation, parce que nous sommes «embarqués», comme disait Pascal, que les choix sont inéluctables, que nous sommes en quelque sorte «condamnés à être libres». Choisir de ne pas choisir, c'est encore faire un choix. Ne rien faire, c'est encore une décision de l'homme existant que je suis et l'on peut me demander des comptes. Ajoutons que le choix est de tous les instants. Nos libres décisions d'hier n'engagent pas celles de demain. A tout moment, je peux, si je veux, changer ma vie. On saisit ici un sens très particulier du verbe exister qui l'oppose au verbe être. Exister, c'est être en sursis, c'est conserver la ressource d'orienter mon avenir dans un sens nouveau et, par là, de transfigurer et de sauver mon passé. Ma liberté ne trouve sa limite qu'avec ma mort. Dès que j'ai cessé d'exister, ma vie devient être et essence. Elle est tout entière au passé, métamorphosée en destin. **L'existence est devenue de l'être**, figé, définitif, clos que l'on peut désormais raconter, décrire comme une chose donnée.

Être, c'est avoir existé

L'être, en somme, c'est de l'existence au passé. Hegel avait déjà donné une admirable formule *: «Wesen ist was gewesen ist»,* être, c'est avoir été. Ainsi, les personnages de *Huis clos,* qui sont en enfer, n'ont-ils plus aucun pouvoir sur leur vie passée. L'un d'eux déclare (c'est une des formules célèbres de l'existentialisme) : «Tu n'es rien d'autre que ta vie.» Formule qui était celle de ma liberté quand j'étais **existant** (et que je pouvais à tout moment tout changer), qui devient celle de l'essence et du destin quand je suis mort. Ma vie a cessé dès lors d'exister pour être, elle n'est plus qu'une histoire toute faite offerte comme telle aux regards de ceux qui me survivent : «Être mort, c'est être en proie aux vivants.»

3. Un existant n'a pas de nature

Je ne suis pas ce que je suis

Nous venons de voir que l'existant – en situation – est libre par rapport à cette situation quelle qu'elle soit. Il faut ajouter qu'il est également libre par rapport à lui-même. **L'homme, parce qu'il est un existant, n'a pas de nature.** On peut aisément rendre compte de cette formule. Ce caillou, ce fauteuil ont une nature. Ils sont ce qu'ils sont, purement et simplement. Ils sont «en soi». Leur réalité est massive (comme on dit que l'or est massif). Pour eux, il n'y a pas de «dedans» ni de «possibles». Mais l'homme, lui, a conscience d'exister. Il existe «pour soi». Répétons-le, tandis que la chose est, l'homme existe, c'est-à-dire échappe toujours, par la transcendance du «pour soi», à ce qu'il est. Exister au sens étymologique, c'est «sortir de». Ce surgissement continu qu'est l'existence libre fait qu'aucun existant ne saurait être prisonnier, tant qu'il existe, d'une nature prédéfinie. Ni mon corps, ni ce qu'on appelle mon caractère, ni mes conditions de vie ne sont pour moi un destin. Comme on dit vulgairement : «Je peux toujours m'en sortir !» Voilà le sens de l'existentialisme. Être un existant, c'est être avant tout un être conscient. Ma conscience réfléchie m'interdit de m'attribuer une essence, une nature. Par exemple, qu'est-ce qu'avoir conscience d'être triste ? C'est poser mon chagrin comme un objet à distance de moi. C'est me voir m'agiter, m'entendre sangloter comme je verrais quelqu'un d'autre. Le **je** qui prend conscience de la tristesse n'est plus tout à fait le **moi** qui est triste. Être «pour-soi», être conscient, c'est ne plus tout à fait coïncider avec soi-même, c'est se voir condamné à n'être jamais ce qu'on est.

Dénonciation des mythes essentialistes

Être c'est être ce qu'on est (comme sont les choses, les objets). Mais **exister c'est toujours être ce qu'on n'est pas, et ne pas être ce qu'on est.** Je ne suis ce que je suis qu'en représentation. En fait, je dépasse toujours mon rôle que je ne puis prendre au sérieux sans mauvaise foi, puisque ce rôle, **je le joue, je ne le suis pas**. Dans *les Mots,* Sartre raconte comment, devant son majestueux grand-père qui, par sa barbe de neige, «ressemblait à Dieu le père», le petit Jean-Paul jouait la comédie de l'enfant-modèle. Mais cet enfant-modèle, il ne l'était pas (car nous ne sommes rien, pure liberté et «néant d'être»), il faisait semblant de l'être. Ainsi, pour reprendre un exemple célèbre de *l'Être et le Néant,* le garçon de café qui s'avance comme un automate «qui a le geste vif et appuyé, qui s'incline avec un peu trop d'empressement» nous donne l'impression de jouer la comédie. A quoi joue-t-il ? Il joue à être garçon de café ! Plus grave est la mauvaise foi de ce dictateur qui, dans le film *Les jeux sont faits,* se regarde dans un miroir avec complaisance, en grand uniforme, se transforme en «chose» noble, guerrière, souveraine, s'imagine qu'il est «le maître», par essence. Celui que Sartre appelle le «salaud» (en donnant à ce mot vulgaire un sens philosophique très précis) est très exactement un «gros plein d'être» qui oublie l'exister et s'arroge quelque supériorité «essentielle». En toute mauvaise foi, l'homme peut se déclarer «par nature» supérieur à la femme, l'honnête homme «d'une autre essence» que le voyou, le Blanc créé pour dominer le Noir.

Le Juif, le criminel, la femme

Trois grands livres existentialistes prennent la défense des victimes des «salauds». Dans *Réflexions sur la question juive,* Sartre invite les Israélites à se libérer de l'image traditionnelle et mythique qu'ils trouvent d'eux-mêmes dans la conscience des antisémites. Il n'y a pas d' «essence juive» et les Juifs comme les autres ont à «exister leur être» . De même, à propos de Jean Genet *(Saint Genet, comédien et martyr.)*, Sartre se penche sur le cas d'un jeune délinquant que les honnêtes gens ont tenté de transformer en chose criminelle : «Tu n'es qu'un voyou», lui a-t-on dit et peut-être ce dernier n'a-t-il vu à sa liberté d'autre issue que d'assumer le rôle du méchant que la société lui assignait. Mais il n'y a pas de voleur et de voyou «par essence», pas plus qu'il n'y a «par essence» d'honnêtes gens. De même, Simone de Beauvoir, dans *le Deuxième Sexe,* se propose de montrer que la femme ex-iste et qu'**il n'y a pas *a priori* d'essence féminine**, d'éternel féminin. L'éternel féminin est un mythe «essentialiste» parallèle aux mythes de la puérilité noire, de la fourberie juive. Il n'est pas vrai que la femme soit par essence frivole, coquette, moins intelligente que l'homme. La personne humaine n'a pas d'essence parce que nous sommes des existants conscients. Et **l'existant conscient est le contraire de l'être** parce que la conscience, en posant tout donné comme objet, le dépasse ou, comme dit Sartre, le néantise.

Les dangers de la néantisation

C'est cette **non-coïncidence** de l'homme avec soi-même ou avec une situation (caractéristique de la conscience), cette constante séparation d'avec ce que nous sommes, que Sartre appelle le «néant». Ma conscience «néantise» les particularités de ce moi qu'elle pose comme objet et transcende. Je suis donc toujours séparé de moi-même par ce rien, par ce «néant» qui est la marque de la conscience. Sartre rejoint ici l'idéalisme universitaire traditionnel (à forme cartésienne ou kantienne), c'est-à-dire la relativité de l'objet pensé au sujet pensant et le primat de la conscience. Nous ne sommes pas si loin d'Alain qui disait : «La conscience est cet orgueil qui remonte de tout et cette négation qui donne à toute chose un être de pensée.»

RENVOIS THÉMATIQUES AU VOLUME 1

- L'espace, le temps et la condition humaine, chap. 5, p. 79.
- L'origine des mathématiques, chap. 7, p. 146.
- Une philosophie de la liberté : l'existentialisme, chap. 16, p. 368.
- L'existentialisme contesté : le structuralisme, chap. 16, p. 372.
- Dieu existe-t-il ? chap. 17, p. 391.
- Dignité et destinée de l'homme, chap. 18, p. 412.

LES IDÉES ESSENTIELLES

L'existence, c'est le simple fait d'être, d'exister, abstraction faite de la nature de ce qui existe, de l'essence. Par exemple, je distinguerai tout de suite ce que je suis (un homme, un Francais, un professeur, etc.) du simple fait que je suis. Tandis qu'une essence se définit, s'analyse, le simple fait de l'existence se constate, s'éprouve.
L'existence est, selon le mot de Kant, une position absolue. On la rencontre, on ne la définit pas. Certes, saint Anselme et Descartes avaient prétendu déduire de l'idée de Dieu son existence. L'idée de Dieu est celle d'un être parfait. N'implique-t-elle pas toutes les perfections, y compris cette perfection qu'est l'existence elle-même ? Kant a réfuté ce raisonnement. De l'idée d'un être parfait je peux tout au plus déduire l'idée d'un être existant. Mais l'existence même ne peut pas être déduite. D'une fortune de cent thalers dans ma tête je ne peux déduire l'existence de ces cent thalers dans ma poche. De l'idée de Dieu, ou de toute autre idée, je puis déduire un grand nombre d'idées, je ne puis déduire aucune existence.
Les philosophes «existentialistes» modernes (Kierkegaard au XIXe siècle, Sartre au XXe siècle) ont insisté sur ceci que l'existence humaine irréductible à tout système, à toute logique, était avant tout liberté. On dira que j'agis pour des raisons. Les existentialistes répondront qu'exister c'est inventer librement des raisons.

LECTURES

■ ***Textes philosophiques*** :

R. Descartes, *Méditations métaphysiques*, V, Garnier-Flammarion.
E. Kant, *Critique de la raison pure*, «Dialectique transcendantale», P.U.F. (Réfutation de l'argument ontologique.)
G.W. Leibniz, *Sur l'origine radicale des choses*, Hatier.

■ ***Sur l'existentialisme*** :

J. Beaufret, *Introduction aux philosophies de l'existence,* Gonthier, coll. Médiations.
N. Berdiaeff, *Cinq Méditations sur l'existence,* Aubier.
S. Kierkegaard, *Textes choisis* sous le titre *l'Existence,* P.U.F. (Le meilleur livre sur Kierkegaard est celui de G. Gusdorf, Éd. Seghers.)
E. Levinas, *De l'existence à l'existant,* Vrin.
J.-P. Sartre, *la Nausée*, Gallimard.
L'existentialisme est un humanisme, Nagel.

TEXTE À COMMENTER

L'homme n'est rien d'autre que ce qu'il se fait

L'homme n'est rien d'autre que son projet, il n'existe que dans la mesure où il se réalise, il n'est donc rien d'autre que l'ensemble de ses actes, rien d'autre que sa vie. D'après ceci, nous pouvons comprendre pourquoi notre doctrine fait horreur à un certain nombre de gens. Car souvent ils n'ont qu'une seule manière de supporter leur misère, c'est de penser : «Les circonstances ont été contre moi, je valais beaucoup mieux que ce que j'ai été ; bien sûr, je n'ai pas eu de grand amour, ou de grande amitié, mais c'est parce que je n'ai pas rencontré l'homme ou la femme qui en fussent dignes, je n'ai pas écrit de très bons livres, c'est parce que je n'ai pas eu de loisirs pour le faire ; je n'ai pas eu d'enfants à qui me dévouer, c'est parce que je n'ai pas trouvé l'homme avec lequel j'aurais pu faire ma vie. Sont restées donc, chez moi, inemployées, et entièrement viables une foule de dispositions, d'inclinations, de possibilités qui me donnent une valeur que la simple série de mes actes ne permet pas d'inférer.» Or, en réalité, pour l'existentialiste, il n'y a pas d'amour autre que celui qui se construit, il n'y a pas de possibilité d'amour autre que celle qui se manifeste dans un amour ; il n'y a pas de génie autre que celui qui s'exprime dans des œuvres d'art : le génie de Proust c'est la totalité des œuvres de Proust ; le génie de Racine c'est la série de ses tragédies, en dehors de cela il n'y a rien ; pourquoi attribuer à Racine la possibilité d'écrire une nouvelle tragédie, puisque précisément il ne l'a pas écrite ? Un homme s'engage dans sa vie, dessine sa figure, et en dehors de cette figure il n'y a rien. Évidemment, cette pensée peut paraître dure à quelqu'un qui n'a pas réussi sa vie. Mais d'autre part, elle dispose les gens à comprendre que seule compte la réalité, que les rêves, les attentes, les espoirs permettent seulement de définir un homme comme rêve déçu, comme espoirs avortés, comme attentes inutiles ; c'est-à-dire que ça les définit en négatif et non en positif.

(J.-P. SARTRE, *L'existentialisme est un humanisme*, p. 55 sq., Nagel.)

SUJETS PROPOSÉS AU BACCALAURÉAT

■ Peut-on apprendre à vivre ? (Nice-Corse, B, juin 1987.)

■ Est-il nécessaire que l'histoire de l'humanité ait un sens pour que la vie de l'homme en ait un ? (Paris, A, septembre 1985.)

■ La vie a-t-elle un sens ? (Poitiers, A, 1983.)

■ Exister, est-ce simplement vivre ? (Limoges, C, D, juin 1982.)

■ «L'homme existe non seulement *avec* son monde et *dans* son monde, comme l'animal, mais *en face de* son monde.» Que signifie et que vaut cette affirmation du psychologue Buytendijk ? (Bordeaux, C, D, juin 1980.)

■ Dégagez l'intérêt philosophique du texte suivant, en procédant à son étude ordonnée :
«Il y a des choses qu'il faut bien accepter sans les comprendre ; en ce sens, nul ne vit sans religion. L'univers est un fait ; il faut ici que la raison s'incline ; il faut qu'elle se résigne à dormir avant d'avoir compté les étoiles. L'enfant s'irrite contre un morceau de bois ou contre une pierre ; beaucoup d'hommes blâment la pluie, la neige, la grêle, les vents, le soleil ; cela vient de ce qu'ils n'ont pas bien compris la liaison de toutes choses ; ils croient que tous ces faits dépendent de décrets arbitraires, et qu'il y a au monde un capricieux jardinier qui peut arroser ici ou là ; c'est pourquoi ils prient. La prière est l'acte irréligieux par excellence.
Mais celui qui a un peu compris la Nécessité, celui-là ne demande plus de compte à l'Univers. Il ne dit pas : pourquoi cette pluie ? Pourquoi cette peste ? Pourquoi cette mort ? Car il sait qu'il n'y a point de réponse à ces questions. C'est ainsi, voilà ce que l'on peut dire. Et ce n'est pas peu dire. Exister, c'est quelque chose ; cela écrase toutes les raisons.»

ALAIN
Nouvelle-Calédonie, A, juin 1986.

«Qu'est-ce que l'existentialisme ?» A cette question que lui posaient des journalistes américains venus l'interviewer en 1945, au début de la grande vogue de ce mouvement philosophique, Jean-Paul Sartre avait répondu : «Le moyen d'assurer mon existence !»
L'analyse par Sartre de l'existence humaine va beaucoup plus loin que ce plaisant aphorisme. Pour lui, l'existence et la liberté ne font qu'un. Et, pour l'homme, l'existence précède nécessairement l'essence car c'est seulement après la mort que l'on pourra qualifier un homme de lâche ou de courageux, de génial ou de stupide, de généreux ou d'égoïste.
L'existence constitue le terrain dans lequel pousseront toutes nos volitions : certains hommes resteront velléitaires, d'autres se réaliseront pour triompher des embûches.
D'où la célèbre formule sartrienne : «Faire et en faisant se faire et n'être rien que ce qu'on fait.»
Sartre a dit aussi : «Exister, c'est posséder une appellation contrôlée, quelque part, sur les tables infinies du verbe.»

■ Sartre dans le désert, au cours d'un voyage en Union soviétique.

CHAPITRE 8

La mort

De l'obsession de la mort à l'oubli de la mort

La mort a longtemps tenu dans les pensées conscientes, dans les pratiques, dans la vie de tous les jours des vivants une place essentielle. En Inde, des hommes travaillaient toute leur vie pour régler à l'usurier la dette contractée par leur père afin assurer des obsèques décentes à leur grand-père. Certaines périodes de l'histoire, en Europe, furent marquées par l'obsession de la mort (après la peste noire de 1348, le thème des danses macabres où l'on voit les morts entraîner les vivants dans leur ronde envahit les tableaux dans les églises, les illustrations dans les missels). Depuis une cinquantaine d'années, surtout dans les pays industriels développés, il semble qu'on refuse de plus en plus de parler de la mort, d'y penser. **La mort est en passe de devenir un sujet tabou.** Le deuil est escamoté (l'habit de deuil, autrefois de règle, devient facultatif), les tombes moins souvent visitées et fleuries. La période d'interdits qui suivait la mort (s'abstenir des spectacles, des dîners, des fêtes) est raccourcie. On ne meurt presque plus chez soi, entouré des membres de sa famille et de ses amis ; mais on meurt à l'hôpital, comme à la sauvette, et caché de tous sinon des «professionnels de la mort», médecins et infirmières, puis entrepreneurs des pompes funèbres qui organisent l'avant et l'après-mort pour le meilleur confort des survivants. **L'acharnement thérapeutique** même qui s'exerce sur le mourant à l'hopital, qui ne réussit qu'à éloigner la mort de quelques jours ou de quelques semaines au prix non seulement d'un appareillage coûteux, mais surtout d'une souffrance prolongée, est le signe révélateur de ce refoulement de l'idée de la mort. Non point victoire technique sur la mort mais négation magique de la mort, réaction passionnelle des personnels soignants à cette blessure narcissique que représente leur échec devant la maladie incurable. La préoccupation lancinante de la **maladie** (par exemple, l'obsession du cancer, la peur du sida) qui se développe dans nos sociétés semble parallèle au **silence sur la mort**.

Il faut cependant distinguer, d'une part, les sociétés de type traditionnel où se pratique à des degrés divers le culte des morts (entendons par là toutes les coutumes grâce auxquelles, selon Pierre Hélias, «les vivants sont empêchés de vivre leur pleine vie et les morts de mourir tout à fait») ; et, d'autre part, les sociétés contemporaines où la mort n'est plus familière et omniprésente mais dissimulée et oubliée.

La mort, un problème philosophique

La transformation radicale des **mentalités** que le sociologue décrit et analyse ne doit pas nous faire négliger le **problème philosophique de la mort**. Dès l'Antiquité, des attitudes opposées ont été définies par les épicuriens (philosopher, c'est se rire de la fortune et de la mort) et par les platoniciens (philosopher, c'est apprendre à mourir). Il convient pour nous de ne pas nous limiter à décrire des attitudes sociales mais de nous efforcer d'analyser des arguments philosophiques.

Les hommes, à la différence des animaux, ont conscience d'être mortels et c'est la raison pour laquelle le problème de la mort doit être posé par la philosophie. Le passage de la nature à la culture qui définit l'humanité se manifeste non seulement par l'invention du langage et des outils mais aussi par la reconnaissance de la mort et les rites funéraires. Assurément, toutes les civilisations ont affirmé l'immortalité ou du moins la survie des personnes (c'est seulement dans les sociétés développées contemporaines que le doute s'est répandu à ce sujet). Mais, précisément, l'espérance de l'immortalité ne peut s'affirmer que lorsque l'événement de la mort a été constaté. La croyance en l'au-delà ne méconnaît pas la mort mais veut compenser, dépasser un fait reconnu.

1. La philosophie comme méditation sur la vie

Spinoza ou Platon ?

Le philosophe doit-il méditer sur la vie ou méditer sur la mort ? A première vue, la philosophie traditionnelle est tout à fait divisée sur cette question. En tout cas, lorsqu'au XVIIe siècle Spinoza affirme dans son *Éthique* (livre IV, prop. 67) que **le vrai philosophe ne pense jamais à la mort** et que «sa sagesse est une méditation non de la mort mais de la vie», il semble radicalement opposé à cette illustre formule de Platon (dans le *Phédon)* que Montaigne avait donné pour titre à l'un ses *Essais* (I, 20) : **«Que philosopher c'est apprendre à mourir.»** Cette formule avait constitué à la fin de l'Antiquité et au Moyen Age une des définitions de la philosophie. Spinoza semble dire le contraire, d'autant plus qu'à ses yeux le philosophe n'est pas celui qui craint la mort et cherche à l'éviter, mais de façon bien plus radicale le philosophe néglige la mort, il ne s'en préoccupe pas, même pour la combattre. Le vrai philosophe est pour Spinoza, comme il le sera pour Nietzsche, un affirmateur, quelqu'un qui rejette tous les sentiments négatifs et se préoccupe de «persévérer dans son être», c'est-à-dire de maintenir et d'épanouir ce qu'il y a de positif en lui. Dans son *Traité politique,* Spinoza, opposant à l'esclave l'homme libre, écrit : «L'un se contente d'éviter la mort, l'autre essaie de faire quelque chose de sa vie» (*Traité politique, V,* chap. 6).

Selon Platon, le monde des idées échappe à la mort

Et pourtant, même si les formules sont opposées, l'idée profonde que se font Platon et Spinoza du philosophe devant le problème de la vie et de la mort est presque la même. Bien sûr, le philosophe grec de l'Antiquité et le philosophe hollandais du XVIIe siècle diffèrent sur quelques points importants. Par exemple, Platon oppose l'âme et le corps : si philosopher, c'est apprendre à mourir, c'est parce que le corps seul est mortel et que le philosophe doit apprendre à mépriser ce corps, à accepter qu'il soit éphémère avec sérénité, même avec reconnaissance, pour mieux se consacrer à son âme éternelle. Chez Spinoza, il n'y a aucun mépris du corps, **aucune supériorité métaphysique de l'âme sur le corps**. L'attribut *Pensée* auquel participe l'âme humaine est rigoureusement parallèle à l'attribut *Étendue* dont notre corps est une partie. Pourtant, si le philosophe refuse de méditer sur la mort, c'est un peu, comme chez Platon, parce que le philosophe ne pense qu'à l'être véritable, qu'à l'éternel ; tout ce qui est changeant, passager est sans importance. Le philosophe spinoziste ne veut penser qu'à la vraie vie, c'est-à-dire aux idées éternelles que conçoit l'entendement, et il renvoie la mort à l'imaginaire, c'est-à-dire au monde sensible, à l'accidentel, à l'insignifiant, finalement comme le fait Platon : voyez la mort de Socrate dans le *Phédon*.

La mort de Socrate : quelle mort ?

Cette mort elle-même – entendez l'événement concret, tragique, unique, irréversible de cette mort – est presque escamotée. Socrate boit la ciguë sans presque y songer, tout en devisant avec ses amis. Un seul mot dans le texte de Platon parle vraiment de cette mort. Socrate «tressaillit» en buvant le poison, dit Platon. Mais ce tressaillement mis à part, il n'est question que des Idées, que de la philosophie, que de l'amitié. La mort de cet individu particulier, Socrate l'éphémère, n'est rien au prix des Idées éternelles que Socrate affirma et qui continuent à briller pour toujours. Platon est dualiste : **le philosophe doit mourir au monde sensible**, aux illusions du monde de la caverne **pour vivre parmi les Idées**, ces Idées qui, elles, ne meurent pas. N'en est-il pas de même chez Spinoza ? Spinoza n'est pas dualiste, il affirme l'unité de cette substance qui est Dieu ou le monde. Mais, en pratique, il nous demande de dépasser la connaissance «du premier genre», la connaissance selon l'imagination et les sens où tout est passif, illusoire, éphémère, pour affirmer l'éternité du vrai.

Le spinozisme est une méditation de la vie…

Le spinozisme est en tout cas le type même de la philosophie de l'être – de l'être solide et sans failles où la pensée de la mort est non seulement condamnée mais en quelque sorte impossible. Le bonheur absolu existe ici bas pour l'homme et consiste dans la communion intellectuelle avec l'essence des choses. Ni l'erreur, ni le mal, ni la mort n'offrent la moindre prise à une pensée positive. Par rapport à l'Être, ils sont seulement absence, défaut et privation. La pensée de la mort est contradictoire **car prétendre penser le rien équivaut très exactement à ne rien penser**.

Déjà, chez Spinoza, la pensée de la mort n'a aucune place si l'on se situe à un niveau biologique élémentaire ; chaque individu, le plus humble «mode fini» est une partie de Dieu, une parcelle de la substance infinie ; à ce titre, il ne songe qu'à affirmer sa vie, à «persévérer dans son être», à s'épanouir dans la joie. Sa durée est en elle-même indéfinie puisque expression directe de l'éternité divine : «Aucune chose n'a en elle rien par quoi elle puisse être détruite et l'effort par lequel chaque chose s'efforce de persévérer dans son être n'enveloppe aucun temps fini, mais un temps indéfini.» Chez Spinoza, pourrait-on dire, aucun individu ne meurt de vieillesse ; chacun porte en lui une espérance de durée indéfinie. Si tous cependant finissent par mourir, c'est une rançon de leur finitude. Car chaque mode fini est limité par les autres modes finis qui, à tout moment, peuvent le détruire.

… mais la mort y est pourtant inscrite

Mais dans ces conditions, puisque chaque individu pris dans la chaîne implacable des causes et des effets peut être détruit par l'ensemble des autres choses, la conscience de la mort ne retrouve-t-elle pas un sens ? Chez Spinoza, l'homme, simple mode fini de la substance infinie, «subit la poussée des causes extérieures comme les eaux de la mer sont soulevées par les vents contraires». L'homme fluctue constamment entre la joie, sentiment qui exprime l'accroissement de son être, et la tristesse, sentiment qui exprime que son être est diminué. Il est même inévitable que l'affection qui exprime le rapport le plus fréquent entre les forces extérieures et notre propre corps – ce corps dont notre âme est l'idée – soit la tristesse, la puissance de l'univers étant infiniment plus grande que la nôtre. **La mort est inscrite implacablement dans le rapport entre chaque individu fini et la substance infinie**, la nature sans bornes dont il n'est qu'un dérisoire fragment.

L'entendement nous met au niveau de l'éternel

Pourquoi alors l'optimisme absolu de Spinoza ? Pourquoi cette philosophie qui est méditation de la vie refuse-t-elle toute pensée de la mort ? C'est que Spinoza refuse de se placer **du point de vue du moi égoïste et sensible**, ce moi qui n'est qu'une simple détermination, qu'une simple limitation de la substance infinie : «Toute détermination est négation.» Si le moi égoïste et particulier, si le moi de l'imagination et des passions n'est que négation, la mort elle-même n'est que la négation d'une négation. Le salut spinoziste consiste alors, non pas certes à refuser d'épanouir notre être individuel, cette essence particulière affirmative, mais à affirmer notre être à un autre niveau, c'est-à-dire à nous affirmer dans et par l'exercice de notre entendement. En effet, l'entendement nous permet de nous placer au niveau de la Vérité, au niveau de la pensée divine elle-même, **au niveau de l'Être absolu où la mort n'a plus de sens**. En comprenant par exemple l'enchaînement des causes qui nous font souffrir et nous détruiront, l'entendement affirme malgré tout sa puissance, sa puissance intellectuelle. «Celui qui connaît que Dieu est cause de tristesse, dit Spinoza, éprouve de la joie.» Autrement dit, notre entendement, en se faisant une idée claire de ce qui nous fait souffrir, conjure en quelque sorte sa finitude et sa souffrance, retrouve la joie dans l'exercice de sa puissance intellectuelle. Le Dieu de Spinoza, c'est la Nature en sa totalité, l'Être à qui rien, littéralement, ne peut arriver puisqu'il n'y a rien d'extérieur à lui, l'être indestructible et plein. Si, par la pensée, je m'identifie à cette totalité, si je me fonds en elle par l'amour intellectuel, je deviens comme elle indestructible et «j'éprouve que je suis éternel ».

De Platon à Proust, les idées éternelles

Platon et Spinoza, avec des formules opposées, nous tiennent le même discours : l'homme, dans la mesure où il est un être pensant, dans la mesure où il connaît des idées vraies, participe à l'éternité de ces idées et échappe à sa condition mortelle apparente. Cette vieille argumentation philosophique n'est pas nécessairement désuète aujourd'hui. Un romancier comme Marcel Proust, dont toute l'œuvre explore pourtant le moi de chair et de passion, la condition temporelle de l'homme, a cependant été toujours impressionné par l'argumentation philosophique de la parenté de notre être avec les Idées éternelles. Marcel Proust, après avoir raconté la mort d'un de ses personnages, le romancier Bergotte, qui venait d'admirer dans une exposition la *Vue de Delft* de Vermeer, ajoute ce commentaire : «Il n'y a aucune raison, dans nos conditions de vie sur cette terre, pour que nous nous croyions obligés à faire le bien, à être délicats, même à être polis, ni pour l'artiste athée à ce qu'il se croie obligé de recommencer vingt fois un morceau dont l'admiration qu'il excitera importera peu à son corps mangé par les vers, comme le pan de mur jaune que peignit avec tant de science et de raffinement un artiste à jamais inconnu, à peine identifié sous le nom de Vermeer». Ainsi l'homme éphémère découvre-t-il en lui une étrange parenté avec les Idées, avec les lois qui régissent le monde des valeurs éternelles, Vérité, Beauté, «ces lois inconnues auxquelles nous avons obéi parce que nous en portions l'enseignement en nous, sans savoir qui les y avait tracées – ces lois dont tout travail profond de l'intelligence nous rapproche et qui sont invisibles seulement – et encore ! – pour les sots»[1].

1. Marcel Proust, *A la recherche du temps perdu. La prisonnière.*

2. La philosophie ne peut oublier la mort

Le moi concret et mortel

Platonicienne ou spinoziste, la philosophie des idées éternelles qui ne veut méditer que sur la vraie vie repose malgré tout sur un tour de passe-passe. N'y a-t-il pas confusion permanente entre l'*Idée vraie,* indestructible et éternelle tant qu'on voudra, et le *moi éphémère* qui participe quelque temps à la Vérité ou à la Beauté des idées mais qui ne se confond pas avec elles. Dans la ligne spinoziste, nous nous sommes désintéressés de la mort parce que nous avons décidé que ce qu'il y a de mortel en nous ne comptait pas. Mais notre personne fragile demeure le support de toutes nos pensées. Ce qui est le plus haut et le plus vrai se trouve ainsi sous la dépendance de ce qui est le plus fragile et le plus contingent. Vladimir Jankélévitch, dans son beau livre sur la mort, a souligné la tragédie de cette relation contradictoire : d'une part, certes, c'est ce que nous montrions tout à l'heure, les assassins de Socrate sont sans pouvoir sur les Idées vraies que Socrate évoquait; la vérité éternelle des Idées se rit de la violence et du crime qui ne peuvent s'exercer que sur la chair. Mais, à côté de cette «ironie rationnelle» qui marque le pouvoir de l'Idée éternelle, Jankélévitch montre la «dérision tragique» de la mort de la personne. On peut toujours dire que la vérité des pensées socratiques survit à Socrate, «tout cela est bel et bon, mais Apollodore Criton et Phédon qui sont inconsolables paraissent être d'un tout autre avis [...]. La mort du sage en ce sens est un échec partiel de la sagesse puisqu'elle consacre l'impossibilité où se trouve le sage d'harmoniser totalement sa "vérité personnelle" et la vérité idéale. Pourquoi faut-il que la vérité de la personne succombe au poison, et que la vérité de l'idée survive à ce poison ? [...] Certes il y a quelque chose de dérisoire et de choquant dans ce manque de synchronisation, oui il y a une dérision amère dans la dissymétrie des deux Vérités, la vérité tout court et la vérité du porteur de vérité, celle-ci faussant compagnie à celle-là et dissociant son sort du sort de la vérité impersonnelle, et se décrochant pour toujours par l'effet de la mort»[1]. En ce sens, conclut Jankélévitch, **«la pensée ne tue pas la mort, mais c'est la mort qui tue la pensée»**[2].

Pour Épicure, la mort n'existe pas

Et pourtant, le moi «empirique» lui-même, le moi charnel, fragile et éphémère ne devrait aucunement se préoccuper de la mort si l'on en croit le vieux philosophe grec Épicure et son vulgarisateur latin Lucrèce. Pour ces matérialistes qui ne croient ni aux idées éternelles ni à l'immortalité des personnes, il ne convient pourtant pas de se soucier un seul instant de la mort. C'est qu'en effet la mort ne peut être l'objet de la moindre pensée claire. En quelque sorte, **la mort et moi ne pouvons nous rencontrer jamais**. Ou bien j'existe encore, je n'ai donc pas rencontré la mort, ou bien la mort est déjà là, mais alors c'est moi qui ne suis plus présent pour m'en apercevoir ! «Comment ne pas voir que dans la mort véritable il n'y aura pas d'autre soi-même qui, demeuré vivant, puisse déplorer sa propre perte[3]» ! Cet argument a souvent été commenté et repris. Le stoïcien Sénèque dira : «Après la mort

1. V. Jankélévitch, *la Mort,* p. 375, Flammarion.

2. *Ibid.*, p. 377.

3. Lucrèce, *De la nature.*

tout finit, même la mort.» Et Montaigne : «La mort ne nous concerne ni morts ni vifs, ni vifs parce qu'à ce moment elle n'existe pas, ni morts puisqu'à cet instant nous ne sommes plus.»

Je ne peux penser ma propre mort

La pensée de la mort pousserait jusqu'à la limite le célèbre paradoxe de l'introspection : nous ne pouvons pas, dit-on parfois, nous connaître, parce que justement le sujet connaissant se confondrait alors avec l'objet connu. Dans le cas de la mort, cette coexistence du sujet et de l'objet qui est toujours, note Jankélévitch, «un peu acrobatique», devient radicalement impossible puisque la mort a précisément éteint toute lumière et devient de ce fait proprement insaisissable. Un tel argument paraît irréfutable dans sa simplicité. Il passe pourtant assez communément pour un sophisme. Pour envisager sa réfutation, il faut peut-être diversifier notre approche philosophique du problème, et l'envisager à des points de vue aussi différents que «*on* meurt», «*tu* meurs », «*je* vais mourir », autrement dit, il faut distinguer, comme nous y invite Jankélévitch, la mort en troisième personne, en deuxième personne, en première personne.

La mort en troisième personne

La mort en troisième personne est **abstraite et anonyme**. C'est à la fois la mort de tout le monde et la mort de personne. Cette mort-là, la mort de tous et de n'importe qui, n'échappe certes pas à la connaissance. Elle est même banale, quotidienne. Elle est l'objet de démarches administratives – c'est le décès –, elle intéresse diverses sciences, par exemple la démographie mais aussi la biologie et la médecine. On doit même dire que l'autopsie du cadavre, la science anatomoclinique qui recherche dans les lésions apparentes sur le cadavre disséqué la cause de la maladie et de la mort, représente dès le XIXe siècle une arme majeure de la connaissance. Michel Foucault, dans *Naissance de la clinique*, souligne ici une mutation scientifique radicale. La mort, objet de savoir dans l'autopsie, n'est plus seulement la nuit énigmatique où la vie disparaît, mais devient paradoxalement **ce qui éclaire la vie**, ce qui nous instruit sur l'être vivant et ses maladies : «Le regard médical pivote sur lui-même et demande à la mort compte de la vie et de la maladie, à son immobilité définitive compte de leur temps et de leurs mouvements. Ne fallait-il pas que la médecine contourne son plus vieux souci pour lire dans ce qui témoignait de son échec ce qui devait fonder sa vérité[1] ?»

La définition de la mort

La science de la mort n'est d'ailleurs pas, comme son objet, immuable. **La définition de la mort a changé**, et cette définition objective est philosophiquement essentielle car elle pose des problèmes moraux particuliers. Jusqu'en 1966, la mort était définie par l'arrêt de la respiration (le signe du miroir devant la bouche) et l'arrêt du cœur (vérifié à l'auscultation). En mai 1966, l'Académie de médecine redéfinit la mort comme arrêt du fonctionnement cérébral. Lorsque le tracé électro-encéphalographique est plat (disparition de tout courant électrique cérébral) pendant quarante-huit heures, on considère que la mort est certaine, même si l'appareillage complexe de la réanimation a réussi à maintenir dans l'organisme une circulation et une respiration artificielle. D'où le problème moral des comas dits «dépassés». Est-on tenu de maintenir indéfiniment la respiration et la circulation d'un organisme dont le cerveau est mort et qui a cessé d'être un homme ? Lorsqu'on a la certitude qu'aucun réveil n'est plus possible, il n'est évidemment pas moralement requis de maintenir cette «vie» partielle de l'organisme, cette vie artificielle de certains organes ou tissus.

1. Michel Foucault, *Naissance de la clinique*, p. 148, P.U.F.

Le «on meurt» élude le problème

On voit que la réflexion scientifique sur la mort considérée comme objet de savoir, considérée **en troisième personne** n'est aucunement futile. Seulement, ce qui donne indirectement son sens à cette réflexion, c'est malgré tout le fait de l'existence ou de la mort vécues par des personnes. Philosophiquement, c'est seulement à ce niveau que la mort peut nous intéresser. Parler de la mort en troisième personne, dire «on meurt encore de faim dans les pays sous-développés» ou bien «on ne meurt plus guère d'épidémies avec la vaccination et les antibiotiques», traiter la mort comme objet de discours, presque comme événement impersonnel, **c'est trahir sa signification réelle**. Heidegger montre que parler de la mort sur le mode du «on», dans toutes les phrases où le sujet du verbe mourir est «on», c'est se masquer le mystère et la tragédie de la mort. Comme si le «on», qui n'est personne, pouvait mourir ! Le discours «inauthentique» qui donne au verbe mourir un sujet impersonnel est un refus de regarder la mort en face. Comme le disait Bossuet : «Les mortels n'ont pas moins soin d'ensevelir les pensées de la mort que d'enterrer les morts eux-mêmes.»

La mort de l'autre

Tout autre est la question de la mort posée **en deuxième personne**. Ici il ne s'agit plus de ce monstre conceptuel de la mort impersonnelle (on meurt), mais d'une expérience tragique, l'expérience de la mort de l'autre : et pas n'importe quel autre, mais de celui auquel je m'adresse à la deuxième personne, de celui que j'aime d'amitié, d'affection, ou d'amour. Ici, le raisonnement d'Épicure, ce raisonnement qui se voulait à la fois imparable et rassurant, n'a plus cours, puisque **moi vivant**, je me trouve confronté à la **mort de l'autre**. Comme dit Jankélévitch : «Rien ne s'oppose à ce que ma conscience soit témoin de la mort dès l'instant que mort et conscience sont répartis sur deux têtes.» Deux philosophes, Léon Brunschvicg et Gabriel Marcel, discutaient jadis sur le problème de Dieu et de l'immortalité personnelle. Gabriel Marcel défendait la thèse de l'immortalité de la personne, thèse qui laissait sceptique Léon Brunschvicg. Ce dernier déclara alors : «Il me semble que l'immortalité de Léon Brunschvicg intéresse beaucoup moins Léon Brunschvicg que l'immortalité de Gabriel Marcel n'intéresse Gabriel Marcel !» Et Gabriel Marcel répondit : «Ce n'est pas ma mort qui me préoccupe, mais la mort des autres, la mort de ceux que j'aime.» La mort de l'être cher, la possibilité, l'éventualité de cette mort (éventualité qui est en même temps une fatalité puisque, si l'heure est incertaine, le fait lui-même est inévitable) ne donne-t-elle pas **un aspect à la fois tragique et dérisoire aux relations d'amitié et d'amour** ?

Ma propre mort

La mort **en première personne** – ma propre mort – est-elle vraiment un faux problème ? Jankélévitch fait ici remarquer que, si la mort en première personne ne peut s'énoncer aux trois temps du verbe, comme la mort en deuxième personne (tu meurs, tu es mort, tu mourras), s'il est, comme l'indiquait Épicure, radicalement impossible d'énoncer le «je suis mort», le «je meurs» étant incertain et peu clair, la mort en première personne, impensable au passé, peu claire au présent, est en revanche parfaitement **énonçable au futur**. Le «je suis mort» est une impossibilité, mais le «je mourrai» est une certitude. Tant que l'heure est lointaine, ou en tout cas inconnue de moi, je puis négliger de penser à ma mort. Mais celui qui sait ou qui sent que la mort est proche éprouve le plus souvent une extrême angoisse ; la mort menaçante apparaît alors, non plus comme destin commun, vaguement pressenti, mais comme **l'événement le plus personnel**, l'événement qui me concerne de façon unique et singulière **en face duquel je me trouve radicalement seul**. Dans *les Choses de la vie*, le héros de Paul

Guimard évoque en ces termes la mort toute proche : «Ce n'est pas le sort de tous, comme on le dit ignoblement. C'est chaque fois un drame terriblement particulier. Pour moi, je suis unique, je ne suis pas un homme sur des milliards qui va mourir. Je vous en supplie, faites quelque chose ! Quoi de plus important que ce qui va m'arriver ?»

« L'être pour la mort »

Dire comme Épicure que la mort ne me concerne pas, n'est-ce pas nier une évidence, oublier cette conscience du temps, cette visée de l'avenir qui précisément caractérise la réalité humaine ? Sur ce point, les analyses de Heidegger paraissent plus décisives que la pseudo-sagesse épicurienne. La vérité est que la mort est pour chacun de nous affaire personnelle et ce possible suprême qui est en même temps **la fin de tous mes possibles**. Parce que la temporalité vécue est constamment orientée vers l'avenir, parce que la réalité humaine est existence (ex-istence), autrement dit que nous sommes toujours en avant de nous-même, que la conscience s'échappe toujours vers l'avenir, la mort est donc inévitablement présente dans le moindre de nos projets, dans la moindre visée de la conscience. Et il serait vain de ruser avec ce possible implacable, de chercher des subterfuges ; je suis jeune encore, ma santé est bonne, je ne vais pas mourir. En fait, le jeune homme que la mort guette n'est peut-être, selon la saisissante formule du romancier italien Dino Buzzati dans *le Rêve de l'escalier*, qu'un «vieillard clandestin». Ainsi, «très vieux est l'automobiliste de trente ans qui dans une heure se fracassera contre un arbre, très vieux le quinquagénaire qui demain sera foudroyé par une attaque d'apoplexie, très vieux le gamin qui dans une quinzaine sera écrasé par un camion»[1]. En vérité, selon le mot de Heidegger, «**dès qu'un homme est né, il est assez vieux pour mourir**» et la réalité humaine, telle qu'une réflexion philosophique lucide nous la révèle, est celle d'un être-pour-la-mort. La perspective heideggerienne est, comme on voit, radicalement opposée à celle de Spinoza. Pour Spinoza, la mort est crainte d'ignorant qui n'a pas appris à penser l'être en sa plénitude. Pour Heidegger, c'est l'oubli de la mort qui est ignorance et frivolité. La philosophie, découverte de la réalité humaine comme temporalité, ne peut exclure la méditation sur la mort. Et on peut évoquer ici les vers mélancoliques de la comtesse de Noailles :

> On ne possède bien que ce qu'on peut attendre
> Je suis morte déjà puisque je dois mourir.

L'argument stoïcien

La sagesse épicurienne ne peut faire que nous ne pensions jamais à la mort. La sagesse stoïcienne ne peut faire que cette pensée soit toujours sereine. L'argument stoïcien repose sur une prétendue symétrie entre la naissance et la mort. Ma naissance est un don gratuit ; ma mort m'arrache, avec la même gratuité, ce don contingent de l'existence. Pas plus que la vie ne m'était due, la mort n'est scandaleuse. J'ai simplement restitué ce qui m'avait été prêté. A la fin de l'Antiquité, les tombes païennes portaient parfois l'inscription suivante : *Non eram, fui, non sum* (je n'étais pas, j'ai été, je ne suis plus). Mais la conscience humaine proteste contre cette logique apparente et sous l'apparence de la symétrie découvre l'absurdité révoltante. Le cri du roi qui se meurt, chez Ionesco : «Pourquoi suis-je né si ce n'était pas pour toujours ?» rejoint la révolte de Victor Hugo, dans les *Contemplations*, devant la mort d'un enfant :

> Et les femmes criaient : rendez-nous ce petit être.
> Pour l'avoir fait mourir, pourquoi l'avoir fait naître ?

En ce sens, la philosophie, en rupture avec la sagesse antique, ne peut pas plus échapper à la méditation de la mort qu'à la révolte contre la mort.

3. La philosophie : méditation sur la vie et la mort

La mort contingente selon Sartre

A la vérité, la philosophie ne peut être exclusivement ni cette méditation de la vie que réclamait Spinoza ni cette méditation de la mort à laquelle nous invite Heidegger. La philosophie heideggerienne de l'être-pour-la-mort n'est-elle pas, sous sa forme radicale, plus soutenable que le refus systématique de la pensée de la mort à la manière épicurienne ou spinoziste ? Sartre, bien qu'il se place du point de vue «existentiel», du point de vue de la réalité humaine montre – à l'encontre de Heidegger – que la pensée de notre mort n'est pas un possible que je puisse saisir. Toute conscience assurément est projet, visée d'un futur. Mais ma mort peut-elle être considérée comme un de ces possibles que je projette, au nom desquels, par exemple, je néantise le présent pour façonner l'avenir ? En fait, parce que ma mort met un terme à ma conscience, **elle est en dehors et au-delà de cette conscience**. Elle m'échappe exactement au même titre que ma naissance. Ne transcendant pas ma mort, je ne puis décider de son sens. Ma mort ne m'appartient pas. Elle appartient aux autres. Elle ne donnera à ma vie son sens définitif que dans la conscience d'autrui qui me jugera : «**Être mort c'est être en proie aux vivants.**» Nous ne sommes pas, dit à peu près Sartre, comme un condamné qui voit chaque jour exécuter ses compagnons de geôle, mais plutôt comme un condamné à mort qui, se préparant à faire bonne figure sur l'échafaud, serait entretemps brutalement enlevé par une maladie cardiaque fulgurante et totalement imprévue.

Le suicide : la fin de tous les possibles

On pourrait objecter à Sartre que ce caractère imprévu et totalement extérieur de la mort disparaît dans le suicide. Là, le mortel paraît choisir lui-même le moment et le genre de son décès, à tel point même que les stoïciens, notamment Sénèque, voyaient dans la possibilité du suicide le signe même de la liberté de l'homme, le signe que l'homme est, s'il le veut, maître de sa vie puisqu'il peut disposer de sa mort. Nous reviendrons plus loin sur ce problème mais notons pour le moment que Sartre n'est nullement convaincu par un tel argument ; pour lui, en aucun cas la mort ne peut être une figure de ma liberté ; et, dans le cas du suicide lui-même, ma mort ne m'appartient pas car le projet du néant est un projet inimaginable, très exactement **un anti-projet, un néant de projet**. C'est par une sorte d'illusion que le candidat au suicide croit vouloir quelque chose : car du suicide lui-même ne résulte que la fin de tous les projets, de tous les possibles. Dans tous les cas, la mort est l'événement extérieur ; c'est par rapport à ma condition d'existant l'extériorité radicale, la transcendance absolue.

La pensée de la mort est une invitation à bien vivre

A la vérité, les philosophies opposées dont nous avons parlé jusqu'à présent, celles qui se veulent soit méditation exclusive sur la vie, soit méditation exclusive sur la mort, ont un postulat commun : le postulat qui consiste à opposer radicalement pensée de la vie et pensée de la mort ; ou bien l'on médite sur la vie et l'on croit devoir ajouter – au mépris de la condition humaine et de l'expérience concrète – que la mort n'est rien, ne mérite pas même un regard, ou bien, l'on médite sur la mort et cette pensée envahit tout, ôtant à la vie toute signification, rendant notre existence absurde. Ces deux attitudes contradictoires ne nous paraissent pas épuiser le champ du possible. On peut concevoir une attitude philosophique selon laquelle méditation sur la vie et méditation sur la mort, loin de s'exclure, ne prennent de sens que l'une par l'autre.

Tout d'abord, la pensée de la mort, ce savoir sans doute abstrait mais sûr que nous allons mourir, ne saurait empêcher le philosophe de vivre et de bien vivre. Notre temps est limité mais il s'agit pourtant de savoir comment nous allons l'utiliser pour le mieux. Feuerbach notait avec lucidité *(Mort et Immortalité) :* «Vous appelleriez au moins fou un individu qui, après avoir entendu une sonate de Mozart, ne sait autre chose à dire que : elle a duré quatorze minutes et demie, tandis que le reste des auditeurs applaudit.»

La mort donne son sens à la vie

Et si nous voulons réfléchir davantage, nous comprenons aisément que, d'une certaine façon, **c'est la mort elle-même qui donne son sens à la vie**. Et cela est vrai d'abord dans un sens objectif, scientifique. Ce qui caractérise les êtres vivants les plus évolués – les êtres vivants par lesquels la vie précisément s'affirme sous sa forme supérieure – c'est qu'ils sont mortels ! En effet, les cellules vivantes en elles-mêmes sont potentiellement a-mortelles, les êtres unicellulaires se reproduisent par scissiparité, par dédoublement à l'infini et ne peuvent être détruits que par des forces extérieures. De même, les cellules germinatives de l'homme (le *germen* de Weissmann par opposition au *soma)* se transmettent de génération en génération selon les lois de la génétique ; notre héritage biologique est virtuellement immortel. L'être mortel, c'est l'être individuel, cet ensemble complexe de cellules qui constituent un être vivant. Et l'on remarquera que plus on s'élève dans la hiérarchie des êtres vivants, plus diminue le pouvoir de régénération des cellules. Un mammifère, par exemple, ne peut pas, comme un batracien, régénérer un membre amputé ; d'autre part, les cellules les plus évoluées, qui sont les cellules nerveuses, ne sont pas comme les autres cellules renouvelées au fur et à mesure qu'elles disparaissent. Le plus évolué, le plus organisé, **le plus complexe est toujours en même temps le plus fragile**. La mort est en ce sens étroitement liée à l'individuation.

Mort et reproduction

On doit également rapprocher le fait de la mort du fait de la reproduction sexuée. Le pouvoir de créer de nouveaux êtres est pour l'individu étroitement lié **à la nécessité de disparaître**. Dans un curieux roman, *les Grands-Pères prodiges*, Michel Carrouges imagine qu'une découverte médicale parvient à triompher de la mort. Bien vite cette immortalité terrestre se révèle une catastrophe. L'auteur parle d'un «ajournement catastrophique de la mortalité». La vie sans la mort pose rapidement d'insolubles problèmes de surpopulation. Comme le dit, à propos de cet ouvrage de science-fiction, Marc Oraison : «Pour que le monde sans mort soit vivable, il faudrait que personne ne naisse plus et que, au moins à un moment, chacun se trouve stoppé sur place à l'âge où il est parvenu. Et cela, d'une manière universelle. C'est-à-dire qu'il faudrait résoudre et évacuer la contradiction du temps, ce qui reviendrait à tuer le désir c'est-à-dire la vie[1].»

Les pensées de la vie et de la mort se complètent

Au niveau existentiel lui-même, la pensée de la mort et la pensée de la vie ne sont pas exclusives mais bien **complémentaires**. La vie seule donne à la pensée de la mort son caractère tragique, la mort seule nous fait penser la vie

1. Marc Oraison, *La mort et puis après ?* p. 26, Fayard.

comme précieuse et fragile. Toute vie pleinement vécue implique un certain risque de mort conscient et assumé. Celui qui voudrait fuir tous les risques de mort et se réfugierait dans une existence étroite, douillette et calfeutrée, oublierait précisément de vivre. Un héros de Michel Lewis *(Aurora)* dit : «Craignant la mort, je détestais la vie», et Jung *(Phénomènes occultes)* remarque dans le même sens que les jeunes gens qui ont peur de la vie seront plus tard précisément des hommes mûrs qui auront peur de la mort. Au rebours, Jung ajoute que ce sont précisément ceux dont l'existence fut la mieux remplie, la plus heureuse qui, souvent, le moment venu, acceptent la mort avec le plus de sérénité. Finalement, **la vie n'a de sens et de prix que parce que nous ne disposons que d'un temps fini**, donc susceptible d'être organisé. Dans un de ses romans, *Tous les hommes sont mortels,* Simone de Beauvoir évoque avec assez de vraisemblance ce que pourrait être la vie d'un homme qui aurait reçu l'impossible privilège de l'immortalité : la période d'exaltation est courte ; bien vite, c'est l'ennui, le désespoir, le sentiment précisément qu'un temps infini ne saurait être humainement vécu. C'est justement parce que nous n'avons pas l'éternité devant nous que le temps humain s'articule en une succession de périodes et de moments susceptibles d'être organisés ; et l'éternité, si elle existe, n'a en tout cas rien de commun avec notre vie présente qui tire son sens, Fénelon lui-même le remarquait, de sa finitude : «Dieu, libéral et magnifique dans tout le reste, nous apprend par la sage économie de sa providence combien nous devons être circonspects sur le bon usage du temps, puisqu'il ne nous en donne jamais deux instants ensemble et qu'il ne nous accorde le second qu'en retirant le premier et qu'en retenant le troisième dans sa main avec une entière incertitude si nous l'aurons. Le temps nous est donné pour ménager l'éternité et l'éternité ne sera pas trop longue pour regretter la perte de temps si nous en avons abusé[1].»

La mort n'a pas le même sens à tous les âges

Peut-on dès lors retrouver quelque sérénité philosophique, affirmer que la mort donne à chaque vie son sens en lui conférant son point final ? Certes, chacun de nous, quel que soit son âge, peut être mort demain. Pourtant, à peu près partout dans le monde, l'âge moyen de la mort a reculé. Dans les pays les plus développés, cet âge moyen dépasse aujourd'hui la soixante-dixième année. La mort reste une fatalité dans son fait, elle ne l'est plus dans son heure. Il y a une praxis de la mort, une politique de la mort. On sait par exemple que l'âge moyen de la mort est plus précoce dans les classes sociales les plus défavorisées, plus éloigné dans les classes privilégiées. On peut donc espérer que le progrès social réduira dans ce domaine comme dans d'autres une inégalité encore frappante entre les hommes, on peut espérer qu'un nombre d'hommes sans cesse plus grand atteindra ou approchera les limites naturelles de notre vie qui paraissent liées à notre «programme génétique ». De telles remarques, diront certains, sont sans intérêt philosophique et pour deux raisons : d'abord parce qu'un âge «moyen» de la mort n'est qu'une fiction statistique ; ensuite parce que reculer de dix, vingt ou trente ans l'âge de la mort ne change absolument rien au problème philosophique de la mort. Que je meure demain ou dans vingt ans ne change rien à ma condition mortelle. Mais ces critiques nous semblent des sophismes. L'âge moyen de la mort concerne indirectement plus ou moins chacun de nous. Il y a une énorme différence entre mourir à vingt ans, à quarante ans, à quatre-vingts

1. Cité par Vladimir Jankélévitch dans *la Mort*, p. 86, Flammarion.

ans. Certains prétendent que les jeunes gens acceptent de mourir plus aisément que les vieillards ; on cite l'exemple du philosophe Renouvier qui, à quatre-vingt-huit ans, sur son lit de mort, se désespérait de ne pouvoir poursuivre son œuvre.

Mort de l'enfant, mort du vieillard

En fait, si toute mort est tragique, la mort d'un être jeune, en pleine force est doublement tragique. La mort d'un vieillard qui a le sentiment d'avoir accompli sa tâche ici-bas, d'avoir bien réussi sa vie, est plus souvent qu'on ne le dit accueillie avec sérénité. La mort naturelle d'un être jeune est toujours une mort violente. C'est dans ce cas que **l'agonie est vraiment**, conformément à son sens premier, **un combat**. Alors qu'un vieillard chargé d'années s'éteint parfois paisiblement. La mort peut apparaître alors comme une conclusion naturelle, comme le point final et le dernier accord d'une existence heureuse. La méditation de la mort est nécessaire. Elle nous fait comprendre le prix de la vie. Chez un être sain la conscience d'être mortel n'est pas autre chose qu'une invitation à construire pour autrui et pour soi-même l'existence la plus belle et la plus pleine. Telle est dans la Bible la sagesse – encore toute terrestre – de l'Ecclésiaste (IX, 10) :

> Va ! mange avec joie ton pain
> Et bois ton vin d'un cœur content
> Jouis de la vie avec une femme que tu aimes
> Pendant tous les jours de ton existence
> Car c'est ta part dans la vie
> Et dans le travail que tu fais sous le soleil
> Tout ce que ta main peut faire
> Fais-le avec force
> Car il n'y a plus ni œuvre, ni intelligence, ni science, ni sagesse
> Dans la tombe où tu vas...

4. Le suicide
L'instinct de mort

L'illusion du suicide

Que la mort puisse être acceptée, accueillie au terme d'une vie bien remplie, c'est compréhensible. Que la mort puisse être délibérément voulue et perpétrée sur soi-même, c'est un fait d'expérience mais qui a souvent constitué une énigme pour le philosophe. Spinoza qui, nous l'avons vu, n'entend faire aucune place à la mort dans sa philosophie, Spinoza qui définit l'essence de tout individu vivant comme **désir de persévérer dans son être** avoue ne pas comprendre le suicide. Il faut, dit-il, que des forces extérieures se soient emparées de la volonté, l'aient totalement défigurée. Et Schopenhauer montre que le suicide est une sorte de malentendu, une illusion où s'est emprisonné le vouloir-vivre. Dans le livre IV du *Monde comme volonté et comme représentation,* Schopenhauer écrit : «Bien loin d'être une négation de la volonté, le suicide est une marque d'affirmation intense de la volonté de vivre.» L'homme qui se suicide, bien loin de s'opposer au vouloir-vivre, est plus que quiconque son esclave. On se suicide d'ordinaire parce qu'on a perdu sa fortune, sa réputation, une personne qu'on aimait. **L'homme qui se**

suicide est mécontent de sa vie, non de la vie. Il est attaché aux biens de ce monde, c'est parce que ceux-ci lui échappent qu'il se tue. Tous les hommes, écrit Pascal, après saint Augustin, «cherchent le bonheur, même ceux qui vont se pendre ».

Suicide et sacrifice

En ce sens, une description phénoménologique des sentiments du suicidant rapprochera le **suicide** du **sacrifice**. Sans doute les deux attitudes sont-elles souvent distinguées et même opposées par les moralistes. On dit que l'homme du sacrifice a pour fin le dévouement à une valeur (la patrie, la révolution, l'honneur, etc.), la mort n'étant qu'un **moyen**, la mort étant plutôt rencontrée que recherchée (par exemple, le soldat au combat peut **trouver** la mort). Au contraire, dans le suicide, la mort serait visée comme fin, recherchée pour elle-même. Mais cette distinction du sacrifice et du suicide n'est pas aussi claire qu'on le voudrait. Tout d'abord, il y a de nombreux cas limites intermédiaires entre ce qu'on appelle suicide et ce qu'on appelle sacrifice : que penser des chrétiens qui couraient au-devant du martyre, témoignant que le Christ veut qu'on meure pour lui ? Que penser de Caton qui certes se suicide, mais pour témoigner de sa foi en la République, quand les ennemis de la liberté sont victorieux ?

Que penser du héros de la Résistance qui, saisi par la police de l'armée d'occupation, se jette par la fenêtre pour ne pas prendre le risque de dénoncer ses camarades de réseau en parlant sous la torture ? Son acte est formellement un suicide, encore que la noblesse de ses motifs le fasse classer parmi les sacrifices. En réalité, du point de vue du suicidant, il est clair que le suicide est identique à ce que le moraliste appelle sacrifice : autrement dit, **dans tout suicide, il y a une visée de valeur**. L'acte du suicide obéit toujours à la maxime : «Plutôt la mort que...» La vie est toujours sacrifiée aux raisons de vivre, même si ces «raisons de vivre» sont bien différentes. L'escroc découvert se tue parce qu'il ne peut vivre sans luxe et sans plaisirs, parce qu'il préfère la mort à l'ennui de la prison. Les «valeurs» pour lesquelles il meurt sont évidemment bien différentes de celles du combattant qui donne héroïquement sa vie pour une cause sacrée. Il n'en reste pas moins que, dans les deux cas, la mort n'est qu'un moyen ; la fin de l'acte réside dans ce qui est vécu, comme valeur – quelle que soit, au jugement du moraliste, la valeur de ces valeurs.

L'instinct de mort

Faut-il cependant s'en tenir là ? La mort ne peut-elle, clairement ou obscurément (obscurément dans certains accidents ou dans certaines maladies comme l'anorexie mentale, grève de la faim inconsciente) être **voulue pour elle-même** ? N'y a-t-il pas une sorte de fascination exercée par la mort ? De Spinoza à Nietzsche, les philosophes nous ont habitués à reconnaître chez l'homme un instinct d'affirmation, une volonté de puissance. Mais certains psychanalystes, à la suite de Freud lui-même, pensent qu'un véritable «instinct de mort» ou une «pulsion de mort» habite les profondeurs de notre inconscient. Comment Freud est-il parvenu à cette étrange découverte ?

Certes, dans toute la première partie de sa carrière scientifique, avant 1914, Freud n'a reconnu en l'homme que des instincts de vie. Il distinguait d'une façon d'ailleurs très classique un **instinct d'affirmation du moi**, et une **pulsion érotique** dirigée vers un «objet». Lorsqu'en 1914 Freud introduit le concept de narcissisme, il apparaît que le moi lui-même peut être l'objet de son propre désir érotique et que la dualité précédemment affirmée entre affirmation du moi et pulsion érotique s'efface. Mais découvrir la nature «érotique» du narcissisme n'est pas pour autant affirmer l'existence d'une pulsion de mort, tout au contraire ! La mort est encore à ce stade quelque chose de tout à fait extérieur à nos pulsions et, comme l'écrit le docteur Haim : «L'homme ne se console pas dans son désir de toute-puissance de ne pas être Dieu et l'idée de mort est sa blessure narcissique la plus grave.»

Principe de plaisir et principe de réalité

En fait, c'est la terrible guerre de 1914-1918 qui va suggérer à Freud l'idée qu'existe une pulsion de mort, pas seulement un instinct sadique de destruction distingué dès 1915 de l'instinct sexuel, mais aussi une pulsion vers l'autodestruction dont Freud rendra compte en 1920 en rédigeant son célèbre article *Au-delà du principe du plaisir*.

Rappelons ce qu'est le **principe de plaisir** : toute tension désagréable dans le psychisme déclenche un dynamisme correcteur qui vise à abaisser cette tension, autrement dit à supprimer le déplaisir ou à produire du plaisir. Le **principe de réalité**, que dès le début Freud a distingué du principe du plaisir, ne s'oppose pas à celui-ci mais contribue à le régler. Le principe de réalité nous invite à ajourner la satisfaction, à la reporter à plus tard pour tenir compte des obstacles imposés par le monde extérieur.

Les manifestations de la pulsion de mort

La pulsion de mort est tout autre chose. Son existence est suggérée à Freud par les cauchemars de la névrose traumatique ; par certaines répétitions d'événements déplaisants ; par le «refus de guérir» de nombreux malades.

Examinons ces trois points. On sait tout d'abord que les rêves représentent en général pour Freud, de façon plus ou moins cachée et symbolique, la satisfaction d'un désir, bref une expression du principe de plaisir. Or, dans la **névrose traumatique**, c'est-à-dire dans la perturbation mentale qui suit quelquefois un choc psychologique violent (accident de voiture ou de chemin de fer, obus ou mine qui a explosé à côté du sujet pendant la guerre, arrestation par la police, etc.), les rêves du malade paraissent absolument contraires à ses désirs : le malade rêve constamment de l'événement terrible qui est à l'origine de sa névrose. Il revit littéralement par exemple la scène de l'accident, se réveille chaque fois en sueur, retrouve très exactement son ancienne frayeur. Il faut bien faire intervenir ici un principe de **répétition** qui paraît étranger à toute **libido**. Ce principe, on le retrouve dans toutes les situations d'échec où certaines personnes se complaisent, reproduisant sans fin des attitudes négatives. On le retrouve dans le transfert lorsque, pendant une séance de psychanalyse, le malade répète devant le médecin des attitudes pénibles de peur ou de haine qu'il avait eues jadis devant son père ; enfin, et surtout, le paradoxe des psychanalyses interminables où, sous des formes diverses mais sans cesse répétées, se manifeste une **résistance inconsciente à la guérison**, suggère la présence de forces psychologiques de régression, d'une véritable «entropie psychique».

Mise en question de l'instinct de mort

Mais ces faits qui imposent effectivement d'aller «au-delà du principe de plaisir» montrent-ils de façon évidente l'existence d'une pulsion de mort ? Certes, il y a de nombreux faits de régression : toute névrose est peut-être essentiellement un retour à un stade antérieur de développement. Otto Rank pensait même que tout homme reste marqué par le «traumatisme de la naissance» et souhaite obscurément le retour à l'état antérieur. Mais cet état antérieur, pour Rank, n'est pas la non-vie, c'est la vie du fœtus, l'existence intra-utérine dont nous garderions toute notre vie la nostalgie. Parler d'une pulsion de mort, c'est postuler qu'au-delà d'une tendance à la régression vers des états antérieurs, il existe **une tendance de l'organique à retourner à l'inorganique**. Il ne s'agirait plus ici de régression mais de désintégration.

Peut-on admettre qu'un organisme soit habité par une tendance qui vise sa propre désintégration ? Beaucoup de psychanalystes refusent de croire en l'existence d'une telle pulsion. La notion même de pulsion paraît en contradiction avec l'état d'inertie que connote le concept de mort. Si la mort est cette limite qui donne à la vie ses contours et sa structure, il semble cependant difficile de concevoir la mort à l'œuvre au sein même des processus de la vie.

RENVOIS THÉMATIQUES AU VOLUME 1

- La réflexion philosophique et la vie, chap. 1, p. 10.
- Mon impuissance par rapport au temps, chap. 5, p. 80.
- La justice et la violence, chap. 12, p. 282.
- Le problème de Dieu : les ruses du psychologisme, chap. 17, p. 388.
- Le problème de la destinée humaine, chap. 18, p. 407.

LES IDÉES ESSENTIELLES

Le passage de la nature à la culture qui définit l'humanité se manifeste non seulement par l'invention de l'outil et du langage, mais aussi par la reconnaissance de la mort et l'institution de la sépulture. Certes, tous les soins donnés aux cadavres, tous les rituels funéraires sont une protestation contre la mort, souvent une affirmation d'immortalité, mais en même temps «une reconnaissance de la mort comme événement». La philosophie se présente parfois comme méditation sur la mort mais il est arrivé, en sens contraire, que le philosophe opère une négation pure et simple de la mort afin de nous guérir de toute angoisse. C'est le cas d'Épicure. Pour lui, la mort et moi, en quelque sorte ne pouvons jamais nous rencontrer. Ou bien j'existe encore et je ne peux rencontrer la mort ou bien la mort est déjà là, mais alors c'est moi qui ne suis plus présent pour m'en apercevoir ! Un tel argument peut être tenu pour un sophisme. Il est inopérant pour le problème de la mort des autres ; et ma propre mort, si elle échappe à ma pensée, m'est malgré tout largement annoncée par les maladies, les souffrances et l'expérience de la mort des autres. Spinoza nous invite, dans une perspective plus profonde, à méditer sur la vie et non sur la mort. En effet, si par l'exercice de pur entendement je parviens à m'identifier à cette *totalité* que Spinoza appelle Dieu, si je me fonds en elle par l'amour intellectuel, je deviens comme elle indestructible et «j'éprouve que je suis éternel ».

Mais si l'idée de Dieu est vérité éternelle, il reste que mon existence personnelle (ce moi qui porte l'idée de Dieu) est elle-même éphémère.

La philosophie sera donc à la fois méditation sur la vie et méditation sur la mort. Les deux méditations ne sont pas exclusives mais complémentaires. La vie seule donne à la pensée de la mort son caractère tragique, la mort seule nous fait penser la vie comme précieuse et fragile. La vie humaine n'a finalement de sens et de prix que parce que nous ne disposons que d'un temps fini.

LECTURES

■ ***Textes littéraires*** :

E. IONESCO, *Le roi se meurt*, Folio Gallimard.
L. TOLSTOÏ, *la Mort d'Ivan Illitch*, U.G.E., coll. 10/18.

■ ***Textes philosophiques*** :

EPICURE, *Lettre à Ménécée*, *in* Diogène Laërce, *Vie des philosophes illustres*. Cette lettre est commentée par *Lucrèce*, dans *De la nature des choses*, Les Belles Lettres.
M. HEIDEGGER, *l'Etre et le temps*, 2e section, chap. 1, § 51, Gallimard.
M. DE MONTAIGNE, *Essais*, I, 20, «Que philosopher, c'est apprendre à mourir».
B. PASCAL, *les Pensées*.
PLATON, *Phédon*. (Les derniers moments de Socrate : plutôt qu'une méditation sur la mort, l'ouvrage est une réflexion sur l'immortalité de l'âme et sur les Idées éternelles.)

■ ***On lira aussi :***

V. JANKÉLÉVITCH, *la Mort*, Flammarion. (Une méditation sur la mort, d'une exceptionnelle richesse.)
R. MEHL, *le Vieillissement et la mort*, P.U.F.
E. MORIN, *l'Homme et la mort*, Seuil.

■ ***Textes anthropologiques et sociologiques*** :

P. ARIÈS, *l'Homme devant la mort*, Seuil.
J.-L. HENNING, *la Morgue*, Ed. Libres J.-E. Hallier.
L. SCHWARTZENBERG et P. VIANSSON-PONTÉ, *Changer la mort*, Albin Michel.
L.V. THOMAS, *Anthropologie de la mort*, Payot. (Un ouvrage fondamental.) ; *Mort et Pouvoir*, Payot ; *la Mort*, P.U.F., coll. Que sais-je ?

■ ***Sur le suicide*** :

J. BAECHLER, *les Suicides*, Calmann-Lévy. (Ouvrage de référence.)
E. TODD, *le Fou et le prolétaire*, Robert Laffont.

TEXTES À COMMENTER

Deux textes d'inspiration contradictoire sur la pensée de la mort :

1. La mort n'est rien selon Épicure

Accoutume-toi à l'idée que la mort n'est rien pour nous car tout bien et tout mal résident dans la sensation ; et la mort est la disparition complète de toute sensation.

Cette connaissance sûre que la mort n'est rien pour nous a pour effet que nous goûtons mieux les joies que nous donne la vie éphémère parce qu'elle n'y ajoute pas un temps infini mais nous enlève même le désir d'immortalité. En effet, il n'y a plus de craintes dans la vie pour celui qui a réellement compris que la mort n'a rien de redoutable. Il faut donc tenir pour un sot celui qui prétend que nous craignons la mort non pas parce qu'elle nous afflige quand elle survient mais parce que nous souffrons dès maintenant à l'idée qu'elle surviendra un jour. En effet si la présence de quelque chose ne nous fait aucune peine la peur liée à l'attente de cette chose est absurde. Ainsi celui des maux qui passe pour le plus épouvantable n'est en vérité rien pour nous puisque tant que nous existons la mort n'est pas et que quand la mort est là, nous ne sommes plus. La mort n'a par conséquent ancune relation ni avec les vivants ni avec les morts puisqu'elle n'est rien pour les premiers et que les derniers ne sont plus rien pour elle.

(ÉPICURE, *Lettre à Ménécée*, Garnier)

2. La mort selon Pascal

Qu'on s'imagine un nombre d'hommes dans les chaînes, et tous condamnés à la mort, dont les uns étant chaque jour égorgés à la vue des autres, ceux qui restent voient leur propre condition dans celle de leurs semblables, et, se regardant les uns et les autres avec douleur et sans espérance, attendent à leur tour. C'est l'image de la condition des hommes.

Un homme dans un cachot, ne sachant si son arrêt est donné, n'ayant plus qu'une heure pour l'apprendre, cette heure suffisant, s'il sait qu'il est donné, pour le faire révoquer il est contre nature qu'il emploie cette heure-là, non à s'informer si l'arrêt est donné, mais à jouer au piquet. Ainsi, il est surnaturel que l'homme, etc. C'est un appesantissement de la main de Dieu.

(PASCAL, *Pensées)*

SUJETS PROPOSÉS AU BACCALAURÉAT

■ La pensée de la mort a-t-elle un objet ? (Antilles-Guyane, A, juin 1989.)

■ La mort ajoute-t-elle à la valeur de la vie ? (Paris, A, juin 1985.)

■ La certitude de sa mort condamne-t-elle l'homme au désespoir ? (Besançon, A, septembre 1985.)

■ En quoi le culte des morts est-il signe d'humanité ? (Lille, A, juin 1983.)

■ Mourir pour une cause plaide-t-il en faveur de cette cause ? (Rouen, A, septembre 1983.)

■ Vous dégagerez l'intérêt philosophique du texte suivant, en procédant à son étude ordonnée :
«La mort est moins à craindre que rien, s'il y avait quelque chose de moins... Elle ne vous concerne ni mort, ni vif ; vif parce que vous êtes ; mort parce que vous n'êtes plus. Nul ne meurt avant son heure. Ce que vous laissez de temps n'était non plus le vôtre que celui qui s'est passé avant votre naissance ; et ne vous touche non plus... Où que votre vie finisse, elle y est toute. L'utilité du vivre n'est pas en l'espace, elle est en l'usage : tel a vécu longtemps qui a peu vécu : attendez-vous y pendant que vous y êtes. Il gît en votre volonté, non au nombre des ans, que vous ayez assez vécu. Pensiez-vous jamais n'arriver là où vous alliez sans cesse ? Encore n'y-a-t-il chemin qui n'ait son issue. Et si la compagnie vous peut soulager, le monde ne va-t-il pas même train que vous allez ?»

MONTAIGNE
Aix-Marseille, A, septembre 1985.

La Rochefoucauld soutenait avec force que «le soleil ni la mort ne se peuvent regarder en face». La mort est à la fois ce qui nous obsède le plus et ce que nous refusons le plus systématiquement de voir.

Autant il est facile d'évoquer les rites funéraires et de comprendre la volonté de voir son propre corps incinéré et ses cendres disséminées, autant il est rare de rencontrer des esprits assez forts pour maîtriser totalement l'idée de leur propre mort.

Nous savons depuis Montaigne que «philosopher, c'est apprendre à mourir».

L'image même du philosophe répond à l'interrogation métaphysique par excellence : pour Épicure, la mort n'existait pas ; pour Socrate, ce n'était rien et elle ne lui faisait pas peur ; pour Sénèque : «Après la mort tout finit même la mort.» Mais Garcin, le héros de Sartre dans *Huis clos*, supplie ses bourreaux de l'épargner. Nous ne sommes pas toujours capables de dominer notre angoisse devant la mort ; d'où les statues, les monuments, les tableaux qui représentent autant de moyens d'exorciser ce que l'on craint le plus, ce dont Bossuet parlait comme «ce je ne sais quoi qui n'a de nom dans aucune langue».

■ Vieille femme et enfant dans la grotte préhistorique de Balzi Rossi, en Italie.

■ Crémation à Bali.

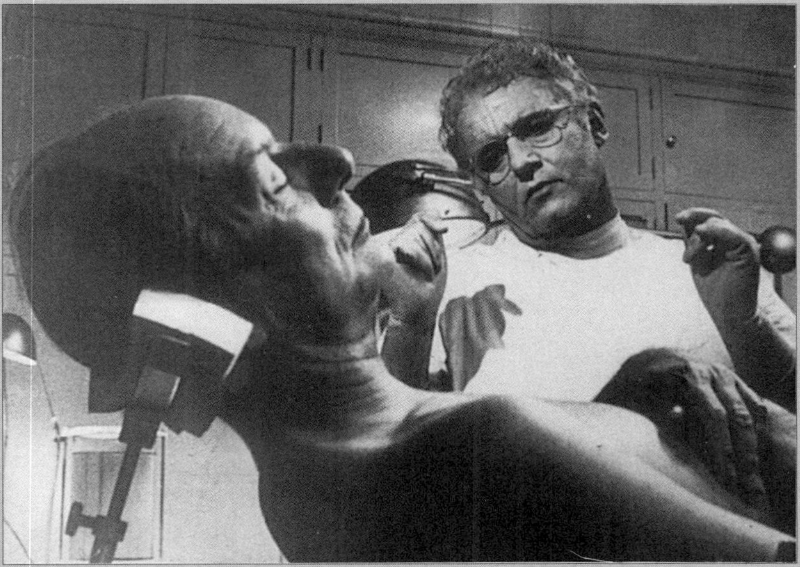

■ Scène d'embaumement dans le film *Ce cher disparu*, de Tony Richardson (1965).

■ Effigies mortuaires aux Célèbes.

■ Cimetière des Broussailles, à Cannes.

II

LA CONNAISSANCE
ET
LA RAISON

■ La salle de lecture de la bibliothèque Sainte-Geneviève, à Paris.

CHAPITRE 9

L'imagination

1. Le problème des images mentales

1. Le mythe empiriste de l'image mentale

Au XIXe siècle, on parlait beaucoup de l'image mentale et les empiristes expliquaient toute vie psychique par cette entité. La psychologie contemporaine a modifié ce point de vue. A la suite d'Alain et des travaux phénoménologiques, on vient à douter qu'il y ait des «images mentales». Nous montrerons comment aux yeux des contemporains la «fonction imageante» s'est substituée à «l'image chose». Comme dit Meyerson : «L'image avait été la reine de la pensée, elle n'est plus aujourd'hui que Cendrillon[1]».

L'imagination est-elle un résidu de perception ?

Pour la psychologie classique, d'inspiration empiriste sur ce point, l'image c'est le résidu de la perception, un reflet de l'objet qui persiste dans notre conscience. La théorie de l'image mentale est liée à une conception statique et simpliste des localisations cérébrales. L'image mentale a pour support matériel une «trace» de la perception gravée dans la substance cérébrale. L'image est assimilée à une reproduction de l'objet perçu, déposée dans l'esprit comme une photographie dans un album. Déjà, la psychologie empiriste du XVIIIe siècle semble considérer l'esprit comme un lieu peuplé d'images. Hume distingue les **impressions** (par exemple, les perceptions du monde extérieur) et les **idées**. Par idées, dit-il, «j'entends les faibles images des impressions dans la pensée et le raisonnement». Si je ferme les yeux, je puis me représenter, semble-t-il, les objets qui m'entourent et que tout à l'heure je percevais : je me représente l'abat-jour, le cahier sur lequel j'écris, etc. Ces images ne seraient que des reproductions affaiblies de mes sensations en leur absence.

Donc toute image vient des perceptions ; l'aveugle-né n'a aucune image des couleurs, le sourd congénital aucune image des sons. On appellera **imagination reproductrice** la représentation d'un objet absent grâce aux images mentales. **L'imagination créatrice** de l'inventeur, du peintre, du musicien, du poète se ramènerait à l'imagination reproductrice. L'artiste créateur se contente d'exprimer dans un ordre imprévu les images qui, en définitive, lui viennent des perceptions et du monde extérieur. Anatole France écrit : «Le poète a inventé la nymphe mais la nature avait déjà créé l'océan, le nuage et la femme.»

1. L'auteur parle ici d'image mentale, conçue dans un sens trop «réaliste» et matérialiste par les psychologues empiristes du siècle dernier, et qui a perdu son importance dans la psychologie contemporaine. Mais il ne s'agit évidemment pas de contester – en notre époque de cinéma et de télévision – l'importance de l'«image» au sens large.

Image et perception

Si l'image n'est qu'un reflet de la perception, une perception affaiblie, s'il n'y a entre la perception et l'image qu'une différence d'intensité, on risque de confondre, dans bien des cas, perception et image. Comment distinguer une image vive et une perception faible ? Les empiristes répondent qu'en fait **image et perception sont souvent confondues**. Flaubert prétendait ressentir tous les symptômes d'un empoisonnement à l'arsenic en décrivant l'empoisonnement de Mme Bovary. Dans le rêve nocturne, je prends mes images mentales pour des réalités. Il en est de même pour des malades atteints d'hallucinations. Telle personne, frappée de cécité par une tumeur localisée dans la région occipitale du cerveau, ne sait pas qu'elle est aveugle parce que l'excitation des centres visuels corticaux par la tumeur «libère» des images visuelles et provoque des hallucinations (par exemple, tel malade croit qu'il assiste à un incendie).

La perception n'est-elle qu'une hallucination vraie ?

Cependant, à l'état normal, je distingue très bien perception et image : par exemple, j'imagine une explosion atomique et je ne confonds pourtant pas ce bruit épouvantable mais imaginaire avec la perception auditive du bruit réel mais très faible du tic-tac de mon réveil ; je sais très bien que le bruit du réveil est perçu et que le bruit de l'explosion est imaginé. Taine prétendait qu'**il faut un raisonnement pour savoir si une représentation mentale était une image ou une perception**. Par exemple, je crois entendre une goutte d'eau sur la vitre. Pour savoir si c'est une perception réelle, il faut que je me lève, que je regarde si la pluie tombe, si le balcon est mouillé, etc. La perception ne serait ainsi qu'une «hallucination vraie». Autrement dit, pour savoir si une représentation mentale est une image ou une perception, il faudrait que je vérifie. Mais une telle affirmation est très contestable. J'ai «cru entendre» le bruit d'une goutte d'eau, mais il est certain que j'ai entendu quelque chose : peut-être est-ce une allumette qui est tombée ou quelqu'un qui a bougé. Ce qui doit être vérifié, c'est l'interprétation de ma perception, l'hypothèse formulée (il pleut) après cette perception. Mais je sais bien qu'il s'agit d'une perception et non d'une image. Je fais spontanément la distinction entre ce que j'imagine et ce que je vois. C'est précisément cette distinction si courante et immédiate qui s'explique mal si nous n'admettons entre image et perception qu'une différence d'intensité. En réalité, cette distinction s'explique très bien si nous considérons que l'attitude de la conscience est très différente dans la perception et dans l'imagination. L'empirisme considérait les faits psychiques comme des choses, il confrontait le contenu de l'image et le contenu de la perception et oubliait d'envisager l'essentiel, c'est-à-dire l'acte de la conscience percevante, l'acte de la conscience «imageante». **Le «perçu» et l'«imaginé» ne doivent être analysés qu'à partir de l'acte de percevoir et d'imaginer.** C'est ce qu'a très bien montré Jean-Paul Sartre.

2. Théorie sartrienne de l'imagination

Le point de départ de Sartre se trouve à la fois dans les travaux d'Alain et dans ceux de Husserl.

Une illusion d'image

Pour Alain, **l'image mentale n'existe pas**. Un de ses amis, qui a longtemps vécu à Paris et dit avoir «beaucoup d'imagination», prétend pouvoir imaginer parfaitement le Panthéon : «Je le vois, dit-il, comme si j'étais devant.» A quoi Alain répond : «Si vous l'imaginez si bien, comptez donc les colonnes !» L'ami en est évidemment incapable. Il croyait voir en imagination, dit Alain, mais il ne voyait rien du tout. L'image mentale est une illusion d'image. Je m'imagine imaginer ! Alain, de façon très cartésienne, expliquait cette illusion par les mouvements du corps ; j'esquisse dans mon corps certains mouvements et je dis : Je me vois montant la rue Soufflot, tournant un peu à gauche. A ma gauche, c'est la bibliothèque Sainte-Geneviève, à ma droite le Panthéon. En réalité je ne vois rien de tout cela. L'imagination se réduit à un savoir et à des mouvements ; je bouge légèrement. La seule réalité concrète de l'imagination serait dans les mouvements du corps que j'esquisse.

Toute conscience est intention

Husserl a bien mis en lumière que toute conscience est **intentionnelle**, c'est-à-dire se rapporte à un objet. Il n'y a pas des perceptions, des souvenirs, des images ou des sentiments **dans** la conscience. Mais toute conscience est un acte, l'acte de viser quelque chose d'extérieur à elle. «Toute conscience est conscience de quelque chose.» Ma perception de ce radiateur est une façon de viser l'objet. Mais lorsque j'imagine seulement le radiateur, il ne faudrait pas croire que ma conscience est devenue passive, qu'elle est habitée par une image de l'objet. Imaginer le radiateur, c'est encore viser l'objet lui-même, mais d'une façon différente.

La conscience imageante

A partir de là, Sartre entreprend la description phénoménologique de la «conscience imageante». Imaginer un objet, c'est tout simplement penser à cet objet comme n'étant pas là, **c'est poser cet objet comme néant**. «Mon image de Pierre, c'est une certaine manière de ne pas le toucher, de ne pas le voir, une façon qu'il a de ne pas être à telle distance. Si vive, si touchante, si forte que soit une image, elle donne son objet comme n'étant pas là.» La perception et l'imagination se rapportent toutes les deux au même objet – par exemple Pierre, homme vivant, en chair et en os –, seulement dans le cas de l'objet imaginé, je pose celui-ci comme n'étant pas là. L'imagination est donc une attitude particulière de la conscience qui se donne le monde comme absent, comme néant. L'imagination n'est pas une observation de l'objet qui sans cesse pourrait s'enrichir, découvrir de nouveaux détails. C'est une «quasi-observation». Tandis que «l'objet de la perception déborde constamment la conscience, l'objet de l'image n'est rien de plus que la conscience qu'on en a, il se définit par cette conscience».

L'«analogon»

Dès lors une difficulté se présente. Si l'imagination n'est qu'une façon d'affirmer l'absence d'un objet, elle risque de se confondre avec un simple savoir. Il n'y a plus aucune différence entre le vieux Parisien qui prétend **imaginer** le Panthéon et le provincial qui, n'ayant jamais vu le Panthéon, **sait** que cet édifice existe mais qu'il n'est pas sous ses yeux. «Une conscience qui serait en face de la chose qu'elle vise serait une conscience perceptive, une conscience qui viserait la chose à vide serait une pure conscience de signification.» Sartre, qui se fait à lui-même cette objection, y répond en précisant sa théorie. L'imagination n'est pas un simple savoir abstrait, mais elle suppose **une certaine matière à travers laquelle l'esprit vise l'objet absent**. Par exemple, lorsque ce jeune amoureux pense à la bien-aimée absente, son imagination ne se réduit pas au savoir abstrait que cette belle personne existe ailleurs, mais il pense à elle à travers une matière, une **hylé**, dit Sartre, qui joue le rôle de symbole, d'**analogon**. Cet analogon peut être, par exemple, une photographie de la bien-aimée. Mais supposons que cet amoureux imagine son amie sans se servir d'une photographie. Où est l'analogon ? L'amoureux esquisse le geste d'embrasser son amie, ou de lui prendre la main. C'est ce geste à peine esquissé qui sert d'analogon. Par exemple, pour imaginer le Panthéon, j'esquisse le mouvement de le contourner, ou d'y pénétrer. C'est un analogon moteur. Quand je rêve, la nuit, l'analogon est constitué par les phosphènes qui dansent devant mes yeux, ou par les bruits extérieurs qui me parviennent. Essayons d'éclairer cela sur un exemple de conduite imaginaire que nous emprunterons au très beau roman de Paulhac : *Nous n'avons pas demandé à vivre*.

«Le petit Lucien ralentit sa course, trottine un instant, puis se met au pas. Il aperçoit une capsule de Vittel, l'attaque du pied droit et la reprend du gauche : "Je suis Ben Barek et je descends vers les buts adverses. Je feinte Machinski, je perce la défense lilloise et je choute. Hop. Da Rui plonge trop tard. Dix-sept à zéro !" La balle tombe dans le caniveau. Lucien hésite à la reprendre, l'abandonne : "Après tout ce n'est qu'une capsule de Vittel." L'enfant imagine donc une magnifique partie de football. La partie imaginaire n'est pas visée à vide mais à travers une matière constituée par la gesticulation de l'enfant, et par la capsule de Vittel qui joue le rôle d'analogon du ballon de football.

Phénoménologie de l'imagination

L'imagination ne se réduit pas pour autant à la présence d'un analogon (ce sont les empiristes qui avaient réduit l'acte d'imaginer à sa matière).

La photographie, les phosphènes devant les yeux du rêveur, les mouvements esquissés, la capsule de Vittel ne comptent pas pour eux-mêmes. La photographie, par exemple, n'est pas examinée pour ce qu'elle est réellement : une trace sur du papier sans relief, mais la photographie, la capsule de Vittel, les mouvements du corps ne comptent qu'en tant qu'**ils se laissent traverser par la signification que je vise**. Il n'y a véritablement d'imagination que lorsque l'analogon disparaît en tant qu'objet, lorsqu'il cesse de se présenter pour re-présenter. C'est en ce sens que Sartre peut dire que l'objet esthétique est un irréel. Je ne vais pas entendre des instruments sonores, je ne vais pas voir les gesticulations du chef d'orchestre, mais je vais écouter la symphonie. De même je ne vois pas les pierres réelles, matérielles ; je contemple cette «signification» qu'est la cathédrale. Dans le poème que je goûte, les caractères d'imprimerie qui me conduisent à lui sont oubliés pour eux-mêmes (sauf si le texte est mal imprimé ; en ce cas, les caractères cessent de fonctionner comme «analogon» et leur réalité matérielle fait obstacle à mon attitude esthétique qui normalement les «néantise»).

Rêve et hallucination

Cependant la thèse de Sartre se heurte à des difficultés. Elle explique très bien ce que l'empirisme n'expliquait pas : la distinction spontanée du réel et de l'imaginaire (qui correspondent à deux attitudes opposées de la conscience celle-ci visant un objet réel, ou bien un irréel en «néantisant» l'analogon réel). Mais la thèse de Sartre n'explique précisément pas ce que l'empirisme pouvait expliquer, à savoir la confusion du réel et de l'imaginaire dans des états comme le rêve nocturne ou l'hallucination. Le rêveur et l'halluciné sont dupes de leurs fictions. On ne peut pas dire que, pour eux, imaginer soit nier. Sartre répond à peu près que dans le cas du rêve l'imagination s'est prise à son propre jeu. En fait, l'attitude de Sartre paraît sur ce point – au sens métaphysique – exagérément **idéaliste**. Pour lui, la conscience se constitue elle-même comme rêveuse, comme hallucinée. On se souvient qu'à propos de l'évanouissement qui suit une émotion intense, Sartre voulait que ce fût la conscience elle-même qui, magiquement, s'anéantît. Nous ne le suivrons pas dans cette voie et nous n'essayerons pas de montrer dans le rêve ou l'hallucination une intentionalité de la conscience.

Toutefois, nous nous garderons de revenir à l'empirisme, à la théorie des «atomes mentaux», du jeu passif des images. Il y a dans le rêve, dans l'hallucination une **activité intentionnelle** qui n'est pas celle de la conscience, qui est celle **de l'affectivité**, des tendances. Je rêve par exemple que je cueille du muguet auprès d'une source bruissante, au son très cristallin. Brusquement, on me réveille, on me dit que le réveille-matin a sonné, il y a un quart d'heure, je comprends alors ce qui s'est passé. J'ai entendu le réveil mais le bruit du réveil a fonctionné comme «analogon» du bruit de la source. J'ai projeté sur ce signal cruel un rêve d'évasion et de vacances (qui du même coup protège mon sommeil car cette «interprétation» me dispense de me réveiller). Dans l'hallucination elle-même, il semble qu'il y ait une matière, une sensation réelle que le délire du malade prend comme analogon. En effet, de curieuses expériences paraissent montrer que les images hallucinatoires obéissent aux lois de l'optique, sont réfléchies ou déviées par des miroirs. L'hallucination serait donc l'interprétation délirante de quelque perception réelle. Sans doute l'objet réel n'est-il pas consciemment néantisé pour permettre la visée délirante, mais le processus décrit par Sartre demeure valable si l'on veut bien transposer dans le domaine des projections inconscientes ce qu'il nous dit au sujet de la conscience imageante. Ce n'est pas l'image hallucinatoire qui crée le délire, c'est le délire qui, se projetant sur une excitation sensorielle, la constitue en hallucination[1].

3. Valeur et signification de l'imagination

Toute perception est imagination

Cette façon de poser le problème retourne littéralement la théorie empiriste. Ce n'est plus l'imagination créatrice qui se ramène à l'imagination reproductrice et, en définitive, à la perception. Tout au contraire, si l'imagination est une façon que j'ai de me projeter sur le monde, c'est la perception elle-même qui va se ramener à l'imagination, car je ne perçois jamais le monde tel qu'il est mais bien plutôt **tel que je suis**. Ainsi, dans la perception des planches de Rorschach, les taches d'encre servent d'analogon à mes rêves, à mes désirs conscients et inconscients. **Toute perception est projective.** Le botaniste, les amoureux, le fuyard, le chasseur, le peintre qui se promènent dans une forêt ne la voient pas de la même façon. Chacun la voit à travers ses désirs et ses craintes, chacun projette son univers intime (*Eigenwelt*), ses richesses personnelles sur le monde indistinct des choses extérieures.

William Blake disait : «L'imagination n'est pas un état, c'est l'existence humaine tout entière.» Pour les empiristes, l'esprit part du réel dont l'image n'est qu'un résidu. C'est le contraire qui est vrai : l'imagination précède la connaissance objective. Il n'est pas de vérité première, il est des mythes premiers. La connaissance objective est péniblement conquise. Elle exige une «psychanalyse» des mythes et des illusions spontanées, comme l'a montré Bachelard.

Est-ce à dire pourtant que toute imagination soit toujours menteuse et, comme le voulait Pascal – avec Descartes et Malebranche –, «maîtresse d'erreur et de fausseté» ? Dans la perspective même de Bachelard, il faudrait distinguer une imagination nocturne (celle des rêves et des délires) qui nous

1. Cf. Henri Ey, *Traité des hallucinations*, Masson.

éloigne du réel, et une imagination diurne, celle du savant qui construit une hypothèse. Là, raison et imagination se trouvent réconciliées, la construction du possible prépare la connaissance du réel. Les créations artistiques appartiendraient à la fois à ces deux régions de l'imaginaire : l'artiste crée des fictions, mais qui se veulent plus profondes que les apparences, plus vraies que le réel.

2. L'imagination créatrice et le problème de l'invention

Peut-on expliquer l'invention ?

Une imagination purement créatrice serait proprement **inexplicable**. Créer, c'est en effet faire surgir quelque chose d'inédit, d'imprévisible. Expliquer c'est, comme le voulait Émile Meyerson, «identifier», autrement dit ramener l'inconnu au connu, l'étrange au familier, le nouveau à l'ancien. Expliquer une création, c'est nier cette création en tant que création. Et il est bien vrai que l'acte créateur en lui-même transcende toute explication psychologique. Toutefois, l'imagination créatrice de l'ingénieur, du romancier, du musicien n'est pas une création *ex nihilo*. Sans vouloir dissoudre toute création dans le mécanisme psychologique des tendances ou des images, il nous faut bien reconnaître que l'invention est en partie explicable. Elle est en rapport avec la personnalité de l'inventeur, avec son milieu, avec un certain moment de l'histoire. L'inventeur trouve dans la culture de son époque les **éléments** de sa création. Il trouve dans ses tendances, ses passions ou dans les besoins de la collectivité à laquelle il appartient, les **sollicitations affectives** qui inspirent ses créations. Cela dit, il reste l'acte créateur lui-même, **d'essence spirituelle**.

1. Les éléments de l'imagination créatrice

Toute création s'appuie sur des acquis

La création d'une théorie scientifique, la création artistique sont évidemment fonction d'un acquis, d'une culture antérieure. Par exemple, une théorie scientifique surgit quand elle est mûre, quand elle est suffisamment préparée par l'évolution des sciences et des techniques. C'est pour cela que, parfois, plusieurs savants qui ont travaillé indépendamment les uns des autres proposent simultanément la même théorie ou font la même découverte[1]. Newton et Leibniz imaginent en même temps le calcul infinitésimal. Lavoisier, Priestley, Cavendish découvrent à peu près simultanément l'oxygène. **Les théories nouvelles sont préparées par les théories antérieures.**

1. En principe l'invention qui crée du nouveau se distingue de la découverte qui trouve ce qui existe déjà. Colomb a découvert l'Amérique, les ingénieurs inventent de nouvelles machines. En fait, la plupart des découvertes **exigent des inventions, des initiatives créatrices**. Le savant «découvre» les lois de la nature, mais il invente d'abord l'hypothèse. Il découvre les faits, il invente l'explication (inventer n'a pas ici le sens péjoratif de mentir, de forger des fictions pour tromper).

C'est ainsi que Darwin trouve les éléments de sa théorie de la sélection naturelle dans les ouvrages de Malthus. Malthus admettait que les êtres vivants tendent à se multiplier en progression géométrique alors que les subsistances croissent en progression arithmétique seulement. D'où les famines, la misère ; il s'oriente vers une morale de la restriction des naissances alors que Darwin méditera sur la sélection naturelle des plus aptes.

On en dirait autant des créations artistiques. Malraux a très bien montré dans ses belles études sur la psychologie de l'art que le peintre de génie commençait sa carrière en imitant, non certes la nature, mais les toiles de ses maîtres : «Rembrandt s'applique d'abord à parler la langue de son maître Lastmann... comme le Greco adolescent veut posséder en l'imitant le monde des Vénitiens»[1]. Comme le dit le grand peintre Renoir : «La peinture s'apprend dans les musées.» La manière propre d'un peintre se forme d'abord par l'imitation, ensuite par le refus, mais alors même qu'il se pose en son originalité propre, c'est en s'opposant à ses maîtres, donc en fonction d'eux.

Ce qui montre que les créations humaines ne jaillissent pas *exnihilo*, c'est le phénomène des **survivances**. Par exemple, les caractéristiques de l'ancien château fort survivent partiellement dans les châteaux de la Renaissance. Pourtant, le château fort avec ses tours, ses créneaux a perdu dès le XVe siècle toute valeur militaire à cause du développement de l'artillerie. Mais il ne se transforme pas d'une façon soudaine. Les accessoires de la vieille forteresse subsistent longtemps à titre d'ornements dans les châteaux de la Renaissance (comme l'équipement de guerre survit dans le costume de cour). **L'imagination n'est créatrice qu'en étant continuatrice.**

2. Sources affectives de l'imagination créatrice

L'invention comme satisfaction de nos besoins

L'invention technique est directement liée aux besoins, aux tendances ; André Leroi-Gourhan a montré que les inventions humaines prolongent les adaptations biologiques de l'être vivant à son milieu qui se poursuivent au cours de l'évolution des espèces. Les inventions techniques ne font que réaliser des moyens pour atteindre les fins poursuivies par les tendances[2]. La capacité d'invention peut être sollicitée ou au contraire endormie selon les besoins du milieu social. La faiblesse des inventions mécaniques dans l'antiquité gréco-romaine s'explique en partie par l'existence des esclaves (main-d'œuvre abondante et peu coûteuse). Ribot raconte qu'à la suite d'un violent discours de Bismarck un inventeur français chercha et découvrit le principe du fusil à répétition. Les découvertes scientifiques, dans la mesure où elles sont sollicitées par les insuffisances des techniques, dépendent souvent, elles aussi, des besoins. Par exemple, Carnot, inventeur de la thermodynamique (1826), a réfléchi sur «la puissance motrice du feu» parce

1. André Malraux, *les Voix du silence*.

2. Cf. André Leroi-Gourhan, *Milieu et techniques*. Les tendances ne s'exercent d'ailleurs sur le milieu extérieur (la matière) qu'à travers les exigences du milieu interne (modes et traditions de la collectivité) et selon les possibilités du milieu technique (ensemble des techniques déjà existantes sur lesquelles la nouvelle invention doit généralement prendre appui).

qu'il était un officier très patriote qui rêvait de ravir à l'Angleterre la suprématie maritime qu'elle tirait du développement de ses machines à vapeur.

L'œuvre d'art compense des tendances brimées

A plus forte raison les œuvres d'art ont leur source dans les tendances et les passions, plus précisément, nous disent les psychanalystes, dans l'affectivité refoulée. Les pulsions qui s'esthétisent en images sont celles qui, contrariées ou refoulées, n'ont pu se traduire en actes. Richard Wagner écrivait à un ami[1] : «Je ne comprends pas comment un homme vraiment heureux pourrait avoir l'idée de faire de l'art. Si nous avions la vie, nous n'aurions plus besoin de l'art. Quand le présent ne nous offre plus rien, nous crions par l'œuvre d'art : je voudrais.» C'est ainsi que les toiles d'Utrillo se couvrent de devantures de café à une époque où son entourage l'empêche de boire, que Toulouse-Lautrec est un «demi-cul-de-jatte» hanté par les chevaux bondissants, par les jambes souples et agiles des danseuses et des acrobates. Dans son ouvrage sur *la Jeunesse d'André Gide,* Jean Delay nous montre que la création d'un «double» par l'artiste est une sorte de transfert psychanalytique qui libère son auteur. De même qu'après le suicide de Werther, Gœthe se sent «heureux et libre, et ayant droit à une nouvelle vie», Gide s'éprouve miraculeusement assagi par la folie d'André Walter. Les auteurs «se relèvent mieux portants de la maladie mortelle de leur double».

Ce que nous disons des œuvres d'art pourrait bien entendu être affirmé de toutes les formes de l'imagination. Le rêve, la rêverie, le jeu donnent libre cours à l'affectivité et apparaissent comme des **compensations pour des tendances brimées à l'état de veille**[2].

L'analyse de Bergson

Bergson, par exemple, a tenté d'expliquer les mythes par l'affectivité. Lui qui n'a pas pleinement saisi la fonction compensatrice des rêves nocturnes a parlé, en revanche, de façon très pénétrante de la «fonction fabulatrice». Il voit dans les mythes des réactions défensives de l'affectivité contre «le pouvoir dissolvant de l'intelligence». L'homme est le seul animal qui sait qu'il va mourir : cette révélation de l'intelligence pourrait avoir des résultats catastrophiques ; l'homme, désespéré, renoncerait à agir. L'instinct vital se défend alors et se protège en suscitant un mythe : les peuples les plus primitifs ont formé le rêve de l'immortalité de l'âme qui s'exprime à travers des légendes riches et obscures dont la **fonction** est, comme on voit, de rassurer l'homme (un personnage de Dostoïevski dit que l'homme a imaginé Dieu pour ne pas se tuer). On pourrait expliquer l'utopie par le même processus : lorsque les hommes sont malheureux dans la société où ils vivent, ils tendent irrésistiblement à imaginer un monde meilleur, une cité idéale. C'est encore pour des mobiles affectifs que l'imagination substitue la légende à l'histoire (dans la monotonie de la Restauration, l'âme romantique suscite la légende napoléonienne).

1. Lettre à Uhlig, 12 janvier 1852, citée par Lalande, *la Raison et les normes,* p. 109.

2. Pierre-Maxime Schuhl, évoquant les années de captivité des prisonniers de la dernière guerre, dit que chez beaucoup on assistait à un véritable «ruissellement d'images compensatrices [...] rêves d'évasions extraordinaires par escalade ou par souterrain [...] et tout un flux tournoyant de souvenirs, venant apporter une satisfaction à nos besoins les plus intenses». Lui-même évoque «ce jour de disette où, faisant un tour de camp avec un ami, nous trompâmes la faim en évoquant la saveur des divers miels que nous connaissions : miel âpre des garrigues, miel parfumé de lavande, de tilleul ou de pin [...] miel blond du Gâtinais, miel sirupeux des hôtels suisses (oh ! le petit déjeuner sur le balcon dominant le lac avec le petit pain craquelant !)» (*le Merveilleux, la pensée et l'action*).

3. L'imagination et la pensée

L'imagination invente des rapports

Si des conditions affectives créent le climat de toute invention, il reste que l'imagination créatrice, du moins sous ses formes supérieures, demeure **un acte de la pensée**. L'imagination apparaît inséparable de l'intelligence, c'est-à-dire de l'aptitude à saisir, à deviner des rapports entre les choses. Cela est évident lorsqu'il s'agit de l'imagination créatrice du savant. La création de l'hypothèse scientifique implique la dissociation d'anciennes synthèses mentales, **la création de synthèses nouvelles**.

L'hypothèse de Newton sur l'attraction universelle apparaît comme une synthèse géniale, comme un effort pour comprendre dans une même formule des faits aussi divers, apparemment aussi éloignés les uns des autres que la chute des corps, les mouvements des planètes, les marées. Comme le dit Valéry : «Le génie de Newton a consisté à dire que la lune tombe alors que tout le monde voit bien qu'elle ne tombe pas!» De même, Lavoisier découvre le rapport entre respiration et combustion, Fresnel le rapport entre lumière et ondes sonores, Pasteur le rapport entre maladies microbiennes et fermentations, de Broglie le rapport entre matière et lumière. D'une certaine manière, on retrouverait dans les créations artistiques elles-mêmes cette **mise à jour de rapports inédits**. La poésie tire tout son charme du rapprochement, de l'assimilation de réalités différentes. Pour Hugo, ce rocher surmonté de nuages est un berger coiffé d'un grand chapeau :

«Le pâtre-promontoire au chapeau de nuées...»

Pour Valéry, la surface de la Méditerranée, sillonnée de blancs voiliers devient : «Ce toit tranquille où marchent des colombes.»

Les surréalistes sont plus audacieux, tel Paul Eluard :

«La terre est bleue comme une orange.»

Laplace disait que, dans tous les domaines, l'invention consiste dans «le rapprochement d'idées susceptibles de se joindre et qui étaient isolées jusque-là». C'est ce que tous les créateurs ont répété, par exemple le grand poète Jean Cocteau dans son discours de réception à l'Académie française : «A l'exemple des enfants et des poètes, nos jeunes savants s'exercent à l'oubli voulu des rapports normaux, à marier d'une manière insolente des organismes distants les uns des autres et dont nul ne songeait à former un couple.»

Trouver n'est pas prouver

Mais précisément, le caractère surprenant des grandes inventions qui bouleversent nos habitudes intellectuelles, nos concepts familiers, ont suscité une interprétation anti-intellectualiste de l'invention. Beaucoup opposent les fécondes audaces de l'imagination créatrice à la sagesse plate de la raison. Les processus par lesquels on **trouve** ne sont pas ceux par lesquels on **prouve**. Condillac comparait les méthodes logiques aux parapets qui bordent les ponts. Celles-là comme ceux-ci «nous empêchent de tomber mais ne nous font pas avancer». Même les mathématiques les plus élémentaires exigent des démarches inventives, au-delà du mécanisme déductif. Par exemple, en géométrie, il est nécessaire d'imaginer des constructions pour faire apparaître dans la figure des propriétés nouvelles. Ces constructions permettent de déduire, mais elles-mêmes ne sont pas déduites, elles sont inventées par une libre initiative de l'esprit.

Le rôle de l'intuition

A l'origine de toute invention, scientifique ou artistique, il y aurait donc une **intuition** dont la source mystérieuse est attribuée à l'affectivité, au «génie» quand ce n'est pas au hasard. On a souvent donné des exemples de brusques intuitions, jaillies de l'inconscient en dehors de toute démarche intellectuelle (par exemple Poincaré découvrant brusquement, en montant dans un omnibus, des fonctions mathématiques nouvelles) .

Édouard Le Roy remarque que l'inventeur doit se défier de la logique, des démarches trop méthodiques ; pour trouver quelque chose, ne doit-il pas confronter les idées les plus disparates, s'éloigner des habitudes intellectuelles, rechercher les paradoxes ? «L'invention se fait dans le nuageux, dans l'obscur, dans le contradictoire.» Le grand physicien et chimiste Faraday disait : «Si vous saviez comment j'ai fait mes découvertes, vous me prendriez pour un fou.» Une trop grande culture, une familiarité trop poussée avec les acquisitions antérieures du savoir peut être un obstacle à l'invention. Einstein dit par exemple que les inventions géniales de Faraday en électromagnétisme s'expliquent parce que Faraday n'avait pas subi la culture scientifique universitaire traditionnelle ! On pense aux imprécations de Nietzsche contre les hommes cultivés, «eunuques du savoir» dont la culture paralyse précisément les facultés de création.

Imagination et intelligence

Pourtant, la vérité de ces remarques n'accrédite nullement, selon nous, une théorie **antirationaliste** de l'invention. Certes, l'inventeur s'est libéré de la coutume, a brisé les associations d'idées courantes, a rompu avec le passé. C'est pour cela que l'inventeur est souvent méconnu, peut faire scandale. Lavoisier, Pasteur, Einstein n'ont pas convaincu d'emblée tous leurs contemporains. De même, la peinture et la musique modernes nous étonnent souvent parce que nous ne trouvons pas dans notre culture antérieure ce qui nous permettrait de les comprendre. Seulement rompre avec une culture, avec des concepts établis n'est pas, bien au contraire, se montrer infidèle à la Raison elle-même. On pourrait dire, en reprenant une célèbre distinction d'André Lalande, que l'inventeur ne maltraite la «raison constituée», figée dans ses habitudes, que pour obéir aux exigences de la «raison constituante» dont le dynamisme ne cesse de dépasser les concepts acquis[1]. Lorsque Bergson oppose à la morale close, conceptualisée dans les codes juridiques, la morale ouverte jaillie d'une libre invention du héros et du saint, il a sans doute tort de confiner le rôle de la raison dans l'organisation et la conceptualisation d'une tradition figée et d'attribuer l'invention des idées nouvelles à une «émotion créatrice». L'émotion crée tout au plus un climat, une ambiance favorable. Mais **l'intelligence n'est pas absente de l'invention**.

Intuition et travail intellectuel

Gardons-nous d'exagérer le rôle du mystérieux inconscient. Celui qui découvre le matin, au réveil, la solution d'un problème vainement cherchée la veille bénéficie-t-il d'un travail nocturne inconscient ? «Je préfère penser, dit Alain, qu'il s'est réveillé avec un esprit reposé et neuf.» Et si l'intuition divinatrice surgit brusquement, encore faut-il préciser qu'elle a été précédée par de longs efforts de l'intelligence (Poincaré découvre une solution en montant dans l'omnibus mais il avait beaucoup travaillé sur ce problème les jours précédents). On l'a dit très justement : «Pour trouver sans chercher, il faut d'abord avoir cherché sans trouver.» De plus, lorsqu'une intuition surgit dans l'esprit, le travail d'invention est loin d'être terminé. D'abord, la plupart de ces intuitions brusques sont sans valeur et l'inventeur en rejettera le plus

1. André Lalande, *la Raison et les normes*, p. 182 à 184, Hachette.

grand nombre (Kepler fait dix-neuf hypothèses sur la trajectoire de Mars et calcule les mouvements pour chacune d'entre elles avant d'établir que la vraie trajectoire de cette planète est une ellipse). Dans le meilleur des cas, une intuition féconde n'est qu'un **point de départ**, une orientation de l'esprit, un «schéma dynamique», disait Bergson, qui doit se traduire en «images» précises. Et le passage du «schéma» à l'«image» nous paraît tout autre chose qu'un simple développement naturel, qu'une sorte de maturation biologique. **L'intuition ne devient le principe d'une invention authentique que par un travail intellectuel.**

Effort et création

Les manuscrits des poètes ou des romanciers réputés les plus spontanés sont généralement couverts de ratures. Un grand poète n'a-t-il pas parlé de «gravir le dur sentier de l'inspiration» ? Valéry avait bien vu que les matériaux premiers de l'inspiration ne sont que «débris d'un futur» qui est l'œuvre elle-même accomplie par de patients efforts. Ce sont ces efforts créateurs envisagés à partir des techniques artistiques et des «contraintes» qui leur servent de support qu'Alain et Valéry proposent comme objets privilégiés à l'analyse de l'esthéticien. Le vrai problème de l'imagination créatrice est celui de ses **œuvres**. Comment l'inquiétude d'une sensibilité, le désordre des passions parviennent-ils à s'exprimer par des formes cohérentes et sereines ? A côté de l'affectivité, des puissances obscures de l'inconscient, l'intelligence trouve ainsi sa place dans le processus de l'invention, de l'invention artistique aussi bien que de la création scientifique. N'oublions pas que **l'artiste est aussi un artisan.** On pourrait dire de tous les grands artistes ce qu'un critique contemporain nous dit de Racine, qui eut du génie «parce qu'il fut un homme avec mille faiblesses et un ouvrier avec mille vertus».

RENVOIS THÉMATIQUES AU VOLUME 1

- Les méthodes contemporaines d'exploration de l'inconscient, chap. 2, p. 34.
- L'hypothèse scientifique, chap. 8, p. 172.
- Nature de la vérité, vérité et réalité, chap. 11, p. 250.
- La création artistique, chap. 15, p. 336.

LES IDÉES ESSENTIELLES

Pour les philosophes «empiristes», ce que j'imagine les yeux fermés est le reflet, le résidu de ce que je percevais les yeux ouverts. L'imaginaire serait constitué par des lambeaux de réalité.

On peut plus légitimement soutenir le contraire. Il n'y a pas de perception sans imagination, car nous projetons nos souvenirs, nos désirs, nos rêves dans ce que nous voyons. Personne ne perçoit «la forêt», mais tous (les amoureux, le chasseur, le cueilleur de champignons, le garde forestier) l'imaginent à leur manière. La première connaissance que l'homme prend du monde, toute pénétrée de passion, appartient au mythe, à l'imaginaire. C'est par une longue réduction de l'imaginaire que la science parvient à construire un monde vrai. Le réel, c'est l'imaginaire surmonté. Et encore la science ne parvient-elle à vaincre l'imaginaire que par un effort d'imagination, par l'invention d'hypothèses imprévisibles ! «La science prévoit mais on ne prévoit pas la science», disait Léon Brunschvicg.

Sans doute l'imagination créatrice – même dans ses œuvres scientifiques ou artistiques – ne crée-t-elle point à partir de rien. L'utopiste n'invente un monde nouveau que parce que la société dans laquelle il vit le fait souffrir. Et ce n'est pas un hasard si le grand peintre infirme Toulouse-Lautrec est hanté par les chevaux bondissants, par les jambes souples et agiles des danseuses et des acrobates ; ce n'est pas un hasard non plus si les toiles d'Utrillo se couvrent de devantures de café à une époque où son entourage l'empêche de boire.

D'autre part, la création est nécessairement en relation avec les œuvres antérieures ; elle ne vient au jour que quand elle est mûre : des chercheurs qui ont travaillé sans se connaître font simultanément la même découverte : Newton et Leibniz imaginent en même temps le calcul infinitésimal ; Lavoisier, Priestley, Cavendish découvrent tous trois l'oxygène. L'artiste ne crée pas non plus à partir de rien : par exemple, les peintures de Cézanne se définissent d'abord en fonction de l'impressionnisme. Disciple de Pissaro, il veut exprimer la lumière et l'atmosphère. Puis, par opposition, il recherche la structure géologique cachée sous les apparences chatoyantes, les assises géométriques du monde masquées par des jeux de lumière.

Mais que dire de l'acte d'imagination créatrice en lui-même ? Beaucoup opposent les processus d'invention aux démarches logiques. Pour *prouver,* il faut un raisonnement solide ; mais pour *trouver,* l'éclair du génie est nécessaire. Au XVIIIe siècle, Condillac comparait les méthodes logiques aux parapets qui bordent les ponts. Celles-là comme ceux-ci nous empêchent de tomber, mais ne nous font pas avancer. Pourtant l'*intelligence,* c'est-à-dire l'aptitude à saisir des rapports nouveaux, est toujours présente dans l'invention. La théorie newtonienne de l'attraction a consisté à réunir dans une même formule des faits en apparence aussi divers que la chute des corps, le mouvement des planètes et le phénomène de marées. Valéry notait : «Le génie de Newton a consisté à dire que la lune tombe alors que tout le monde voit bien qu'elle ne tombe pas !»

Enfin, il n'est pas d'invention sans un *travail* qui la précède et qui la développe. Emerson disait un peu trivialement que l'imagination exige «un dixième d'inspiration, neuf dixièmes de transpiration».

LECTURES

■ ***Textes philosophiques :***

ALAIN, *Système des beaux-arts,* Gallimard.
R. DESCARTES, *Méditations*, IIe et VIe, Nathan, coll. Les intégrales de philo.
Les Passions de l'âme, articles 19 et 21.
N. DE MALEBRANCHE, *De la recherche de la vérité*, livre III, Vrin, éd. du CNRS.
B. PASCAL, *Pensées*, fragment n° 82 : «L'imagination maîtresse d'erreur et de fausseté», Classiques Hachette.

■ ***Sur la phénoménologie de l'imagination :***

J.-P. SARTRE, *l'Imagination*, P.U.F.
l'Imaginaire, Gallimard.

■ ***Sur le problème de l'invention :***

R. BOIREL, *l'Invention*, P.U.F.
E. LE ROY, *la Pensée intuitive*, Boivin.

■ ***On lira avec fruit :***

G. BACHELARD, *la Poétique de l'espace*, P.U.F.
L'Air et les songes, José Corti.
J. BERNIS, *l'Imagination*, P.U.F., coll. Que sais-je ?
A. BRETON, *Manifestes du surréalisme*, Gallimard.

■ ***On pourra également consulter :***

E. BLOCH, *l'Esprit de l'utopie*, Gallimard.
F. DAGOGNET, *Philosophie de l'image*, Vrin.
G. DURAND, *les Structures anthropologiques de l'imaginaire*, Bordas.

TEXTES À COMMENTER

L'imagination : fuite ou dépassement du réel ?

1. C'est cette partie dominante dans l'homme, cette maîtresse d'erreur et de fausseté, et d'autant plus fourbe qu'elle ne l'est pas toujours ; car elle serait règle infaillible de vérité, si elle l'était infaillible du mensonge. Mais, étant le plus souvent fausse, elle ne donne aucune marque de sa qualité, marquant du même caractère le vrai et le faux.

Je ne parle pas des fous, je parle des plus sages ; et c'est parmi eux que l'imagination a le grand don de persuader les hommes. La raison a beau crier, elle ne peut mettre le prix aux choses.

Cette superbe puissance, ennemie de la raison, qui se plaît à la contrôler et à la dominer, pour montrer combien elle peut en toutes choses, a établi dans l'homme une seconde nature. Elle a ses heureux, ses malheureux, ses sains, ses malades, ses riches, ses pauvres ; elle fait croire, douter, nier la raison ; elle suspend les sens, elle les fait sentir ; elle a ses fous et ses sages : et rien ne nous dépite davantage que de voir qu'elle remplit ses hôtes d'une satisfaction bien autrement pleine et entière que la raison. Les habiles par imagination se plaisent tout autrement à eux-mêmes que les prudents ne se peuvent raisonnablement plaire. Ils regardent les gens avec empire ; ils disputent avec hardiesse et confiance ; les autres, avec crainte et défiance : et cette gaieté de visage leur donne souvent l'avantage dans l'opinion des écoutants, tant les sages imaginaires ont de faveur auprès des juges de même nature. Elle ne peut rendre sages les fous ; mais elle les rend heureux, à l'envi de la raison qui ne peut rendre ses amis que misérables, l'une les couvrant de gloire, l'autre de honte.

(B. PASCAL, *Pensées et opuscules*, *Pensée 82*, p. 362 sq., Hachette.)

2. Pour qu'une conscience puisse imaginer il faut qu'elle échappe au monde par sa nature même, il faut qu'elle puisse tirer d'elle-même une position de recul par rapport au monde. En un mot il faut qu'elle soit libre. [...]

L'imagination n'est pas un pouvoir empirique et surajouté de la conscience, c'est la conscience tout entière en tant qu'elle réalise sa liberté ; toute situation concrète et réelle de la conscience dans le monde est grosse d'imaginaire en tant qu'elle se présente toujours comme un dépassement du réel. Il ne s'ensuit pas que toute perception de réel doive s'inverser en imaginaire, mais comme la conscience est toujours «en situation» parce qu'elle est toujours libre, il y a toujours et à chaque instant pour elle une possibilité concrète de produire de l'irréel.

(J.-P. SARTRE, *l'Imaginaire*, p. 234-236, Gallimard.)

SUJETS DE DISSERTATIONS OU DE DÉBATS

■ L'imaginaire et le réel.

■ Rôle de l'affectivité dans l'imagination.

■ L'imagination est-elle, comme le dit Pascal, «maîtresse d'erreur» ?

■ Y a-t-il une imagination créatrice ?

■ Quelles réflexions vous suggère cette pensée de Paul Nizan : «Si nous étions toujours heureux et libres, nous ne rêverions jamais la nuit» ?

■ Commentez cette formule de Sartre : «L'image est un acte et non une chose.» (*l'Imagination.*)

■ Bachelard écrit : «L'imagination est surtout la faculté de changer les images [...]. Si une image présente ne fait pas penser à une image absente, si une image occasionnelle ne détermine pas une prodigalité d'images aberrantes, une explosion d'images, il n'y a pas imagination. L'imagination [...] est dans le psychisme humain l'expérience même de l'ouverture, l'expérience même de la nouveauté» *(l'Air et les songes)*. Et d'autre part : «Percevoir et imaginer sont aussi antithétiques que présence et absence. Imaginer c'est s'absenter, c'est s'élancer vers une vie nouvelle.» Qu'en pensez-vous ?

■ Mémoire et imagination.

■ Expliquez et s'il y a lieu discutez cette appréciation de Ruyer : «Les utopies sont comme des enveloppes de brume sous lesquelles s'avancent des idées réalisables.»

■ Commentez ce jugement de Pascal : «La raison a beau crier, l'imagination a établi dans l'homme une seconde nature.»

■ Imagination poétique et imagination scientifique.

SUJETS PROPOSÉS AU BACCALAURÉAT

■ L'art crée-t-il le lien entre la réalité et l'imaginaire ? (Dakar, A, juin 1988.)

■ Quels moyens avons-nous d'imaginer l'avenir ? (Argentine, A, septembre 1988.)

■ L'imagination est-elle le refuge de la liberté ? (Aix-Marseille, A, juin 1986.)

■ Dans quelle mesure la création artistique est-elle l'œuvre de l'imagination ? (Toulouse, C, D, E, juin 1985.)

■ Imaginer, est-ce seulement nier la réalité ? (Clermont-Ferrand, A, juin 1983.)

■ Vous dégagerez l'intérêt philosophique du texte suivant, en procédant à son étude ordonnée :
«Toute idée générale est purement intellectuelle ; pour peu que l'imagination s'en mêle, l'idée devient aussitôt particulière. Essayez de vous tracer l'image d'un arbre en général, jamais vous n'en viendrez à bout ; malgré vous il faudra le voir petit ou grand, rare ou touffu, clair ou foncé, et s'il dépendait de vous de n'y voir que ce qui se trouve en tout arbre, cette image ne ressemblerait plus à un arbre. Les êtres purement abstraits se voient de même, ou ne se conçoivent que par le discours. La définition seule du triangle vous en donne la véritable idée : sitôt que vous en figurez un dans votre esprit, c'est un tel triangle et non pas un autre, et vous ne pouvez éviter d'en rendre les lignes sensibles ou le plan coloré [...]. Il faut donc parler pour avoir des idées générales ; car sitôt que l'imagination s'arrête, l'esprit ne marche plus qu'à l'aide du discours.»

ROUSSEAU
Lille, C, D, E, septembre 1986.

L'imagination est présente déjà dans la perception la plus banale. Les nuages, les «merveilleux nuages» semblent dessiner des formes et des visages que nous imaginons plus que nous ne les voyons. Des enfants transforment en jouet n'importe quel débris abandonné. L'imagination créatrice joue un rôle capital de compensation. Le peintre Toulouse-Lautrec, infirme qui souffrait de ses jambes trop courtes, a mis sa joie à représenter des danseuses agiles aux longues jambes élégantes. Utrillo a commencé à couvrir ses toiles de devantures de café à une époque où son entourage l'empêchait de boire. Gardons-nous d'opposer trop rigoureusement l'imagination à la raison. Dans les sciences elles-mêmes, la part de l'imagination est essentielle : l'hypothèse est une invention rationnelle. La science est l'école de l'innovation, de l'audace, de l'irrespect. Le grand Pasteur lui-même et, au XXe siècle, Einstein, n'ont pas été compris de leurs contemporains immédiats. «Penser, c'est dire non», note le philosophe Gaston Bachelard. Einstein tirant la langue est une bonne image du génie scientifique se moquant de tous les conformismes.

■ Enfants jouant dans un terrain vague. Photographie de Robert Doisneau.

■ Albert Einstein le jour de son 72e anniversaire.

■ Nuages dans le ciel brésilien.

■ *La troupe de mademoiselle Églantine*, de Toulouse-Lautrec (1896).

■ *La Rue Seveste*, d'Utrillo.

CHAPITRE 10

L'idée et le jugement

1. Le concept et l'abstraction

Un concept est une idée **abstraite**, c'est-à-dire une idée qui représente un aspect de la réalité isolé par l'esprit. L'idée abstraite, justement parce qu'elle est abstraite, est **générale** : l'idée d'homme, par exemple, est abstraite. L'homme, ce n'est ni Pierre, ni Jean, ni René, mais une notion générale qui convient à la fois pour parler de Pierre, de Jean, de René et de tous les autres hommes. L'idée d'homme s'entend de tous les hommes universellement. C'est pourquoi les philosophes du Moyen Age désignaient les idées abstraites sous le nom d'**universaux**.

Compréhension et extension d'un concept

Les logiciens caractérisent un concept du double point de vue de la compréhension et de l'extension. La compréhension d'un concept c'est sa définition, c'est-à-dire l'ensemble des caractères qu'il comprend. Les anciens disaient par exemple que l'homme est un animal raisonnable (animal c'était le «genre prochain» ; raisonnable, la «différence spécifique», caractère qui distingue l'homme parmi les espèces). L'extension du concept, c'est la liste des individus auxquels le concept s'étend. L'extension et la compréhension des concepts varient en sens inverse ; le concept d'homme a une compréhension plus riche que le concept d'animal, puisqu'il ajoute le caractère «raisonnable» à tous les autres caractères du genre animal, et de ce fait une extension plus pauvre : le concept «homme» s'étend à moins d'individus que le concept «animal». L'idée d'être a l'extension maximale (elle s'applique a tout ce qui existe) et la compréhension la plus réduite (un seul caractère : l'existence). Un individu, tout à l'opposé, est indéfinissable, il a des caractères qui le singularisent, qui lui sont propres. Ici aucune extension : il n'y a que Socrate qui soit Socrate ! En revanche, la compréhension serait infinie. Donner la compréhension de l'individu, ce serait le décrire plutôt que le définir puisqu'une définition s'attache précisément à des caractères généraux, communs à plusieurs invividus. L'individuel, c'est le singulier, c'est le concret.

Mais nous devons nous poser le problème de l'abstraction du point de vue psychologique – c'est-à-dire du point de vue de sa genèse. Par quels processus mentaux l'abstraction se réalise-t-elle ? Comment l'abstraction est-elle possible ? Comment puis-je penser à part ce qui n'est pas donné à part ?

1. Le point de vue empiriste

Les empiristes proposent pour ce problème une solution radicale et négative. Ils nient purement et simplement l'abstraction. A la question : comment l'idée d'homme en général est-elle possible ? L'empiriste répondra : l'idée d'homme en général, cela n'existe pas. C'est ce que nous dit par exemple Berkeley : quand je pense à l'«homme», il faut bien que je me représente un individu particulier, petit ou grand, gros ou maigre, chétif ou athlétique, etc., bref une image fournie par l'expérience concrète.

Le nominalisme

L'idée générale serait donc une illusion. Encore faut-il expliquer que cette illusion soit possible. Les empiristes nous donnent l'explication suivante : l'illusion viendrait du mot, du nom. Par exemple, devant Pierre, devant Jean, devant Paul, je prononcerai le même mot «homme». Ce mot lui-même est concret, il est quand je le prononce un bruit particulier, une image sonore. C'est une image sonore que, par habitude, nous associons à diverses images visuelles, à celle de Pierre, de Jean, de René, etc. Des images concrètes et un **nom**, voilà tout ce qu'il y a dans la prétendue idée générale. Tel est le point de vue empiriste, **nominaliste**. Le nominalisme a été souvent soutenu d'une façon plus ou moins radicale au cours de l'histoire[1]. Au Moyen Age, Roscelin, Guillaume d'Occam, au XVIIe siècle Hobbes, au XVIIIe siècle Berkeley, Condillac, au XIXe siècle Taine sont des nominalistes.

La pensée au-delà des mots et des images

Sous sa forme radicale, le nominalisme est évidemment indéfendable. Si le mot ajoute quelque chose à l'image concrète, c'est précisément parce que le mot n'est pas une sonorité vide, parce que le mot renvoie à une idée. C'est déjà ce qu'Abélard rétorquait aux nominalistes médiévaux : le mot est plus qu'un son parce que le mot a un sens. La notion de ma propre pensée semble aisément me révéler que l'idée dépasse de beaucoup les mots et les images. Lorsque je cherche mes mots, lorsque je traduis ma pensée par des symboles, je m'aperçois bien que ces expressions et ces figurations maladroites sont loin d'épuiser la richesse de ma pensée. Alfred Binet, pour éclaircir ce problème, pratiquait (avec pour sujets ses filles Armande et Marguerite) **l'introspection provoquée**. Il demandait à un sujet, par exemple : Qu'avez-vous dans l'esprit quand vous pensez à l'idée de justice ? Certains sujets disent qu'ils se représentent quelque chose de concret, par exemple une balance ou un juge avec une calotte rouge. Mais ils reconnaissent que ces pauvres images sont loin d'épuiser l'idée qu'ils se font de la justice. Et Binet conclut (*Étude expérimentale de l'intelligence*, 1903) : «Avec des pensées de cent mille francs, on a des images de quatre sous.» D'autres sujets d'ailleurs «pensent» sans évoquer d'images. Ils répondront à la question par une **définition** de la justice. «Penser, ce n'est pas contempler de l'Épinal !», c'est diriger son esprit vers des relations, des jugements, des significations. A la même époque, les psychologues allemands de l'école de Wurzbourg, de la *Denkpsychologie*, Watt, Bühler, Külpe arrivent à des conclusions analogues : **on peut penser sans image**. Il existe des pensées pures (*Bewusstheit*) qui se passent d'évocations concrètes, se réduisent à une conscience abstraite

1. On qualifie de «nominaliste» une théorie épistémologique moderne qui souligne l'importance des conventions artificielles dans la science. Par exemple, pour Édouard Le Roy, les faits scientifiques sont plutôt construits qu'observés par le savant. Le fait scientifique existe dans l'esprit plus que dans les choses. «Les faits sont faits.» Pourquoi cette conception de la science est-elle qualifiée de «nominaliste» ? C'est, dit Lalande, parce que «les philosophes qui refusent à la science ce qu'ils nomment une valeur objective sont amenés par là même à la considérer comme un **langage** qui permet seulement de noter les phénomènes et de formuler des recettes pratiques» (A. Lalande, *Vocabulaire technique et critique de la philosophie,* P.U.F.)

de règle, de rapport, à une direction mentale (on reconnaît ici une transposition psychologique du thème husserlien de l'intentionnalité).

De telles analyses montrent clairement que la pensée ne saurait se réduire au jeu passif de représentations concrètes déposées par la perception dans ma conscience. Il y a un dynamisme psychologique, une activité mentale qui sous-tend mes pensées. Seulement, Binet et les psychologues de Wurzbourg ne nous donnent pas beaucoup d'éclaircissements sur la nature profonde de cette activité sous-jacente.

2. Théorie biologique de l'abstraction

Désir et abstraction

Si toute abstraction suppose de la part du sujet une activité, cette activité n'est-elle pas celle de nos tendances, de nos besoins vitaux ? Certains nous proposent ce paradoxe : si nous sommes capables d'abstraire, d'avoir des notions générales, ce serait justement parce que nous ne sommes pas un pur esprit, parce que **nos besoins, nos réactions modèlent nos pensées** ! Cette théorie est soutenue par Laporte ; elle avait déjà été esquissée par Bergson. Considérons le concept de boisson. Si j'ai très soif et qu'on me présente un verre de vin rouge, un verre de bière ou un bol d'eau fraîche, devant ces trois liquides différents, j'aurai le même geste, la même attitude : je porterai le récipient à mes lèvres ; l'origine du concept de boisson est donc biologique ; c'est ma soif qui me fait découvrir ce qu'il y a de commun dans ces trois liquides. Tous trois sont des «boissons» car ils apaisent ma soif. L'abstraction est en germe dans toute perception, puisque la perception est au service de l'action, que toute perception tend à abstraire de l'univers des choses l'aspect sous lequel elles sont utiles à l'être vivant. La nature est riche, complexe, diverse à l'infini, mais nos tendances sont en nombre limité. Le geste de boire est toujours le même tandis que la civilisation met à notre disposition les boissons les plus variées. Ce sont nos tendances, nos gestes et nos sentiments qui dégagent des **ressemblances** entre les choses, chacun de nos besoins étant susceptible d'être satisfait par toute une classe d'objets. Bergson disait déjà que ce sont nos tendances qui abstraient «le nécessaire de la perception à partir du superflu». Il affirmait que «l'herbe en général attire l'herbivore». En effet, que l'herbe soit ombragée ou ensoleillée, humide ou sèche, c'est toujours de l'herbe, c'est-à-dire quelque chose à brouter. Le concept abstrait d'«herbe» serait donc en germe dans le comportement de l'herbivore.

L'interprétation psychanalytique

Par ailleurs, l'étude sommaire de la psychanalyse nous enseigne qu'il existe des abstractions spontanées au niveau de l'affectivité. C'est ainsi que le timide, souffrant d'un complexe paternel, répète sans fin ses réactions d'infériorité devant les «substituts» de l'image paternelle, les professeurs, les officiers, les chefs qui exercent tour à tour leur autorité sur lui. Les complexes acquis dans l'enfance imposent à ce névrosé des **patterns of behaviour**, des schèmes tout faits de comportements sans cesse reproduits. D'une façon plus générale, nos habitudes qui nous munissent de types de réaction très généraux sont au même titre que nos tendances **la source de généralisations involontaires et inconscientes**. Tendances et habitudes découpent la confuse complexité des situations en thèmes distincts et abstraits susceptibles d'être retrouvés.

Abstraction vécue, abstraction pensée

Cependant, une telle psychogenèse de l'idée générale ne saurait nous suffire. Accordons que l'abstraction ait son origine lointaine dans les tendances, les sentiments et les habitudes. Il n'en reste pas moins que **l'abstraction vécue, agie, ne saurait être confondue avec l'abstraction pensée**, sans quoi, note très justement Bergson, «sous prétexte que l'acide chlorhydrique agit toujours de la même manière sur le carbonate de chaux, que celui-ci soit marbre ou craie, on pourrait dire que l'acide chlorhydrique est capable d'abstraction». Et nous ne pouvons pas nous contenter de compléter la théorie biologique de l'abstraction par une théorie sociologique. Certes, les exigences de la vie collective ne cessent de solliciter notre pouvoir d'abstraction : les idées générales sont communes à tous les membres du groupe et permettent l'action collective sur la nature (alors que les intuitions concrètes et singulières nous vouent à l'isolement et à l'impuissance). Il est incontestable que la vie sociale nous contraint de refouler l'individuel concret et nous aide à promouvoir en nos pensées l'universel abstrait. Mais si la société sollicite notre pouvoir de former des concepts, elle ne le crée pas de toutes pièces. **Il nous faut reconnaître l'existence d'une aptitude autonome à l'abstraction** et à la généralisation (distincte des tendances biologiques et sociales) et qui n'est rien d'autre que **la raison elle-même**.

3. Théorie rationaliste de l'abstraction

Une expérience de laboratoire

L'abstraction ne s'explique en définitive qu'à partir de la raison, aptitude proprement humaine à saisir des relations.

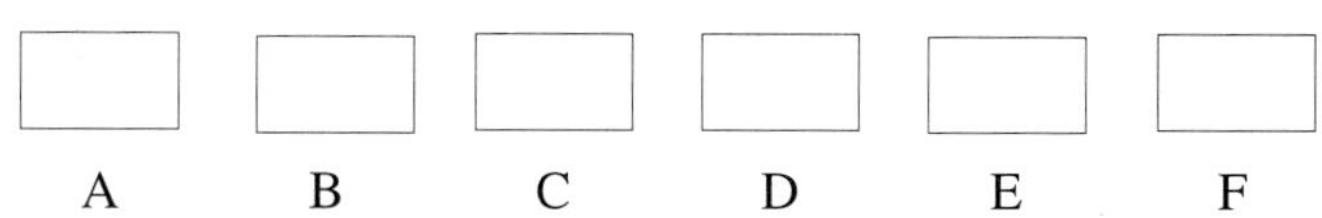

Considérons une suite de boîtes A, B, C, D, etc. Dans la boîte A, nous enfermons une friandise ; nous introduisons un chimpanzé dans la salle d'expérience ; nous ferons ensuite la même expérience avec un enfant de trois ans (c'est-à-dire déjà largement initié au langage).

Par «essais et erreurs», l'enfant et le singe trouveront facilement la friandise déposée dans la boîte A. L'expérimentateur met ensuite une friandise dans la boîte B. L'enfant et le singe iront chercher en A, découvriront par hasard que la friandise est en B. Dans une nouvelle expérience, la friandise sera déplacée en C et les deux sujets iront la chercher encore dans la boîte B où elle était précédemment. Dans les expériences suivantes la friandise sera en D, en E, en F, etc. On constate très vite que le comportement du chimpanzé et de l'enfant diffèrent radicalement. Le chimpanzé est dérouté. L'enfant a vite compris que la friandise est, à chaque expérience nouvelle, déplacée **dans la boîte suivante** et il va droit au but. Cette notion de «boîte suivante» est typiquement une relation abstraite intelligible. La «boîte suivante», ce n'est aucune des boîtes concrètes, c'est tour à tour chacune d'elles. La «boîte suivante», ce n'est pas un être, **c'est un rapport**. Seule l'intelligence peut le saisir.

Le morceau de cire cartésien

L'aptitude à former des concepts c'est l'aptitude même de la raison à chercher l'identique dans le divers. Ainsi Descartes nous montre dans sa *Deuxième Méditation* que la notion de cire est une notion intelligible, non un objet sensible. Ce morceau de cire «qui vient d'être tiré de la ruche [...] est dur, froid quand on le touche et si vous le frappez il rendra quelque son [...]. Mais voici qu'on l'approche du feu [...] sa couleur se change, sa figure se perd, sa grandeur augmente, il devient liquide[...]. La même cire demeure-t-elle après ce changement ? Il faut avouer qu'elle demeure». Mais ce qui demeure, «ce n'est rien de tout ce que j'y ai remarqué par l'entremise des sens [...]. Il faut donc que je tombe d'accord que je ne saurais même pas concevoir par l'imagination ce que c'est que cette cire et qu'**il n'y a que mon entendement seul qui le conçoive**». L'unité du morceau de cire est relative à «une inspection de l'esprit[1]».

De même, dans sa *Sixième Méditation,* Descartes nous rappelle que l'intelligence déborde largement le cadre des représentations concrètes et des images : «Si je veux penser à un chiliogone, je conçois bien à la vérité que c'est une figure composée de mille côtés mais je ne puis imaginer les mille côtés d'un chiliogone.» Tout au plus puis-je me représenter confusément un polygone qui a beaucoup de côtés, mais cette image imprécise «ne sert en aucune façon à découvrir les propriétés qui font la différence du chiliogone d'avec les autres polygones[2]».

Science et abstraction

Et remarquons que, tandis que l'abstrait biologique ou social est plus pauvre que le concret qu'il schématise, l'abstrait pensé, l'abstrait mathématique, est en quelque sorte **plus riche** que le concret qu'il rend intelligible «en le sous-tendant par un réseau continu de relations[3]». La science, disait Bachelard, «simplifie le réel et complique la raison». Les équations sont plus riches que les faits parce qu'elles nous permettent de comprendre les relations complexes d'une multitude de faits. De même, l'hypothèse abstraite enrichit le concret immédiat au lieu de l'appauvrir. Comme dit Brunschvicg, «l'univers de l'expérience immédiate ne contient pas plus que ce qui sera requis par la science mais moins».

La querelle des universaux

On pourrait se demander maintenant quelle est la signification métaphysique de l'abstraction. Au Moyen Age, à l'époque de la «querelle des universaux », on opposait au **réalisme** de Platon (les idées existent à part dans un monde intelligible) le **conceptualisme** d'Abélard (les concepts n'existent pas dans les choses, mais ils ont une existence propre dans notre esprit). La doctrine de Kant est un conceptualisme moderne.

2. Le jugement

Le jugement est plus qu'une liaison de concepts

Les philosophes **empiristes** ont voulu réduire le jugement à une association passive entre des idées. Juger que la neige est blanche, c'est associer le **sujet** neige au **prédicat** blanche. La **copule** (*est*) n'exprime qu'une liaison opérée en moi par l'habitude (neige et blancheur ont toujours été associées

1. Descartes, *Œuvres et Lettres*, p. 279-281, Gallimard, coll. La Pléiade.

2. *Ibid.*, p. 318-319.

3. Léon Brunschvicg, *les Ages de l'intelligence*. Brunschvicg dénonce le quiproquo fondamental qui inspire la querelle du concret et de l'abstrait. L'abstrait n'est pas plus pauvre que le concret et il faut dénoncer la répulsion des contemporains, amants ivres de chair, à l'égard d'un rationalisme «qu'ils traitent volontiers d'exsangue».

dans mon **expérience** passée). A ce compte, le tremblement du chien qui aperçoit le fouet de son maître serait un jugement ! Assurément nos réactions et nos attitudes s'expliquent souvent par des associations, par des réflexes conditionnés. «Nous sommes empiriques, disait Leibniz, dans les trois quarts de nos actions.» Mais, précisément, le jugement est tout autre chose. Juger, c'est maîtriser le flux des associations mentales spontanées et involontaires. Le jugement est un acte de l'esprit, «une décision mentale par laquelle nous arrêtons de façon réfléchie le contenu d'une croyance et nous le posons à titre de vérité» (Lalande). Ainsi, lorsque je dis : «ce professeur est indulgent» ou bien : «cette robe est noire», je porte des jugements. Et gardons-nous de penser que le jugement soit asservi aux catégories de la grammaire (sujet, verbe, attribut), et nécessairement prisonnier d'une forme de langage. «Oui !», «non !», «splendide !» sont des jugements, au même titre que «le ciel est bleu». Le jugement n'est point liaison de concepts préalables. **Le jugement est un acte** et c'est au contraire le concept qui s'explique à partir du jugement (tout concept résume et cristallise les divers jugements qui précisent sa compréhension et son extension).

Mais nous devons ici envisager le problème du jugement du point de vue psychologique. Le jugement se présente comme une affirmation, il suppose la **croyance**, c'est-à-dire l'assentiment de l'esprit à la proposition énoncée. Quel est le fondement de la croyance ?

1. Théorie intellectualiste

L'évidence comme fondement de notre assentiment

Pour Spinoza, **la croyance est déterminée par la clarté intrinsèque de l'idée**. C'est l'évidence propre à une idée qui explique que nous donnions notre assentiment à cette idée. De même, le doute résulte seulement de la contradiction et de la confusion des idées. Dès qu'une idée vraie occupe mon esprit, je ne peux pas m'empêcher de croire, c'est l'idée elle-même qui s'affirme vraie en moi, qui s'impose à ma croyance, car une idée n'est pas une «peinture muette», mais s'affirme elle-même. L'ordre psychologique de la croyance serait le reflet de la nature de l'idée : ou bien l'idée est obscure, confuse et je demeure incertain, ou bien l'idée est claire, vraie et je suis certain. L'ordre psychologique de la certitude ne fait qu'un avec l'ordre logique de l'évidence, qui se confond lui-même avec l'ordre de l'être, l'ordre ontologique.

Ce point de vue paraît d'emblée se heurter à une critique décisive : l'erreur existe. On peut affirmer quelque chose de faux tout en étant certain que c'est vrai. J'éprouve un sentiment de certitude et cependant ce que je pense est faux. L'ordre de la croyance n'est pas toujours parallèle à l'ordre de la vérité et le problème de savoir pourquoi l'on croit ou bien pourquoi l'on ne croit pas à quelque chose n'est pas seulement un problème de logique.

Spinoza répond que l'erreur n'est rien de positif. C'est seulement une connaissance incomplète, mutilée, confuse, une absence d'idées évidentes, un simple défaut de savoir : «Si fortement qu'on voudra supposer qu'un homme adhère au faux, nous ne dirons jamais qu'il est certain car, par certitude, nous entendons quelque chose de positif.» Mais précisément une croyance fausse est «positive» elle aussi puisque nous l'affirmons comme si elle était vraie ! L'erreur n'est pas seulement ignorance, **elle est aussi illusion**. Je ne me contente pas, quand je me trompe, d'ignorer le vrai, mais j'accorde au faux mon assentiment. Le principe de l'affirmation serait donc indépendant de la clarté intrinsèque de l'idée. Où réside-t-il ?

2. Théorie volontariste

Comment peut-on croire ce qu'on veut ?

Selon Descartes, le principe de l'assentiment réside dans la volonté. C'est autre chose, nous dit-il, «de voir un homme qui court et d'assurer qu'on le voit». L'entendement propose ses représentations, ses idées ; mais **c'est la volonté qui dispose, qui affirme ou qui nie**. Ainsi Descartes explique-t-il l'erreur : l'erreur est une affirmation «précipitée», trop rapide, de la volonté qui décide d'accorder son assentiment à quelque idée alors que celle-ci n'est ni claire, ni distincte.

A première vue, cette thèse paraît contestable ; je n'ai pas l'impression de pouvoir croire ce que je veux, de disposer librement de mon assentiment. Se contraindre à croire par un coup de force de la volonté, n'est-ce pas avouer qu'en réalité on doute ? On a pu dire en ce sens que «toute volonté de croire est une raison de douter». Et de même puis-je refuser par un acte volontaire de croire à l'évidence ?

On voit ce qu'on regarde. On regarde ce qu'on veut.

Descartes répond que la volonté ne détermine la croyance qu'indirectement par l'intermédiaire de l'**attention**. C'est ainsi que Descartes pouvait écrire au Père Mesland qu'«il nous est toujours libre de nous empêcher d'admettre une vérité évidente». Il suffit pour cela que nous détournions notre attention de l'évidence. Les preuves les meilleures restent «mortes», dit Alain, pour qui refuse de les prendre en considération, de les rendre vivantes par le travail de sa réflexion attentive. En somme, s'il est vrai qu'on ne croit que ce qu'on voit, il faut ajouter qu'on ne voit que ce qu'on regarde et qu'on regarde ce qu'on veut.

Cette «volonté» qui dispose de notre attention et, par là, de notre jugement, n'est pas nécessairement une option gratuite, un pur libre-arbitre. Le vouloir prend racine dans l'être de chair et de sang, dans nos tendances, dans notre personnalité concrète. On ne s'étonnera pas dès lors que nos croyances les plus chères ne soient pas toujours les plus faciles à démontrer, les plus «évidentes». Beaucoup d'hommes ont donné leur vie pour des croyances religieuses, politiques, philosophiques qui ne sont pas démontrables à la manière d'un théorème ! Aucun homme n'est mort pour un théorème, pour une loi physique susceptible d'être prouvée (Galilée abjure, il est l'homme qui refuse de mourir pour l'astronomie !). Le martyr éprouve au contraire que sa croyance est intimement liée à son «engagement» personnel, qu'elle est inséparable de son «témoignage». L'idéal moral, disait Frédéric Rauh, ne prend vie pour une conscience que «dans l'action et au contact de ceux qui agissent». Croire en un idéal, c'est le vivre jusqu'au bout. Ainsi peut-on dire que le fondement de la philosophie platonicienne (il existe un monde de pures Idées au-delà des apparences trompeuses de l'expérience vulgaire), c'est la vie de Socrate. Socrate, par son désintéressement, par son courage, par son mépris des contingences matérielles, prouve à ses disciples et se prouve à lui-même que ce monde terrestre ne compte pas. Comme le dit un contemporain, «c'est à travers une façon de vivre qu'on opte pour une manière de penser» (Joly).

Même les lois mathématiques résultent d'un choix

Existe-t-il d'ailleurs un seul domaine d'évidences purement intellectuelles indépendantes de toute décision, de toute action ? Les volontaristes répondent : non. Même les sciences les plus abstraites, les mathématiques, reposent sur le choix d'un système de conventions et d'axiomes. Croire que la somme des angles d'un triangle vaut deux droits, c'est adopter l'axiomatique euclidienne. Et cette adoption repose sur **une pure décision de mon libre vouloir**.

3. Solution proposée

Pourtant, ni l'intellectualisme, ni le volontarisme ne nous paraissent offrir une solution pleinement satisfaisante au problème de la croyance. L'intellectualisme ignore les conditions psychologiques (humaines, trop humaines) de nos croyances. Le volontarisme, du moins en ses formes les plus radicales, commet l'erreur inverse. Expliquer toutes nos croyances à partir de l'action de l'«engagement», c'est risquer de céder à l'illusion du psychologisme, c'est s'enlever tout moyen de distinguer les croyances vraies et les croyances fausses.

Vérité et preuves

Assurément, il est des certitudes morales qui trouvent un fondement valable dans l'action, dans une expérience où tout l'être s'engage. Accordons à Rauh que l'idéal moral ne se **prouve** pas mais s'**éprouve** dans «la rue, la vie, la bataille au jour le jour». De même, il convient de distinguer entre «croire en» et «croire que» ; «croire en», par exemple croire en la fidélité d'un ami, exige un acte de foi puisque le comportement d'une personne émane pour une part de la liberté et que les relations entre personnes ne se situent pas sur le même plan que la connaissance des choses. Mon acte de foi pourra même contribuer à sauvegarder la fidélité de mon ami (si je lui fais confiance il ne voudra pas me décevoir). Cela dit, il reste que la plupart de nos croyances sont des croyances fausses si elles ne trouvent leur **origine** que dans nos tendances, nos passions et n'ont pas de **fondement** dans des preuves rationnelles. Il y a une grande différence entre croire qu'il fera beau demain parce que nous avons envie de nous promener et que nous cherchons à nous persuader que le temps nous sera favorable, et croire qu'il fera beau parce qu'après avoir consulté une carte météorologique qui nous donne les indications barométriques et hygrométriques de certaines stations, nous jugeons probable, sans désir ni intérêt, que la pluie va cesser. De même, les croyances religieuses ne peuvent se contenter d'avoir pour fondement notre engagement sincère, notre acte de foi. Une religion n'est pas nécessairement vraie parce qu'elle enrichit ma vie, me donne du courage et de l'espoir. **La foi ne se veut pas gratuite, elle réclame des preuves** *(fides quaerens intellectum)*. Une religion révélée se fonde sur des témoignages historiques et notre assentiment raisonnable exige l'examen impartial de ces témoignages. A plus forte raison, une vérité mathématique n'est relative ni à mes sentiments ni à quelque décision gratuite. Certes, la validité d'un théorème est suspendue à un système d'axiomes. Mais, à l'intérieur de ce système, c'est une déduction logiquement conduite qui fonde la vérité de ma démonstration. Et le système d'axiomes, lui-même soumis à de rigoureuses conditions de cohérence logique (indépendance, compatibilité, suffisance des divers axiomes), n'est tout de même pas choisi arbitrairement.

Psychologie de l'erreur et morale de la croyance

En somme, si l'on met à part les certitudes morales qui, nous l'avons reconnu, relèvent de l'action et de la volonté, le conflit entre intellectualisme et volontarisme nous paraît pouvoir être résolu de la façon suivante : les volontaristes nous donnent une **psychologie de l'erreur** souvent fine et pénétrante, tandis que les intellectualistes nous proposent une **morale de la croyance**, et nous disent à quelles conditions une connaissance est vraie. Certes, le cœur, les passions, les désirs jouent un grand rôle dans la psychologie de la croyance. Mais ils n'expliquent de nos croyances que ce qu'elles contiennent de faux. Il faut connaître cette mécanique subtile des tendances et des passions mais pour en purifier nos croyances – et non pour les asseoir sur un tel fondement. Car la vérité ne saurait se définir à partir de la personne vivante tout entière, instincts et passions compris. La recherche de la vérité suppose une ascèse, un effort pour me délivrer de l'imagination, des besoins et des passions, pour rompre avec cet ordre du corps que les romantiques nomment l'ordre du cœur. **La croyance vraie, c'est la croyance fondée en raison et qui par là échappe aux motivations purement psychologiques.** Bertrand Russell disait qu'on ne peut faire la psychologie que des idées fausses tandis que les idées vraies ne concernent que la logique. Il n'y a qu'une manière de penser vrai sur un problème et cette vérité vient non pas de nous mais de la structure de l'objet. En revanche, il y a mille façons de se tromper (Aristote disait que l'erreur est plurivoque) dont chacune est caractéristique de notre psychologie. Nous sommes tout entiers dans nos erreurs alors que la vérité est impersonnelle et objective.

Rationalisme et volonté selon Descartes

Mais il y a volontarisme et volontarisme, et nous devons accorder une place tout à fait particulière au volontarisme cartésien. Descartes ne met pas la vérité sous la dépendance des passions, des intérêts, ou de «l'engagement». Certes, selon lui, c'est la volonté qui affirme. Sa décision est présente dans la croyance vraie comme dans la croyance fausse. Mais, tandis que dans l'erreur, la volonté a été séduite par les puissances extra-rationnelles de la «précipitation» ou de la «prévention», lorsqu'il s'agit au contraire d'une croyance vraie, la volonté a su se soustraire aux déterminations passionnelles, pour se laisser éclairer par les lumières de la raison ; Descartes est le premier à proclamer qu'**une grande clarté dans l'entendement détermine une grande inclination dans la volonté**. En ce sens, la volonté peut devenir le principe d'une excellente hygiène de la croyance, d'une féconde pédagogie du jugement. La volonté doit précisément diriger le cours de nos pensées pour refuser son adhésion à toute proposition qui ne serait pas fondée en raison. Tel est le principe du doute méthodique, de la suspension provisoire du jugement.

Nécessité d'un examen méthodique de nos croyances

Les adversaires du rationalisme contestent volontiers qu'un homme puisse à son gré «rejeter toutes les opinions qui étaient entrées jusque-là en sa créance» pour les «ajuster au niveau de la raison». Descartes est le premier à reconnaître les difficultés de cette héroïque entreprise. Il savait bien qu'avant d'être adultes nous avons été enfants, soumis aux sollicitations de nos «appétits» et aux «leçons de nos précepteurs ». La psychologie contemporaine nous permet d'ailleurs de mieux comprendre pourquoi les premières croyances qui furent infligées à l'enfant demeureront si longtemps et parfois toute sa vie rebelles à la critique. L'enfant croit ses parents parce qu'il aime ses parents et aussi parce qu'il désire en être aimé (c'est le mécanisme du transfert). D'où le déchirement de l'adolescent s'il lui arrive de douter de telles opinions de ses parents sur des sujets religieux ou politiques, par exemple. Ce doute lui inspire parfois un tel sentiment de culpabilité qu'il continuera peut-être à affirmer les anciennes croyances avec d'autant plus d'énergie et de passion qu'elles lui paraîtront plus fragiles.

Tel est le secret empoisonné du fanatisme qui s'explique par une sorte de compensation à cette obscure connaissance prise par le sujet de l'insuffisance et des difficultés de la cause qu'il défend. C'est ainsi que, dans une discussion politique, celui qui sent la supériorité des arguments de l'autre adopte une attitude violente et se laisse aller à insulter l'adversaire. «**Le fanatisme est une surcompensation du doute**», dit Jung. Il est si difficile de naître à l'esprit après être né une première fois à la coutume ! Il est si difficile de dire «non» par la puissance de l'esprit à ce dont le cœur a vécu ! Jean Guitton, dans son très beau livre *Portrait de Monsieur Pouget*, rapporte que le Père Pouget lui dit un jour : «Il y a des moments, maintenant que j'approche de ma fin, où j'ai des questions qui tendraient à l'incrédulité. Ces tentations je les chasse.» C'est ce que Monsieur Pouget nommait la volonté de «dominer sa critique». Mais cette attitude est ambiguë. Devons-nous considérer comme «des tentations» mauvaises les arguments qui nous viennent à l'esprit contre une thèse que nous avons d'abord choisie ? Notre devoir n'est-il pas précisément de les **examiner impartialement,** de leur faire droit provisoirement pour apprécier leur valeur ? Certes, il se peut que de tels arguments soient des pseudo-arguments, la «rationalisation» maligne d'une tentation passionnelle. Mais comment en juger si je n'examine pas ? Contre les pièges où l'esprit critique peut se laisser prendre, il n'est d'autre remède qu'un supplément d'esprit critique. Une raison purifiée de toute passion n'a peut-être jamais existé. Devons-nous renoncer pourtant à en faire notre idéal ?

L'esprit plus haut que les idées

Cette hygiène de la croyance est assez rarement pratiquée. C'est précisément qu'elle exige de nous **un effort**. Beaucoup, refusant cet effort, se condamnent eux-mêmes aux croyances fausses. «La pensée, pour faire des économies, s'habille en confection»: on se fie sans trop réfléchir à son parti politique, à son journal, aux usages de son milieu. On sait bien qu'il y a plusieurs partis et d'autres journaux et d'autres milieux. Mais la vie ne laisse guère le temps de penser à ces choses. Ce qu'on veut avant tout, c'est le «confort intellectuel», la sécurité de conscience, la tranquillité intérieure. Tel est l'esprit de certitude qui devient parfois l'ennemi de l'esprit de vérité. L'esprit de vérité consiste à **préférer la vérité à soi-même**, à ne pas s'endormir dans ses idées anciennes, dans les pseudo-évidences construites par la passion et l'habitude, à **garder du recul à l'égard de ses propres pensées**, ses chères, trop chères pensées. «Nous songerons, dit admirablement Lagneau, que les idées n'ont la vie que si l'esprit la leur conserve, en les jugeant toujours, c'est-à-dire en se tenant plus haut.»

RENVOIS THÉMATIQUES AU VOLUME 1

- Réalité ou idéalité du temps et de l'espace, chap. 5, p. 88.
- Le langage humain est conventionnel, chap. 6, p. 113.
- Le langage et la pensée, chap. 6, p. 124.
- L'idée de loi, chap. 8, p. 179.
- Nature de la vérité, vérité et réalité, chap. 11, p. 250.
- Descartes et la liberté de l'attention, chap. 16, p. 361.
- Le problème de la foi, chap. 17, p. 397.

LES IDÉES ESSENTIELLES

Penser, c'est juger, c'est donner son assentiment à la proposition qu'on énonce.

Quel est le fondement de nos jugements ? L'*intellectualisme* affirme que c'est l'évidence intrinsèque de l'idée. Selon Spinoza, une idée obscure et confuse me laisse dans le doute, tandis que l'idée claire et distincte s'impose à mon assentiment. L'ordre psychologique de la certitude ne fait qu'un avec l'ordre logique de la vérité, qui lui-même reflète l'ordre ontologique, l'ordre des choses telles qu'elles sont en soi.

Pourtant, l'expérience quotidienne montre le contraire. Mes certitudes n'ont souvent rien à voir avec des vérités évidentes ou démontrées. La clef de tous mes jugements ne serait pas l'intelligence, mais la volonté.

Cette théorie *volontariste* semble, il est vrai, paradoxale. Comment peut-on soutenir que je crois ce que je veux ? En réalité, je ne crois que ce que je vois (par les yeux de chair ou par les lumières de l'intellect). Seulement, il faut ajouter que je ne vois que ce que je regarde et finalement que je regarde ce que je veux. La volonté ne détermine le jugement qu'indirectement, par l'intermédiaire de l'attention.

En réalité, les deux théories (volontariste et intellectualiste) sont vraies sur deux plans différents. Le volontarisme nous offre surtout une fine psychologie de l'erreur : les croyances dictées par mes désirs sont en général des croyances fausses. L'intellectualisme nous propose une morale de la croyance ; il nous dit non pas ce que nos jugements sont en fait mais ce qu'ils devraient être en droit ; il nous dit à quelles conditions de clarté, de rationalité, une croyance peut être vraie.

Toutefois, la volonté joue un rôle légitime dans une certaine catégorie de croyances. Accordons à Frédéric Rauh que les «certitudes morales» ne se prouvent pas, mais s'éprouvent «dans la rue, la vie, la bataille au jour le jour.» Il faut bien distinguer entre *croire que* (croire que cette opinion d'un journaliste est vraie ou fausse) – ce qui relève de l'information impartiale et de la juridiction de la raison – et, d'autre part, *croire en*. «Croire en» (par exemple croire en la fidélité d'un ami) exige un acte de foi, puisque le comportement d'une personne émane pour une part de la liberté et que les relations entre personnes ne se situent pas sur le même plan que la connaissance des choses. Mon acte de foi pourra même contribuer à provoquer la fidélité de mon ami. (Si je lui fais confiance, il ne voudra pas me décevoir.)

LECTURES

■ ***Textes philosophiques :***

R. DESCARTES, *Méditations métaphysiques.* (Lire la *IVe Méditation* qui contient la théorie cartésienne du jugement : «L'entendement propose, la volonté dispose».)
E. KANT, *la Raison pure*, textes choisis, P.U.F.
PLATON, *Ménon*, Garnier-Flammarion.
B. SPINOZA, *Éthique*, II, prop. 48, 49 et scolies, Garnier-Flammarion.

■ ***Textes de la fin du XIXe siècle :***

H. BERGSON, *Matière et mémoire*, chap. III, P.U.F.
J. LAGNEAU, *Célèbres Leçons*, P.U.F. (Chapitres «Évidence et certitude» et «Le jugement».)

■ ***Parmi les ouvrages du XXe siècle, on consultera :***

L. BRUNSCHVICG, *les Ages de l'intelligence*, P.U.F.
M. HEIDEGGER, *Qu'appelle-t-on penser ?* P.U.F.
J. LACROIX, *Marxisme, existentialisme, personnalisme,* P.U.F. (Lire les chap. III et IV : «Signification du doute cartésien» et «La croyance».)
G. MARCEL, *le Mystère de l'être*, Aubier. T.2 : Foi et réalité, 5e leçon, «Opinion et foi».
J. STOETZEL, *Théorie des opinions*, P.U.F.

TEXTE À COMMENTER

Nous devons être en garde contre une certaine confusion véhiculée par le langage courant : le verbe croire est employé journellement de la façon la plus indistincte, la plus flottante. Il peut vouloir dire tout simplement : je présume ou : il me semble. Dans ce registre, croire apparaît comme simplement beaucoup plus faible, beaucoup plus incertain que être convaincu. Mais si nous voulons arriver dans ce domaine à des pensées plus distinctes, nous devrons concentrer notre attention non pas sur le fait de *croire que* mais sur celui de *croire en.* Ici c'est l'idée de crédit qui peut nous guider. Ouvrir un crédit à... voilà me semble-t-il l'opération vraiment constitutive de la croyance en tant que telle. Mais, bien entendu, nous ne devons pas ici nous hypnotiser sur l'aspect matériel que présente cette opération dans le monde des affaires ou de l'argent ; une banque qui consent un crédit à un particulier met à sa disposition une certaine somme avec l'espoir que cette somme lui sera restituée dans un délai déterminé et avec un certain bénéfice. Il est d'ailleurs bien convenu entre la banque et le particulier que, si cette restitution n'a pas lieu dans les conditions prévues, la banque sera en droit de prendre certaines mesures envers ce débiteur défaillant.

Mais dès le moment où c'est à proprement parler de croyance qu'il est question, nous sommes tenus de délester, si je puis dire, l'ouverture de crédit de cette charge matérielle. Si je *crois en,* cela veut dire que je me mets moi-même à la disposihon ou encore que je prends un engagement fondamental qui porte non pas seulement sur ce que j'ai mais sur ce que je suis. Dans le langage philosophique actuel, on pourrait exprimer ceci en disant que la croyance est affectée d'un indice existentiel qui, en principe, fait totalement défaut dans la conviction. Même si ma conviction portait sur la nature, sur la valeur, sur les mérites d'une certaine personne, on ne peut certainement pas dire qu'en tant que conviction elle impliquerait de ma part quoi que ce soit qui ressemble à un engagement vis-à-vis de cette personne. Tout se passerait au fond comme si je restais en quelque sorte enfermé en moi-même, et comme si, de la résidence qui était la mienne, sans en sortir, je prononçais un certain jugement qui ne m'engagerait à rien. On pourrait dire encore que croire de ce point de vue, c'est essentiellement suivre, mais à condition de ne pas prendre ce mot dans une acception passive. L'image du ralliement vient ici compléter très utilement celle du crédit. Si je crois en, je me rallie à, avec l'espèce de rassemblement intérieur que cet acte comporte. On pourrait dire de ce point de vue que la croyance la plus forte, ou plus exactement la plus vivante, est celle qui engage le plus complètement toutes les puissances de notre être.

(Gabriel MARCEL, *le Mystère de l'être,* Aubier.)

SUJETS PROPOSÉS AU BACCALAURÉAT

■ Une idée peut-elle être neuve ? (Antilles-Guyane, A, juin 1988.)

■ Peut-on accéder à la réalité sans passer par l'abstraction ? (Poitiers, B, juin 1986.)

■ La pensée abstraite détourne-t-elle de la réalité ? (Espagne, B, juin 1986.)

■ Qu'est-ce que juger ? (Paris, Créteil, Versailles, A, juin 1983.)

■ Que signifie et que vaut l'expression : «juger en connaissance de cause» ? (Aix-Marseille, A, septembre 1982.)

■ Vous dégagerez l'intérêt philosophique du texte suivant, en procédant à son étude ordonnée :
«L'universalité d'un même nom donné à plusieurs choses est cause que les hommes ont cru que ces choses étaient universelles elles-mêmes, et ont soutenu sérieusement qu'outre *Pierre, Jean* et le reste des hommes existants qui ont été ou qui seront dans le monde il devait encore y avoir quelque autre chose que nous appelons *l'homme en général* ; ils se sont trompés en prenant la dénomination générale ou universelle pour la chose qu'elle signifie. En effet lorsque quelqu'un demande à un peintre de lui faire la peinture d'un homme ou de l'homme en général, il ne lui demande que de choisir tel homme dont il voudra tracer la figure, et celui-ci sera forcé de copier un des hommes qui ont été, qui sont ou seront, dont aucun n'est l'homme en général. Mais lorsque quelqu'un demande à ce peintre de lui peindre le Roi ou toute autre personne particulière, il borne le peintre à représenter uniquement la personne dont il a fait le choix. Il est donc évident qu'il n'y a rien d'universel que les noms, qui pour cette raison sont appelés indéfinis, parce que nous ne les limitons point nous-mêmes, et que nous laissons à celui qui nous entend la liberté de les appliquer, au lieu qu'un nom particulier est restreint à une seule chose parmi le grand nombre de celles qu'il signifie, comme il arrive lorsque nous disons «cet homme» en le montrant ou en le désignant sous le nom qui lui est propre.

HOBBES
Paris, Créteil, Versailles, A, juin 1987.

«Comme la bruyère naît lande, l'homme naît société», disait le naturaliste Louis Agassiz. L'idée d'humanité rassemble des hommes de toutes sortes, de toutes religions, de toutes ethnies, de tous âges, qui n'ont comme dénominateur commun que cette «condition humaine» dont André Malraux a su si bien parler. L'idée abstraite et générale d'*homme* repose donc sur des millions d'individus, dont aucun n'est semblable à l'autre : c'est à la fois la somme de tous les hommes, et l'essence même d'un être unique. Cette foule pourrait passer à première vue pour une collection hétérogène d'êtres divers. Mais ces hommes si différents les uns des autres ne sont-ils pas *unis* dans la contemplation d'un même spectacle ? Ainsi dans la fête, dans le concert ou dans la manifestation publique se dégage, plutôt qu'une collection d'éléments, une entité autonome et vraie qu'il convient d'appréhender comme telle. Il en va de même pour l'idée d'*humanité*, même si jamais on ne pourra en rassembler tous les représentants dans le champ du viseur d'un appareil photographique !

■ Photographie de Raymond Depardon.

CHAPITRE 11

La formation des concepts scientifiques
Science et technique

1. L'attitude scientifique n'est pas naturelle à l'homme : elle est une conquête de l'histoire

1. La loi des trois états de Comte

L'âge théologique, l'âge métaphysique, l'âge scientifique

D'après Auguste Comte, la connaissance scientifique représente la maturité de l'esprit humain, maturité difficilement acquise au terme d'une longue histoire. Les hommes adoptèrent d'abord des explications **théologiques** du monde (la tempête expliquée par un caprice du dieu des vents, Éole). Plus tard, ils remplacèrent les dieux par des forces abstraites et on eut l'explication **métaphysique** (la tempête expliquée par la «vertu dynamique» de l'air). Enfin, l'explication moderne, **positive** ou **scientifique**, renonce à imaginer le pourquoi ultime des choses et se contente de décrire **comment** les faits se passent. Il s'agit de rattacher objectivement les phénomènes les uns aux autres, de découvrir les liaisons auxquelles ils sont réellement assujettis (par exemple le vent est un déplacement d'air des hautes vers les basses pressions de l'atmosphère). Nous aurons à nous demander plus tard si l'idée qu'Auguste Comte se faisait de l'explication positive n'est pas étroite. Mais sa théorie des trois états, peut-être trop systématique, a le mérite d'attirer notre attention sur un fait incontestable et de grande portée : **l'attitude scientifique n'est pas spontanée chez l'homme ; elle est un produit tardif de l'histoire**.

Les explications primitives que l'homme donne des phénomènes naturels qui l'entourent – explications qui viennent spontanément aujourd'hui à l'esprit des enfants – apparaissent toujours **anthropomorphiques** : les premières explications humaines consistent à prêter des sentiments humains aux phénomènes naturels. **L'homme projette spontanément et inconsciemment sa propre psychologie sur la nature.** Éole est comme nous, capable de se mettre en colère. La nature a «horreur du vide», comme Madame la baronne a horreur du thé. L'explication dite «théologique» ou «métaphysique» est ici une explication **naïvement psychologique**.

2. La psychanalyse de la connaissance

La connaissance spontanée est la projection de nos désirs sur l'objet

Pour parvenir à l'esprit scientifique, il est donc indispensable d'éliminer de la connaissance les projections psychologiques spontanées et inconscientes, d'opérer, comme dit Bachelard, une «psychanalyse de la connaissance».

Cette «psychanalyse» est bien difficile, peut-être jamais achevée. Elle est en tout cas l'œuvre des siècles et nous ne devons jamais oublier que la science est une aventure récente. Il y a des hommes sur terre depuis plusieurs centaines de milliers d'années et la physique scientifique date du XVIIe siècle, la chimie du XVIIIe, la biologie du siècle dernier.

En effet, **la connaissance spontanée du réel est antiscientifique**. C'est une connaissance «non psychanalysée», non épurée de nos rêves et de nos passions. Ce qui caractérise avant tout la connaissance non scientifique, c'est la confusion de l'objectif et du subjectif. Voyez ce radiesthésiste qui prétend découvrir un objet perdu en promenant son pendule sur une carte de géographie représentant le terrain à explorer. Le pendule est censé osciller au-dessus de l'endroit précis de la carte qui représente le lieu où se trouve l'objet recherché. Mais il n'y a aucun rapport physique réel entre la matière du terrain et le dessin au crayon qui sur le papier la représente. C'est pour la conscience humaine que le dessin signifie le terrain et le radiesthésiste accorde naïvement à son pendule l'art de lire une carte.

Le langage est d'ailleurs le véhicule spontané de l'anthropomorphisme et des illusions subjectives. Nous «animons» les phénomènes matériels en disant que l'eau dort, que le soleil se couche, que le ciel est bleu comme si le ciel n'était qu'un sujet grammatical ayant le bleu pour attribut.

La connaissance scientifique est difficile à construire

«Il ne faut pas voir la réalité telle que je suis», dit Paul Eluard, et ce poète s'exprime alors comme le savant ! Mais, précisément, je vois spontanément le monde comme je suis, et il faut tout un travail pour **le voir comme il est** ; ce travail est le travail de la science. Le savant considère «l'élimination de l'anthropomorphisme» (Planck), des projections subjectives comme la condition même et comme la mesure de la réussite de l'activité scientifique. L'idéal est de parvenir à poser des relations objectives qui ne soient plus le reflet de mes dispositions subjectives. Pour la science, par exemple, le ciel cesse d'être un sujet grammatical, une substance dont le bleu serait l'attribut : le bleu du ciel n'est que l'effet de l'inégale diffusion des rayons du spectre solaire.

Ce qui complique la tâche de l'activité scientifique et de l'éducation scientifique, c'est que je ne projette pas seulement sur le monde mes sentiments personnels mais encore toutes les dispositions que je tiens de la tradition sociale. «L'esprit naïf n'est pas jeune, dit Bachelard, il est même très vieux.» **Nous projetons spontanément sur le monde tout ce qu'on nous a enseigné.** C'est ainsi que les gens du Moyen Age voyaient des diables cornus à tous les détours des chemins. Aujourd'hui, nous projetons sur le ciel une culture pseudo-scientifique mal assimilée, baignée de toute l'angoisse des temps modernes : nous voyons des «soucoupes volantes»!

L'objectivité n'est jamais immédiate

Comment parvenir à l'objectivité scientifique ? Si nous n'avons aucune vraie culture scientifique, nous serons tentés de répondre : il suffit d'éliminer ce qui vient de nos passions, de la tradition de l'imagination. Il faut revenir à une perception originelle des choses, laisser parler les faits tels qu'ils sont. Mais cette réponse, nous allons le voir, est ambiguë. Car c'est précisément la perception spontanée, originelle qui est chargée de subjectivité, tandis que la réalité scientifique, objective, doit être péniblement construite à partir d'un travail fort complexe. Ce qui est immédiatement perçu est subjectif ; ce qui est objectif est au contraire «médiat », construit par détours et artifices.

3. De la perception à la science

La perception spontanée...

La perception spontanée nous révèle un monde :
– **qualificatif** (l'univers nous est donné comme un enchevêtrement complexe de sons, de couleurs, d'odeurs qui constituent ce qu'on nomme les «qualités sensibles») ;
– **divers et hétérogène** (c'est un fouillis d'événements complexes) ;
– **constitué par des «êtres» distincts et autonomes** : trompés par le langage aussi bien que par les sens, nous imaginons que le monde est composé de «substances» caractérisées par des «attributs». Le marbre est froid, la laine est chaude, le plomb est lourd. La physique et la chimie primitives ne font que discourir sur ces données immédiates (les alchimistes par exemple voulaient ôter au plomb sa «plombéité» pour communiquer à la «matière première résiduelle» une forme nouvelle et plus «précieuse», celle de l'auréité). De même la doctrine des quatre éléments n'est que la systématisation de la perception naïve. N'importe qui distingue immédiatement l'eau, la terre, l'air, le feu. Nous sommes tentés de tenir pour essentiel ce qui s'impose directement à la perception.

... fait obstacle à la connaissance scientifique

Mais ce n'est pas ce chemin-là qui conduit à la science. On peut regarder la flamme pendant des heures sans rien comprendre à la combustion. Voltaire écrivait au comte de Tessan en 1763 : «Vous persistez dans le goût de la physique [...]. Pour moi j'y ai renoncé et en voici la raison : un jour en soufflant mon feu, je me mis à songer pourquoi du bois faisait de la flamme [...] personne ne me l'a pu dire.» Bachelard nous l'a bien montré : le spectacle de la flamme aux formes bizarres, aux couleurs éclatantes, à la morsure cruelle sollicite nos rêveries, réveille et nourrit nos désirs inconscients, mais n'est pas source de science : **la science exige que les apparences soient dépassées**. «Il n'y a de science que de ce qui est caché.» Une fois découvert le secret de la combustion, nous pourrons donner l'exemple d'un feu «sans flammes», d'une «oxydation discrète», la respiration.

Ce qui est immédiatement valorisé par l'observation naïve est généralement accessoire. La perception immédiate et vulgaire, loin d'être la clef de la science, comme le croient les empiristes, a fait longtemps échec aux progrès de la science. L'observation empirique n'est pas la source de la science mais c'est un obstacle à la connaissance scientifique. C'est ce que Bachelard appelle un «**obstacle épistémologique**».

La connaissance scientifique rompt avec la perception immédiate

Par opposition à la perception immédiate, la connaissance scientifique :
– **transforme les qualités en quantités** (l'avènement de la science, c'est l'avènement de la mesure ; à la place du «vécu» sonore et coloré, la science découvre des vibrations dont on peut mesurer longueur d'ondes, fréquence) ;
– **elle substitue l'unification rationnelle à la diversité empirique**[1]. Pour

1. Gaston Bachelard écrit : «Tous les corps tombent, même ceux qui ne tombent pas ! La feuille morte qui descend en une capricieuse spirale vers le sol **tombe verticalement**. Si les souffles de l'air d'automne troublent apparemment la verticalité de la chute, ils sont comptés pour **accidents** par la pensée rationnelle qui a découvert la loi profonde de la chute droite **malgré** les apparences de la chute oblique. La rationalité de la loi de chute, pourvue d'une algèbre simple, est inscrite dans le mouvement de tous les corps à la surface de la terre.» (*le Rationalisme appliqué*, p. 38, P.U.F.)

la chimie, les corps infiniment divers se ramènent à une centaine de corps simples, susceptibles de se combiner de diverses manières. Les corps sont composés d'atomes, l'atome lui-même a été analysé : les électrons, les photons, les neutrons, les nucléons apparaissent aujourd'hui comme les constituants ultimes de la matière. Mais l'unité à laquelle parvient ici le physicien n'a rien à voir avec la simplification du monde qu'on trouvait dans la théorie des quatre éléments. Dans la doctrine des quatre éléments, on était dupe d'une simplicité fausse, d'une intuition immédiate non critiquée. C'était une pseudo-simplicité qui venait seulement de ce qu'on n'avait pas fait d'analyse. Au contraire, la «simplicité» de l'électron n'est pas une simplicité initiale, elle est de l'ordre du résultat, elle est une limite à l'analyse qui est un produit de l'analyse elle-même. L'électron n'est pas d'ailleurs à proprement parler un «élément simple». S'il est, comme le voit la science moderne, un «corpuscule associé à une onde continue», il apparaît lui-même comme un ensemble, comme un «tissu de relations» ;

– **elle reconnaît des rapports là où l'observation immédiate voyait des êtres.** Pas plus que le bleu du ciel n'est attribut d'une substance, la chaleur de la laine ou le froid du marbre ne sont les qualités d'un être. Ces données immédiates dissimulent ici la réalité de **relations** entre mon corps et les objets (le marbre n'est pas froid «en lui-même» mais très conductible). Toutes les propriétés apparentes des choses se ramènent en réalité à des relations avec d'autres choses. C'est ainsi que le poids dépend du champ de gravitation, la couleur d'un objet de la lumière qu'il réfléchit.

4. La construction du fait scientifique

Qu'est-ce qu'un fait scientifique ?

La réalité scientifique n'est donc pas la réalité spontanément et passivement observée. **C'est une réalité construite.** Le fait n'a de signification scientifique que lorsqu'il est transposé de façon à pouvoir nous livrer des caractéristiques **objectives, mesurables**. La construction scientifique du fait consiste généralement à imaginer une série d'artifices techniques pour transposer l'observation dans le champ visuel et spatial. Par exemple, la sensation musculaire de poids, subjective et imprécise, est remplacée par l'appréciation visuelle de la position de l'aiguille de la balance. La «force» est mesurée par l'allongement communiqué à un ressort. La science de l'électricité ne s'est développée que grâce à des techniques qui emploient l'électricité à produire des effets mesurables dans l'espace (déplacement de l'aiguille de l'ampèremètre, du galvanomètre, produits de l'électrolyse mesurés au moyen de la balance). La température devient un fait scientifique lorsqu'elle n'est plus sentie sur la peau mais **lue sur le thermomètre**.

Même à partir d'un exemple aussi simple, on peut apprécier toute la distance qui sépare le «vécu» immédiat du «connu» scientifique : l'impression «vécue» de température dépend des récepteurs thermiques à la surface de notre corps. Mais ces récepteurs font partie d'un organisme qui est lui-même une source de chaleur. L'impression de température dépend non seulement du milieu avec lequel notre corps est en contact mais aussi de notre corps lui-même. Elle est soumise aux variations de la circulation sanguine. Le pouvoir d'adaptation de l'organisme interdit d'ailleurs toute appréciation objective. Si je viens d'une salle surchauffée, la salle de classe me paraîtra fraîche alors que je la trouve chaude si je viens de la cour où souffle un vent glacé. Ces impressions de «fraîcheur», de «tiédeur», de «chaleur» sont subjectives et relatives. Il faut ajouter qu'elles sont imprécises. Des écarts de température qui sont équivalents sur l'échelle thermométrique ne le sont pas pour notre sens thermique. Autour de 20° nous sommes sensibles à une différence d'un demi-degré. Mais notre sensibilité est beaucoup moins différenciée pour des températures plus basses ou plus élevées.

Les instruments scientifiques

L'usage d'un instrument encore aussi élémentaire qu'un banal thermomètre centigrade nous introduit déjà dans un monde «scientifique». Ici, la relation complexe entre mes récepteurs thermiques, mon organisme et le milieu – d'où résultait l'impression vécue de température – est remplacée par une mesure fondée sur des relations beaucoup plus simples entre un objet et le milieu : apprécier une température, c'est mesurer la dilatation d'une colonne de mercure sur une échelle graduée. L'observation scientifique suppose donc des instruments, elle requiert une manipulation. L'instrument suppose lui-même une théorie (par exemple, le thermomètre suppose la théorie de la dilatation). Comme le dit Bachelard : «Un instrument, c'est une théorie matérialisée.»

Le fait scientifique ne prend tout son sens, toute sa valeur qu'en fonction des théories dont la science dispose au moment où le fait est observé. Par exemple, en 1856, «la mise au jour de la partie supérieure d'un étrange crâne près de Dusseldorf, dans la vallée dite Neanderthal, est loin d'avoir passionné les esprits. Virchov la considérait comme une «anomalie de conformation relevant de l'idiotisme» et si «quarante ans plus tard une calotte crânienne de même type, celle de Trinil, suscite des discussions autrement fructueuses[1]», c'est qu'entre-temps la publication de l'ouvrage de Darwin, *De l'origine des espèces* (1869) a posé le problème des origines de l'homme, a sensibilisé les esprits à l'hypothèse transformiste.

Un monde construit et reconstruit

Au monde perçu, la science substitue un monde construit. Et cette construction est à la fois conceptuelle et technique. Elle va des techniques opératoires les plus abstraites du mathématicien jusqu'aux manipulations matérielles de l'expérimentateur. **Plus la science progresse et plus le fait scientifique s'éloigne du fait brut**, c'est-à-dire du fait tel qu'il est donné à la perception vulgaire. C'est ainsi par exemple que les images fournies par les télescopes sont enregistrées par des caméras. Le faible grain de lumière qu'elles recueillent est livré aux techniques sans cesse plus complexes de la spectrographie. Un œil profane ne comprendrait rien au spectre produit par la décomposition de la lumière issue des corps sidéraux. Mais des agrandissements et des traitements appropriés font apparaître dans ces taches floues jusqu'à cent mille lignes et bandes qui disent aux savants la composition chimique des étoiles, leur température, la nature du milieu qui les sépare du système solaire et jusqu'à la vitesse et au sens de leurs déplacements. La mesure scientifique des distances n'a pu conquérir le «double infini» de l'extrême grandeur et de l'extrême petitesse qu'au prix de perfectionnements techniques et de progrès théoriques incessants. Les modestes travaux des arpenteurs sont la base de la géodésie. La connaissance des dimensions terrestres permet d'apprécier la distance de la terre aux planètes par la méthode des parallaxes (on nomme parallaxe l'angle formé par deux droites menées du centre d'un astre au centre de la terre et aux pieds de l'observateur). Déjà ces mesures exigent l'introduction des calculs trigonométriques. La détermination de la distance des étoiles lointaines fait intervenir à son tour des connaissances photométriques complexes. Comme l'écrit Dominique

1. P.M. Grand, *Découverte de la préhistoire*, Club Français du Livre.

Dubarle, il y a sans cesse «plus de calculs associés aux actes opératoires de base, supposant l'intervention toujours plus importante d'un arrière-fond théorique».

Théorie et instrument

On en dirait autant des mesures portant sur des dimensions minuscules : ce fait qu'est la largeur de telle frange d'interférence donnée n'est accessible qu'à partir de tout un capital de savoir et de technique. **L'univers de la science élargit prodigieusement l'univers de la perception.** Le diamètre d'un atome est de quelque dix millioniémes de millimètres tandis que notre galaxie a un diamètre de cent mille années-lumière (l'année-lumière étant la distance que parcourt la lumière en une année à la vitesse de trois cent mille kilomètres par seconde). Le monde scientifique, le monde objectif est ainsi un monde transposé et **reconstruit à travers tout un réseau de manipulations techniques et d'opérations intellectuelles**. C'est presque comme si le fait était fabriqué par le savant. Édouard Le Roy déclarait en ce sens (ce qui est excessif mais suggestif) : «Les faits sont faits.» Léon Brunschvicg disait dans le même sens : «L'histoire de l'Égypte, c'est l'histoire de l'égyptologie.» Sans doute y a-t-il une réalité donnée, les constructions scientifiques ne sont pas des inventions arbitraires. Et, en définitive, il faut bien que le savant lise un résultat sur un instrument, ce qui, quoique indirectement, rattache la connaissance scientifique à **l'expérience sensible**. C'est l'organe des sens qui voit l'instrument, même si c'est l'esprit qui interprète cette donnée sensible.

La «désubjectivisation» de la connaissance

D'autre part, les constructions théoriques des savants sont objectives puisqu'elles se vérifient les unes par les autres et prêtent à des applications pratiques. Mais, précisément, cette objectivité, conquise contre les illusions subjectives propres aux données sensorielles brutes, n'est atteinte que par une médiation, par un détour théorique et technique dont la complexité s'accroît sans cesse. La conquête de l'objectivité physique exige d'abord l'exclusion de la subjectivité sensible (l'impression thermique est remplacée par la lecture du thermomètre). Par la suite, la subjectivité sensible (**point de départ** de la connaissance empirique, **obstacle** à la connaissance scientifique) devient **l'objet** d'une analyse scientifique. C'est ainsi que la subjectivité de mon sens thermique est elle-même connue, précisée, expliquée par la physiologie. Le cycle de la désubjectivisation de la connaissance est alors accompli.

Si le fait n'est pas «fait», n'est pas créé de toutes pièces, du moins est-il «refait», comme dit Maurice Pradines. Le fait est toujours un résultat, obtenu dans des conditions déterminées, précises, elles-mêmes instaurées à partir d'un capital de savoir et de technique. L'activité scientifique suppose en tout cas, dans la mesure où elle est construction et non contemplation, à la fois des **théories** et des **instruments.** C'est assez dire les relations étroites qui unissent la science et la technique.

5. Exemple d'un concept scientifique : la pesanteur

Force, masse, pesanteur

Nous prendrons un exemple classique, celui du concept de **pesanteur** et de notions connexes, celles de force (un poids n'est qu'un exemple particulier de force, la force étant toute cause capable de produire ou de modifier le mouvement d'un corps) et de masse ou quantité de matière (dans la physique classique, celle construite par Newton, en 1687, le rapport des masses de deux corps est égal au rapport de leur poids, rapport constant, indépendant du lieu). Ces concepts sont devenus des **concepts scientifiques** à partir de Newton. Ils ont certes subi depuis (notamment avec Einstein) des transformations importantes. Mais nous allons nous intéresser avant tout au passage de la connaissance immédiate, préscientifique, à la connaissance scientifique et nous allons voir qu'un concept scientifique se forme, non pas dans le prolongement de la connaissance immédiate mais par une **rupture** avec celle-ci. **Le concept scientifique opère une mutation radicale par rapport au concept empirique, préscientifique.**

Aristote : une représentation préscientifique de la pesanteur

Aristote distingue deux sortes de corps, les corps lourds (les graves) et les corps légers. Les corps légers (la fumée) vont spontanément vers le haut alors que les graves (une pierre) se meuvent d'eux-mêmes vers le bas. Le haut et le bas représentent respectivement le «**lieu naturel**» des corps légers et des graves. La connaissance non scientifique apparaît donc asservie à nos sens, à ce que nous voyons spontanément (car nous voyons que la fumée s'élève et que la pierre tombe). Nous sommes tentés de tenir pour essentiel ce qui s'impose directement à la perception.

Des tendances anthropomorphiques

Mais ce n'est pas tout. Dans la conception préscientifique d'Aristote, les corps matériels sont involontairement assimilés à des hommes qui s'efforcent de retrouver leur «chez soi» (lieu naturel), à des animaux qui **désirent** regagner leur gîte. L'accélération de la pesanteur s'explique par le fait que la pierre «désire le bas» et presse son mouvement comme les chevaux qui, dit-on, vont plus vite lorsqu'ils «sentent l'écurie». En langage «psychanalytique», on pourrait dire qu'Aristote projette dans sa théorie un «complexe du **home**», autrement dit qu'il prête aux corps matériels un goût particulier pour leur domicile d'élection. Nous trouvons ici, comme le dit Bachelard, un nouvel **obstacle épistémologique** : les explications primitives que l'homme donne des phénomènes naturels qui l'entourent – les explications qui viennent spontanément aujourd'hui à l'esprit des enfants – apparaissent toujours **anthropomorphiques** : les premières explications humaines consistent à prêter des sentiments humains aux phénomènes naturels. Pour parvenir à l'esprit scientifique il est donc indispensable d'éliminer de la connaissance les projections psychologiques spontanées et inconscientes.

Représentation non scientifique de la force et de la masse

On pourrait également montrer que les premières idées de **force** et de **masse** sont purement anthropomorphiques. La force est représentée à partir de **l'expérience de l'effort musculaire** ; le repos est ainsi considéré comme «état naturel» tandis qu'un mouvement uniforme semble requérir une force pour être constamment entretenu. Ne voit-on pas qu'une charrette ralentit son mouvement et s'arrête lorsque le cheval qui la tirait s'est détaché de ses liens ? Cette expérience spontanée a été longtemps un gros obstacle épistémologique à la découverte de la loi scientifique d'inertie (selon laquelle la matière conserve son état de repos ou de mouvement tant qu'elle ne subit pas l'action d'une force extérieure). Kepler pensait encore, dans ses premiers travaux (1596), que le mouvement régulier des planètes requiert l'effort de l'*angélus rector*, de l'ange guideur. De même la notion de **masse** garde longtemps des traces de son **origine psychologique** (effort pour déplacer de lourds objets). On ne parle de masse (dans le langage non scientifique) que pour de lourdes masses. «N'est charge que ce qui surcharge. Le concept s'emploie davantage pour le gros que pour le petit» (Bachelard). Les élèves débutants, en classe de physique, sourient quand on leur parle d'une masse de deux milligrammes ! Pour eux, note encore Bachelard «la masse est toujours une massue».

«Penser, c'est peser»

Les concepts de force ou de masse ne deviennent des concepts scientifiques que lorsque les qualités vécues sont remplacées par des **quantités mesurables**. Un concept scientifique se définit (même au niveau le plus simple) à partir d'un instrument de mesure. La force de la pesanteur s'exprime par l'allongement du ressort élastique auquel on a accroché un poids. Il suffit de **mesurer** cet allongement. Si je dispose d'un ressort, ou d'une balance, je puis **exprimer quantitativement** le concept de poids. Cette utilisation de l'instrument est une **condition nécessaire** de la formation d'un concept scientifique : «Penser, c'est peser» dit Lord Kelvin. L'usage de l'instrument n'est pas cependant une **condition suffisante** pour l'accession à la «scientificité». L'instrument (ceci est vrai surtout pour les outils élémentaires) a été inventé et utilisé bien avant que la théorie de l'instrument soit élaborée : on s'est servi de la balance romaine bien avant d'avoir une conception scientifique de la pesanteur et que soit formulée la théorie du levier.

Un réseau de concepts

Le concept scientifique n'est pas un élément isolé, il appartient à une théorie, à un **réseau de notions**. Si vous prenez un manuel de physique, vous voyez que le concept newtonien de pesanteur se présente comme un corps de notions, comme un **système de notions interdépendantes** et pas du tout comme un élément isolé qui renverrait à une expérience immédiate et directe. Le **poids** d'un corps, à un endroit donné, est le produit de la **masse** par un vecteur d'attraction g : $P = mg$. La masse est donc le quotient de la force de pesanteur par le vecteur g. Expliquons brièvement ces concepts. Le poids est une grandeur **vectorielle**, il a un **sens** (vers le bas, selon l'attraction terrestre) et une direction (les corps tombent verticalement). Le poids varie non seulement selon l'altitude mais selon la latitude. Grâce à un dynamomètre sensible on peut observer que le même corps pèse un peu plus lourd aux pôles qu'à l'équateur. Si le poids du corps dépend du lieu où il se trouve, en revanche le rapport des poids de deux corps déterminés reste le même quel que soit l'endroit où on le mesure. Par exemple, un cylindre d'acier dont le volume est double d'un autre cylindre fait du même acier pèse toujours (quel que soit l'endroit où l'on pratique la mesure) le double du poids de ce deuxième cylindre.

Le poids est donc fonction d'un élément invariable (dans la physique newtonienne) pour chaque corps déterminé, qui est la **quantité de matière** ou **masse** (la masse est une grandeur **scalaire** qui ne dépend que du corps lui-même) et d'un élément variable selon le lieu qui est l'intensité de l'attraction terrestre, le **vecteur** g. L'unité internationale de masse est le kilogramme (un kilogramme étalon, en platine, est déposé au Bureau international des poids et mesures), l'unité internationale de poids est le **newton** (à Paris une masse de 1 kilogramme a un poids de 1 kilogramme poids, ou de 9,81 newtons). Le poids (produit de m par g) variable selon le lieu, ne doit pas, on le voit, être confondu avec la masse invariable (considérée comme une constante dans la physique classique).

La masse en physique relativiste

Le concept de masse s'est beaucoup compliqué dans la physique contemporaine. Dans la théorie d'Einstein, la masse d'un corps n'est plus une constante. **Elle augmente avec la vitesse.** Bien entendu, aux vitesses moyennes, à l'échelle mesurable par les instruments classiques, la différence est négligeable. Les concepts de Newton restent donc valables en pratique à une certaine échelle de mesure. Mais qu'on songe par exemple aux accélérateurs de particules utilisés en physique atomique pour lancer des électrons à une vitesse proche de celle de la lumière ! A ce stade, les concepts de Newton ne sont plus suffisants. Les concepts scientifiques, en perpétuelle évolution, ont, comme dit Bachelard, «l'âge des instruments de mesure».

2. Rapports de la science et de la technique

1. Distinction de principe

L'essence pragmatique de la technique

En principe, l'activité scientifique et l'activité technique peuvent être distinguées. Tandis que la science se présente comme la découverte progressive des relations objectives qui existent dans le réel, on peut entendre par technique, au sens large, un «ensemble de procédés bien définis destinés à produire certains résultats jugés utiles» (Lalande). La science, dans sa poursuite de l'objet réel, veut éliminer nos goûts subjectifs, nos préférences individuelles. La technique au contraire se met au service de nos besoins, de nos désirs, de toutes les aspirations subjectives dont la science précisément s'efforce de faire abstraction. La technique est «un effort **pour produire ce qui doit être**, ce qu'on souhaite qui soit[1]» – et qui n'est pas ; la science est un effort pour connaître, pour **expliquer ce qui est**.

2. Relations logiques entre la connaissance et l'action

La technique : un savoir appliqué

Cependant, si la technique veut transformer la nature, veut la soumettre aux exigences d'un **vouloir** humain, il semble que ce vouloir ne puisse s'incarner en un **pouvoir** que par l'intermédiaire d'un **savoir**.

La science nous révèle les lois de la nature, les relations des phénomènes, la technique utilise la connaissance de ces lois pour obtenir un résultat désiré. Le rapport théorique de **cause à effet** paraît logiquement transposable en un rapport technique de **moyen à fin**. La technique, c'est un savoir appliqué. «Une fois les faits établis et les lois formulées, l'homme cherche à en tirer parti pour satisfaire ses besoins, ses désirs, voire ses caprices et c'est alors que surgit ce que nous appelons la technique ou l'art : l'ingénieur utilisant la physique et la chimie construit des machines ; le médecin utilisant la physique, la chimie, la biologie, signe une ordonnance ; le législateur utilisant la sociologie promulgue un décret[2]». Le grand public confond très souvent science et technique ; car la science n'est connue de lui qu'à partir du moment où elle donne prise sur les choses, où elle entre dans la voie des applications pratiques. C'est ainsi que beaucoup de gens qui connaissent les noms de Pasteur et de Claude Bernard se figurent qu'ils étaient tous deux médecins. En réalité, Pasteur était un chimiste, Claude Bernard un physiologiste. Mais leurs travaux scientifiques ont abouti à des techniques médicales très fécondes.

1. Albert Bayet, *la Morale de la science,* p. 21, Éditions rationalistes.
2. *Ibid.*

3. Explication anthropomorphique et action magique

Signification des rites magiques

Nous avons vu que les formes primitives de l'explication étaient **anthropomorphiques** : les hommes se sont d'abord figuré les forces naturelles à leur image, ils les ont considérées comme des âmes (**animisme**), ont projeté sur elles les caractéristiques psychologiques humaines. On ne s'étonnera donc pas que les peuples primitifs aient cherché à agir sur la nature par des moyens **psychologiques**. Tels sont les procédés de la magie, «stratégie de l'animisme» **qui correspond sur le plan de l'action au stade anthropomorphique et animiste dans l'ordre de l'explication.** C'est ainsi que les primitifs tentent d'agir sur les vents, les pluies, les maladies à coup de formules magiques comme si les forces naturelles se laissaient, à l'exemple des hommes, conduire par des mots.

Les Grecs sacrifient Iphigénie pour faire cesser les vents contraires comme on offre un otage à un ennemi courroucé. La magie imitative a pour but d'encourager les énergies d'une nature défaillante : le sorcier, en période de sécheresse, verse quelques gouttes d'eau sacrée sur les champs pour déclencher une ondée. Nous allumons, magiciens inconscients, des bougies sur l'arbre de Noël pour réveiller le soleil endormi de décembre. On en dirait autant des rites d'envoûtement qui se fondent sur des analogies subjectives. Le sorcier prétend faire mourir une personne en perçant avec des aiguilles une petite poupée qui est censée la représenter. Parfois, on se contente d'un dessin : les murs de certaines cavernes préhistoriques sont couverts de dessins d'animaux percés de flèches pour que la chasse soit fructueuse et de dessins de femmes enceintes pour que la tribu ne se dépeuple pas.

Pendant des siècles se perpétuent des procédés bizarres qui ne doivent leur prestige qu'aux valeurs psychologiques qu'ils enveloppent. C'est ainsi que Théophile, vers l'an 1100, écrit qu'on se trouvera bien de «tremper le fer dans l'urine d'un bouc[1]». Il est clair qu'on «trempe» ici le fer comme on «trempe» un caractère, c'est-à-dire en le soumettant à une épreuve injurieuse.

4. Mais la technique positive devance la science positive

Antériorité de la technique sur la science

Le parallélisme entre le stade magique de l'action et le stade anthropomorphique de l'explication nous paraît frappant. Mais il ne faudrait pas croire que la «pratique» et la «théorie» demeurent systématiquement à des niveaux parallèles. En fait, on observe **la formation de techniques efficaces, positives, adaptées au monde réel, bien avant qu'une science positive et rationnelle soit constituée**. Si, logiquement, la technique paraît être l'application d'un savoir et atteindre le niveau d'efficacité qui correspond au niveau de rationalité de ce savoir, l'histoire des sciences et des techniques nous montre qu'en fait les choses se passent tout autrement. Les peuples primitifs ne possèdent aucune science digne de ce nom ; leurs théories sur la nature demeurent prisonnières des illusions anthropomorphiques. Et pourtant, ils possèdent des techniques très ingénieuses (qu'ils doublent d'ailleurs de procédés magiques). Les pirogues s'adaptent parfaitement au flot, l'arc et les flèches rendent au chasseur tous les services qu'il

1. Cité par Gaston Bachelard, *la Terre et les rêveries de la volonté*, José Corti.

peut en attendre. La théorie est ici très en retard sur la pratique. «Il semble, écrit Alain, que toutes les idées positives de ces temps-là soient enfermées dans les outils et que l'on n'ait point su les en tirer[1]».

Les nécessités de l'adaptation

Si la technique efficace précède la science positive **(loi du décalage de l'action et de la pensée),** c'est parce que les premières techniques ne sont qu'un prolongement de l'instinct, de l'adaptation biologique spontanée et inconsciente. L'outil prolonge naturellement l'organe (*organon* en grec signifie outil). Le bâton prolonge le bras, l'hameçon imite le doigt recourbé. André Leroi-Gourhan a très bien montré dans son beau livre *Milieu et techniques* que les tendances humaines qui s'incarnent dans les techniques prennent la suite des forces qui s'exercent dans l'adaptation biologique animale. **Le savoir-faire précède le savoir.** D'autre part, l'urgence de l'action exige que l'on applique des procédés empiriques découverts par hasard, bien avant qu'on ait pu expliquer scientifiquement les raisons de leur efficacité. C'est, disait Voltaire, «à un instinct mécanique que nous devons la plupart des arts et non à la saine philosophie». Et il ajoutait : «S'il avait fallu que la théorie précédât l'usage des leviers, combien de siècles se seraient écoulés avant qu'on eût pu déranger une grosse pierre de sa place !» De même, l'usage du plan incliné a précédé de plusieurs siècles la théorie. Dès les commencements de l'architecture, pour hisser des masses très lourdes à une certaine hauteur, on imagina de les pousser le long de terrains en pente et l'on ne manqua pas de s'apercevoir que l'opération était d'autant plus aisée que la pente était plus douce... Aujourd'hui encore, bien souvent notre puissance dépasse notre science. Les psychiatres améliorent l'état de certains malades mélancoliques par la technique des électrochocs mais personne ne sait exactement quelle est l'action de l'électrochoc sur le cerveau. L'action politique enfin est encore presque empirique : les hommes ne peuvent pas attendre, pour établir des techniques de gouvernement, qu'une sociologie réellement scientifique soit constituée !

5. La science se constitue pour répondre aux appels de la technique

La science répond à des problèmes d'ordre technique

Historiquement, la pratique précède la théorie, la technique précède la science. C'est la science qui prend la suite de la technique et, **à l'origine de toutes les sciences, on trouve des préoccupations pratiques**.

Les premiers mathématiciens furent les arpenteurs égyptiens, ces «géomètres», littéralement ces mesureurs de terre qui, après la décrue du Nil, devaient redistribuer les parcelles de terrain. De même l'arithmétique est issue du commerce, de la nécessité des échanges. Les «calculs» sont d'abord de petits cailloux avec lesquels les marchands comptaient leurs bœufs ou leurs moutons.

Chez les Grecs, c'est le jaugeage des tonneaux qui a amené la découverte des incommensurables.

De même, au XVIe siècle, c'est la fabrication d'horloges à roue, l'introduction de l'artillerie dans l'art militaire, les progrès dans la navigation qui imposent aux mathématiciens d'analyser les notions de temps, de vitesse, de limite.

1. Alain, *les Idées et les âges*, p. 112-113, N.R.F, Gallimard.

Recherche scientifique et industrie

Dans certains manuels, la machine à vapeur est citée comme exemple d'application des principes de la thermodynamique. En réalité, la machine à vapeur **précède** la thermodynamique scientifique. Carnot était un officier patriote (il appartenait à l'arme du génie) qui rêvait d'enlever à l'Angleterre la suprématie des mers qu'elle devait au bon fonctionnement de ses navires à vapeur. C'est ainsi que Carnot se mit à réfléchir aux moyens d'améliorer le rendement des machines à vapeur ; il élabora sa théorie sur le rapport de la chaleur et du travail et publia en 1824 ses *Réflexions sur la puissance motrice du feu* qui fondent la science thermodynamique moderne.

Suivant les circonstances économiques, politiques, le progrès scientifique peut être suscité ou entravé. Au XIXe siècle, par exemple, la recherche scientifique fut parfois découragée par les grands industriels de la métallurgie. La métallurgie était «trustée» par une bourgeoisie protectionniste et conservatrice qui redoutait fort les investissements coûteux que des techniques nouvelles pourraient entraîner. Ainsi, lorsque le savant Henry Le Chatelier créa sa *Revue de Métallurgie,* les maîtres de forge interdirent à leurs ingénieurs de lui prêter leur appui.

Il n'en fut pas de même dans le secteur biochimique. Là, point de grand trust encore. Distillateurs, vinaigriers, sériciculteurs demeuraient libres d'ouvrir les portes de leur entreprise à qui ils voulaient. Ces conditions favorables ont beaucoup servi l'incomparable carrière de Pasteur. Pasteur enseignait à la faculté de Lille lorsqu'il reçut la visite d'industriels qui éprouvaient des difficultés dans la fabrication de la bière. Tel est le point de départ de ses études sur le problème des fermentations.

6. Discontinuité entre technique et science

La science rompt avec la technique

Mais la science est tout autre chose qu'un simple prolongement de la technique préscientifique spontanée. La science est loin d'être seulement **l'explicitation de procédés d'abord implicites**. Sans doute la notion scientifique de **cause** est visiblement à l'origine une notion technique puisque, comme le remarque justement Maurice Pradines, «c'est la notion de **ce qui fait**». Mais la science est réellement en rupture avec la pratique instinctive spontanée. Elle prend du recul sur la technique primitive, analyse rationnellement ses procédés pour les réformer. Maurice Pradines écrit : «Ce n'est pas en construisant qu'on devient constructeur ; c'est plutôt en détruisant [...] de cette façon qu'on appelle analyse et qui consiste à réduire en leurs éléments les choses que la destruction brutale réduit en ruines ; il s'agit de détruire pour chercher dans ce procédé le secret et le ressort de la construction[1]».

L'esprit technicien subit une **mutation brusque** en devenant esprit scientifique[2]. En fait, ce sont toujours les échecs de la technique qui suscitent l'effort scientifique. Le technicien rencontre des **obstacles** qui s'opposent à son activité pratique (les fontainiers de Florence, par exemple, ne peuvent parvenir à faire monter l'eau dans les pompes vides au-delà de 10,33 m). Le savant réfléchit sur ces obstacles pratiques, il les constitue en **problèmes**

1. Maurice Pradines, *Traité de psychologie générale*, P. U. F.

2. Marx a insisté sur l'importance du passage de l'activité instinctive à la technique rationnelle : «La supériorité de l'architecte le plus maladroit sur l'abeille la plus experte réside en ceci que l'architecte porte d'abord la maison dans sa tête.»

théoriques. Galilée, Toricelli ne se demandent plus : «Comment parvenir à faire monter l'eau ?» mais bien «Pourquoi l'eau ne monte-t-elle pas au-delà de 10,33 m ?» Une activité spontanée qui rencontre le succès s'exerce presque inconsciemment. Ce sont toujours les échecs, les difficultés qui suscitent la prise de conscience, et en particulier la prise de conscience d'un problème scientifique.

Le savant veut comprendre, et non agir

Mais, bien vite, le savant en tant que savant se pose les problèmes pour eux-mêmes, il ne pense plus aux difficultés pratiques qui ont suscité ces problèmes. Le technicien voulait agir, **le savant cherche avant tout à comprendre**. La science n'est pas seulement la servante de la technique, elle répond aussi à un besoin de connaître, à une curiosité purement intellectuelle. Elle tend à se développer sur son propre plan qui est celui de la spéculation désintéressée. Comme le dit Alain, «la pensée se sépare des métiers et cherche en elle-même, dans ses propres débats intérieurs, le secret des choses».

La différence entre l'esprit technique et l'esprit scientifique est très bien mise en lumière par Alain lorsqu'il trace un parallèle entre ce technicien en herbe qu'est l'apprenti et ce savant en herbe qu'est l'écolier. A l'atelier, il n'est pas question de penser, de jouer avec les idées et les choses car l'outil blesse le maladroit. De même, un petit clerc ne doit pas faire de fautes sur le papier timbré ! L'apprenti apprend surtout à imiter les techniques éprouvées et il n'est pas question pour lui de chercher et d'inventer. A l'école, il en va tout autrement : «On efface l'ardoise après le problème» et «les fausses additions ne ruinent personne». L'erreur compte non par rapport au monde, par rapport au résultat matériel mais par rapport à soi-même. Elle est occasion de réflexion et par là de progrès. L'activité de l'écolier tient du jeu autant et plus que du travail et ce jeu en dehors de la vie c'est déjà **le jeu scientifique qui prend du recul sur l'action et le concret**.

7. La science désintéressée fait progresser les techniques

La science engendre de nouvelles techniques

La science désintéressée va, à son tour, recevoir des applications pratiques fécondes que parfois le savant lui-même est bien loin de soupçonner. Lorsque Hertz découvrit les ondes électromagnétiques, il ne se doutait pas que sa découverte aurait pour conséquence pratique les techniques de radiodiffusion.

Au moment où l'opinion publique mondiale commentait le naufrage du radeau de la Méduse, Cauchy présentait à l'Académie des sciences un mémoire sur les «imaginaires». Les journalistes évoquèrent sévèrement ces étranges calculs, ce «délire d'abstraction». On ferait bien mieux de mettre en place des techniques efficaces pour secourir les naufragés ! Nul ne devinait encore que des ingénieurs adapteraient le symbolisme des imaginaires aux phénomènes de courants alternatifs, que les calculs des mathématiciens feraient progresser les techniques électriques, ce qui – entre autres conséquences – améliorerait l'éclairement des phares !

En fait, l'esprit qui est passé par le détour fécond de la science est apte à aborder les problèmes pratiques **d'une façon rationnelle et beaucoup plus efficace**. La technique issue de la science sera bien différente des routines efficaces qui précèdent la science. Bachelard en donne un exemple très simple et saisissant. Jusqu'au XXe siècle, nous dit-il, les techniques de l'éclairage en usage dans l'humanité ont toujours reposé sur le même principe : il s'agissait pour éclairer de faire brûler une matière ! Au XXe siècle, c'est avec la lampe électrique à fil incandescent une véritable révolution : cette fois, pour éclairer, **on empêche de brûler.** La lampe ne contient en effet qu'un gaz inerte. Mais, pour que cet artifice technique soit possible, la connaissance scientifique du phénomène de la combustion est nécessaire.

La reine de la technique

A ce niveau **l'interdépendance féconde de la science et de la technique se révèle clairement**. Le technicien devient l'homme qui adapte la science à la pratique. Le technicien devient l'ingénieur. Le terme de technicien tend même, dans l'industrie, à prendre un sens particulier. Il désigne l'auxiliaire et le subordonné de l'ingénieur. Ainsi chacun trouve sa place dans «la belle chaîne scientifique qui transforme de l'inconnu en de l'utile. Le savant découvre, l'ingénieur adapte, le technicien effectue». La science est donc devenue la reine de la technique. Mais il ne faut pas méconnaître les services que la technique rend à son tour à la science.

8. Services rendus à la science par la technique

Le laboratoire dépend de l'industrie

En réalité, la science la plus pure ne se distingue de la technique que parce qu'elle ne poursuit pas de visée utilitaire. Mais l'activité scientifique peut être, en un sens plus étroit, dite technique en ce qu'elle est **opératoire**. Déjà la logique formelle est opératoire parce qu'elle construit une conséquence à partir d'un principe. Les mathématiques qui «triturent des formules», transforment des symboles les uns dans les autres, sont éminemment opératoires et d'ailleurs peuvent confier certaines de leurs opérations à des machines à calculer, qui sont des merveilles de construction technique.

Les sciences de la matière exigent évidemment le concours de toutes les techniques expérimentales. Une définition est ici une manipulation, elle est étroitement liée à un appareil. La vérification d'une hypothèse est une question technique ; il faut imaginer un dispositif matériel ingénieusement adapté. **Le laboratoire dépend de l'industrie qui fabrique ses appareils.**

L'exemple des satellites

Ces liaisons étroites entre science et technique sont aujourd'hui puissamment soulignées par le lancement des satellites artificiels. La haute atmosphère pouvait être déjà explorée grâce à des engins autopropulsés, mais les appareils enregistreurs dont ils étaient équipés ne pouvaient prendre leurs observations que pendant un temps fort court, et seulement à la verticale d'un point donné. La portée des observations scientifiques était ici limitée par l'impuissance technique. Les satellites artificiels capables de tourner autour de la Terre pendant plusieurs années permettent de triompher de ces difficultés. Munis d'appareils enregistreurs appropriés, ils autorisent les observations les plus variées et les plus fécondes. Citons entre autres possibilités : l'étude des masses nuageuses à la surface de la Terre, sur de très grandes distances, l'étude du rayonnement électromagnétique par des tubes photocompteurs, l'analyse des variations d'intensité du rayonnement cosmique.

Des instruments plus précis changent l'échelle de l'observation

L'évolution des techniques est même capable de bouleverser les concepts scientifiques établis. La précision croissante des instruments de mesure – nous permettant d'opérer par exemple dans le domaine de l'infiniment petit – **introduit un changement d'échelle dans l'observation.** C'est la porte ouverte à l'exploration de domaines nouveaux qui pourra susciter dans la pensée scientifique des crises très fructueuses. Ainsi, le dispositif expérimental de Michelson et Morley destiné à mettre en évidence le mouvement de la Terre par rapport à l'espace absolu, l'éther, est le point de départ de la révolution einsteinienne. Si l'éther, espace absolu de référence, est une réalité, un rayon lumineux émis dans le sens de rotation de la Terre aura une vitesse de 300 000 km/seconde + x (x étant la vitesse de la Terre sur son orbite), un rayon émis en sens inverse une vitesse de 300 000 – x. La technique de Michelson et Morley, qui consiste à recueillir dans un interféromètre deux rayons lumineux qui se sont propagés dans des sens différents, a pour but d'accuser cette petite différence (lisible dans le décalage des franges d'interférence). L'appareil de Michelson et Morley a reçu de tels perfectionnements techniques qu'il pourrait révéler une vitesse de déplacement de la Terre dix fois plus petite que celle qu'elle a en réalité. Or jamais l'appareil n'a accusé la moindre différence de vitesse entre les deux rayons. D'où la nécessité d'éliminer l'hypothèse de l'espace absolu de référence et de remanier toute la mécanique newtonienne classique. Mais c'est précisément parce que l'appareil de Michelson et Morley met en œuvre une technique suffisamment fine pour apprécier une très petite différence de vitesse entre les rayons que le résultat négatif de l'expérience pose un problème scientifique.

Technique et changement scientifique

Dans un autre domaine, celui de la microphysique, le bouleversement des concepts scientifiques est également lié à la mise en place de techniques d'une finesse extraordinaire. Qu'on songe par exemple à cet accélérateur, le bêtatron, utilisé en physique atomique pour lancer des électrons avec une grande énergie. Chaque électron parcourt, à une vitesse proche de celle de la lumière, des millions de tours le long d'une circonférence et peut être projeté et dirigé avec précision sur une cible. C'est la possibilité de mesurer de telles vitesses qui rend nécessaire la substitution de la dynamique d'Einstein à celle de Newton. Tandis que pour Newton la masse est une constante, dans le système einsteinien la masse croît avec la vitesse :

$$m = \frac{m_0}{\sqrt{1 - \frac{V^2}{C^2}}}$$

(C'est la vitesse de la lumière, m_0 la masse du corps au repos, m la masse du corps animé de la vitesse V).

Cette formule indique que m tend vers l'infini lorsque V tend vers C. Bien entendu, aux vitesses moyennes à l'échelle mesurable par les instruments classiques, la différence est négligeable. La sensibilité des appareils ne permet pas de distinguer m et m_0. Mais, lorsque des techniques plus fines conduisent l'expérimentateur à l'échelle des très grandes vitesses, les équations newtoniennes ne suffisent plus.

RENVOIS THÉMATIQUES AU VOLUME 1

- Technique et sagesse, chap. 1, p. 9.
- L'intelligence déductive et la durée concrète, chap. 5, p. 84.
- Les grandes théories scientifiques, chap. 8, p. 187.
- L'évolution du travail : technique et industrie, métiers, outils, machines, chap. 14, p. 315.

LES IDÉES ESSENTIELLES

Logiquement, la technique devrait être une application de la science. Si la technique veut transformer la nature, veut la soumettre aux exigences d'un vouloir humain, il semble que ce *vouloir* ne puisse s'incarner en un *pouvoir* que par l'intermédiaire d'un *savoir*.

En réalité, la technique, commandée par des situations urgentes, a largement devancé la science. On a pratiqué la médecine bien avant que la chimie et la biologie scientifiques ne soient nées. Ce sont plutôt les échecs de la technique et les questions qu'elle posait qui sont une des causes de la lente formation des concepts scientifiques.

Il faut comprendre avant tout que *l'activité scientifique est une conquête très récente de l'humanité*. La physique est née il y a trois siècles à peine. La chimie il y a deux siècles, la biologie il n'y a guère plus d'un siècle.

Pourquoi cet avènement si tardif ? Parce que la pensée scientifique n'est pas naturelle à l'homme. Elle est un produit tardif de l'histoire. Aristote distinguait deux sortes de corps : les corps légers (par exemple la fumée), qui vont spontanément vers le haut, et les corps lourds, les graves (par exemple une pierre), qui vont spontanément vers le bas. Aristote était ici trompé par la perception spontanée. Mais ce n'est pas tout. Dans la conception préscientifique d'Aristote, les corps matériels sont naïvement identifiés à des hommes qui s'efforcent de retrouver leur chez-soi (le haut est le «lieu naturel» des légers, le bas le «lieu naturel» des graves). L'accélération de la pesanteur était expliquée par le fait que la pierre «désire le bas» et presse son mouvement comme les chevaux qui, dit-on, vont plus vite lorsqu'ils «sentent l'écurie».

La conquête du concept moderne de pesanteur suppose l'abandon de ces «projections psychologiques», l'expérimentation de la chute des corps dans le vide, la formulation mathématique d'une loi (ne plus se demander *pourquoi* les corps tombent mais *comment* ils tombent).

Un concept scientifique n'est pas donné d'emblée dans les expériences premières, il est lentement construit. Ce n'est d'ailleurs jamais un élément isolé, mais il appartient à tout un réseau de notions. Le concept newtonien de pesanteur, si simple soit-il à nos yeux, est déjà un système de notions interdépendantes (le poids d'un corps à un endroit donné est le produit de la masse par un vecteur d'attraction).

La science n'est pas le reflet de l'expérience immédiate, mais une construction complexe et continue de la raison.

LECTURES

G. Bachelard, *Formation de l'esprit scientifique*, Vrin. (Un ouvrage fondamental et parfaitement accessible).
R. Blanché, *la Science actuelle et le rationalisme,* P.U.F.
G. Canguilhem, *la Formation du concept de réflexe*, Vrin.
A. Comte, *Œuvres choisies*. (Lire les deux premières leçons du *Cours de philosophie positive*).
A. Einstein et L. Infeld, *l'Évolution des idées en physique,* Payot.
W. Heisenberg, *la Nature dans la physique contemporaine,* Gallimard.
A. Koyré, *Du monde clos à l'univers infini,* Gallimard.
I. Prigogine et I. Stengers, *la Nouvelle Alliance*, Gallimard.
I. Stengers et J. Schlanger, *les Concepts scientifiques*, La Découverte.

TEXTES À COMMENTER

Deux textes sur le caractère révolutionnaire de la connaissance scientifique :

1. Montrons d'abord comment la technique qui a construit la lampe électrique à fil incandescent rompt vraiment avec toutes les techniques de l'éclairage en usage dans toute l'humanité jusqu'au XIXe siècle. Dans toutes les anciennes techniques, pour éclairer il faut *brûler* une matière. Dans la lampe d'Edison, l'art technique est d'empêcher qu'une matière ne brûle. L'ancienne technique est une technique de combustion, la nouvelle technique est une technique de non-combustion.

Mais pour jouer de cette dialectique, quelle connaissance spécifiquement *rationnelle* il faut avoir de la combustion ! L'empirisme de la combustion ne suffit plus qui se contentait d'une classification des substances combustibles, d'une valorisation des bons combustibles, d'une division entre substances susceptibles d'entretenir la combustion et substances «impropres»à cet entretien. Il faut avoir compris qu'une combustion est une combinaison, et non pas le développement d'une puissance substantielle, pour empêcher cette combustion. La chimie de l'oxygène a réformé de fond en comble la connaissance des combustions.

Dans une technique de non-combustion, Edison crée l'ampoule électrique, le verre de lampe *fermé,* la lampe sans tirage. L'ampoule n'est pas faite pour empêcher la lampe d'être agitée par les courants d'air. Elle est faite pour garder le vide autour du filament. La lampe électrique n'a absolument aucun caractère constitutif commun avec la lampe ordinaire. Le seul caractère qui permet de désigner les deux lampes par le même terme, c'est que toutes deux elles éclairent la chambre quand vient la nuit. Pour les rapprocher, pour les confondre, pour les désigner, on en fait l'objet d'un comportement de la vie commune. Mais cette unité de *but* n'est une unité de *pensée* que pour celui qui ne pense pas autre chose que le but.

(G. BACHELARD, *le Rationalisme appliqué,* p. 105-106, P. U. F.)

2. Les philosophes aiment à donner comme exemple de loi physique la loi universelle de la chute des corps : tous les corps tombent. Mais ils explicitent rarement la contradiction qui donne vie à la loi. Oui, tous les corps tombent, même ceux qui ne tombent pas. Le vol est une chute niée. La feuille morte qui descend en une capricieuse spirale vers le sol *tombe verticalement.* Si les souffles de l'air d'automne troublent apparemment la verticalité de la chute, ils sont comptés pour *accidents* par la pensée rationnelle qui a découvert la loi profonde de la chute droite *malgré* les apparences de chute oblique. La rationalité de la loi de chute, pourvue d'une algèbre simple, est inscrite dans le mouvement de tous les corps à la surface de la terre. Il faut convertir l'immense variété de la phénoménologie de la chute des corps en l'absolue universalité de la nouménologie du mouvement de la chute des graves. Et ainsi le verbe *tomber* passe du langage empirique au langage rationnel ; la chute, dès qu'on a réduit les aspects immédiats, les aspects phénoménaux, reçoit son noumène. Elle peut donner lieu à des problèmes rationnels, à des problèmes *mathématiques.*

Ainsi, la science n'est pas le pléonasme de l'expérience. Ses concepts ne sont nullement les concepts d'un empirisme par principe attaché aux objets séparés présentés par la perception. Nous aurons à revenir, pour les caractériser philosophiquement, sur les interconcepts qui forment la contexture d'une science particulière. Pour l'instant, il suffit de noter le travail d'extension des notions en dessous des apparences immédiates, par l'action d'une essentielle réflexion qui critique sans cesse les données premières. En somme, l'empirisme commence par l'enregistrement des faits évidents, la science dénonce cette évidence pour découvrir les lois cachées. *Il n'y a de science que de ce qui est caché.*

(G. BACHELARD, *le Rationalisme appliqué,* p. 38, P.U.F.)

SUJETS PROPOSÉS AU BACCALAURÉAT

■ N'y a-t-il de rationalité que scientifique ? (Paris, Créteil, Versailles, A, juin 1990.)

■ La connaissance scientifique progresse-t-elle par l'accumulation des faits ? (Lyon, B, juin 1990.)

■ Qu'est-ce que l'histoire des sciences peut apprendre aux philosophes ? (Lyon, C, D, E, juin 1990.)

■ En quel sens la connaissance scientifique peut-elle être un désenchantement du monde ? (Bordeaux, A, juin 1990.)

■ Les sciences progressent-elles vers la vérité ? (Bordeaux, C, D, E, juin 1990.)

■ N'y-a-t-il de rationalité que scientifique ? (Aix-Marseille, C, D, E, juin 1990.)

■ Y a-t-il des révolutions scientifiques ? (Polynésie française, C, D, E, juin 1989.)

■ Si l'erreur est humaine, comment la science est-elle possible ? (Besançon, C, D, E, juin 1989.)

■ La réussite technique est-elle le critère de la vérité scientifique ? (Amérique du Nord, C, D, E, juin 1989.)

■ Peut-on dire d'une théorie scientifique qu'elle est à la fois vraie et provisoire ? (Dakar, A, septembre 1988.)

■ Peut-on dire que la connaissance scientifique est la connaissance commune devenue plus rigoureuse ? (Rouen, C, D, E, juin 1986.)

■ Vous dégagerez l'intérêt philosophique du texte suivant, en procédant à son étude ordonnée :
«La science est la connaissance logiquement organisée. Or, l'organisation ou la systématisation logique se résume sous deux chefs principaux : 1° la division des matières et la classification des objets quelconques sur lesquels porte la connaissance scientifique ; 2° l'enchaînement logique des propositions, qui fait que le nombre des axiomes, des hypothèses fondamentales ou des données de l'expérience se trouve réduit autant que possible, et que l'on en tire tout ce qui peut être tiré par le raisonnement, sauf à contrôler le raisonnement par des expériences confirmatives. Il suit de là que la forme scientifique sera d'autant plus parfaite, que l'on sera en mesure d'établir des divisions plus nettes, des classifications mieux tranchées, et des degrés mieux marqués dans la succession des rapports. D'où il suit aussi qu'accroître nos connaissances et perfectionner la science ne sont pas la même chose : la science se perfectionnant par la conception d'une idée heureuse qui met dans un meilleur ordre les connaissances acquises, sans en accroître la masse ; tandis qu'une science, en s'enrichissant d'observations nouvelles et de faits nouveaux, incompatibles avec les principes d'ordre et de classification précédemment adoptés, pourra perdre quant à la perfection de la forme scientifique.»

COURNOT
Besançon, B, juin 1989.

Le monde concret de la connaissance immédiate est un monde pittoresque et désordonné : des couleurs, des tons, des formes mouvantes. A ce chaos, la science substitue un monde d'ordre.
Par exemple, Kepler montre que la trajectoire de la planète Mars est une ellipse.
Le philosophe Gaston Bachelard a insisté sur le caractère rationnel et construit des concepts scientifiques. Le monde qui, au premier regard, est incohérent, est en réalité lisible : il est écrit en langage mathématique, ce langage que Gaston Bachelard nomme «l'espéranto de la raison».

■ *L'ordre et le chaos*, lithographie de Maurits Escher (1950).

■ Le philosophe Gaston Bachelard.

III

LA PRATIQUE
ET
LES FINS

■ Montage provisoire, à Paris, de la statue de la liberté.

CHAPITRE 12

La volonté

L'acte volontaire

L'acte volontaire est avant tout un acte intentionnel, c'est-à-dire un acte précédé et déterminé par un projet conscient. Au sens strict des mots, on pourrait dire qu'**il n'y a d'acte que volontaire**. Lorsque «j'agis» par un mouvement réflexe, ou par habitude, **je n'agis pas vraiment mais je suis agi**. Un acte qui n'est pas déterminé par la représentation de ses conséquences n'est pas un acte volontaire, n'est pas réellement un acte.

Sartre écrit très justement que «le fumeur maladroit qui a fait par mégarde exploser une poudrière n'a pas agi. En revanche l'ouvrier chargé de dynamiter une carrière et qui a obéi aux ordres donnés a agi lorsqu'il a provoqué l'explosion prévue. **Il savait en effet ce qu'il faisait**, ou si l'on préfère, il réalisait intentionnellement un projet conscient».

On peut dire encore que l'acte volontaire porte la marque du moi. Je me reconnais en mes actes volontaires, je les assume, je m'en attribue la responsabilité.

Ces deux aspects de l'acte volontaire n'en font qu'un. C'est parce que l'acte est représenté d'avance, **pensé comme projet avant d'être accompli** qu'il est mien, qu'il est l'acte d'un sujet, d'une personne.

1. Théorie intellectualiste de la volonté

La délibération

Un schéma scolaire traditionnel distingue quatre moments dans l'acte volontaire, la **conception d'un projet, la délibération, la décision, l'exécution**. Pour les intellectualistes, la clef du vouloir est dans les deux premiers temps. On pourrait même dire qu'il suffit de concevoir pour agir. D'après Spinoza, «la volonté et l'intelligence sont une seule et même chose». La volition n'est rien d'autre que l'idée elle-même. Car l'idée, loin d'être «peinture muette sur un tableau», tend d'elle-même à s'affirmer, à se réaliser en acte. Pour illustrer sa thèse, Spinoza prend un exemple à vrai dire un peu singulier, mais qu'il déclare quelconque : lorsque je prends la décision volontaire d'affirmer la vérité d'un théorème, c'est l'évidence propre à ce théorème qui impose la décision. Ainsi, la «volition particulière» par laquelle «l'esprit affirme que les trois angles d'un triangle valent deux droits» n'est que «l'idée même du triangle qui enveloppe cette affirmation». Et Spinoza assure qu'il en est de même de «n'importe quelle volition[1]». C'est l'idée qui s'affirme et s'impose d'elle-même. On répondra qu'il nous arrive

1. Spinoza, *Éthique*, livre II, prop. 49.

souvent de douter, de rester indécis. Si nous doutons, rétorque Spinoza, c'est parce que nous sommes le jouet de plusieurs idées confuses dont aucune ne s'impose. Une idée claire ferait cesser ses «fluctuations de l'âme». Une idée claire serait une décision. Car le passage de l'idée à l'acte, de la conception à l'exécution, n'implique aucune faculté transcendante, extérieure à l'idée elle-même. La décision volontaire résulte de la seule puissance de l'idée, de l'«automatisme intellectuel».

Décision et exécution

Que penser de cette thèse ? Admettons à la rigueur qu'une décision mathématique relative à la vérité d'un théorème soit impliquée dans l'évidence intrinsèque de cette proposition[1]. Mais un acte volontaire qui engage ma vie, tel que le choix d'une carrière, est fort peu comparable avec l'affirmation d'une vérité mathématique. **Car affirmer n'est pas agir.** Je peux affirmer que tel parti politique a raison sans pour autant m'engager réellement dans ce parti. Je peux même décider d'entrer dans ce parti et finalement ne pas exécuter ma décision. Ce n'est pas au niveau de la conception que réside le secret de la volonté, mais bien au niveau de l'exécution. Henri Gouhier déclare : «Le principe de l'acte volontaire est au quatrième temps du schéma scolaire.» La décision ne se connaît elle-même comme décision qu'en s'exécutant, qu'en s'inscrivant dans le monde des choses et parmi les obstacles. Paul Valéry écrit : «Je vais déchirer cette lettre – mais le papier résiste – et dans le temps de la résistance je change d'avis, je la classe[2].» L'acte seul est la preuve de l'authenticité du projet parce qu'il en est l'épreuve.

L'intelligence peut paralyser la volonté

Les intellectualistes ont eu tort d'affirmer que la seule puissance d'une idée suffisait à entraîner l'acte. L'expérience montre qu'il ne suffit pas de penser pour agir. Vladimir Jankélévitch remarque justement que «la raison réfute sans vaincre ou convainc sans persuader ni convertir, semblable à ces prédicateurs éloquents qui font changer d'opinion et non de conduite ; les raisons de la raison sont des raisons non d'agir mais de s'abstenir ou d'attendre».

Dans certains troubles psychiques, les **aboulies**, le malade raisonne d'autant plus qu'il agit moins. Il pèse le pour et le contre, se laisse tenter par un projet, puis par un autre et en définitive ne peut plus rien faire du tout. Il ne serait pas tout à fait juste d'ailleurs de prendre le contre-pied de l'intellectualisme et d'affirmer comme une vérité générale qu'on exécute d'autant moins qu'on raisonne davantage. A vrai dire, ce n'est pas parce qu'il raisonne beaucoup que l'aboulique n'agit point. C'est parce qu'il est impuissant à agir qu'il se donne tous les motifs possibles et imaginables de ne rien faire. Il rationalise son impuissance. Mais son inaction ne doit rien aux raisons qu'il invoque, elle les devance et les suscite. La délibération interminable est l'alibi de l'inaction.

La volonté est irréductible à la raison

Il n'en reste pas moins que **la raison seule ne constitue pas la volonté**. La raison nous sert à comprendre des rapports, par exemple des rapports entre des fins et des moyens, mais elle ne donne pas elle-même les fins, les

1. L'exemple de Spinoza a d'ailleurs perdu sa valeur démonstrative. Car l'affirmation que la somme des angles du triangle vaut deux droits implique que nous avons adopté les postulats d'Euclide. Or l'adoption d'une «axiomatique» parmi toutes les autres possibles est une sorte de décision pure qui n'est guidée par aucune évidence préalable !

2. La formule caractéristique d'Henri Gouhier et le texte de Paul Valéry sont cités par Paul Foulquié, *la Volonté*, P. U. F., coll. Que sais-je ?

buts dont elle sera l'adroit serviteur. La raison, disait Pascal, «ne sait pas mettre le prix aux choses». La seule vue de volailles opulentes, jointe si vous voulez à tout le savoir d'un «cordon bleu», ne me donneront pas la volonté de manger si je suis rassasié. La vue du festin ne déclenche un «processus idéo-moteur» que si j'ai faim. La volonté suppose donc autre chose que l'idée, que la raison. Elle suppose des tendances. Une fois que j'ai un désir, la raison peut bien m'enseigner le moyen de le réaliser, mais la raison ne peut créer aucun désir. Si nous étions extrêmement intelligents mais dépourvus de tout désir, de tout besoin, nous ne ferions rien. Si nous sommes capables de volonté c'est parce que nous sommes des êtres de chair, parce que nous avons des besoins, des désirs.

2. Désir et volonté

Condillac réduisait la volonté au désir : l'hésitation exprime un conflit de tendances, reflète la multiplicité de nos désirs. La décision volontaire revèle au contraire la présence d'un désir exclusif dans notre champ de conscience. Le vouloir est un «désir absolu».

Le désir est magie, la volonté est action

Ce point de vue doit être précisé ; car le mot *désir* signifie, dans le langage courant, tout autre chose que le mot *volonté*. Le mot *désir* s'emploie communément pour désigner un simple souhait, même irréalisable. L'homme du désir, dit Alain, «ne sait qu'attendre la manne», tandis que l'homme de volonté s'efforce de réaliser une œuvre. Le monde du désir, c'est le monde du rêve ignorant les pouvoirs de la technique, du travail. Par exemple, la femme dont le fils est parti à la guerre peut **désirer** son retour, elle ne peut au sens propre le **vouloir** car ce retour ne dépend pas d'elle. En revanche, elle peut vouloir envoyer à son fils des colis. Elle peut le vouloir parce qu'elle est capable de commencer tout de suite les gestes : acheter des provisions, faire un paquet, aller à la poste. Il n'y a de vouloir que par un pouvoir qui l'incarne. Le désir n'est pas action mais rêve et prière. «Le désir, écrit Maine de Biran, est une prière aux causes amies ou ennemies de notre existence.» Du désir à la volonté, la différence est marquée par le travail. On peut désirer n'importe quoi, on ne peut vouloir qu'une œuvre. Alain a opposé le monde de l'enfant, monde du désir, au monde de la volonté et du travail qui est le monde de l'adulte. La volonté porte sur des actes immédiats et c'est pour cela que le vouloir réside dans l'exécution. «Le passager, écrit Alain, désire une autre mer et un autre ciel ; le pilote déplace un peu la barre.» On pourrait dire que **la magie** (qui cherche à persuader les puissances de la nature par des rites et des mots) **est une caricature de la volonté par le désir.** On remarquera aussi que le désir porte sur l'avenir qui m'échappe, tandis que l'acte volontaire s'insère dans le présent. Demain, c'est le temps du désir ; aujourd'hui, c'est le temps de la volonté. Il est vrai que si la volonté porte sur l'immédiat, les moyens s'enchaînant les uns aux autres, ce qui était désir pourra devenir vouloir lorsqu'une chaîne assez longue de causes et d'effets aura été parcourue. Tel qui, pour le moment, peut tout au plus **désirer** les succès de Don Juan ou de Casanova, **voudra** peut-être apprendre à très bien danser, ou se donner une prestance athlétique par des exercices sportifs. Et un jour il deviendra capable de vouloir ce que jadis il désirait.

L'incarnation de la volonté dans le corps

S'il n'est pas de volonté sans technique, il faut remarquer que les techniques apprises ne font que prolonger «l'usage irréfléchi du corps[1]». Descartes écrit dans le *Traité des passions* que, «par cela seul que nous avons la volonté de nous promener, il suit que nos jambes se remuent et que nous marchons». **Il n'y a de volonté que par les pouvoirs de ce corps qui est l'instrument de mon insertion dans le monde.** Mais, comme le note judicieusement Paul Ricœur, cette «docilité du corps» est pour une grande part «une conquête». Développer sa volonté, c'est étendre le plus possible les pouvoirs naturels de ce corps. C'est pourquoi on recommande, pour combattre la timidité et développer la volonté, d'apprendre à nager, à courir vite, à danser, à lutter et aussi (car notre corps doit s'ajuster aux techniques inventées par l'esprit humain) à manipuler les rames, à conduire les automobiles. Si «le passage mystérieux de la pensée à l'action est déjà opéré» dans l'organisation du corps, il nous appartient d'assurer à l'incarnation de nos vouloirs une plus grande souplesse et un domaine plus vaste. L'ensemble de nos habitudes et de nos savoir-faire formera la «volonté constituée», point d'appui de la «volonté constituante».

Aussi bien Condillac lui-même – qui est responsable de cette confusion de termes entre désir et volonté que nous avons dénoncée – accepterait peut-être ces remarques puisqu'il n'y a de volontaire, il le reconnaît, que le désir réalisable, puisque la volonté est, selon lui, «un désir absolu et tel que nous pensons qu'une chose désirée est en notre pouvoir».

«Vouloir vraiment, c'est vouloir ce qu'on ne veut pas»

Mais un désir exclusif, même réalisable, ne mérite pas le nom de volonté. L'impulsion d'un désir tout-puissant est d'ordre passionnel plutôt que volontaire. L'homme qui est la proie d'un violent désir est un obsédé, victime, aurait dit Renouvier, d'un «vertige mental» et pas du tout un homme de volonté. En réalité, tout le monde tiendra pour homme de volonté **celui qui résiste à ses désirs**. Charles Renouvier déclare par exemple : «Vouloir vraiment, c'est vouloir ce qu'on ne veut pas.» Et William James affirme que la volonté impliquerait le pouvoir de se dominer, de dire non à telle impulsion, à tel caprice. La volonté serait d'abord un pouvoir d'arrêt, d'inhibition par quoi je me ressaisis. Puissance de refus autant que source d'action. La volonté, a-t-on dit, est d'abord **nolonté**. Non pas l'irrésistible désir qui me possède, mais la force de retenir le désir, de le maîtriser, bref ce «pouvoir de surmonter qui, dit Alain, est tout l'homme[2]». La volonté ne serait pas désir mais effort.

3. L'effort et la théorie de la volonté faculté transcendante

L'effort musculaire

D'après Maine de Biran, **c'est l'expérience de l'effort,** de l'effort musculaire le plus banal **qui me révèle le mieux ma volonté**. Par exemple, je soulève cette chaise à bras tendu. Bien vite, j'ai mal au bras. Et pourtant, si je veux, je peux continuer mon effort. Je ne suis pas seulement ce corps

1. Paul Ricœur, *Philosophie de la volonté*, p. 212, Aubier.

2. «Ce que j'ai fait, note un héros de Saint-Exupéry, aucune bête ne l'aurait fait.»

crispé et douloureux, je suis aussi cette volonté supérieure au corps, «hyper-organique», qui poursuit son effort malgré la douleur. Ma volonté apparaît comme «une force hyperorganique en rapport avec une résistance vivante».

L'effort mental

William James a critiqué cette théorie de l'effort. Pour lui, l'effort volontaire, c'est avant tout **l'effort mental**. «La volition est un acte exclusivement psychique et moral[1].» Quant à la façon dont mon corps exécute la décision, «c'est un épiphénomène tout a fait accessoire qui relève de ganglions nerveux fonctionnant hors de la conscience. Le détail des mouvements n'est jamais voulu mais vient par surcroît : je veux écrire ma lettre et non faire mouvoir mes doigts de telle et telle manière, je veux ramasser la pièce que j'ai laissé tomber et non plier mes jambes de cette façon. L'effort ne concerne pas la motricité organique qui s'effectue «en moi, sans moi». **L'effort porte sur les représentations mentales.** Par exemple, il faut faire un effort pour sortir d'un lit bien chaud par une froide matinée d'hiver : mais l'effort n'est pas musculaire. L'acte qui consiste à se dresser dans le lit, à poser les pieds par terre est très facile et s'effectue d'ailleurs par toute une mécanique neuromusculaire dont je n'ai pas conscience. Ce qui est difficile, c'est de prendre la décision de se lever, de maintenir cette décision dans sa conscience, de chasser les tentations de paresse. De même pour ce roi qui va signer son abdication, ce n'est pas l'effort musculaire de prendre la plume et de tracer les lettres de son nom qui exige la tension de sa volonté, car cet effort est minime. Ce qui est dur c'est d'accepter l'idée de l'abdication. Et pour cet autre, la décision du suicide a exigé un grand courage, mais l'effort musculaire accompli en pressant sur la gâchette du revolver est dérisoire.

La volonté s'éprouve dans la résistance à la douleur

Peut-être James est-il un peu injuste à l'égard de la théorie de Maine de Biran. Celui-ci ne dit pas que j'ai conscience de produire le détail des mouvements musculaires. Il dit seulement que dans l'effort musculaire ma volonté s'éprouve contre les sensations pénibles qui me viennent du corps propre. Pour James, l'effort volontaire se reconnaît au pouvoir de maintenir dans la conscience une représentation désagréable. Mais supporter des sensations pénibles venues du corps lui-même est souvent plus difficile et peut fournir un meilleur test de la puissance du vouloir. Tel qui s'est suicidé avec un revolver aurait peut-être renoncé à son entreprise s'il s'était servi d'une lame selon la technique du «hara-kiri». Car **c'est en s'éprouvant contre la douleur que se prouve la volonté**. Maine de Biran a eu, semble-t-il, raison de ne pas faire abstraction des relations polémiques du corps propre et du vouloir.

Le «fiat» du vouloir

Quoi qu'il en soit, la théorie de l'effort chez Maine de Biran ou chez James aboutit au même problème. Quelle est en définitive cette puissance qui dit «je veux» et qui résiste aux désirs et aux tentations ? L'effort, dit James, est une «force additionnelle, indéterminée *ante rem*. Nous pouvons l'augmenter ou le diminuer **à volonté**». Mais cela revient à «expliquer» la volonté par l'effort et l'effort par la volonté ! James dit encore que la volonté est un «fiat», un pur pouvoir de dire oui ou non à ce désir qui me traverse l'esprit. Fiat ! que cela soit ! Le corps exécutera la consigne, mais ce qu'il faut c'est consentir à la décision, porter l'attention sur elle seule. «Le vouloir le plus volontaire qui soit se trouve essentiellement réalisé dans l'attention que nous donnons à une représentation difficile pour la maintenir

1. William James, *Précis de psychologie*, p. 598, éd. Marcel Rivière.

énergiquement sous le regard de la conscience. C'est cela même qui constitue le fiat[1].» Nous retrouvons ici l'un des thèmes les plus célèbres de la philosophie cartésienne. Descartes n'hésite pas à attribuer à l'homme une «volonté infinie». L'homme dont l'«entendement» est si limité et si débile par rapport à celui de Dieu, s'égale à Dieu sous le rapport de la volonté. Même les évidences mathématiques qui, selon Spinoza, s'imposaient d'elles-mêmes et «enveloppaient leur propre affirmation» sont soumises chez Descartes à ma volonté toute-puissante. Mais enfin, puis-je refuser de dire que deux et deux font quatre ? Puis-je refuser l'évidence métaphysique première : «Je pense donc je suis» ? Oui, répond Descartes, à condition **d'en détourner mon attention**. Car la puissance absolue du vouloir est celle de l'attention. Pascal, sur ce point, dit à peu près que si on croit ce qu'on voit, on voit ce qu'on regarde et on regarde ce qu'on veut.

La volonté comme expression de mon libre-arbitre

Nous voici donc parvenus aux antipodes de la théorie de Condillac. Il ne s'agit plus ici de réduire la volonté au désir. Il ne s'agit plus de rattacher la décision au tissu complexe des tendances et des impulsions biologiques. Bien loin d'exprimer mon épaisseur charnelle, la volonté se donne à présent comme tout à fait désincarnée. Elle est le contraire du désir. Elle est une faculté transcendante, un pouvoir de dire oui ou non, de faire ou de ne pas faire. Elle est **pure décision libre** : je le veux parce que je le veux. Ainsi la volonté échapperait à toute explication psychologique et serait ce pouvoir autonome que les métaphysiques nomment libre-arbitre[2]. L'analyse psychologique doit-elle cesser là où l'acte volontaire commence ?

4. Le problème de la motivation

1. Critique de la théorie du «fiat»

L'illusion du libre-arbitre

En fait, une psychologie scientifique rejettera ce mythe d'une **volonté abstraite, transcendante, étrangère aux tendances**. Sans doute, c'est l'attention accordée à tel désir qui lui donne du relief et le transforme en mobile. Mais l'attention elle-même n'est pas un premier commencement. Mon attention n'est-elle pas orientée par mes tendances, par mes préoccupations ? Dire que la force que nous opposons à nos désirs est la force même de la volonté, c'est se payer de mots, c'est réaliser une abstraction. Cette «vertu volitive du vouloir» érigée en principe d'explication ne vaut pas mieux que la célèbre «vertu dormitive de l'opium». Spinoza a remarqué très justement que cette notion de «volonté» est une abstraction pure, formée à partir de nos décisions concrètes, exactement comme le concept d'humanité

1. William James, *Précis de psychologie*, p. 599, éd. Marcel Rivière.

2. William James, tout en découvrant la présence d'un «fiat» à la racine de la décision volontaire, reconnaît que «la question du libre-arbitre est insoluble tant qu'on se tient seulement sur le terrain de la psychologie». Il ne faut pas demander au psychologue de trancher. Car «il est trop partial, trop porté à avantager le déterminisme». Il entend construire une science et toute science en un système de relations déterminées et s'arrête dès qu'il se trouve en présence de variables indépendantes. *(Précis de psychologie*, p. 608.)

est une abstraction par rapport aux individus concrets. «Il est aussi impossible de concevoir que la volonté soit la cause de telle ou telle volition que de penser que l'humanité soit la cause de Pierre ou de Paul[1].» Et en effet, un libre-arbitre désincarné, indifférent à mes tendances, à mes désirs, coupé de ma personnalité concrète et de ses modalités singulières, **serait un étranger pour moi**.

Il n'y a pas d'éducation possible sans désir d'apprendre

Ce mythe du «fiat», de l'effort «volontaire» transcendant, a empoisonné la pédagogie classique. On voulait forcer l'enfant à apprendre «parce que c'était son devoir» au mépris de ses intérêts spontanés, de ses besoins réels, de ses curiosités naturelles. Un peu de «volonté» et la liste des départements, de leurs préfectures et sous-préfectures pénétrera dans les jeunes cerveaux ! Cette pédagogie trop exigeante, fondée sur une volonté abstraite, était obligée de se renier elle-même et tenait compte indirectement des tendances de l'enfant par le pesant appareil des punitions ou des récompenses dont elle s'entourait. On disait : «il faut parce qu'il faut» et «il suffit de vouloir apprendre». Mais, en réalité, l'enfant n'apprenait que parce qu'il ne voulait pas recevoir des coups de baguette sur les doigts. Ce n'est pas autrement que Pavlov dressait les chiens avec poudre de viande et chocs électriques ! La pédagogie du vouloir pur et de l'effort abstrait se condamnait elle-même en devenant son propre contraire ; une pédagogie de chien de cirque où le jeu grimaçant des automatismes caricaturait le soi-disant libre exercice du vouloir.

La pédagogie moderne a renoncé au mythe d'une volonté abstraite (mythe hypocrite puisqu'on se fondait indirectement sur les tendances par le jeu des récompenses et des punitions). Elle ne veut pas séparer la **volonté d'apprendre** du **désir d'apprendre**. «Toute leçon, selon Dewey, doit être une réponse», c'est-à-dire qu'elle doit répondre à une curiosité antérieure de l'enfant ou, tout au moins, doit d'abord éveiller cette curiosité pour lui apporter un aliment. Il est certain qu'il n'y a d'éducation possible de la volonté que si l'on ne se fait pas de la volonté une conception trop désincarnée.

2. Le paradoxe de l'explication du vouloir

L'aporie du déterminisme psychologique

Il reste que je puis «volontairement» m'opposer à un désir, triompher d'une impulsion. Mais la «force additionnelle» qui entre alors en jeu n'est-elle pas, tout simplement, celle d'un désir plus puissant ? Comme le dit Édouard Claparède : «Toute décision est un drame qui consiste dans le sacrifice d'un désir sur l'autel d'un autre désir.» Et il semble très clair de penser que c'est la force plus grande de ce désir nouveau qui rend compte de son triomphe et du «sacrifice» du premier. Nous aboutirons alors à une **conception mécaniste du psychisme** – qui rejoint exactement l'opinion de Condillac. Dans cette perspective, tout acte serait la résultante de l'ensemble de mes désirs, résultante envisagée à l'image de la composition des forces dans l'espace de la physique. Ainsi ce crime a été commis parce que le «désir de tuer» était plus fort que la peur de la prison. S'il y a des mobiles concrets à la source de nos actes, il semble naturel de penser que c'est en définitive le plus puissant qui l'emporte comme le poids le plus lourd fait pencher le

1. Spinoza, *Lettre à Oldenburg*, août 1661.

plateau de la balance. **Mais alors toute distinction s'efface entre les conduites volontaires et les conduites involontaires.** La notion même de volonté est anéantie dans le déterminisme psychologique.

Tel est le paradoxe et l'«aporie»[1] de l'explication du vouloir. Ou bien je découvre à la source de l'acte le déterminisme du désir – et la notion de «volonté» disparaît – ou bien je définis la volonté en dehors des tendances et contre elles et je n'ai plus qu'un fantôme de volonté, une entité étrangère à ma personnalité concrète, une abstraction sans substance.

3. Conception bergsonienne de la volonté

Critique de l'explication mécaniste

Mais toute la question est de savoir si précisément la «motivation» d'un acte humain est du même ordre que la causalité mécanique qui régit les phénomènes matériels. Bergson a dénoncé cette confusion dans *les Données immédiates de la conscience*. Mais il ne se contente pas de critiquer la thèse mécaniste, il s'efforce de remonter jusqu'à la racine de l'illusion mécaniste : si les mécanistes assimilent nos décisions à des résultantes, c'est parce qu'ils considèrent l'acte volontaire une fois refroidi, après son accomplissement. **Le psychologue mécaniste analyse l'acte après coup** comme on fait l'autopsie d'un cadavre. L'acte est donné comme une chose, se laisse disséquer, apparaît facilement comme la «conséquence» de «facteurs» multiples. Mais si je cherche à décrire l'acte en train de s'accomplir, le langage mécaniste ne suffit plus. Une décision se vit dans la durée, elle n'est pas un objet dans l'espace susceptible d'analyse et de mesure. Le langage dont je me sers communément pour exprimer l'expérience de la volition trahit une origine spatiale suspecte. Je parle de délibération, c'est-à-dire de pesée (*librare* signifie peser, la «livre» est une unité de poids), comme si les mobiles étaient des poids sur le plateau d'une balance. En réalité, il n'y a pas de mobiles séparés les uns des autres, mais une création vivante, un mûrissement du projet. Il n'y a pas, selon Bergson, un choix entre des possibilités fixées d'avance mais bien «un moi qui vit et se développe par l'effet de ses hésitations mêmes jusqu'à ce que l'action libre s'en détache à la manière d'un fruit trop mûr». **L'acte volontaire apparaît ainsi comme celui qui exprime ma personnalité totale.**

Volonté ou spontanéité biologique ?

Assurément, Bergson a raison de distinguer les décisions humaines des résultantes mécaniques. Mais ne confond-t-il pas à son tour l'acte volontaire avec la spontanéité biologique ? Il renonce aux métaphores empruntées à la physique, mais c'est pour en chercher d'autres dans le monde des phénomènes biologiques. L'acte volontaire, en fait, ne ressemble guère plus à la chute d'un «fruit trop mûr» qu'à une résultante mécanique. Si nous accomplissions nos actes volontaires comme l'arbre laisse tomber un fruit, la volonté se trouverait en quelque sorte noyée dans le flux mouvant de l'évolution, créatrice peut-être mais impersonnelle. **Le volontaire bergsonien n'agit pas, il est agi par l'élan vital.** L'acte volontaire est l'acte non seulement d'un vivant mais encore d'une personne ; cela implique la réflexion et, quoi qu'en dise Bergson, le choix entre des possibles.

1. Terme platonicien qui désigne l'«embarras» du philosophe devant un dilemme qui paraît exclure la possibilité d'une solution.

Conclusion

Phénoménologie du vouloir

Nous disposons maintenant des éléments nécessaires pour une définition correcte du vouloir. La volonté n'est pas une faculté mystérieuse. Un premier commencement qui transcenderait toute motivation. Elle ne se réduit pas davantage à la somme de mes tendances. Elle ne saurait se confondre avec l'intelligence pure qui, en elle-même, n'est pas source d'action. Pourtant, il n'est pas de volonté sans un système de tendances et il n'est pas de volonté sans intelligence et réflexion. **L'acte volontaire est en fait celui qui opère la synthèse réfléchie de mes tendances en vue d'une action dans le monde.** Toute action implique des mobiles et trouve sa cause dans les besoins d'un être vivant. Seulement, l'homme capable de réflexion ne cède pas toujours aux premières sollicitations qui se présentent. La volition s'oppose à l'impulsion. La volition exige un arrêt. Entre une situation donnée et la réaction «qui sera exécutée», il y a comme une lacune, il y a la place de la conscience et de la réflexion. Ici se situent le choix, la considération des possibles.

Projection dans l'avenir d'un possible pensé comme fin

L'acte volontaire est celui qui s'est précédé lui-même à titre de possible pensé. Le possible est projeté dans l'avenir comme fin à poursuivre avant d'être exécuté comme acte. Par là même, la détermination psychologique subit une métamorphose. Ce qui eût été cause déterminante devient un but à atteindre. Le **mobile** qui, resté inconscient, eût agi comme cause devient un **motif**, c'est-à-dire une fin pour mon action. **Au lieu de subir une pulsion je me propose une tâche.** Et cela ne revient pas au même. Car, projetant devant moi les possibles, j'ai loisir de les confronter. Agir volontairement, c'est d'abord «savoir ce qu'on veut», prendre conscience des exigences fondamentales de ma personne, renoncer à satisfaire tels caprices, tels désirs, vifs peut-être mais superficiels, qui me pousseraient à accomplir des actes qui «ne me ressemblent pas». Le caractère synthétique de l'action humaine volontaire a d'ailleurs pour correspondance, au niveau des structures neurologiques, la disposition des centres nerveux dans le cerveau. Ces centres ne sont pas juxtaposés, mais coordonnés et hiérarchisés. Les centres di-encéphaliques des émotions et des besoins fonctionnent sous le contrôle de l'écorce cérébrale.

Ajoutons que la volonté n'est complète que lorsqu'elle s'achève en une **exécution intelligente**. Car c'est le propre de la volonté, nous l'avons dit, d'incarner ses desseins dans l'univers, au moyen de techniques efficaces. Par là, comme le dit très judicieusement Maurice Pradines, «la volonté est deux fois raison : raison d'agir et rationalité du moyen d'agir».

Volonté et valeurs

Mais il n'est pas suffisant de définir la volonté par la synthèse des tendances. Toute synthèse suppose une hiérarchie, donc une **table de valeurs**. Le volontaire s'appuie sur un certain idéal qui fait l'unité de sa vie, qui lui donne une ligne de conduite. Par là, comme dit Darbon, la volonté apparaît comme une «fonction régulatrice» qui obtient que «nos actes soient moins variables que nos sentiments». Grâce à cette fonction régulatrice «l'homme travaille quand il est fatigué, sourit quand il est triste, demeure courtois quand il est en colère».

Quelle est cette table de valeurs sur laquelle la volonté s'appuie ? Charles Blondel répondait que cette table de valeurs est d'origine sociale et, assez curieusement, cet auteur assimile en quelque sorte conformisme et volonté. Ce seraient les sollicitations sociales qui feraient les actes volontaires. L'opposition du spontané et du volontaire serait celle de l'individuel et du social. Au vrai, le social apparaît dans presque tous les actes volontaires : ne pas bâiller dans une réunion mondaine, s'arracher à un lit douillet un matin d'hiver pour se rendre à son travail, se garnir la mémoire, pour passer un examen, de connaissances plus ou moins intéressantes qu'on n'aurait jamais eu le courage d'assimiler sans cela, voilà autant d'actes volontaires qui répondent à des impératifs sociaux.

La «seigneurie de soi-même»

On peut rétorquer à Blondel que toute table de valeurs n'est pas d'origine sociale. Les héros de Stendhal ne puisent-ils pas leur volonté dans la révolte contre les institutions établies ? Il est vrai que lorsque Julien Sorel se révolte contre la société hypocrite et gourmée de la Restauration, son imagination est hantée par des «modèles» d'origine sociale : Jean-Jacques Rousseau dont il a lu tous les livres et aussi la figure prestigieuse et déjà légendaire de Napoléon.

Mais ce problème de l'origine des valeurs échappe à la psychologie proprement dite. Abandonnons-le à la morale et à la métaphysique et contentons-nous de constater que **l'homme volontaire a toujours un idéal qui donne un sens à sa vie**, qui lui permet de discipliner et de hiérarchiser ses tendances et, par là, d'acquérir ce que Goethe nommait magnifiquement la «seigneurie de soi-même».

RENVOIS THÉMATIQUES AU VOLUME 1

- Description de l'état de passion, chap. 3, p. 49.
- Le libre-arbitre : une réalité ou un mythe ? chap. 16, p. 360.
- La liberté d'après le rationalisme moderne, chap. 16, p. 365.
- Une philosophie de la liberté : l'existentialisme, chap. 16, p. 368.
- Dignité et destinée de l'homme, chap. 18, p. 412.

LES IDÉES ESSENTIELLES

La volonté, disait Condillac au XVIIIe siècle, est un désir exclusif. Mais c'est là confondre les mots. L'impulsion d'un désir tout-puissant est d'ordre passionnel plutôt que volontaire. L'homme qui est la proie d'un violent désir est un obsédé, victime d'un «vertige mental» et pas du tout un homme de volonté. La volonté est plutôt d'abord un pouvoir d'arrêt : non pas l'irrésistible désir qui s'empare de moi, mais la force de retenir le désir, de le maîtriser. En ce sens, «vouloir vraiment c'est vouloir ce qu'on ne veut pas».

La volonté ne serait donc pas désir mais effort. Dans l'effort musculaire le plus banal (je soulève une chaise à bras tendu), Maine de Biran voyait une volonté hyper-organique, c'est-à-dire qui se pose en s'opposant à mon corps propre. La volonté se prouve en s'éprouvant contre la résistance vivante de mon corps. La volonté serait une décision transcendante.

Poser le problème de la volonté, c'est donc aboutir à une énigme philosophique : ou bien je découvre à la source de l'acte volontaire le déterminisme du désir, et la notion de volonté disparaît, ou bien je définis la volonté en dehors des tendances et contre elles et la volonté apparaît alors comme un «Fiat !», une décision gratuite et je risque de ne plus saisir qu'une entité étrangère à ma personnalité, une abstraction sans contenu.
La volonté ne se prête pas à une analyse abstraite, mais plutôt à une description *phénoménologique* telle que celle proposée par Bergson (qui n'employait pas encore le mot phénoménologie).
On ne saurait analyser un acte après coup, une fois refroidi, comme on fait l'autopsie d'un cadavre. Une décision se vit dans la durée. Il n'y a pas un choix entre des possibilités fixées d'avance (choix qui serait alors ou une décision gratuite ou une résultante mécanique, comme celle de forces qui agissent dans l'espace), mais bien l'expérience d'un moi qui vit et se développe, qui crée une décision un peu comme l'artiste crée une œuvre. L'œuvre volontaire exprime donc la personnalité globale. Sans doute y a-t-il toujours détermination psychologique. Mais la détermination, dans la mesure où elle devient synthétique et réfléchie, connaît une métamorphose. Ce qui eût été cause déterminante devient but à atteindre. Le mobile qui – non intégré à ma personnalité globale – eût agi comme cause devient un motif, une fin pour mon action. Au lieu de subir une pulsion, je me propose une tâche.

LECTURES

A. Comte-Sponville, *Traité du désespoir et de la béatitude*, vol. 2, chap. IV, P.U.F.
R. Descartes, *IVe Méditation*, Nathan.
Épictète, *Entretiens*, in *les Stoïciens*, Gallimard, coll. La Pléiade.
E. Kant, *Fondements de la métaphysique des mœurs*, Bordas.
F. Nietzsche, *Par-delà le bien et le mal*, U.G.E., coll. 10-18.
M. Pradines, *Psychologie générale*, t. II, p. 343-420, P.U.F.
C. Prévost, *la Volonté*, P.U.F., coll. Que sais-je ?
P. Ricœur, *Philosophie de la volonté*, I, Aubier.
B. Spinoza, *Traité de la réforme de l'entendement*, chap. XVI, Garnier.

TEXTE À COMMENTER

1. Puissance de la volonté

Chacun a ce qu'il veut. La jeunesse se trompe là-dessus parce qu'elle ne sait bien que désirer, et attendre la manne. Or, il ne tombe point de manne ; et toutes les choses désirées sont comme la montagne, qui attend, que l'on ne peut manquer. Mais aussi il faut grimper. Tous les ambitieux que j'ai vus partir d'un pied sûr ; je les ai vus aussi arriver, et même plus vite que je n'aurais cru. Il est vrai qu'ils n'ont jamais différé une démarche utile, ni manqué de voir régulièrement ceux dont ils pensaient se servir, ni aussi de négliger ces inutiles qui ne sont qu'agréables. Enfin ils ont flatté quand il fallait. Je ne blâme point ; c'est une affaire de goût. Seulement si vous vous mêlez de dire les vérités désagréables à l'homme qui peut vous ouvrir les chemins, ne dites point que vous vouliez passez. Vous rêviez que vous passiez, comme on rêve quelquefois qu'on est oiseau. C'est comme si vous rêviez d'être ministre sans l'ennui des audiences, et sans rien ménager. J'ai connu un bon nombre de ces paresseux, qui disent : «On me viendra chercher ; je ne remuerai pas un doigt.» C'est qu'ils veulent dans le fond qu'on les laisse tranquilles, et on les laisse. Aussi ne sont-ils pas aussi malheureux qu'ils voudraient le croire. Les niais sont ceux qui font soudain dix démarches en deux jours, visant tout d'un coup une riche proie, comme le milan. Il n'y a rien à espérer de ces expéditions très mal préparées. J'ai vu des hommes de mérite attaquer ainsi des coffres-forts avec leurs ongles. D'où l'on dit quelquefois que la société est bien injuste ; en quoi l'on est bien injuste. La société ne donne rien à celui qui ne demande rien, j'entends avec constance et suite ; et cela n'est point mal, car les connaissances et aptitudes d'esprit ne sont pas le tout. Tels entendraient la politique, mais qui font voir pourtant, par ne rien rechercher, que la crasse du métier, tous les métiers en ont, ne leur plaît guère. Et qu'importe alors qu'ils aient science et jugement, s'ils n'aiment pas le métier ? Barrès recevait, apostillait, se souvenait. Je ne sais s'il était propre à la grande politique ; mais certainement il aimait le métier.

(ALAIN, *Propos sur l'éducation*, P.U.F.)

2. Volonté de puissance

Il faut aller ici jusqu'au tréfonds des choses et s'interdire toute faiblesse sentimentale : vivre, c'est essentiellement dépouiller, blesser, violenter le faible et l'étranger, l'opprimer, lui imposer durement ses formes propres, l'assimiler ou, tout au moins (c'est la solution la plus douce), l'exploiter ; mais pourquoi employer toujours ces mots auxquels depuis longtemps s'attache un sens calomnieux ? Le corps à l'intérieur duquel, comme il a été posé plus haut, les individus se traitent en égaux – c'est le cas dans toute aristocratie saine – est lui-même obligé, s'il est vivant et non moribond, de faire contre d'autres corps ce que les individus dont il est composé s'abstiennent de faire entre eux. Il sera nécessairement volonté de puissance incarnée, il voudra croître et s'étendre, accaparer, conquérir la prépondérance, non pour je ne sais quelles raisons morales ou immorales, mais parce qu'il *vit* et que la vie, précisément, est volonté de puissance.

(F. NIETZSCHE, *Par-delà le bien et le mal*,
p. 209, U.G.E., 10/18.)

SUJETS
DE DISSERTATIONS
OU DE DÉBATS

■ Passion et volonté.

■ Le sentiment de l'effort.

■ L'éducation de la volonté.

■ Volonté et « bonne volonté ».

■ Que pensez-vous de cette remarque de Paul Valéry : «Si les choses se faisaient dans l'instant même que nous voulons, bientôt nous aurions peur de vouloir comme d'entrer dans le feu.» *(Mauvaises Pensées et autres)*

■ «Qui veut voir parfaitement clair avant de se déterminer ne se détermine jamais. Qui n'accepte pas le regret, n'accepte pas la vie.» Que pensez-vous de ce jugement d'Amiel ?

■ Schopenhauer écrit : «Vouloir, c'est désirer, aspirer, fuir, espérer, craindre, aimer, haïr.» Un logicien contemporain, Robert Blanché, écrit : «Une décision volontaire est un jugement, conclusion de ce raisonnement qu'est la délibération.» Confrontez ces deux définitions de la volonté.

■ En quel sens faut-il entendre ce paradoxe de Renouvier et qu'en pensez-vous : «Vouloir vraiment, c'est vouloir ce qu'on ne veut pas.» ?

■ Que pensez-vous de cette remarque de William James : «Le vouloir s'achève dans la conquête de la conscience par l'idée. Que l'idée se réalise ou non, cela ne le regarde pas. Je veux écrire, j'écris ; je veux éternuer, je n'éternue pas ; je veux que cette table vienne du coin de ma chambre vers moi ; elle ne vient pas. Dans ces trois cas mon vouloir est également parfait.»

■ Commentez ce jugement de Paul Ricœur : «Il est de l'essence de l'acte volontaire de pouvoir être à la fois quelque chose comme un commandement – sur le possible, sur le corps, sur le monde – et quelque chose comme une obéissance à des valeurs reconnues, saluées et reçues.»

SUJETS
PROPOSÉS AU
BACCALAURÉAT

■ Suis-je responsable de ce dont je n'ai pas conscience ? (Lyon, A, juin 1990.)

■ Quelle différence y a-t-il entre désirer et vouloir ? (Amiens, A, juin 1987.)

■ Décide-t-on de devenir quelqu'un ? (Dakar, B, septembre 1988.)

■ Peut-on me forcer à être libre ? (Israël, C, D, E, septembre 1988.)

■ Peut-on vouloir être dépendant d'autrui ? (Rouen, A, juin 1985.)

■ Vous dégagerez l'intérêt philosophique du texte suivant, en procédant à son étude ordonnée :
«Puisque l'homme libre est celui à qui tout arrive comme il le désire, me dit un fou, je veux aussi que tout m'arrive comme il me plaît. – Eh ! mon ami, la folie et la liberté ne se trouvent jamais ensemble. La liberté est une chose non seulement très belle, mais très raisonnable, et il n'y a rien de plus absurde ni de plus déraisonnable que de former des désirs téméraires et de vouloir que les choses arrivent comme nous les avons pensées. Quand j'ai le nom de Dion à écrire, il faut que je l'écrive, non pas comme je veux, mais tel qu'il est, sans y changer une seule lettre. Il en est de même dans tous les arts et dans toutes les sciences. Et tu veux que sur la plus grande et la plus importante des choses, je veux dire la liberté, on voie régner le caprice et la fantaisie ? Non, mon ami : la liberté consiste à vouloir que les choses arrivent, non comme il te plaît, mais comme elles arrivent.»

EPICTÈTE
Toulouse, B, juin 1983.

«Vouloir vraiment, disait Renouvier, c'est vouloir ce qu'on ne veut pas !» Entendez par là que la volition efficace est le contraire même d'un désir paresseux. Bernard Tapie ne se contente pas d'être un doux-rêveur : il a *voulu* prendre les rênes en affaires comme en politique, et il y est parvenu ; de même la navigatrice Florence Arthaud a atteint le but qu'elle s'était fixé.

■ Le général de Gaulle passe en revue le corps féminin des Forces françaises libres à Londres, le 14 juillet 1940.

La préceptrice de Helen Keller, l'enfant née aveugle, muette et sourde, en cherchant par tous les moyens à lui apprendre un système de signes qui lui permettrait de communiquer avec autrui, donne l'exemple d'une volonté inébranlable (*Miracle en Alabama*). Tout comme le facteur Cheval qui ne consacra pas moins de 10 000 journées de sa vie à l'édification de son célèbre monument ! L'opiniâtreté pourrait bien être le critère même de la volonté : le général de Gaulle l'a bien montré, le 18 juin 1940, en appelant à la résistance et à la poursuite de la lutte armée un peuple français que les défaites successives avaient démoralisé. Dans le sillon de cette volonté implacable, de grandes figures de la Résistance comme Pierre Brossolette ou Jean Moulin ont prouvé à travers leur mort héroïque que le *sacrifice* était la forme la plus élevée de la fonction volontaire. «On ne ruse pas avec le sacrifice, a écrit Le Senne ; on le fait ou on le fuit : il montre l'âme !»

■ *Miracle en Alabama,* d'Arthur Penn (1961).

■ Le facteur Cheval devant son «palais».

■ Bernard Tapie.

■ Florence Arthaud.

CHAPITRE 13

La notion de personne

Personnalité et personne

La notion psychologique de personnalité et la notion métaphysique et morale de personne ne sont pas équivalentes. Caractériser ma personnalité, c'est répondre à la question : «Qui suis-je ?» La psychologie, la psychanalyse s'efforcent de donner à cette réponse, nous l'avons vu, une valeur scientifique. Mais il y a une autre question, celle-là d'ordre strictement philosophique : «Quel est ce je qui est ?» Ici, il ne s'agit pas de faire l'analyse du contenu du moi, mais il s'agit de définir pourquoi je suis une personne. Chacun de nous se reconnaît comme un **sujet**, se pose en s'opposant aux **objets** du monde extérieur. Chacun de nous dit «je» en parlant de lui-même. Chacun de nous se reconnaît comme **personne** par opposition aux **choses**. Nous allons traiter de la personne sous cet angle, c'est-à-dire non en tant que contenu déterminé (objet de la psychologie) mais en tant qu'**unité formelle**.

Unité et identité du moi

Cette unité, cette identité du je paraît assez mystérieuse. Notre attitude varie suivant les occasions, nous ne présentons pas tout à fait le même visage à nos supérieurs, à nos amis intimes. Dans notre esprit se succèdent sans cesse idées, souvenirs, désirs, sans lien entre eux. Et pourtant nous rattachons les aspects multiples de notre existence à l'**unité** d'un même je.

D'autre part, nous changeons avec le temps. J'ai de la peine à me reconnaître dans le petit garçon que j'ai été ; et cependant, je sais bien que c'était moi ; j'affirme l'**identité** de mon «je» en dépit de mon évolution : avez-vous songé au caractère paradoxal de l'expression : «j'ai changé» ? Dire «j'ai changé», c'est tout de même reconnaître que le je est resté le même à travers tous les changements. Si j'avais tellement changé je ne pourrais pas relier ces changements à l'unité, à la présence permanente de ce «je» que je continue à affirmer. Si j'avais tout à fait changé, je ne pourrais pas envelopper ces changements dans un acte de conscience ; si j'avais tout à fait changé, je ne le saurais plus ! En un sens, dire «j'ai changé» c'est le nier ! Mais comment expliquer cette unité et cette identité du moi ? Quel est le fondement de la permanence de la personne ?

1. Conditions biologiques de l'unité personnelle

L'unité d'un organisme

C'est sans doute au niveau du corps, de l'organisme qu'on peut trouver la source première de l'unité du moi. **Tout être vivant** – et pas seulement la personne humaine – **est essentiellement unité**. L'être vivant apparaît comme un individu, comme quelque chose d'indivisible, qui forme un tout. L'être vivant n'est pas une collection d'éléments juxtaposés qui n'auraient aucun lien entre eux. Leibniz opposait par exemple l'unité réelle d'un être vivant à l'unité purement accidentelle d'objets isolés, qui se trouveraient attachés les uns aux autres sous l'effet de conditions extérieures «comme l'eau d'un étang avec tous les poissons y compris, quand même toute l'eau avec tous ces poissons se trouverait glacée» (Lettre à Arnauld, 6 décembre 1686). Si je coupe en deux une motte de terre, j'aurai deux mottes de terre. Si je coupe en deux un chat, j'aurai non pas deux chats, mais deux moitiés de cadavre de chat. Il est vrai que si je coupe en deux une assiette je n'aurai pas deux assiettes, que si je coupe en deux une hutte de castor je n'aurai pas deux huttes de castor. Mais justement ces objets qui ont une individualité (puisque je ne peux les diviser sans les détruire) sont fabriqués par un être vivant, pour un usage, et n'ont réellement d'unité qu'en fonction des besoins et des tendances de l'être vivant qui les a construits.

Sans doute l'individualité animale et végétale est-elle loin d'être absolue. On peut sectionner des animaux inférieurs (par exemple un ver de terre) sans pourtant abolir la vie en eux puisque chaque segment continue de vivre à part. La reproduction des êtres vivants est aussi une limite à l'individualité puisqu'une partie d'un être vivant peut devenir un nouvel être vivant. Mais il reste que la vie tend à créer des individus relativement **autonomes** (même si l'explication scientifique résout cette autonomie vécue en des relations complexes avec le milieu). Ce qui agit sur un organe retentit sur tout l'organisme et ce qui affecte un organisme à un certain moment peut se répercuter sur toute la durée de son existence.

L'image du corps

C'est ainsi que l'unité et la continuité de notre organisme seraient la base du sentiment conscient de notre unité. La conscience de notre unité personnelle ne serait que le reflet de l'unité biologique fondamentale de notre être. Avant toute pensée claire du moi, nous avons une intuition préréflexive de notre unité, **une image confuse de l'unité et de la forme d'ensemble de notre corps** qu'après les travaux de Jean Lhermitte on appelle aujourd'hui **schéma postural** (impression d'ensemble de la forme de nos postures, de nos attitudes) ou «image du corps». L'illusion des amputés, le membre-fantôme (les amputés conservent parfois, quelque temps après leur opération, l'impression que le membre qu'on leur a coupé existe encore, accomplit les mouvements, ressent des douleurs), prouve que cette image de notre corps persiste plus longtemps que l'intégrité de notre corps lui-même. Le sentiment vécu de l'unité et de la forme globale du corps propre résiste à l'amputation réelle. Ce sentiment du schéma postural, si remarquable sous ses formes hallucinatoires, accompagne sourdement toute conscience que l'individu prend de soi-même. Et le sentiment de l'unité du moi, dont nous cherchons à rendre compte, ne serait que l'obscure conscience de ce «schéma postural». D'ailleurs, les troubles de l'image du corps (asomatognosie : cas de certains malades qui ont perdu le sentiment de l'existence de leur corps) s'accompagnent souvent – ou plutôt sont difficilement discernables – de troubles du sentiment de la personnalité.

Individu et personne

Cependant, si notre individualité biologique originaire constitue le fondement du sentiment que nous avons d'être des personnes, on ne peut pas pour autant soutenir que la **personne** se réduit à l'**individu**. L'individu, simple échantillon de l'espèce, est purement **biologique**, tandis que la personne est aussi une **catégorie morale**. Il est curieux de noter que le mot «personne» est généralement pris en bonne part alors que le mot «individu» est souvent péjoratif (on parlera par exemple d'un triste individu et d'une bonne personne). La personne est douée de **liberté**, tandis qu'on considère l'individu comme l'effet strictement déterminé de l'organisation biologique. Par là, la personne ne reste pas isolée, fermée sur soi mais peut constituer avec les autres personnes conscientes une **communauté**.

Il peut sembler alors que l'unité de la personne ne soit pas un simple donné biologique, mais qu'intervienne à sa source une construction volontaire sollicitée par des **valeurs** autour desquelles s'organiserait l'unité du moi. Ces valeurs, d'où peuvent-elles venir ? Peut-être – par l'intermédiaire de l'éducation – viennent-elles de la société, qui nous oblige à unifier nos attitudes, à donner de la cohérence à notre vie ?

2. Conditions sociales de l'unité personnelle

Imitation et opposition

Le sentiment de l'unité du moi, le sentiment d'être une personne, est acquis progressivement par l'enfant dans ses relations avec autrui. C'est à la fois par l'**imitation** et par l'**opposition** (attitudes qui sont deux façons de réagir à la présence d'autrui) que l'enfant prend conscience de lui-même. D'abord, il parle de lui à la troisième personne, comme font les autres (Bébé promener, Bébé dodo). Puis, vers trois ans, il apprend à dire je, surtout en s'opposant aux volontés de l'entourage qui le comprend mal ou fait obstacle à ses caprices (c'est la «crise» de la troisième année). Ces attitudes d'imitation et d'opposition se retrouvent tout au long du développement de l'enfant (par exemple, l'écolier prend conscience de son individualité, en classe et pendant les jeux, par la coopération et l'expérience de la solidarité, tandis que l'adolescent éprouve l'originalité irréductible de son «moi» dans les conflits qui l'opposent à son entourage).

Personne, responsabilité, mémoire

La société n'est pas moins présente à la source du sentiment du moi chez l'adulte. L'idée de **responsabilité** par laquelle je me reconnais aujourd'hui l'auteur de mes actes d'hier est pour une grande part d'origine sociale. Dans responsabilité il y a répondre, et pour répondre il ne faut pas être seul, il faut que les autres nous aient posé des questions, nous aient demandé d'assumer une tâche. La société ne cesse de nous obliger à nous surveiller nous-mêmes, car nous sommes entourés de témoins qui nous observent, elle nous force à être attentifs à nos actes sur lesquels l'attention d'autrui se dirige. La **mémoire** elle-même (sans laquelle il n'y aurait pas de continuité personnelle à travers le temps) serait liée, selon Pierre Janet, à la conduite du récit, qui est une conduite d'origine sociale (les autres nous demandent de rendre compte de ce que nous avons fait). Il est remarquable que le seul souvenir que je ne risque jamais d'oublier (parce qu'on me le demande à tout propos) n'est pas l'objet d'une expérience intime, mais je le reçois directement de la société : **c'est ma date de naissance**. (L'oubli de la date de naissance est pour le psychiatre un élément du diagnostic de troubles graves de la personnalité.) A la limite, je pourrais dire : mon identité c'est ma carte d'identité, mon livret militaire, etc. Marcel Mauss a montré l'importance du nom dans le sentiment de la personne, en ses belles analyses sociologiques sur les Eskimos. Tous les Eskimos qui portent le même nom se considèrent, paraît-il, comme à peu près interchangeables ; d'autre part, chacun d'eux possède un nom d'hiver et un nom d'été correspondant à des occupations sociales très différentes et ils disent volontiers qu'ils ne sont pas «le même homme» en hiver et en été.

Personne et société

Les sociologues ont montré par ailleurs que **dans les sociétés primitives la notion de personne existe à peine**. Les fonctions des individus ne sont pas assez différenciées pour que ceux-ci se singularisent dans le groupe (par exemple, l'individu acceptera sans aucune difficulté de se suicider pour des nécessités rituelles). L'évolution des sociétés archaïques individualise quelques personnes, les chefs, dans le groupe. Dans chaque tribu, ceux-ci prennent conscience de l'importance de leur rôle et de leur valeur propre en de curieuses cérémonies appelées *potlatch* (il s'agit d'une compétition de dons entre les rivaux. C'est à qui offrira les cadeaux les plus somptueux pour se faire attribuer le premier rang).

Dans notre langue, le mot personne désigne d'abord une **fonction sociale**. Au XIIIe siècle, la «personne» de la paroisse, c'est le curé de la paroisse (le terme anglais *parson* possède encore cette signification), autrement dit le grand personnage de la paroisse. C'est seulement au terme d'une évolution sociale que nous nous reconnaissons tous comme personnes. Émile Durkheim expliquait cette évolution par la division du travail social qui individualise le rôle de chacun dans la production. Et nous avons déjà souligné l'importance de la Révolution française qui, en donnant à tous des droits égaux qui n'appartenaient qu'à quelques-uns, en monnayant les privilèges de quelques-uns en droits universels, a littéralement créé des personnes. Aujourd'hui, nous nous appelons tous «Monsieur» ou «Madame», nous sommes tous électeurs, nous sommes tous des «personnages».

Le personnage

En ce sens, l'unité du moi serait cherchée dans l'unité du rôle social, dans l'unité du personnage. L'étymologie du mot personne est ici bien révélatrice. «Personne» vient du latin *persona* qui signifie masque. Les acteurs des pièces antiques portaient un masque qui, figé dans son expression immobile pendant toute la durée de la représentation, soulignait l'unité du caractère. Nous aussi nous jouons un rôle dans la société. Et – surtout lorsque ce rôle est éminent – nous ne le distinguons pas de nous-mêmes. Nous sommes le docteur, le colonel, non seulement sur nos cartes de visite, mais dans notre existence entière, nos titres nous accompagnent, font partie de nous-mêmes. Paul Valéry écrit : «Dans toute carrière publique, une fois que l'on a construit son personnage et que le bruit qu'il fait revient à son auteur et lui enseigne qui il paraît, celui-ci joue son personnage ou plutôt son personnage le joue et ne le lâche plus.» D'ailleurs, si les vicissitudes de l'existence nous arrachent notre masque, nous dépossèdent de notre rôle social, **il peut arriver que nous ne nous reconnaissions plus nous-mêmes**, que nous nous sentions tout près de ne plus être une personne, de ne plus exister. C'est ce qui arrive, dans la pièce de Shakespeare, au roi Richard II. Dépossédé de son trône, il cesse de jouer dans l'esprit des autres son rôle royal, et ne se reconnaît plus lui-même. Comme l'écrit Lemonnier, dans un très beau livre sur Shakespeare[1] : «Dès que sa puissance absolue est mise en question, Richard II [...] n'a plus conscience d'être le même homme [...]. Afin de se retrouver, il appelle ses nobles autour de lui, il leur raconte son histoire, comme les aventures de quelqu'un d'autre [...]. Dépossédé de son rôle, il doute [...] de sa propre réalité et pousse ses doutes si loin qu'il demande un miroir pour se regarder [...]. En demandant le miroir, Richard obéit surtout à une angoisse intérieure. Jusqu'ici il a identifié son rôle de roi à sa propre personnalité et, comme il ne peut plus le faire, sa personnalité s'évanouit. Il a une peur atroce que son visage soit changé puisque les autres ne le

1. Lemonnier, *Shakespeare*, Tallandier.

reconnaissent plus et qu'ainsi il ne se reconnaisse plus lui-même. Son visage et son âme n'ont jamais existé que pour les autres, que par les autres.» Hamlet et presque tous les personnages shakespeariens jouent un rôle, «prennent une attitude arbitraire qui leur vient de l'extérieur». Hamlet «est fou et joue le fou, veut se venger et joue l'homme qui veut se venger [...]».

«Dans l'esprit des autres, il veut avoir la même réalité ou la même apparence de réalité qu'ils ont, eux, dans son âme [...]. Il n'y a pour lui qu'une façon d'être sûr de vivre, c'est de jouer un rôle.» Cette conception du monde serait souvent celle du comédien lui-même qui existe dans et par les rôles de ses personnages. Comme le remarque Lemonnier : «Les autres me voient donc je suis [...] c'est [...] la philosophie du comédien.»

La personne contre le personnage

Mais, précisément, est-il légitime de confondre la personne avec le masque que la société nous propose ou nous impose ? Ne jouons-nous pas successivement dans la comédie sociale une pluralité de rôles distincts et même contradictoires ? Nous sommes un être différent en chacun de ceux qui nous regardent. Bien loin que le personnage fonde l'unité du moi, la multiplicité de nos rôles effacerait plutôt cette unité. Et ce n'est pas être une vraie personne que nous laisser réduire à l'idée que les autres ont de nous. Selon Jean-Paul Sartre, se confondre avec son personnage c'est abdiquer sa liberté, c'est renoncer à être une personne, c'est se faire chose. C'est la tentation du lâche de se laisser définir comme une chose, **d'abdiquer sa libre existence et d'accepter d'être une essence**, c'est-à-dire un personnage dont les caractères sont bien définis une fois pour toutes comme ceux d'un objet.

En fait, je dépasse toujours mon rôle que je ne puis prendre au sérieux sans mauvaise foi, puisque ce rôle, **je le joue, je ne le suis pas**. Ainsi ce garçon de café «qui a le geste vif et appuyé, un peu trop précis, un peu trop rapide, qui vient vers les consommateurs d'un pas un peu trop vif, s'incline avec un peu trop d'empressement, revient en essayant d'imiter dans sa démarche la rigueur inflexible d'on ne sait quel automate[1]» nous donne l'impression de s'amuser : «Il joue à être garçon de café.» Plus grave est la mauvaise foi de ce dictateur, dans le film *Les jeux sont faits,* qui se regarde avec complaisance dans la glace, en grand uniforme et se transforme en «chose» noble, guerrière, souveraine. Ce chef se croit chef par essence. Mais, en réalité, la personne proteste contre le personnage. Avoir conscience de soi, c'est poser son personnage comme objet, donc le dépasser, s'en délivrer.

L'homme échappe toujours à ce qu'il est

Je suis ce que je ne suis pas et je ne suis pas ce que je suis. C'est l'hypocrite qui est sous le masque, mais la personne lève le masque. Cependant la conception sartrienne de la personne est plus complexe et plus profonde qu'une simple revendication de la sincérité contre l'hypocrisie. L'idéal traditionnel de la sincérité repose en effet, selon Sartre, sur un postulat erroné : à savoir que je suis d'avance quelque chose et que, pour être sincère, il me suffit de me montrer tel que je suis. En fait, ma personnalité n'est nullement fixée d'avance ; on pourrait dire que, dans la perspective sartrienne, le contenu de la personnalité est posé par l'acte libre de la personne. **Tandis que la chose «est», l'homme «existe»**, c'est-à-dire échappe toujours à ce qu'il est, indéfiniment se renouvelle. Exister, au sens étymologique, c'est «sortir de». Ni mon caractère, ni mes conditions de vie ne sont pour moi un destin. Je puis toujours, comme on dit vulgairement, «m'en sortir».

1. J.-P. Sartre, *l'Être et le Néant*.

Je suis celui que je veux être et la personne se définit comme une existence libre qui se crée et se recrée à chaque instant elle-même (un peu dans le sens où Alain écrivait déjà : «Le caractère d'un homme n'est que son serment»).

Le culte du personnage révélerait même la faiblesse de la personne qui, plutôt que de se construire elle-même, se réfugie dans un rôle tout fait. Jules de Gaultier a parlé du «bovarysme», culte du personnage fictif et imaginaire tel que le développait, dans le roman de Flaubert, Madame Bovary, pauvre provinciale qui voulait jouer les héroïnes romantiques. Bien souvent, plus le personnage avec lequel on tente de se confondre est brillant et magnifique et plus la personne réelle est falote et méprisable. «L'angle bovaryque», comme le dit spirituellement Aldous Huxley, approche alors de 180°.

3. Le problème de l'unité du moi Le «paradoxe existentiel»

Qui sommes-nous ?

Nous avons cherché au problème de l'unité du moi une solution concrète. Nous n'avons pas voulu séparer la personne de son corps, ni du contexte des relations sociales dans lesquelles elle est engagée. Croyant ainsi mieux assurer le fondement de la personne, nous la voyons tout au contraire se dissoudre. Le corps, s'il fonde la personne par son unité organique, la brise en l'asservissant aux caprices mobiles des instincts. Et, contre un idéal de pure **sincérité**, qui nous ferait aussi mobiles que nos passions, qui nous attacherait successivement dans une complète incohérence aux désirs fugitifs de chaque instant, la personne réclame la **fidélité** et la cohérence d'une conduite unifiée. Mais ce n'est pas le «personnage» social qui nous donnera cette unité car la société nous incite à jouer divers personnages. Comme l'écrit excellemment Henri Gouhier[1] : «Le je historique est engagé dans un corps, dans une société, et dans un univers qui le pressent d'être le moins possible un "je". Le corps multiplie les passions et les instincts qui, selon le mot de Pascal, nous jettent à la porte de nous-mêmes. La société multiplie les personnages qui suppléent la personnalité [...]. Ainsi la personne trouve dans ses conditions d'existence les puissances qui tendent à la dépersonnaliser : tel est le paradoxe fondamental.» En fait il n'y a pas d'identité vraie de la personne au niveau des caractéristiques concrètes de l'individu biologique et du personnage social. Pascal nous invite à retrouver la «personne» par une ascèse. Il s'agit de nous dépouiller de nos habits d'emprunt, de nous redécouvrir nous-mêmes, c'est-à-dire de redécouvrir, par-delà tout ce que nous **avons,** ce que réellement nous **sommes**. D'abord mes richesses et mes titres (*Discours sur la condition des grands*) ne sont pas moi-même. En langage moderne je les ai, je ne les suis pas : «Notre âme, dit Pascal, est indifférente à l'état de batelier comme à celui de duc.» Mais je ne suis pas davantage ma beauté ou ma laideur physique, mes caractéristiques intellectuelles et morales : «Celui qui aime quelqu'un à cause de sa beauté l'aime-t-il ? Non : car la petite vérole qui tuera la beauté sans tuer la personne fera qu'il ne l'aimera plus. Et si on m'aime pour mon jugement, pour ma mémoire, m'aime-t-on *moi* ? Non. Car je puis perdre ces qualités sans me

1. H. Gouhier, *la Philosophie et son histoire*, p. 93, Vrin.

perdre moi-même. Où est donc ce *moi* s'il n'est ni dans le corps ni dans l'âme ? [...] On n'aime personne que pour des qualités empruntées[1].» Hume, méditant ce texte, en tirera des leçons de scepticisme sur l'unité du moi. Pour lui, c'est l'imagination qui identifie le moi et ce qu'il possède, ou comme on dit aujourd'hui, **l'être et l'avoir**. A la limite, je n'*ai* pas ma réputation et même mes souvenirs, mes idées et mes rêves autrement que ce costume ou cette maison. Simplement, pour Hume, l'imagination, habile à masquer la discontinuité de toutes choses, glisse aisément d'un état psychique à un autre et constitue le mythe de la personnalité, collection d'avoirs hétéroclites qui se donne pour un être. Car, ou bien je suis mes «états» et mes «qualités» et je ne suis pas moi-même, ou bien je suis moi-même et je ne suis plus rien.

4. Les difficultés du problème de la personne et la philosophie personnaliste

L'individuel et l'universel

Nous pouvons chercher la «personne» dans deux directions et dans les deux cas nous aboutissons à une impasse. Ou bien je définis la personne par l'individu biologique ou social et la personne disparaît. L'individu biologique n'est qu'un échantillon de l'espèce[2] et la personne sociale se dissout en une multiplicité de masques impersonnels. Ou bien, l'individu incarné ne pouvant servir de fondement à la personne, je suis tenté d'aller chercher ce fondement dans la raison, dans un cogito impersonnel. Mais ce cogito est une conscience abstraite, froide, indifférente, «lunaire», comme disait Nietzsche. On peut citer le mot de Jules Lachelier : «La conscience d'une douleur n'est pas douloureuse mais vraie.» Mais alors où est la personne ? Est-elle dans cette conscience objective et impassible ? N'est-elle pas plutôt dans ce moi qui souffre ? **Un cogito abstrait n'est que la conscience d'une vérité impersonnelle** et nous ne pouvons pas – comme l'a justement remarqué Jean Lacroix – définir la personne par la «conscience de l'impersonnel». Le «je» du «je pense» n'est qu'un «accident grammatical» du verbe *cogitare*. Le cogito, le mien, le sien, le vôtre, c'est la **raison** qui, sans doute, nous permet de partager une vérité mais ne nous singularise pas comme personne. Je peux comprendre avec vous un même théorème. Mais si cette communion par la raison permet de dire «nous», elle ne permet pas de dire «toi» et «moi». Ainsi, la communion dans une même vérité ne nous fait pas vraiment atteindre la personne d'autrui mais plutôt autrui et moi dépassent alors leur personne pour vivre au niveau des valeurs impersonnelles. La personne est ici niée plutôt que reconnue.

Le moi introuvable

On voit donc le double écueil d'une méditation sur le problème de la personne. La personne **disparaît** aussi bien dans l'individuel que dans l'universel ; on ne la rencontre ni dans l'individualisme à la manière de Gide qui, sous couleur de cultiver «le plus irremplaçable des êtres», ne fait de concessions qu'aux instincts et à l'impersonnalité grossière de l'espèce, ni dans l'universel abstrait d'un cogito raisonnable.

1. Pascal, *Pensées*, section V, fragment 323, Brunschvicg - Hachette.
2. Comme le remarque Diderot, lorsqu'on veut insulter quelqu'un, lorsqu'on se refuse à voir en lui une personne, on lui dit «Espèce de... »

Doit-on conclure que la personne est **une valeur qu'il faut dépasser** ? Pour Spinoza, «toute détermination est négation» et l'individu n'est qu'une limitation dans la plénitude de l'être. L'homme n'a pas d'autonomie réelle. Il n'est qu'une petite partie de la nature, un «mode fini» de la «substance» infinie. De même, pour Hegel, l'individualité n'est qu'un moment du développement de l'Idée universelle, elle n'a de sens qu'en prenant place dans l'Histoire, elle s'explique à partir de la Totalité et ne peut elle-même rien expliquer. Mais une telle position philosophique – qui finit par sacrifier complètement la personne singulière – est difficilement acceptable. Spinoza lui-même ne s'y est pas tenu et finit par accorder à l'âme humaine une essence singulière. Hegel a rencontré l'opposition irréductible de Kierkegaard qui revendique les droits de la personne existante contre l'impersonnalité de l'histoire universelle.

Le personnalisme

C'est à partir des exigences de la personne humaine que les **personnalistes** se sont efforcées d'orienter la réflexion philosophique. Emmanuel Mounier, mort à quarante-cinq ans en 1950, était le fondateur de ce mouvement.

Le personnalisme ne prétend pas apporter une philosophie entièrement nouvelle, mais plutôt une direction de pensée, qui intègre des thèses qu'on retrouve dans diverses philosophies[1].

Étant donné l'importance de ce mouvement, nous tenterons d'en donner un exposé objectif – en mettant surtout l'accent sur les solutions que les personnalistes proposent à toutes les difficultés que nous avons rencontrées dans notre réflexion sur la notion de personne.

Sur le plan politique, les personnalistes ne veulent ni de l'individualisme anarchique[2] ni du totalitarisme qui étouffe l'individu. Ils rejettent également la mystique solitaire, subjectiviste et romantique de Kierkegaard et le culte hégélien de l'État.

Sur le plan philosophique, les personnalistes tentent d'échapper au double écueil que nous avons signalé : confondre la personne avec l'individu concret ou au contraire absorber la personne dans la raison abstraite et les valeurs impersonnelles. Chaque personne leur apparaît en effet comme **une liberté engagée dans le monde** et parmi les autres hommes **pour incarner des valeurs éternelles dans des situations particulières et temporelles**. Jean Lacroix écrit par exemple dans *le Sens du dialogue :* «La personne n'est ni l'individuel ni l'universel mais bien plutôt un au-delà qui commande une certaine tension entre l'individuel et l'universel.»

Personnes et valeurs

Mais définir la personne comme le mouvement d'un individu incarné pour rejoindre des valeurs universelles, c'est mettre au premier plan le **sujet moral**. Ici le personnalisme rejoint une idée fondamentale de Kant, dont la morale attache une grande valeur à la personne humaine. Mais nous devons rappeler ici que, pour Kant, la personne humaine est avant tout le sujet de l'acte moral. Elle est en moi, non pas ce qui est originairement, mais ce qui tend à être dans la direction indiquée par l'impératif moral. Sans doute les personnalistes contemporains trouvent généralement que le sujet moral de Kant est un sujet trop abstrait. Kant se méfie excessivement de ce qui est sensible, affectif, charnel. Il se représente l'élan moral d'une façon beaucoup

1. Le mot même de *personnalisme* remonte à un philosophe français du XIXe siècle, Charles Renouvier, chez qui le terme désigne un idéalisme subjectiviste.

2. Une note d'Emmanuel Mounier dans le *Vocabulaire* de Lalande précise que «le *personnalisme* se distingue rigoureusement de l'individualisme et souligne l'insertion collective et cosmique de la personne».

trop sèche et désincarnée. Mais il a eu raison de considérer la personne comme élan vers la réalisation des valeurs.

Jean Lacroix écrit par exemple que «la personne n'est pas une donnée mais un devoir être». Et les personnalistes attirent notre attention sur l'admirable **ambiguïté du mot «appel»**. Appeler une personne c'est lui donner son nom, l'appel est synonyme de désignation (faire l'appel). Mais appeler c'est aussi demander, inviter, attendre quelque chose de quelqu'un. «Le mot appel a deux sens qui s'identifient ici : appeler une personne par son nom, c'est attendre d'elle une réponse constitutive de son être.»

«Être, c'est aimer»

Cette conception de la personne pourrait permettre une solution aux difficultés si bien mises en lumière par Pascal dans son analyse de l'amour. Pascal disait : si on m'aime pour mes «qualités», ce n'est pas moi qu'on aime. Et quel est ce moi qu'on peut aimer en dehors de toutes qualités qui lui appartiennent ? Le personnalisme apporte une solution à cette question. Le moi qu'on aime n'est pas le moi qui a telle ou telle qualité. Aimer, c'est appeler, espérer, croire. Aimer, c'est s'adresser à une personne, c'est-à-dire à une liberté, capable de répondre à un appel, de réaliser une vocation. L'amour n'est pas la reconnaissance d'une qualité déjà existante, **il est un acte de charité et d'espérance qui vise ce qu'autrui peut être et non ce qu'il est en fait.** Ils s'aiment non pour ce qu'ils sont, mais pour ce qu'ils espèrent devenir l'un par l'autre. Cette dernière formule met l'accent sur un autre trait – essentiel – de la personne. La personne ne se réalise pleinement qu'avec les autres personnes. Comme disait Mounier, «je n'existe que dans la mesure où j'existe pour autrui ; à la limite, être c'est aimer[1]».

La personne : une liberté créatrice

Toutes les difficultés posées par la notion de personne viennent, semble-t-il, de ce qu'on la considérait trop comme une réalité donnée au lieu de l'envisager comme une **liberté créatrice**. L'identité du moi elle-même est pour une grande part une construction et une conquête. Comme l'écrit encore Mounier : «Pas plus qu'un objet visible la personne n'est un résidu interne, une substance tapie sous nos comportements, un principe abstrait de nos gestes concrets : ce serait encore une manière d'être un objet ou un fantôme d'objet. La personne est une activité vécue d'autocréation, de communication et d'adhésion qui se saisit et se connaît dans son acte comme mouvement de personnalisation.»

La personne est donc envisagée par les personnalistes comme une liberté, comme **une source créatrice qui n'est épuisée par aucune de ses œuvres**. La personne, écrit Henri Gouhier, est «cette volonté libre qui est dans et en deçà de son œuvre, cet amour qui est dans et en deçà de son offrande[2]». Ainsi, entre la personne et les valeurs universelles, il y aurait exactement la même différence qu'entre toutes les péripéties d'une découverte scientifique et la loi universelle et objective finalement découverte. Dans le langage de certains, la personne n'est pas tant un esprit qu'une âme : autrement dit, elle conserve une individualité, elle n'est pas seulement une pensée qui s'identifie à la vérité, une sensibilité qui s'identifie à la beauté, une volonté qui s'identifie à la justice, mais une pensée, une sensibilité et une volonté qui ont rejoint les valeurs universelles par des chemins singuliers. C'est dans la singularité de chacune de leurs «lignes d'effort», dans l'originalité du chemin parcouru, que chaque personne trouverait en définitive le fondement de sa différenciation.

1. Emmanuel Mounier, *le Personnalisme*, p. 33.
2. H. Gouhier, *la Philosophie et son histoire*.

RENVOIS THÉMATIQUES AU VOLUME 1

- La conscience et l'inconscient, chap. 2, p. 22.
- La psychanalyse après Freud, chap. 2, p. 33.
- Les modalités de la communication des consciences, chap. 4, p. 66.
- L'anthropologie structuraliste, chap. 10, p. 238.
- La justice et l'égalité des personnes, chap. 12, p. 275.
- Travail, servitude, liberté, chap. 14, p. 311.
- La transcendance de l'homme, chap. 16, p. 369.

LES IDÉES ESSENTIELLES

Il ne faut pas confondre la personnalité (c'est-à-dire le contenu psychologique de tel ou tel «moi», celui-ci est émotif, rancunier, etc.) avec la personne, le *je* qui prend conscience de son *unité dans l'espace* (à travers la multiplicité des aspects de son existence) et de son *identité dans le temps* (ce petit garçon dont je me souviens, si différent de ce que je suis aujourd'hui, c'était pourtant... moi). Dire par exemple : «Comme j'ai changé !» c'est, malgré tout, rapporter ces divers changements à l'unité d'un même je.

Le fondement de l'unité personnelle est-il l'unité de l'organisme vivant ? La personne ne saurait se réduire à l'individu. L'individu, simple échantillon de l'espèce, est purement biologique, tandis que la personne est une *catégorie morale*. La personne se veut responsable ; me sentir responsable, c'est me reconnaître aujourd'hui auteur de mes actes d'hier ; or, dans le mot responsabilité, il y a répondre et pour répondre il ne faut pas être seul, il faut que les autres nous aient posé des questions, nous aient demandé d'assumer une tâche. La personne serait d'abord une fonction sociale, un personnage. Mais le «personnage» social ne fonde pas l'unité du *je*, car la société nous invite à jouer divers personnages ; la multiplicité de nos rôles effacerait plutôt notre unité. Et ce n'est pas être une vraie personne que de nous laisser réduire à l'idée que les autres ont de nous.

Ne faut-il pas plutôt chercher le fondement de la personne en dehors des conditions concrètes (biologiques et sociales) de son incarnation, et tout à l'opposé dans cette raison qui constitue l'essence spécifique de l'homme ? Chez Descartes, le moi se saisit dans l'acte qui affirme : cogito, je pense, je suis une substance dont l'essence est de penser. Mais il semble paradoxal de définir la personne singulière par la «conscience de l'impersonnel». La pensée nous permet de partager une vérité mais ne nous singularise pas comme personne. Le «je» du «je pense» semble un «accident grammatical» du verbe penser.

La philosophie personnaliste, fondée par Emmanuel Mounier, tente d'échapper à ce double écueil : confondre la personne avec l'individu concret ou au contraire absorber la personne dans la raison abstraite et les valeurs impersonnelles. Les personnalistes y parviennent en se représentant la personne comme sujet moral, c'est-à-dire sujet aimant, en la voyant non comme substance, mais comme visée ; la personne n'est ni l'individuel ni l'universel mais le mouvement d'un sujet incarné pour rejoindre les valeurs universelles et les autres personnes.

LECTURES

■ ***Sur les fondements biologiques de l'unité du moi :***

K.Goldstein, *Structure de l'organisme*, Gallimard.
P. Schilder, *l'Image du corps*, Gallimard.

■ ***Sur l'image du je et la psychanalyse :***

J. Lacan, «Le stade du miroir comme formateur de la fonction du *je*» in *Écrits*, Seuil. (L'enfant, dès l'âge de six mois et avant même de pouvoir se tenir debout et de percevoir l'unité de son propre corps anticipe cette connaissance du Je en reconnaissant – avec jubilation – cet Autre qui est lui-même, qu'il voit dans le miroir. Le «stade du miroir» étudié par Lacan, c'est donc «l'assomption jubilatoire par le petit enfant de son image spéculaire».)
G. Pankow, *l'Homme et sa psychose*, Aubier-Montaigne. (La dissociation de l'image du corps dans les maladies mentales.)

■ ***Sur les facteurs sociaux de l'unité personnelle :***

M. Mauss, *Sociologie et anthropologie*, p. 334-364, P.U.F.
I. Meyerson, *les Fonctions psychologiques et les œuvres*, Vrin.

■ ***Sur le problème philosophique de la personne :***

H. Gouhier, *la Philosophie et son histoire*, Vrin.
Une réflexion à la fois accessible, originale et profonde sur le problème de la personne se trouve dans les ouvrages de A. David.
La Cybernétique et l'humain, Gallimard, coll. Idées.
Matière, machines, personnes, Bordas.
E. Kant, *Fondements de la métaphysique des mœurs*, Delagrave.

■ ***Sur la philosophie personnaliste proprement dite :***

É. Borne, «Court-Traité de l'intériorité», in *Passion de la vérité*, Arthème Fayard.
Le problème du mal, P.U.F.
J. Lacroix, *Personne et amour*, Éd. du Seuil.
Le Personnalisme comme anti-idéologie, P.U.F.
R. Le Senne, *la Destinée personnelle*, Flammarion.
E. Mounier, *le Personnalisme*, P.U.F., Coll. Que sais-je ?

TEXTES À COMMENTER

1. Personne, mauvaise foi et cérémonie : Le garçon de café.

Si l'homme est ce qu'il est, la mauvaise foi est à tout jamais impossible et la franchise cesse d'être son idéal pour devenir son être ; mais l'homme est-il ce qu'il est et, d'une manière générale, comment peut-on *être* ce qu'on est, lorsqu'on est comme conscience d'être ? Si la franchise ou sincérité est une valeur universelle, il va de soi que sa maxime «il faut être ce qu'on est» ne sert pas uniquement de principe régulateur pour les jugements et les concepts par lesquels j'exprime ce que je suis. Elle pose non pas simplement un idéal de connaître mais un idéal d'*être,* elle nous propose une adéquation absolue de l'être avec lui-même comme prototype d'être. En ce sens il faut nous *faire être* ce que nous sommes. Mais que *sommes-nous donc* si nous avons l'obligation constante de nous faire être ce que nous sommes, si nous sommes sur le mode d'être du devoir être ce que nous sommes ? Considérons ce garçon de café. Il a le geste vif et appuyé, un peu trop précis, un peu trop rapide, il vient vers les consommateurs d'un pas un peu trop vif, il s'incline avec un peu trop d'empressement, sa voix, ses yeux expriment un intérêt un peu trop plein de sollicitude pour la commande du client, enfin le voilà qui revient, en essayant d'imiter dans sa démarche la rigueur inflexible d'on ne sait quel automate, tout en portant son plateau avec une sorte de témérité de funambule, en le mettant dans un équilibre perpétuellement instable et perpétuellement rompu, qu'il rétablit perpétuellement d'un mouvement léger du bras et de la main. Toute sa conduite nous semble un jeu. Il s'applique à enchaîner ses mouvements comme s'ils étaient des mécanismes se commandant les uns les autres, sa mimique et sa voix même semblent des mécanismes ; il se donne la prestesse et la rapidité impitoyable des choses. Il joue, il s'amuse. Mais à quoi donc joue-t-il ? Il ne faut pas l'observer longtemps pour s'en rendre compte : il joue *à être* garçon de café. Il n'y a rien là qui puisse nous surprendre : le jeu est une sorte de repérage et d'investigation. L'enfant joue avec son corps pour l'explorer, pour en dresser l'inventaire ; le garçon de café joue avec sa condition pour la *réaliser.* Cette obligation ne diffère pas de celle qui s'impose à tous les commerçants ; leur condition est toute de cérémonie, le public réclame d'eux qu'ils la réalisent comme une cérémonie, il y a la danse de l'épicier, du tailleur, du commissaire-priseur, par quoi ils s'efforcent de persuader à leur clientèle qu'ils ne sont rien autre qu'un épicier, qu'un commissaire-priseur, qu'un tailleur. Un épicier qui rêve est offensant pour l'acheteur, parce qu'il n'est plus tout à fait un épicier. La politesse exige qu'il se contienne dans sa fonction d'épicier, comme le soldat au garde-à-vous se fait chose-soldat avec un regard direct mais qui ne voit point, qui n'est plus fait pour voir, puisque c'est le règlement et non l'intérêt du moment qui détermine le point qu'il doit fixer (le regard «fixé à dix pas»). Voilà bien des précautions pour emprisonner l'homme dans ce qu'il est. Comme si nous vivions dans la crainte perpétuelle qu'il n'y échappe, qu'il ne déborde et n'élude tout à coup sa condition. Mais c'est que, parallèlement, du dedans le garçon de café ne peut être immédiatement garçon de café, au sens où cet encrier *est* encrier, où le verre est verre. Ce n'est point qu'il ne puisse former des jugements réflexifs ou des concepts sur sa condition. Il sait bien ce qu'elle «signifie» : l'obligation de se lever à cinq heures, de balayer le sol du débit avant l'ouverture des salles, de mettre le percolateur en train, etc. Il connaît les droits qu'elle comporte : le droit au pourboire, les droits syndicaux, etc. Mais tous ces concepts, tous ces jugements renvoient au transcendant. Il s'agit de possibilités abstraites, de droits et de devoirs conférés à un «sujet de droit». Et c'est précisément ce sujet que *j'ai à être* et que je ne suis point.

(J.-P. SARTRE, *l'Être et le Néant,* Gallimard.)

2. La personne comme «substance» juridique

Les greffes cardiaques, qui sont pratiquées déjà depuis plusieurs années, laissent entrevoir une époque où tous les organes de l'homme pourront être remplacés (y compris peut-être certaines parties du cerveau) par des appareils. La personne proprement dite apparaît alors comme une sorte de résidu qui est en même temps un centre irréductible, intangible, non matériel. Dès 1955, Aurel David proposait sur ce problème des analyses très remarquables :

Le sens profond de l'expérience juridique est celui d'une division alternative : un objet doit être ou bien une personne, ou bien une chose. Si des organes périphériques présentent toutes les propriétés des choses, ils ne peuvent être des personnes [...].

La personne individuelle ne se forme pas graduellement par l'apparition de ses organes. Elle est parfaite dès l'instant de la conception. A ce moment les soixante-dix kilogrammes de machinerie physiologique n'ont pas encore été fabriqués à l'aide de la matière apportée par les aliments. Et pourtant, des droits qui dureront toute la vie peuvent déjà se lire sur la tête de *l'infans conceptus* [...]. Le cœur pourra être remplacé tôt ou tard par un appareil artificiellement fabriqué. Une machine à calculer est une véritable partie du cerveau et elle pourra remplacer à l'avenir des morceaux de cerveau devenus inutiles.

Or, les convictions du droit sont telles qu'il ne faut pas craindre ces sortes de progrès. La science des robots et des télécommunications en se constituant et en gagnant tout le terrain qui est le sien, dégage le nôtre. Elle enlève de la personne les impuretés que notre paresse y incluait de force [...]. Puisse la cybernétique montrer toute la part de merveilleuse machinerie existant dans le corps humain, et recréer cet immense appareillage en laboratoire ! Alors nous pourrons l'enlever tout entier et concentrer notre attention sur la petite partie de l'homme qui crée et conduit l'usine matérielle classique [...].

On peut enlever à un empereur ses palais, ses trésors, ses chars de combat [...]. Le départ de ces biens appauvrit sa personnalité dans le sens courant du mot. Mais l'individu juridique reste inchangé et sera toujours et rigoureusement le même aux yeux du moraliste [...]

On peut encore rendre cet empereur aveugle et sourd. L'attaquer enfin dans son cerveau et diminuer sa pensée jusqu'à l'obscurcissement complet. On se trouvera pourtant devant le même individu et rien n'autorisera un changement de nom dans les registres de l'état civil [...]

Le fou est-il une personne plus petite que les autres hommes ? Tous les devoirs que les autres personnes ont envers lui demeurent inchangés. Mais dans l'exercice de ses droits, une impossibilité matérielle le paralyse. Mais l'aptitude à exercer ces droits ne disparaît pas puisque la loi organise la tutelle des fous. Elle nomme un fonctionnaire ou permet à un ami de mettre ses appareils pensants et exécutifs au service du fou. Les droits de l'incapable sortent alors de leur paralysie et se manifestent à nouveau [...]

Avec ou sans corps, avec ou sans psychisme, la personne juridique est toujours la même depuis qu'elle s'est manifestée et indépendamment de la structuration de ses organes [...]

L'égalité des personnes, telle que l'impose l'expérience morale est une égalité parfaite, et même la seule chose qui puisse donner l'idée de l'égalité : une identité quantique.

(Aurel DAVID, *Structure de la personne humaine*, P.U.F.)

3. Origines de la notion de personne : droit romain et amour chrétien

En Occident, l'idée de personne s'est élaborée surtout à partir du droit romain et de la théologie chrétienne. Il n'est donc pas étonnant que deux tendances principales la constituent et créent en elle une tension permanente : celle de droit et celle d'amour. Si le mot personne vient du latin *persona*, qui signifie masque, son sens premier n'est pas issu directement du théâtre, mais plutôt de l'idée stoïcienne du rôle que joue l'homme ici-bas. C'est un sens juridique. Aujourd'hui encore, le droit est ce qui stabilise les relations humaines en faisant des individus des joueurs de rôles : rôles du créancier, du débiteur, du vendeur, de l'acheteur, du plaignant, du citoyen, etc. Avoir la personnalité morale ou juridique, c'est posséder des droits et des devoirs déterminés par la loi. Le rôle historique du droit a été d'établir entre les hommes des rapports encore impersonnels, mais qui préparent et facilitent les relations de personnes. La notion même de droit implique et que les hommes ne sont pas immédiatement transparents les uns aux autres et qu'ils ont à le devenir le plus possible. Tout individu qui n'est pas entouré d'une sorte de sphère juridique est perpétuellement menacé de violence pure. Le droit crée entre les hommes un «espace social». L'homme est cet être qui est sujet de droit, c'est-à-dire qui entretient avec d'autres sujets des rapports qui impliquent distance. Le droit est l'organisation de la distance sociale. Mais il l'est aussi du temps social. Il assure une certaine cohérence et consistance de la personne dans l'espace et dans le temps. Il est lié à cette promesse constitutive de l'homme que nous avons rappelée. Contracter, c'est s'engager pour l'avenir, c'est dominer le temps [...].

L'amour, au contraire, semble rejeter tout droit et tout devoir. Il veut dépasser, voire réduire cette zone de l'impersonnel que le droit organise et pacifie, mais aussi entretient. Sa source et son but c'est la transparence des êtres. Mais cette transparence n'est ni spontanée ni définitive ; elle rencontre l'altérité qu'elle doit non seulement admettre mais vouloir [...]. Si bien qu'apparemment au moins l'amour semble contradictoire : désir de fusion d'une unité absolue entre les deux amants, mais en même temps respect de cette dualité exigée par la liberté de l'autre.

(Jean LACROIX, *le Personnalisme comme anti-idéologie*, p. 87-88, P.U.F.

SUJETS PROPOSÉS AU BACCALAURÉAT

■ Respecter l'autre, est-ce respecter en lui la personne humaine ? (Paris, Créteil, Versailles, B, juin 1990.)

■ Qui est mon prochain ? (Djibouti, B, juin 1986.)

■ Suffit-il, pour être soi-même, d'être différent des autres ? (Orléans-Tours, A, juin 1984.)

■ Qui parle quand je dis «je» ? (Rennes, B, juin 1983.)

■ Y a-t-il identité du moi à travers le temps ? (Rouen, A, septembre 1982.)

■ Tout individu en vaut-il un autre ? (Grenoble, 1980.)

■ Décide-t-on de devenir quelqu'un ? (Dakar, 1989.)

■ Dégagez l'intérêt philosophique de ce texte à partir de son étude ordonnée :
«Tout homme a le droit de prétendre au respect de ses semblables et réciproquement il est obligé au respect envers chacun d'entre eux.
L'humanité elle-même est une dignité ; en effet l'homme ne peut jamais être utilisé simplement comme moyen par aucun homme (ni par un autre, ni même par lui-même), mais toujours en même temps aussi comme une fin, et c'est en ceci précisément que consiste sa dignité (la personnalité), grâce à laquelle il s'élève au-dessus des autres êtres du monde, qui ne sont point des hommes et peuvent lui servir d'instruments, c'est-à-dire au-dessus de toutes les choses. Tout de même qu'il ne peut s'aliéner lui-même pour aucun prix (ce qui contredirait le devoir de l'estime de soi), de même il ne peut agir contrairement à la nécessaire estime de soi que d'autres se portent à eux-mêmes en tant qu'hommes, c'est-à-dire qu'il est obligé de reconnaître pratiquement la dignité de l'humanité en tout autre homme, et par conséquent sur lui repose un devoir qui se rapporte au respect qui doit être témoigné à tout autre homme.»

KANT

Amiens, B, juin 1985.

Chaque homme est unique, différent de tous les autres. La personne, c'est pour chacun de nous ce «je pense» qui accompagne toutes nos représentations, tous les moments de notre conscience.
Je me reconnais, je suis une personne unique, je suis «moi» dans les souvenirs les plus lointains de mon enfance, dans tous les épisodes de ma vie.
Et pourtant l'origine du mot français personne c'est *persona*, mot latin qui signifie masque. Dans les pièces de théâtre antiques, chaque acteur portait – du début à la fin de la pièce – un masque qui exprimait les caractéristiques de son rôle. En anglais, le mot *parson* désigne un rôle, celui prestigieux du curé de la paroisse.
La personne c'est d'abord le personnage, le rôle social.
Le personnage est-il l'essentiel de la personne, ce que je fais semblant d'être pour autrui, ou bien un mensonge, un masque qui cache la personne bien plus qu'il ne l'exprime ?

■ Yves Montand dans *l'Aveu*, de Costa-Gavras (1969).

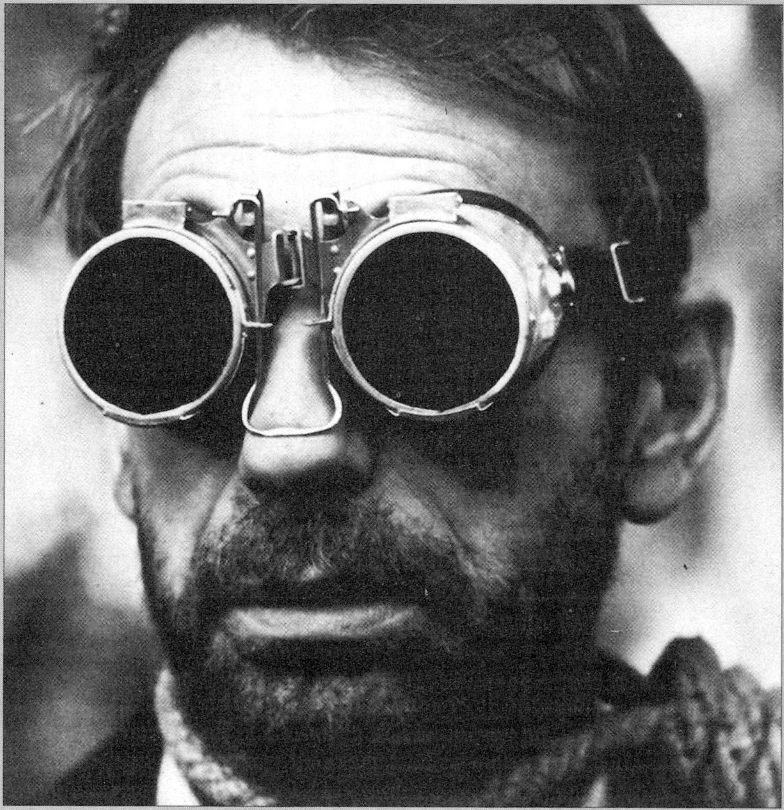

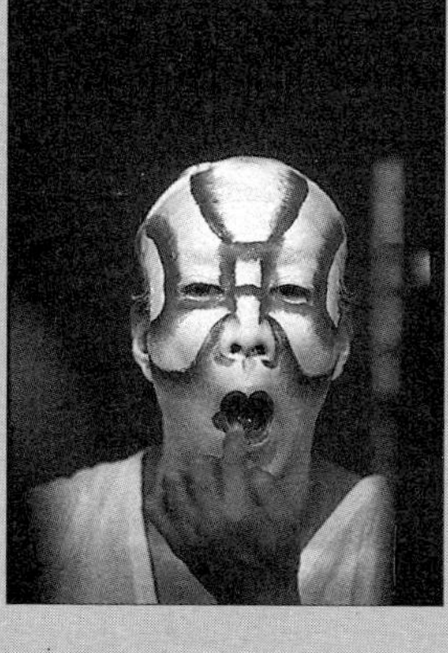

■ Masque de la chefferie bandjoun, au Cameroun.

■ Femme papoue.

■ Acteur du théâtre kabuki de Tokyo.

■ *Richard II*, par le Théâtre du Soleil. Photographie de Martine Franck.

CHAPITRE 14

Morale et bonheur

Fondement de la moralité

Justifier l'exigence morale c'est tenter d'en rendre compte à partir de la nature humaine : c'est fonder l'idéal, la valeur – ce qui n'existe pas mais doit exister – sur quelque chose qui existe en fait. C'est fonder la valeur sur l'être, c'est ramener la moralité à la nature.

Mais il y a deux façons de le faire ; ou bien j'**expliquerai indirectement la moralité par la nature**. Je dirai par exemple : tout compte fait, si j''accomplis ce qu'on nomme le devoir, si je ne vole pas, si je ne mens pas, si à l'occasion je rends service à mon prochain, je vivrai en sécurité, j'aurai l'estime de mon entourage et la société m'accordera sa protection. Ainsi mon dévouement et ma charité seront, en fait, une ruse de mon égoïsme et ma vie morale se fondera sur mon **intérêt** ; ou bien je rendrai compte de ma conduite morale en invoquant des sentiments, des tendances qui me poussent spontanément à faire le bien ; je constaterai que spontanément le mal me répugne tandis que j'éprouve de l'attrait pour les conduites morales. Ici **la moralité se fonde directement sur la nature**, sur mes sentiments. Dans cette perspective, la vie morale ne se ramène plus à la nature par la médiation d'un calcul rusé ; elle est directement l'expression de la nature.

1. Morales de l'intérêt

1. La morale d'Épicure

Fuir la douleur

Épicure s'efforce de justifier indirectement par le simple souci de l'intérêt et du plaisir une morale traditionnelle et même assez austère dans ses préceptes. Ici la valeur s'explique en effet par la nature et **ce qui est moralement désirable se fonde sur ce qui est désiré** en fait. Les hommes, comme tous les vivants, cherchent avant tout le plaisir. Le plaisir est un fait brutal, biologique. «La racine de tout plaisir est le plaisir du ventre.» Mais gardons-nous d'imaginer qu'Épicure cherche à justifier par là une vie de violences et de débauches. Tout au contraire. Car le plaisir vrai, c'est l'«absence de douleur». Ainsi la morale d'Épicure consistera avant tout à fuir la douleur, c'est-à-dire à fuir toutes les occasions de douleur, tous les risques, toutes les aventures. Épicure condamne les **plaisirs artificiels** (ceux du luxe, de l'orgueil) et même les plaisirs qui, tout en étant naturels, ne sont pas strictement nécessaires à la vie (comme ceux liés aux passions sexuelles). De tels plaisirs sont mêlés d'agitation et sont l'occasion de souffrances. En fait, le sage ne cultivera que les plaisirs à la fois **naturels** et **nécessaires** et se contentera du strict minimum : un peu de pain, un peu d'eau, un peu de paille pour dormir, un peu d'amitié. On voit **le paradoxe épicurien d'une morale austère et ascétique fondée sur le culte du plaisir !**

2. L'utilitarisme anglais

La morale de l'intérêt créée par le jurisconsulte anglais Jeremy Bentham au XVIIIe siècle est liée à la prospérité du commerce anglais à cette époque mais, au fond, ne fait que reprendre l'habileté épicurienne sous une forme plus élaborée.

L'arithmétique des plaisirs

C'est en fait la **morale traditionnelle** que Bentham s'efforce de justifier indirectement à partir de la **recherche naturelle du plaisir**. Le souci brutal et irréfléchi du plaisir conduit souvent, il le reconnaît, à des actions immorales mais aussi se solde en définitive, pour celui-là même qui y cède, par plus de souffrances que de joies. L'homme intelligemment désireux de servir son intérêt et son plaisir aura tout au contraire ce qu'il est convenu d'appeler une conduite morale. L'honnête homme est un habile comptable. Avant d'agir il réfléchit et **calcule son intérêt**. Il est passé maître dans l'«arithmétique des plaisirs». Car, pour faire son bilan moral, il faut littéralement «mesurer» les plaisirs sur toutes leurs dimensions. L'«intensité», mais aussi la «durée», la «proximité» (un plaisir à portée de la main vaut mieux qu'un plaisir lointain), la «certitude» (ne sacrifions pas un plaisir sûr à celui qui n'est que probable), la «fécondité» (un plaisir est fécond dans la mesure où il engendre d'autres plaisirs), la «pureté» (un plaisir est pur quand il n'est pas mélangé de douleur) et même l'«étendue», c'est-à-dire le nombre d'individus concernés par mon plaisir ; car j'aime mieux spontanément, si du moins il ne m'en coûte rien, que mon plaisir soit partagé.

Par le calcul des plaisirs, Bentham démontre aisément que les vertus traditionnelles donnent des plaisirs plus purs, plus durables, plus féconds, plus étendus que les vices opposés. Il est facile de voir, par exemple, que la tempérance apporte plus de plaisir que l'ivrognerie.

Toutefois – du point de vue simplement psychologique –, cette arithmétique du plaisir semble contestable. Elle repose sur ce postulat que «le bonheur est la plus grande somme de plaisirs diminuée de la plus petite somme de douleurs dans une existence complète». Or, en réalité, plaisir et bonheur ne sont pas des données homogènes et comparables. Ils ne sont pas sur le même plan. Je peux être très malheureux et cependant éprouver du plaisir à boire un verre de lait ; je puis me sentir très heureux sans éprouver beaucoup de plaisirs. Ce sont souvent les désespérés qui se «divertissent» et fuient dans la quête des plaisirs.

La conciliation des intérêts

Mais une autre difficulté, celle-là d'ordre spécifiquement moral, est soulignée par Bentham lui-même : «A supposer que chaque homme sache calculer son intérêt bien entendu, en résultera-t-il que chacun en le poursuivant se trouvera aussi poursuivre l'intérêt des autres ?[1]» En général, les utilitaristes anglais du XVIIIe et du XIXe siècle répondent que **les intérêts se concilient spontanément**. Le libéralisme économique, alors en pleine vogue, soutient par exemple (avec Adam Smith) que l'intérêt du commer-

1. Cité par René Le Senne, *Traité de morale générale*, p. 229, P.U.F.

çant est au fond le même que celui de l'acheteur, que l'intérêt de l'employeur coïncide avec celui du salarié, etc.

Qu'un pareil optimisme soit démenti par les faits, il n'est pour s'en convaincre que de considérer précisément le spectacle des classes sociales en Angleterre au XIXe siècle. Le prodigieux enrichissement de la bourgeoisie industrielle s'accompagne d'une terrible misère de la classe ouvrière (marquée notamment par une mortalité effroyable).

Mais s'il n'est pas d'harmonie préétablie entre les égoïsmes particuliers, la morale de l'intérêt va s'accorder une autre ressource. N'oublions pas que Bentham était juriste, pénaliste. Par un système bien organisé de récompenses et de punitions, on peut du dehors et artificiellement réconcilier les intérêts. Si, naturellement, vous avez intérêt à conserver votre portefeuille et moi à le dérober, dans une société bien organisée il n'en sera plus ainsi : je n'ai plus aucun intérêt à dérober votre portefeuille car les voleurs sont conduits en prison. Bien entendu, la prison est conçue par Bentham de telle sorte qu'on y soit plus malheureux qu'en liberté, mais aussi que le prisonnier qui applique le règlement et observe la discipline soit plus heureux que celui qui n'obéit pas. Ainsi, le prisonnier apprend-il à être honnête – c'est-à-dire à **bien calculer son intérêt**.

L'échec de l'utilitarisme

Un tel système peut-il se présenter comme un fondement de la morale ? Évidemment non car on ne voit pas, par exemple, ce que Bentham pourrait – à partir de ses principes – reprocher à un malfaiteur qui serait assez habile pour bien dissimuler de profitables escroqueries ou des larcins importants ! A tout prendre, le voleur impuni a bien calculé son intérêt ! En fait, la morale de Bentham n'est très exactement qu'une caricature de la morale. On a dit fort pertinemment qu'elle se propose de faire exécuter les gestes de la moralité à des gens qui seraient au fond étrangers à toute morale. Dans le système de Bentham, l'égoïsme singe l'altruisme. Loin de le fonder il le corrompt car l'altruisme intéressé n'est pas l'altruisme vrai. **L'intérêt n'est pas ce qui fonde la morale mais ce qui la perd.** Et, sur ce point, La Rochefoucauld, qui ne ramène les vertus à l'intérêt que pour nier les vertus, voyait plus juste que Bentham : «Les vertus se perdent dans l'intérêt comme les fleuves dans la mer.»

3. Point de vue de Freud

Au fondement de toute moralité : l'égoïsme

Les idées de Freud sur l'éthique se rattachent directement à la morale de l'intérêt. Pour lui, la morale résulte d'un compromis entre le «principe du plaisir» et le «principe de réalité». L'altruisme dérive de l'égoïsme par des processus inconscients que la psychanalyse met en lumière.

Pourquoi le petit enfant accepte-t-il d'être propre, d'obéir à ses parents, de sacrifier certaines impulsions ? Tout simplement parce qu'il a peur de perdre l'amour de ses parents, indispensable à son existence. C'est pour garder le bénéfice de cet amour qu'il accepte les interdits, les assimile, les «introjecte» (ces interdits qui s'imposent au moi deviennent alors, à l'intérieur de la personnalité elle-même, le «surmoi»). **C'est pour ne pas cesser d'être aimé que l'enfant renonce à être satisfait.**

La formation du «surmoi»

Cette formation de la conscience morale ou, plus exactement, du «surmoi», remonte à l'époque de la liquidation du complexe d'Œdipe. On sait que le petit garcon voudrait sa mère pour lui tout seul et déteste son père. Puis, par peur d'être puni, il renonce à cette haine et remplace la haine du père par une **identification** au père. Faute de pouvoir tuer le père, il essaie de lui ressembler («La mère est ce qu'on voudrait avoir, le père ce qu'on voudrait être»). S'identifier au père, c'est avant tout faire siens les interdits paternels et c'est en ce sens que Freud déclare : «Le surmoi est l'héritier du complexe d'Œdipe.» En tout cela, il apparaît que l'égoïsme est le fondement de la morale et de l'amour apparents ; on apprend à apprécier le fait d'être aimé comme un avantage, pour lequel – par une sorte de calcul – on renonce à d'autres avantages. Dans cette perspective, le contenu de la morale est purement **arbitraire**. Un enfant de voleur, élevé dans l'admiration du vol, trouvera dans son surmoi des maximes de voleur et se sentira coupable de ne pas les suivre. Comme le note pertinemment Marc-André Bloch, «l'enfant du pire chenapan pourra parfaitement former un surmoi construit à l'image du père, pourvu que celui-ci ait assuré et gardé son prestige pour l'enfant et si, par ailleurs, l'imitation du père exige sacrifice ou répression de certains instincts», le chantage affectif pouvant valoriser et faire «introjecter» n'importe quelle exigence du parent éducateur. Le «surmoi», ce «pouvoir sans justice», comme dit Henri Baruk, est donc tout au plus la caricature d'une conscience morale véritable.

4. Critique des morales de l'intérêt

La quête d'un bonheur indéfinissable

La recherche du bonheur se situe donc sur un plan totalement étranger à l'éthique. Certes, le désir d'être heureux est universel : «Tous les hommes cherchent le bonheur, dit Pascal, même ceux qui vont se pendre.» Mais la notion de bonheur est extrêmement vague. Si je définis le bonheur comme «le maximum de bien-être, dans mon état présent et dans toute ma condition future», je vois bien que moi-même, être fini, je ne peux définir les conditions de mon bonheur. Il me faudrait pour cela une science qui aille bien au-delà de la possession d'éléments finis, il me faudrait l'**omniscience**. Certes, le bonheur ne s'élève pas au-dessus du champ empirique, mais ce champ est illimité. Kant remarquait que, s'il est permis de donner à chacun des conseils de prudence, ces conseils restent vagues et incertains : le bonheur est un idéal confus, un idéal de l'imagination plutôt qu'un idéal de la raison.

L'utopiste Charles Fourier (1772-1837) imaginait le pays du bonheur absolu (une association de villages de 1 600 personnes) et définissait le bonheur comme «essor continu de toutes les passions». Il reconnaissait bien l'antinomie bonheur-moralité, l'opposition radicale entre ce que j'ai envie de faire et ce que je dois faire. «La morale, disait-il, est une insulte à Dieu», puisque Dieu est l'auteur de mes passions, de mes désirs, de mes «attractions». Mais la société harmonienne, si elle est possible, signifie alors, non le fondement, mais **la disparition de tout concept de morale**.

2. Morales du sentiment

Si le système moral de Bentham s'effondre, peut-être faut-il ajouter – cette fois contre La Rochefoucauld et contre Bentham – que ses postulats psychologiques sont eux aussi contestables. Il n'est pas sûr que l'homme soit mû exclusivement ni même essentiellement par le souci de l'intérêt personnel et les calculs de l'égoïsme.

L'expérience de la sympathie

N'y a-t-il pas des tendances, des sentiments qui, spontanément, nous poussent au bien ? C'est un fait que «notre sensibilité s'effarouche au spectacle ou au récit d'actes contraires à l'honneur, à la pudeur». Au contraire, témoins du dévouement, de la générosité, nous nous sentons exaltés par des sentiments d'admiration (au théâtre, au cinéma, les foules sentimentales prennent spontanément parti pour le héros bon et s'indignent du mal qu'on lui fait). Nous l'avons vu en traitant de la communication des consciences (vol. 1, chap. 4). Le fait premier n'est pas la solitude de l'ego mais la coexistence des personnes. Les sentiments de sympathie, l'expérience de l'amitié et de l'amour vrais qui nous font trouver notre joie dans le bonheur d'autres personnes – aux dépens mêmes de notre plaisir, de notre strict intérêt – sont des données fondamentales de la nature humaine[1].

Solipsisme et amoralisme

L'**amoralisme absolu** – qui est l'indifférence complète au bonheur des autres personnes – serait lié à un **solipsisme** radical, c'est-à-dire à la stricte négation de cette communication des consciences dont nous avons dit le caractère originaire. On le voit bien chez le marquis de Sade, dont les personnages sont bien plutôt égoïstes qu'ils ne sont cruels. L'un d'eux déclare par exemple : «Qu'importe si je dois acheter la plus faible jouissance par un assemblage inouï de forfaits, car **la jouissance me flatte, elle est en moi mais l'effet du crime ne me touche pas, il est hors de moi**[2].» Par là le héros sadien se condamne à une absolue solitude. Et si les hommes échappent très généralement à ce solipsisme, c'est parce qu'ils ont naturellement des sentiments. Les sentiments spontanés fonderaient donc la morale.

La pitié selon Schopenhauer

Telle est par exemple la position de Schopenhauer, qui développe une morale sentimentale sur un fond de décor tragique. Les divers individus ne sont d'après lui que les manifestations phénoménales d'un unique «vouloir vivre», substance du monde. Ce vouloir vivre est absurde, car la vie n'a pas d'autre but qu'elle-même et se déploie aveuglément et sans raison. Mais les individus, victimes d'une horrible illusion, se prennent souvent chacun pour le vouloir vivre tout entier et, à partir de là, luttent les uns contre les autres et s'entredéchirent pour conquérir ces «biens de la vie» qui n'ont ni durée ni signification (comme si la postérité de Sisyphe se disputait les morceaux du rocher). La **pitié** est pour Schopenhauer le grand remède à cette misère. En effet, la pitié est capable de convertir l'égoïsme en amour puisque le moi qui contemple la souffrance d'autrui éprouve à son tour une sorte de souffrance et qu'ainsi les individus cessent d'être clos et fermés sur eux-mêmes. La pitié est un sentiment de portée morale et métaphysique à la fois puisqu'il nous révèle l'**unité profonde de tous les êtres** ; tandis que l'immoralité est liée à l'illusion des singularités individuelles.

La morale et la vie

D'une façon générale, les moralistes «sentimentaux» fondent les valeurs morales sur les tendances spontanées de la nature humaine. Pour Marie Jean Guyau, l'élan spontané de la vie est altruiste ; un homme en bonne santé a immédiatement tendance – sans effort ni calcul – à se dévouer, à se donner à d'autres. Dans cette perspective, **l'égoïste est un malade**, c'est celui qui manque de vitalité, qui a trop peu de ressources pour les dépenser au-dehors

1. Bentham lui-même le reconnaît quand il tient compte de l'«étendue» du plaisir, c'est-à-dire de son aptitude à être partagé. Ainsi ne peut-il s'empêcher d'accorder à son égoïste rusé un minimum de sociabilité et de corriger son système, comme dit très bien Le Senne, par «une disposition infinitésimale à la sympathie, par une différentielle d'amour».

2. D.A.F. de Sade, *Justine*, p. 57, J.-J. Pauvert.

et qui consacre le peu de forces qui lui reste à se sauver lui-même, à construire une barrière protectrice entre lui et le monde. La vie morale, c'est tout simplement la vie, car d'elle-même la vie est ouverture, générosité, sacrifice. Dans ces conditions, la morale de Guyau se présente comme une morale **sans obligation ni sanction**. Il ne s'agit pas d'obéir à une règle, de mutiler sa propre nature pour se soumettre de façon résignée à un devoir sévère et transcendant. Il me suffit d'être moi-même, de céder à cet élan généreux qui est le fond de mon être. Car je ne m'accomplis pleinement qu'en me donnant aux autres ; **la morale serait ainsi immanente à mes sentiments naturels, à l'élan même de la vie**.

La morale selon Bergson

Ce sont des réflexions de cet ordre, mais très approfondies, que nous retrouvons dans le célèbre ouvrage de Bergson : *les Deux Sources de la morale et de la religion.*

Sans doute Bergson ne conteste-t-il pas que, sous un certain aspect, la morale nous apparaisse comme un système de règles et d'obligations. Il est en effet une morale commune et quotidienne qui se réduit à un ensemble d'habitudes collectives : faire son travail professionnel, ne pas dérober le bien d'autrui, etc. Plutôt que d'obligations transcendantes, il s'agit ici de nécessités sociales. Les règles communes n'expriment rien d'autre que la tendance du groupe à se conserver lui-même. Il s'agit ici de **régulations en quelque sorte biologiques propres à ce grand organisme qu'est la société**. La morale commune aura par là même un caractère **conservateur** et **conformiste**. Chez le citoyen bien discipliné, ce n'est d'ailleurs presque plus une obligation, c'est une habitude.

Le héros et le saint

Mais, aux yeux de Bergson, la vraie morale est celle qui s'incarne dans les consciences du **héros** et du **saint**. Ceux-là sont des initiateurs qui rompent avec les habitudes du groupe et, **dans un élan, créent des valeurs morales nouvelles**. Tandis que, pour la psychologie classique, observe Bergson, l'émotion n'est qu'une déroute, qu'un désordre, une destruction de valeurs consécutive à certaines représentations mentales, il faut ici renverser ce schéma : d'abord l'émotion n'est plus conséquence mais source, c'est elle qui donne naissance à des représentations morales ; ensuite et surtout, l'émotion n'est plus destruction d'un ordre, mais promotion de valeurs. L'émotion qui anime le héros et le saint est une **émotion créatrice**.

Une morale ouverte

L'émotion ne **crée** pas seulement les valeurs, elle permet aussi leur **diffusion**, car l'enthousiasme du héros et du saint est contagieux. La foule est réveillée par cet appel qui vient de haut. Les puissances d'idéal qui sommeillaient en elle sont excitées par l'exemple des grands créateurs d'idées neuves. Ici, la foule ne cède plus à la contrainte d'une obligation ou d'une habitude, mais elle éprouve un **attrait** invincible, elle est séduite par l'appel du héros. Cet appel brise les barrières étroites de la morale sociale qui n'était qu'une morale close parce que limitée à l'intérêt d'un groupe. La morale du héros et du saint est une **morale ouverte**, elle nous révèle des valeurs qui visent le bien de l'humanité tout entière. Au début, les représentants de la morale close protestent, les conformistes d'Athènes s'indignent des leçons de Socrate, les autorités religieuses de Palestine s'inquiètent de la prédication de Jésus ; et c'est un fait que Socrate et Jésus sont finalement mis à mort. Mais ils ont lancé par le monde des germes qui ne périssent pas.

Remarquons qu'il n'y a pas réellement pour Bergson deux morales différentes. Car la **morale close**, l'ensemble des habitudes sociales – alors même qu'elle peut violemment faire échec à l'initiative morale du héros –

n'est pourtant elle-même que le **résultat codifié**, en quelque sorte refroidi et figé, **des grandes innovations morales du passé**. Les nouveautés morales, en effet, finissent pas entrer dans les mœurs et l'élan généreux tend à se pétrifier en codes et en coutumes. La morale du héros et du saint, c'est l'élan moral pris à sa source jaillissante, saisi dans le vif de sa jeunesse créatrice, l'élan qui réveille les cœurs généreux menacés de s'engourdir dans le conformisme des règles établies.

Le sentiment ne peut être le fondement de la morale

Peut-on fonder la morale sur l'élan du cœur, sur les sentiments ? Accepterons-nous l'idée que les valeurs morales sont immanentes à l'élan de vie ? Il est certain que les sentiments ont un grand rôle à jouer dans la **pédagogie** morale. Que l'enthousiasme, que les sentiments généreux nous facilitent l'accomplissement du devoir, que pour cette raison l'éducation doive s'employer à les développer, personne n'en doutera. Mais il apparaît difficile à la réflexion philosophique de **fonder** les valeurs morales sur les sentiments naturels. Il est bien évident en effet que les sentiments spontanés ne sont pas nécessairement accordés aux valeurs de la vie morale. La pitié et l'amour sont des sentiments mais la haine et l'envie également. Si je distingue de bons et de mauvais sentiments, c'est donc que **la règle du bien et du mal transcende les sentiments** puisqu'en son nom je les juge. Les impulsions naturelles, objet d'un jugement de valeur, n'en peuvent être le principe.

Schopenhauer et Nietzsche

Reconnaissons aussi toute l'ambiguïté de cet élan vital, sur lequel Guyau et Bergson prétendent fonder la morale. Pour eux, la vie est élan sentimental, généreux. Mais pour d'autres, l'élan de vie est tout différent. Frédéric Nietzsche, par exemple, au nom des valeurs de vie, prêche une éthique de la dureté, une anti-morale. Tandis que, pour Bergson, l'élan spontané de la vie trouve son expression suprême dans le don charitable des saints, Nietzsche, au nom de l'élan de vie, condamne la pitié – contagion de souffrance dévitalisante – et la charité, contraire à la nature parce qu'elle maintient artificiellement les faibles dans l'existence. Pour Nietzsche, l'élan de vie est volonté de puissance et de domination, égoïsme triomphant. On voit que sur l'impulsion naturelle on peut fonder aussi bien et aussi mal une morale ou un immoralisme. L'élan de vie n'est jamais par lui-même principe d'une morale. Il ne devient tel que par la grâce d'un jugement de valeur qui le consacre ou le condamne. Ainsi Nietzsche et Schopenhauer reconnaissent tous deux l'existence d'un vouloir vivre impérieux, égoïste, cruel. Mais Schopenhauer le condamne et privilégie le sentiment de pitié. Nietzsche au contraire l'approuve et le fonde comme principe d'action. Ainsi **le jugement par lequel je décide de refuser ou de glorifier l'impulsion naturelle n'appartient pas lui-même à l'impulsion naturelle.** Il est d'un autre ordre.

Ambiguïté du remords

D'ailleurs, même les sentiments que je reconnais comme véritablement moraux ne sont pas toujours des guides très sûrs. Les sentiments sont subjectifs, variables selon les moments. Les conduites spontanées qu'ils suscitent sont souvent dangereuses parce qu'irréfléchies. Le remords est un sentiment moral caractéristique. Mais il n'en est pas de plus vain et de plus dangereux. A quoi bon cette terrible souffrance une fois que la faute est irrémédiablement commise ? Dans le remords le sentiment de mon indignité m'obsède à tel point que je ne puis me détacher de ce passé ignoble que précisément je devrais à présent dépasser. C'est un scrupule absurde puisqu'il vient quand le mal est fait. C'est, dit plaisamment Vladimir Jankélévitch, «la conscience morale de l'escalier» (comme on parle de l'esprit de l'escalier). L'homme qui est la proie du sentiment du remords est **deux fois impuissant**, disait Spinoza, une première fois parce qu'il a commis une faute, une seconde fois parce qu'il désespère.

Et chacun sait le caractère relatif, variable du remords. Des consciences scrupuleuses se tourmentent indéfiniment pour des peccadilles ou même pour des fautes imaginaires. Angelo Hesnard a très bien parlé de ces scrupuleux qui souffrent horriblement de «pensées impures» mais qui cessent d'avoir du remords dès qu'ils passent à l'acte. Car c'est un fait que «la faute intérieure» (celle qui demeure dans la pensée et qui ne fait de mal à personne) donne beaucoup plus de remords que l'acte immoral lui-même. Quant aux pervers authentiques, aux auteurs de fautes réellement très graves, ils n'éprouvent d'ordinaire aucun remords ; l'habitude du mal les endurcit. (Le Mathan de Racine, dans *Athalie*, le sait bien ; ne déclare-t-il pas vouloir «à force d'attentats perdre tous mes remords» ?)

RENVOIS THÉMATIQUES AU VOLUME 1

- Le rôle des conflits, chap. 2, p. 29.
- Les modalités de la communication des consciences : le conflit, chap. 4, p. 66.
- La communication par la sympathie, chap. 4, p. 67.
- La sociologie de Durkheim, chap. 10, p. 232.
- La justice et l'égalité des personnes, chap. 12, p. 275.

LES IDÉES ESSENTIELLES

Tandis que la morale de l'intérêt se fonde *indirectement* sur la nature (tout compte fait n'est-il pas plus habile, plus conforme à mon intérêt bien calculé de me conduire en honnête homme ?), la morale du sentiment prétend exprimer *directement* la nature : l'élan le plus profond de la vie serait par lui-même générosité et altruisme.

Mais l'intérêt ne peut fonder qu'une apparence de moralité. Imaginons, disait Platon, qu'un homme possède comme le berger Gygès un anneau magique qui le rende invisible à volonté. Voilà une pierre de touche, un critère irréfutable pour apprécier l'authenticité d'une morale. Si nous profitons de notre invisibilité pour commettre, à l'abri de tous les regards, des forfaits avantageux, notre probité antérieure, purement intéressée, n'était qu'un faux-semblant. Si, malgré notre intérêt et les facilités magiques qui lui sont offertes, nous persévérons dans la probité, alors notre moralité est vraie. Mais elle est vraie précisément parce que nous ne tenons pas compte de notre intérêt égoïste. Loin de se fonder sur l'intérêt, «les vertus se perdent dans l'intérêt comme les fleuves dans la mer» (La Rochefoucauld).

La vie morale, étrangère à notre intérêt égoïste, ne se fonde-t-elle pas sur des sentiments naturels ? Schopenhauer évoque la pitié, seule capable de briser les barrières de l'égoisme. Bergson parle de l'émotion créatrice du héros et du saint qui non seulement invente de nouvelles valeurs mais permet leur diffusion, car l'enthousiasme de ces créateurs est contagieux.

Peut-on vraiment fonder la morale sur l'élan du cœur, sur le sentiment ? Les sentiments ont un grand rôle à jouer dans la *pédagogie* morale. L'enthousiasme, les sentiments généreux facilitent la conduite morale et l'éducation morale peut donc s'employer à utiliser, à développer de tels sentiments.
En revanche, il apparaît difficile à la réflexion philosophique de *fonder* les valeurs morales sur les sentiments. Si je distingue précisément les bons sentiments des autres, c'est au nom d'une règle morale qui dépasse les sentiments, puisqu'elle les juge. Si nous pensions que toute impulsion spontanée est le principe légitime d'une action, nous n'aurions rien à répondre au marquis de Sade, qui légitimait le meurtre simplement parce que certains ont un grand enthousiasme à tuer ! Les impulsions naturelles, objet d'un jugement de valeur (au nom de la conscience je les dirai bonnes ou mauvaises), ne peuvent donc pas être le principe de ce jugement.

LECTURES

■ ***Textes philosophiques :***

ALAIN, *Propos sur le bonheur*, Gallimard.
R. DESCARTES, *Discours de la méthode*, IIIe partie, Nathan, coll. «Les intégrales de philo».
E. KANT, *Fondements de la métaphysique des mœurs*, Delagrave.
PLATON, *République*, I et II. (Critique décisive de la morale de l'intérêt.)

■ ***Sur le problème du «surmoi» :***

S. FREUD, *Essais de psychanalyse*, Payot.

■ ***Sur la morale du sentiment :***

H. BERGSON, *les Deux Sources de la morale et de la religion*, P.U.F.
A. SCHOPENHAUER, *le Fondement de la morale*, Aubier.

■ ***Pour une critique radicale de la morale :***

F. NIETZSCHE, *la Généalogie de la morale*.

■ ***Parmi les ouvrages récents, on consultera :***

A. COMTE-SPONVILLE, *Traité du désespoir et de la béatitude*, vol. 2 : *Vivre*, P.U.F.
V. JANKÉLÉVITCH, *Traité des vertus*, Bordas. (Des analyses brillantes, toujours suggestives et très accessibles.)
G. LIPOVETSKI, *l'Ère du vide*, Gallimard.
R. POLIN, *Le bonheur considéré comme l'un des beaux-arts*, P.U.F.

■ ***Sur le problème du remords :***

V. JANKÉLÉVITCH, *la Mauvaise Conscience*, Aubier.

TEXTE À COMMENTER

L'immoralisme de Nietzsche

Quelqu'un veut-il planter son regard jusqu'au fond du mystère où se cache la fabrication de l'idéal sur terre ? Qui donc en aura le courage ? Eh bien, regardez, voici une échappée sur cette ténébreuse usine... Que se passe-t-il dans ces profondeurs ? Dites-moi ce que vous voyez, ô homme des plus dangereuses curiosités !

– C'est moi maintenant qui vous écoute.

– Je ne vois rien mais je n'entends que mieux. C'est une rumeur, un murmure sournois qui part de tous les coins et les recoins. Il me semble qu'on ment ; une douceur mielleuse englue chaque son. Un mensonge doit transformer la faiblesse en mérite, cela n'est pas douteux – il en est comme vous l'avez dit.

– Après !

– Et l'impuissance qui n'use pas de représailles devient, par un mensonge, la «bonté» ; la craintive bassesse, «humilité» ; la soumission à ceux qu'on hait, «obéissance» (c'est-à-dire l'obéissance à quelqu'un dont ils disent qu'il ordonne cette soumission, ils l'appellent Dieu). Ce qu'il y a d'inoffensif chez l'être faible, sa lâcheté, cette lâcheté dont il est riche et qui chez lui fait antichambre, et attend à la porte, inévitablement, cette lâcheté se pare ici d'un nom bien sonnant et s'appelle «patience», parfois même «vertu», sans plus ; «ne pas pouvoir se venger» devient «ne pas vouloir se venger» et parfois même le pardon des offenses («car *ils* ne savent pas ce qu'ils font – nous seuls savons ce qu'ils font !»). On parle aussi de «l'amour de ses ennemis» – et l'on sue à grosses gouttes.

– Après !

– Ils sont misérables, sans doute, tous ces marmotteurs de prières, tous ces faux-monnayeurs, quoique tapis au fond de leurs recoins, ils se tiennent chaud ; – mais ils prétendent que Dieu les a distingués et élus grâce à leur misère ; ne fouaille-t-on pas les chiens que l'on aime le plus ? Peut-être cette misère est-elle aussi une préparation, un temps d'épreuve, un enseignement, peut-être davantage encore – quelque chose qui trouvera un jour sa compensation, qui sera rendu au centuple, à un taux énorme, en or, non ! en bonheur. C'est ce qu'ils appellent la «félicité éternelle».

– Après !

– Maintenant ils me donnent à entendre que non seulement ils sont meilleurs que les puissants, les maîtres du monde dont ils doivent lécher les crachats (non pas par crainte, oh ! point du tout par crainte ! mais parce que Dieu ordonne d'honorer toutes les autorités) – que non seulement ils sont meilleurs, mais encore que leur part est meilleure ou du moins qu'elle le sera un jour. Mais assez ! assez ! Je n'y tiens plus. De l'air ! de l'air ! Cette officine où *l'on fabrique l'idéal,* il me semble qu'elle sent le mensonge à plein nez.

– Halte ! Un instant encore ! Vous n'avez rien dit encore de ces virtuoses de la magie noire qui savent ramener le noir le plus épais à la blancheur du lait et de l'innocence ; – n'avez-vous pas remarqué ce qui fait leur perfection dans le raffinement, leur touche d'artiste la plus mensongère ? Prenez-y garde ! Ces êtres souterrains gonflés de vengeance et de haine – que font-ils de cette vengeance et de cette haine ? Avez-vous jamais entendu un pareil langage ? A n'en croire que leurs paroles, vous seriez-vous douté que vous vous trouviez au milieu de tous ces hommes du ressentiment ?...

– Je vous entends et j'ouvre de nouveau les oreilles (hélas ! trois fois hélas ! et me voilà derechef obligé de me boucher le nez !) Ce n'est qu'à présent que je saisis ce qu'ils ont répété tant de fois : «Nous autres bons – nous sommes les justes» – ce qu'ils demandent, ils ne l'appellent pas représailles, mais bien «le triomphe de la justice», ce qu'ils haïssent ce n'est pas leur ennemi, non ! ils haïssent l'«injustice», l'«impiété» ; ils croient et espèrent, non pas en la vengeance, en l'ivresse de la douce vengeance (– «plus douce que le miel», disait déjà Homère), mais bien «en la victoire de Dieu, du Dieu de justice sur les impies» ; ce qui leur reste à aimer sur terre, ce ne sont pas leurs frères dans la haine, mais, à ce qu'ils disent, «leurs frères en amour», tous les bons et les justes de la terre.

– Et comment appellent-ils ce qui leur sert de fiche de consolation dans toutes les peines de l'existence – leurs fantasmagorie et leur anticipation de la béatitude à venir ?

– Comment ? Est-ce que j'ai bien entendu ? Ils appellent cela «le jugement dernier», la venue de leur règne, du «règne de Dieu» – mais, en attendant, ils vivent dans «la foi», «l'espérance» et «la charité».

– Assez ! Assez !

(F. NIETZSCHE
Généalogie de la morale, Gallimard.)

SUJETS PROPOSÉS AU BACCALAURÉAT

■ Y a t-il plusieurs morales ? (Maroc, C, D, E, juin 1989.)
[Ce sujet peut s'entendre de deux façons ; ou bien il s'agit de traiter des divers fondements de la morale allégués par les philosophes (morales de l'intérêt, du sentiment, de la raison, etc.) ou plus probablement on vous invite à discuter des contradictions des morales concrètes : opinions diverses sur la sexualité, sur l'euthanasie, sur le suicide : les mêmes principes moraux sont susceptibles d'applications diverses selon les temps et les lieux.]

■ Vivre selon ses principes : est-ce une obligation morale ou une condition du bonheur ? (Israël, A, septembre 1988.)

■ Un problème moral admet-il une solution certaine ? (Paris, Créteil, Versailles, A, juin 1986.)

■ Peut-on construire sa vie comme une œuvre d'art ? (Montpellier, A, septembre 1985.)

■ Les méchants peuvent-ils être véritablement heureux ? (Amérique du Sud, A, septembre 1985)

■ Dégagez l'intérêt philosophique de ce texte à partir de son étude ordonnée :
«Il me semble que le Souverain Bien de tous les hommes ensemble est un amas ou un assemblage de tous les biens, tant de l'âme que du corps et de la fortune, qui peuvent être en quelques hommes ; mais que celui d'un chacun en particulier est tout autre chose, et qu'il ne consiste qu'en une ferme volonté de bien faire, et au contentement qu'elle produit. Dont la raison est que je ne remarque aucun autre bien qui me semble si grand, ni qui soit entièrement au pouvoir d'un chacun. Car, pour les biens du corps et de la fortune, ils ne dépendent point absolument de nous ; et ceux de l'âme se rapportent tous à deux chefs[1], qui sont, l'un de connaître, et l'autre de vouloir ce qui est bon mais la connaissance est souvent au-delà de nos forces ; c'est pourquoi il ne reste que notre volonté, dont nous puissions absolument disposer. Et je ne vois point qu'il soit possible d'en disposer mieux, que si l'on a toujours une ferme et constante résolution de faire exactement toutes les choses que l'on jugera être les meilleures, et d'employer toutes les forces de son esprit à les bien connaître. C'est en cela seul que consistent toutes les vertus.»

DESCARTES
Besançon, A, juin 1987.

1. Deux chefs : deux points.

La morale traditionnelle a toujours opposé l'hédonisme (théorie du plaisir) à l'eudémonisme (doctrine du bonheur). Mais très peu de moralistes ont tenu le plaisir pour le Souverain Bien. Aristote disait qu'il s'ajoutait à l'acte «comme à la jeunesse sa fleur», tandis qu'Aristippe de Cyrène ou le marquis de Sade ont prôné la recherche du pur plaisir, indépendamment de toute considération morale. Faut-il ainsi rechercher en toute situation jouissance et volupté ?
Pour atteindre le *vrai* bonheur, épicurisme et stoïcisme recommandent au contraire une dure ascèse, et Kant exige de l'homme des actes accomplis par devoir, c'est-à-dire par pur respect de la loi morale. Lambert Wilson, incarnant l'abbé Pierre dans l'*Hiver 54* nous montre le chemin d'un bonheur ascétique. De même, le Père Gabriel (Jeremy Irons), dans *Mission*, n'hésite pas à se sacrifier pour sauver la tribu des Guaranis. En revanche, le remords qu'éprouvent les héros du film *Le facteur sonne toujours deux fois* les prive de toute possibilité de parvenir un jour au bonheur : leur crime hantera leur conscience jusqu'à la fin.
Quant aux amoureux qui boivent, chacun dans leur voiture, du Coca-Cola ou aux membres de cette radieuse petite famille qui s'ébattent dans la campagne, n'offrent-ils pas l'image d'un bonheur apprêté, pâle cliché d'un «rêve américain» qui fait partie de nos contes de fées modernes ?

■ Lambert Wilson incarne l'abbé Pierre, dans l'*Hiver 54*, de Denis Amar (1989).

■ Jeremy Irons, dans *Mission*, de Roland Joffé (1986).

■ *Portrait du marquis de Sade*, par Man Ray (1938).

■ Jack Nicholson et Jessica Longe, dans *Le facteur sonne toujours deux fois*, de Bob Rafelson (1981).

■ Publicité pour le centenaire de Coca-cola.

■ Famille incarnant le «rêve américain».

CHAPITRE 15

Le devoir

Transcendance du devoir

Fonder la morale sur la nature, soit indirectement sur l'intérêt, soit directement sur les sentiments, c'est nier la spécificité de la vie morale, c'est ramener les valeurs à la réalité empirique de mes goûts et de mes désirs. C'est réduire l'impératif moral – ce qui doit être – à l'indicatif biologique de mes tendances, telles qu'elles existent en fait. Si la morale, selon la formule de Nietzsche, n'est qu'un «langage figuré des passions», il n'y a plus de morale.

Or, il est incontestable que l'exigence morale se présente à la conscience sous la forme d'une **obligation**, d'un **devoir**. Je me sens tenu de faire mon devoir même s'il est contraire à mon intérêt, à mes passions, à ma nature. Il s'agit d'un ordre qu'on ne discute pas : «Tu dois.» La conscience se reconnaît soumise à une obligation qui la dépasse. Comment expliquer ce caractère de transcendance du devoir ?

1. Interprétation sociologique

La conscience collective

Pour Émile Durkheim, notre conscience morale personnelle n'est que l'écho de ce qu'il nomme la **conscience collective**. C'est la puissance des exigences de la société qui s'exprime par la voix de notre conscience personnelle et façonne notre morale. Si la conscience collective s'exprime par notre conscience personnelle, elle la dépasse cependant et ne vient pas d'elle. Les caractères du devoir moral sont des caractères éminemment sociaux : le devoir est **collectif** (puisqu'il s'impose généralement à tous les membres d'un groupe), il est **coercitif**, c'est-à-dire contraignant. La théorie de Durkheim explique donc assez bien le caractère **transcendant** (extérieur et supérieur) de l'obligation morale. Si le devoir nous dépasse, s'impose à nous d'en haut, c'est parce qu'il émane de la société elle-même qui dépasse l'individu et pèse sur lui. La morale serait une réalité du même ordre que le rituel de la politesse ou que le langage. Il s'agit là des règles qui prennent leur source ailleurs que dans les humeurs mobiles des individus : de même que pour s'exprimer et être compris, les individus doivent respecter les usages de leur langue, codifiés dans des grammaires ou des dictionnaires, de même ils sont tenus de conformer leur conduite à des règles dont l'extériorité et l'autorité par rapport aux initiatives des consciences personnelles soulignent le caractère social.

La nécessité d'un jugement personnel…

Mais cette conception du devoir rencontre une sérieuse difficulté : interpréter de telle sorte l'obligation, n'est-ce pas risquer de **réduire la morale au conformisme** ? Or il n'est pas rare que nous considérions comme des héros de la vie morale des hommes qui, précisément, entrent en conflit avec des règles collectives établies. La conscience individuelle – au nom de l'idéal moral – s'insurge parfois contre les exigences de la société. Dans l'illustre tragédie de Sophocle, Antigone s'oppose aux ordres du roi Créon, c'est-à-dire à la volonté de l'État lorsqu'elle décide de rendre à son frère – traître à la patrie – les honneurs funèbres. Aux lois écrites de la cité, elle oppose les «lois non écrites» de sa conscience personnelle. On accordera qu'ici la conscience morale, loin d'être de nature sociale, semble s'opposer aux exigences du groupe.

On voit pourtant ce que Durkheim pourrait rétorquer à notre argument : Antigone ne rejette pas toute conscience sociale. Lorsqu'elle décide d'ensevelir son frère malgré sa trahison, elle obéit aux lois de l'honneur familial, elle se conforme aux impératifs de cette société organisée – le groupe religieux – qui s'opposent en l'occurrence aux impératifs de l'autorité politique. Après tout, ce sont les prêtres de Thèbes qui lui ont enseigné qu'elle devait enterrer selon le rite consacré les morts de sa famille.

... face à la pluralité des conformismes

Il est vrai, mais c'est reconnaître que la société peut nous soumettre à des sollicitations contradictoires. Comme dit très pertinemment René Le Senne, «la société rejette le moi sur lui-même en lui donnant des ordres contradictoires. L'État entre en conflit avec la religion, les intérêts de notre famille s'opposent à ceux de la patrie, la profession nous impose des partialités [...] le partisan qui va jusqu'au bout de ce qu'exige son parti devient un traître envers sa nation [...]. **Comment pourrions-nous nous contenter d'obéir à la société puisqu'en nous elle est divisée contre elle-même ?**[1]».

La pluralité des conformismes contradictoires fait qu'en définitive c'est tout de même à moi de choisir et de décider en fonction d'un idéal que je n'ai peut-être pas reçu de la société puisqu'à partir de lui **je juge la société**. L'obligation morale exige que l'individu s'efforce d'accomplir ce qu'il juge être juste indépendamment des pressions sociales diverses qui pèsent sur lui. Au fond, la société elle-même est un fait plutôt qu'un droit, une réalité comme une autre qui demande à être jugée. L'impératif pseudo-moral de la conscience collective apparaît ici comme un simple indicatif, celui du fait social tel qu'il est, qui n'est pas forcément moral et que j'ai à juger. Toute révolte n'est pas morale, mais le conformisme en tant que conformisme ne saurait être une solution au problème moral.

Transcendance et intériorité des valeurs

On saisit maintenant la situation difficile où notre recherche du fondement de la morale nous a conduit : si je rejette l'idée d'obligation, si je me contente d'«écouter mon cœur», de suivre une impulsion subjective, la vie morale ne se distingue pas de la vie instinctive et perd ce caractère de transcendance qui nous avait paru essentiel. Mais d'autre part, si j'obéis à une règle extérieure à ma conscience individuelle qui prétend s'imposer à moi sans discussion, la vie morale prend le caractère d'une soumission injustifiée. La solution de ce dilemme consisterait à conserver aux valeurs morales leur transcendance sans pourtant déposséder la conscience personnelle d'elle-même. Il faudrait sauvegarder à la fois le caractère de **transcendance** et le caractère d'**intériorité** des valeurs morales. C'est précisément ce qu'a tenté de faire au XVIIIe siècle le philosophe Kant.

1. René Le Senne, *Traité de morale générale*, p. 360, P.U.F.

2. La morale de Kant

Kant, philosophe des Lumières…

Kant, comme tous les grands penseurs du «siècle des Lumières», est un **humaniste**. Il ne saurait admettre que la morale se réduise à l'obéissance à un principe extérieur à la personne humaine, que ce principe soit un Dieu transcendant qui nous donnerait des ordres sans les justifier ou qu'il soit un État autoritaire qui opprimerait ses sujets sous prétexte de les diriger. **La morale kantienne exclut l'idée que nous puissions être régis par un autre que nous-même.** Elle exclut l'**hétéronomie**. C'est la personne humaine elle-même qui est la mesure et la source du devoir. L'homme est le créateur des valeurs morales, il dirige lui-même sa conduite, sans quoi l'agent moral n'agirait pas mais serait agi. Telle est l'exigence kantienne d'**autonomie**.

… mais moraliste sévère

Mais Kant n'est pas seulement un philosophe humaniste du XVIIIe siècle. Il est aussi le fils d'une mère piétiste (le piétisme est un luthéranisme fervent et très austère). Élevé dans l'idée que la nature humaine est corrompue par le péché, Kant se méfie des passions, de la sensibilité, des tendances spontanées. La morale du sentiment telle qu'il l'a découverte chez les moralistes anglais de son époque et chez Rousseau l'inquiète. La morale de l'intérêt lui aurait fait horreur. D'un mot, s'il se refuse à fonder les valeurs sur un principe extérieur à la personne humaine, il ne veut pas davantage les subordonner à la nature, aux tendances, à la sensibilité. Comme chez Rousseau (qu'il a lu attentivement), c'est la conscience qui sera pour Kant la source des valeurs. Mais il ne s'agit plus d'une conscience instinctive et sentimentale ; **la conscience morale selon Kant n'est rien d'autre que la raison elle-même.**

1. Le formalisme de Kant

La bonne volonté

Le bien pour Kant n'est jamais un objet. Ni la santé, ni la richesse, ni l'intelligence ne sont indiscutablement des biens, car tout dépend de l'usage bon ou mauvais que je déciderai d'en faire. Une seule chose est bonne inconditionnellement (toutes les consciences sincères l'accordent), c'est la bonne volonté, autrement dit **l'intention morale**. Voici deux commerçants qui ont établi un prix fixe, le même pour tout le monde, si bien qu'un enfant achète chez eux à tout aussi bon compte que n'importe qui. Ces deux commerçants agissent identiquement. La **matière** de leur acte est la même. Mais la **forme** de l'acte peut différer. L'un d'eux, par exemple, n'agit conformément au devoir que par intérêt, pour conserver une nombreuse clientèle. L'autre ne se contente pas d'agir **conformément au devoir**, il agit **par pur respect pour la loi morale**. C'est ce dernier seul qui agit moralement, c'est-à-dire dans une bonne intention. Pour Kant le contenu matériel de l'acte n'est pas ce qui détermine le jugement moral. Ainsi, «ce qui fait que la bonne volonté est telle, ce ne sont pas ses œuvres ou ses succès». Il n'y a que l'intention qui compte, et alors même que la bonne intention «dans son plus grand effort n'aboutirait à rien, elle n'en brillerait pas moins, ainsi qu'un joyau, de son éclat à elle comme quelque chose qui a en soi sa valeur tout entière»[1].

1. Emmanuel Kant, *Fondements de la métaphysique des mœurs*, p. 89-90, Delagrave.

2. Le rigorisme de l'impératif catégorique

A partir de là, nous comprenons qu'un impératif **hypothétique** (celui qui est soumis à une condition) n'est pas un impératif moral (par exemple : ne vole pas si tu ne veux pas aller en prison). L'impératif moral est toujours **catégorique**, c'est-à-dire sans condition (ne mens pas ; aime ton prochain comme toi-même). Par là, l'impératif catégorique est universel et ne saurait changer avec les circonstances.

Les exigences du devoir

Il reste à se demander comment il se fait que la conscience morale, qui se confond avec notre raison, s'exprime sous la forme d'un impératif, d'un ordre brutal. C'est que l'homme n'est pas seulement un être raisonnable. Il est un être de chair. Il a une sensibilité, des tendances, des passions ; sa nature sensible n'est pas toujours disposée à suivre les indications de la raison. Si la raison parle sous la forme sévère du **devoir**, c'est parce qu'il faut imposer silence à notre nature charnelle, parce qu'il faut au prix d'un effort plier l'humaine volonté à la loi du devoir. Ainsi l'obligation, tout en prenant sa source à l'intérieur de notre conscience, n'en est pas moins transcendante à l'égard de notre nature. Le domaine de la morale n'est donc plus celui de la nature (soumission animale aux instincts), mais n'est pas encore celui de la sainteté (où la nature transfigurée par la grâce éprouverait un attrait instinctif et irrésistible pour les valeurs morales). Le mérite moral se mesure précisément à l'effort que nous faisons pour soumettre notre nature aux exigences du devoir.

Le plaisir n'est pas le but de la morale

Il faut bien comprendre la signification philosophique de ce **rigorisme.** Kant ne nous dit pas que l'honnête homme est exclusivement celui qui fait son devoir douloureusement, péniblement et par contrainte. Il plaint même celui qui fait son devoir sans joie et seulement comme une corvée[1]. Il admet, du point de vue **pédagogique**[2], que pour conduire un esprit corrompu dans la voie du bien moral on puisse avoir besoin de lui représenter son avantage personnel, de l'effrayer par la crainte d'un dommage ou d'éveiller en lui des sentiments généreux. Mais, du point de vue **philosophique**, il maintient que c'est la pure maxime de la raison qui est le fondement de la morale. Tant mieux, après tout, si l'honnête homme fait son devoir avec plaisir, mais il importe de souligner que ce n'est pas la recherche de ce plaisir qui qualifie son acte comme comportement moral. Ce n'est pas le plaisir pris comme but qui fonde l'action morale de l'honnête homme.

3. Le logicisme de Kant

L'action morale est, pour Kant, celle qui n'a d'autre souci que de respecter la forme même de la raison. Et nos devoirs peuvent se déduire *a priori* de la structure formelle de la raison. Ainsi la morale apparaît rigoureusement comme une **logique de l'action.**

Éviter la contradiction

a) Le premier principe de la raison est d'éviter la contradiction. D'où la première maxime de l'impératif catégorique : «**Agis toujours de telle sorte que la maxime de ton action puisse être érigée en règle universelle.**»

1. Emmanuel Kant, *Doctrine de la vertu*, §. 53.

2. Id., *Critique de la raison pratique. – Méthodologie de la raison pratique*, p. 162, P.U.F.

Avant d'agir, nous sommes tenus de nous demander : «Et si tout le monde en faisait autant ?» afin d'examiner si la maxime de notre action ne se détruit pas elle-même du fait d'une contradiction interne. Ainsi, je ne puis me proposer pour maxime de ne pas restituer le dépôt qu'on m'a confié, ou de voler, ou de mentir. Car de tels préceptes ne sauraient être universalisés sans contradiction.

Traiter autrui comme une fin, non comme un moyen

b) Le respect dû à la raison s'étend évidemment au sujet raisonnable, c'est-à-dire à la personne humaine. Il faut faire à Kant une place d'honneur à l'origine du courant personnaliste, d'abord parce qu'il insiste sur l'autonomie de la personne humaine qui ne relève que d'elle-même, ensuite parce qu'il exige le respect de la personne humaine. La personne raisonnable n'est pas seulement la source des valeurs, elle est aussi la valeur par excellence. D'où la seconde maxime : **«Agis toujours de telle sorte que tu traites l'humanité en toi et chez les autres comme une fin et jamais seulement comme un moyen.»** (A partir de cette maxime on condamnera aisément l'esclavage et plus généralement toute forme d'exploitation de l'homme par l'homme.)

Vers une législation universelle

c) La troisième maxime souligne l'importance de l'autonomie morale : je suis soumis à une loi dont je suis moi-même le législateur et tous les hommes, sujets raisonnables, se trouvent soumis à la même loi. **«Agis toujours de telle sorte que tu considères ta volonté raisonnable comme instituant une législation universelle.»** La société idéale apparaît alors comme une république d'hommes libres dont l'harmonie résulte de ce que chacun pose pour lui-même ainsi que pour les autres des règles universellement valables. Dans cette société démocratique, le subordonné obéira au chef sans renier l'autonomie de sa conscience parce que ce que son chef lui commande est ce que sa propre raison (qui est la raison universelle) lui dicte. Lui-même, s'il était chef, donnerait donc exactement les mêmes ordres. Cela éclaire l'idée chère à Rousseau de volonté générale. La volonté générale n'est plus ici le caprice contingent d'une majorité électorale, mais l'expression pure et simple des exigences de la raison universelle. Dès lors, le chef n'est plus de droit divin et s'il est un tyran qui trahit les exigences de la raison, le peuple a le droit – mieux, le devoir – de lui demander de renoncer à son poste.

La bonne intention suffit-elle ?

Cette théorie kantienne de l'obligation en impose par son caractère systématique. Elle appelle pourtant bien des réserves. Et tout d'abord, on peut indiquer l'insuffisance de son formalisme. Accordons à Kant que la bonne intention est la **condition nécessaire** de la valeur morale d'un acte. Elle n'est pas une **condition suffisante**. Certes, Kant ne confond pas l'intention morale avec un simple vœu ; la bonne intention dont il parle est évidemment celle qui a le courage et la volonté de s'incarner dans un acte. Mais, précisément, on peut se demander si l'acte moral doit être uniquement apprécié par rapport à l'intention qui l'inspire.

Beaucoup d'hommes, en effet, ressemblent à l'ours de la fable qui lance un gros pavé sur le visage de son maître endormi dans l'excellente intention de le délivrer d'une mouche importune ! Les grands inquisiteurs torturaient l'hérétique dans l'intention de le convertir et de lui épargner les tourments infinis de l'enfer. Des parents pleins de bonne volonté peuvent dans l'excellente intention de surveiller leurs enfants, de leur éviter des expériences pénibles, de les protéger des dangers de la vie, en faire des inadaptés et des timides incurables. Dira-t-on que de tels actes sont moralement parfaits sous prétexte que la bonne volonté de leurs auteurs est certaine, sous prétexte que leur âme est pure ? Il faudrait, pour suivre Kant dans cette voie, accepter le principe d'une morale mystique, qui se soucierait exclusivement de la pureté des consciences, et serait indifférente à la matière même des œuvres.

Une morale indifférente à ce que font les hommes

En fait, nous sentons bien que nous avons le devoir d'augmenter la quantité du bien dans le monde, de travailler au bonheur humain, d'aider le prochain à s'épanouir pleinement. Nous ne pouvons nous contenter d'une morale formelle, car il faut agir concrètement, **il faut incarner les valeurs dans le monde**. L'acte authentiquement moral n'est pas seulement l'acte bien intentionné mais aussi l'acte efficace ; il suppose donc l'intelligence et la réflexion, l'adaptation de mon intention aux circonstances concrètes. «La qualité des âmes, dit Léon Brunschvicg, ne dispense pas de la qualité des idées.» Hegel a montré que le culte kantien de la «belle âme» dissimule un secret égoïsme. Lorsque Kant nous interdit de mentir quelles que soient les circonstances, et même pour sauver un innocent – l'essentiel étant de respecter la règle de sincérité quelles que soient les conséquences matérielles de notre attitude –, il faut reconnaître qu'il simplifie très confortablement le travail de l'agent moral, lui épargne toute recherche, toute angoisse, toute réflexion, lui évite de se poser le problème des «conflits de devoirs», lui assure une sécurité intérieure à bon compte.

Dès lors, l'intention risque d'être un refuge – sinon un alibi – comme dans la morale de l'enfant qui s'évite des reproches en assurant qu'il n'a pas fait le mal «exprès». Pascal avait sévèrement critiqué dans sa septième *Provinciale* les directeurs de conscience qui assuraient qu'il suffit de valoriser l'intention pour justifier l'acte (par exemple vous pouvez tuer votre adversaire en duel à condition que ce soit pour défendre votre honneur et pas dans l'intention de commettre un meurtre gratuit ; ou encore dira, un siècle après Pascal, saint Alphonse de Ligori, vous pouvez refuser l'aumône au mendiant du carrefour à condition que ce soit dans l'intention de l'inciter au travail et non pas dans l'intention de le faire mourir de faim). Pascal disait de tels moralistes qu'ils «contentent le monde en permettant les actions et satisfont l'Évangile en purifiant les intentions».

Une morale indifférente à la vie

Toute morale est un art de vivre et la morale de Kant est trop loin de la vie. Il va jusqu'à dire – pour donner à son éthique plus d'autorité – que les règles de sa morale vaudraient pour toute créature raisonnable et pas seulement pour les hommes ! Une telle **indifférence à la nature humaine réelle** n'est certes pas, pour la morale de Kant, une garantie d'efficacité. Lui-même ne reconnaît-il pas que depuis le commencement du monde, aucun homme peut-être n'a déterminé ses actes suivant une maxime purement rationnelle ? Une morale aussi indifférente à la possibilité concrète de son incarnation peut donc sembler insuffisante. C'est en ce sens que Péguy notait : «Kant a les mains pures mais il n'a pas de mains.»

D'autre part, malgré son souci de l'autonomie, Kant introduit à l'intérieur même de l'homme une transcendance brutale. L'être de chair semble radicalement coupé de la personne raisonnable. Pourquoi, dans ces conditions, la nature humaine est-elle susceptible d'obéir à la raison ? Kant est donc conduit à reconnaître l'existence d'un mobile moral, **le sentiment du respect**, qui humilie notre égoïsme mais nous exalte dans l'accomplissement de la loi morale. Sans doute le respect n'est pas un sentiment qui émane directement de notre nature charnelle. Si le respect était un sentiment antérieur à la loi morale, extérieur à elle, il ne serait pas – dans la perspective du rigorisme kantien – un sentiment moral. Kant estime donc que c'est la loi morale elle-même qui produit le sentiment de respect dans notre âme. Il n'en reste pas moins que **si notre nature est capable d'éprouver un tel sentiment, c'est qu'elle n'est pas aussi radicalement coupée des valeurs morales que le rigorisme kantien semblait le supposer.** A ce niveau on ne peut donc s'empêcher d'admettre que la froide morale de la Loi, de l'obligation stricte s'efface devant la morale de l'**Amour**.

3. Les rapports de la métaphysique et de la morale

On ne peut méditer sur le problème du fondement de la morale sans s'interroger sur la question des rapports de la morale et de la métaphysique.

Distinguons dès l'abord la métaphysique de la religion. La religion est révélée. (Dans la Bible, Dieu a parlé aux fidèles, il leur a communiqué les commandements.) Accepter une morale religieuse suppose donc préalablement l'acte de foi dans la révélation.

La métaphysique, au contraire, se veut issue de la **raison**. Un système métaphysique, c'est une théorie conçue par la raison pour expliquer l'origine du monde, la nature et la destinée de l'âme, le sens profond de l'univers, etc.

Les fondements métaphysiques de la morale

Jusqu'à Kant la morale était souvent fondée sur une métaphysique. Les grands philosophes, Platon, Aristote, Spinoza, posaient le problème moral en termes cosmologiques : il s'agissait d'abord de savoir quelle était la signification de l'univers et la place de l'homme dans l'univers. La métaphysique prétendait découvrir l'essence des choses et leur finalité. L'homme pouvait apprendre d'elle quel était le sens de sa vie et sa destination. La métaphysique, en faisant connaître à l'homme les fins qui lui étaient imparties, fondait donc directement l'éthique. Ainsi, pour Aristote, la vertu de l'homme est d'être raisonnable exactement dans le sens où la vertu de l'œil est la vision. C'est parce que l'**âme rationnelle** est ce qui constitue l'homme en propre (tandis que par l'**âme végétative** et l'**âme sensible instinctive** il ne se distingue pas des animaux) que l'homme est tenu de mener une vie conforme à la raison.

Pourquoi les stoïciens, par exemple, prêchent-ils une morale de la résignation ? Pourquoi nous invitent-ils à accepter la mort de ceux que nous aimons avec la même sérénité que la perte de n'importe quel objet ? Pourquoi dois-je refuser de tenir pour un mal la douleur qui me frappe ? Il faut chercher la réponse dans le **système métaphysique** des stoïciens. C'est parce que tout ce qui arrive est déterminé par la Raison souveraine, c'est parce que l'ordre du monde est bon, dirigé par une finalité rationnelle, que l'homme est tenu d'y soumettre sa volonté.

Mais Kant a opéré une critique radicale de la métaphysique. Tout d'abord, il y a une multiplicité de systèmes métaphysiques, souvent très opposés les uns aux autres dans leurs conclusions. Impossible donc de fonder une morale que l'on veut universelle et certaine sur un fondement aussi controversé. D'autre part (ici Kant reprend des idées de Rousseau), l'honnête homme n'a pas besoin d'avoir étudié la métaphysique pour juger sainement du juste et de l'injuste. L'ignorant comme le savant reconnaît son devoir et n'est pas moins tenu de l'accomplir.

Pour Kant, la métaphysique ne peut fonder la morale…

La métaphysique est donc **incertaine**. Elle est **inutile** ; Kant pense même qu'elle est **impossible** : en effet, je ne peux pas connaître la signification profonde de l'univers ; j'ignore ce que les choses sont en soi ; j'ignore les **noumènes**, je ne connais que des **phénomènes**, c'est-à-dire les apparences des choses telles qu'elles me sont données à travers l'espace et le temps, formes *a priori* de ma perception. La science se contente de mettre en ordre ces phénomènes, de les relier par des lois ; mais l'esprit du savant n'a à sa disposition, pour construire une connaissance, que des apparences. L'être profond des choses, au-delà de l'espace et du temps, nous échappe.

Dès lors, **la morale n'a pas d'autre fondement que la conscience humaine,** cette conscience dont nous avons dit qu'elle était essentiellement **raison.** Même si l'univers n'a aucun sens, même si l'âme est mortelle, le disciple de Kant se sent tenu de respecter les maximes de la raison.

… mais la morale peut fonder la métaphysique

Cependant, Kant va retrouver la métaphysique d'une autre manière. Il ne peut fonder la morale sur la métaphysique, mais à partir des données de la conscience morale il va postuler, à titre d'espérances, des propositions métaphysiques. Autrement dit, au lieu de fonder sa morale sur la métaphysique, il va fonder une métaphysique sur sa morale, mais à titre de postulat seulement.

Les trois postulats de la raison pratique

a) A partir du sentiment de la responsabilité, à partir de l'expérience de l'obligation morale, Kant va postuler la **liberté** humaine. Me sentir responsable, me sentir obligé, n'est-ce pas me supposer libre ? Tandis que la **nécessité** (ce qui ne peut pas ne pas être) exclut la liberté (si j'admets les prémisses d'un raisonnement, je ne suis pas libre de refuser la conclusion), l'**obligation** au contraire paraît impliquer la liberté. Si la véracité est l'objet d'une obligation morale, n'est-ce pas précisément parce que je suis libre de dire la vérité ou de mentir ? «Tu dois, dit Kant, donc tu peux.»

b) De même, le devoir me prescrit de réaliser une certaine perfection morale que je ne parviens pas à atteindre dans la vie présente (parce que je n'arrive pas à purifier totalement la détermination du vouloir de mobiles sensibles). Kant postule alors l'**immortalité de l'âme** qui me donnera le temps de réaliser la perfection morale que je n'ai pu atteindre ici-bas.

c) Enfin, Kant constate tristement que la vertu et le bonheur ne s'accompagnent pas toujours en cette vie. On peut être très vertueux et très malheureux, comme on peut être tout à fait malhonnête et plein de prospérité. Kant postule alors qu'un **Dieu justicier**, par un système de récompenses et de punitions, rétablira dans l'au-delà l'harmonie souhaitée entre la vertu et le bonheur.

Un monde de valeurs

On s'est demandé si ce dernier postulat ne réintroduirait pas l'hétéronomie dans la morale de Kant. Kant avait dit que le respect de la loi morale devait être l'unique mobile de nos actes. Ne risque-t-il pas de réintroduire l'intérêt dans nos maximes d'action, lorsqu'il parle d'un Dieu justicier qui récompensera les bons et punira les méchants ? Mais Kant ne se contredit pas puisque l'existence de ce Dieu justicier n'est qu'un postulat de la raison et nullement le fondement de l'obligation morale. La vie morale pour lui n'a pas pour but de nous rendre heureux, mais seulement de nous rendre dignes du bonheur.

Dans ces conditions, et quoiqu'on pense des postulats kantiens, on conviendra qu'il n'est pas nécessaire de professer un système métaphysique pour ressentir l'obligation morale. **L'obligation est un donné de conscience qui nous est présenté avant toute conception théorique.** Toutefois la réflexion sur la conscience morale nous conduit à penser, à tout le moins, qu'il existe autre chose en ce monde que des faits et des réalités positives. **La vie morale paraît nous faire accéder à un monde de valeurs.** Par là même, la vie morale est une sorte d'expérience métaphysique ; elle nous élève au-dessus des faits, de la nature. Socrate, par son désintéressement, par son courage et sa sérénité, prouve à ses disciples et se prouve à lui-même que le «monde des idées» est plus vrai que le monde des contingences matérielles.

RENVOIS THÉMATIQUES AU VOLUME 1

- La réflexion philosophique et la vie, chap. 1, p. 10.
- Le rôle des conflits, chap. 2, p. 29.
- Valeur de la passion, chap. 3, p. 54.
- La sociologie de Durkheim, chap. 10, p. 232.
- Critiques du rationalisme durkheimien, chap. 10, p. 233.
- La justice et l'égalité des personnes, chap. 12, p. 275.
- La conscience morale, chap. 16, p. 363.
- Les preuves morales de l'existence de Dieu, chap. 17, p. 396.

LES IDÉES ESSENTIELLES

L'exigence morale se présente à la conscience sous forme d'une obligation. Je me sens tenu de faire mon devoir même s'il est contraire à mon intérêt, à mes passions, à ma nature. Mais si la conscience se reconnaît soumise à un principe qui la dépasse, d'où vient ce principe, quelle est la source de son autorité ?

Pour le sociologue Durkheim et son école, si le devoir nous dépasse, s'impose à nous d'en haut, c'est parce qu'il émane de la société elle-même, qui dépasse l'individu et pèse sur lui. Les caractères du devoir moral sont des caractères éminemment sociaux : le devoir est *collectif* (puisqu'il s'impose à tous les membres du groupe), il est *coercitif* (c'est-à-dire contraignant).

Seulement, si le principe du devoir vient de la société, est extérieur à ma volonté personnelle, quelle raison ai-je de m'y soumettre ? Dans l'illustre tragédie de Sophocle, Antigone s'oppose aux ordres du roi Créon, c'est-à-dire à la volonté de l'État, lorsqu'elle décide de rendre à son frère, traître à la patrie, les honneurs funèbres. Aux lois écrites de la cité, elle oppose les lois non écrites de sa conscience personnelle. D'aucuns rétorqueront qu'il s'agit toujours d'une obligation d'origine sociale. Antigone, en enterrant son frère malgré l'interdiction du roi, obéit à un usage d'origine sociale lui aussi, c'est-à-dire aux coutumes sacrées de la famille. Mais on peut répondre qu'Antigone, prise entre deux obligations sociales (la loi de l'État, la coutume familiale), choisit au nom de sa conscience personnelle.

La morale de Kant évite ces difficultés. La morale de Kant est une morale de l'autonomie. Elle exclut l'idée que nous puissions être régis par un autre que par nous-mêmes. Kant ne nous demande pas autre chose que d'obéir à notre propre raison. C'est par exemple au nom de la raison qu'il nous demande de suivre des règles universelles. Par exemple, le mensonge est interdit parce qu'il est déraisonnable. La maxime du menteur n'est pas universalisable (le menteur espère bien qu'on ne lui mentira pas). Comment se fait-il alors que notre raison s'exprime sous la forme d'un impératif catégorique, inconditionnel ? C'est que l'homme n'est pas seulement un être raisonnable, il est un être de chair. Il a une sensibilité, des désirs, des passions. Si la raison parle sous la forme sévère du devoir, c'est qu'il faut imposer silence à notre nature charnelle.

Kant a voulu s'efforcer de sauvegarder la *spécificité* de l'éthique et, par exemple, de montrer que la recherche du bonheur et la moralité sont deux choses distinctes. Il reste que certains discuteront ce fondement purement rationaliste de la conscience morale. Il est par exemple des sacrifices où la conscience commune verra luire l'éclat de la pure moralité et qui pourtant ne seraient pas universalisables sans absurdité !

LECTURES

■ ***La morale kantienne :***

E. KANT, *Fondements de la métaphysique des mœurs*, Delagrave. (Le texte le plus accessible du philosophe, avec une bonne introduction.)
Critique de la raison pratique, P.U.F. (Cet autre texte fondamental est d'un abord beaucoup plus difficile. Remarquable préface de Ferdinand Alquié, parfaitement accessible avec un peu d'attention.)

■ ***Autres textes philosophiques :***

H. BERGSON, *les Deux Sources de la morale et de la religion*, P.U.F.
G. GUSDORF, *Traité de l'existence morale*, Armand Colin.
J.-M. GUYAU, *Esquisse d'une morale sans obligation ni sanction*, Fayard.
F. NIETZSCHE, *Généalogie de la morale*, U.G.E., coll. 10/18.
V. JANKÉLÉVITCH, *le Paradoxe de la morale*, Éd. du Seuil.

■ ***On lira d'autre part :***

J.-J. ROUSSEAU, *Rêveries d'un promeneur solitaire*, IVe Promenade.
A. DE VIGNY, *Servitude et Grandeur militaires.* (Illustration d'un conflit entre des devoirs contradictoires.)

TEXTE À COMMENTER

Le bien selon la nature et le bien selon le devoir

Une vieille formule des écoles : *nihil appetimus nisi sub ratione boni ; nihil aversamus nisi sub ratione mali* [1] trouve un emploi souvent exact mais souvent aussi très pernicieux pour la philosophie, parce que les expressions de *boni* et de *mali* contiennent par suite de la pauvreté de la langue une ambiguïté qui les rend susceptibles d'un double sens.

La langue allemande [...], pour désigner ce que les Latins appellent d'un mot unique *bonum*, a deux concepts très distincts et deux expressions non moins distinctes. Pour *bonum* elle a les deux mots *gute* et *wohl*, pour *malum*, *böse* et *vebel* (ou *weh*) [...].

Wohl ou *vebel* ne désignent jamais qu'un rapport à ce qui, dans notre état, est *agréable* ou *désagréable*, constitue un plaisir ou une douleur et si pour cette raison nous désirons ou repoussons un objet, c'est seulement dans la mesure où il est rapporté à notre sensibilité du plaisir ou de la peine qu'il produit.

Gute et *böse* indiquent toujours une relation à la *volonté* en tant qu'elle est déterminée par la *loi de la raison* à faire de quelque chose son objet ; car elle n'est jamais immédiatement déterminée par l'objet et par la représentation de cet objet, mais elle est un pouvoir de se faire d'une règle de la raison le motif d'une action (par laquelle un objet peut être réalisé). *Gute* ou *böse* se rapportent donc proprement à des actions et non à la façon de sentir de la personne, et si quelque chose devait simplement et à tous égards être bon ou mauvais (*gute* ou *böse*) [...] ce serait seulement la manière d'agir, la maxime de la volonté, par conséquent la personne même qui agit comme un homme bon ou mauvais (*guter oder böser*) et non une chose qui pourrait être ainsi appelée... Ainsi on pouvait bien se moquer du stoïcien qui, en proie aux plus violentes attaques de goutte s'écriait : Douleur, tu as beau me tourmenter, je n'avouerai jamais que tu sois quelque chose de mauvais (*etwas böses*), il avait cependant raison [...]. Ce qui lui arrachait des cris c'était ce que nous appelons *vebel* [...] mais la douleur ne diminuait en rien la valeur de sa personne [...].C'est ici le lieu d'expliquer le paradoxe de la méthode dans une *Critique de la raison pratique* à savoir que le concept du bien (*Guten*) et du mal (*Bösen*) ne doit pas être déterminé avant la loi morale (à laquelle d'après l'apparence il devrait servir de fondement) mais seulement (comme il arrive ici) après cette loi et par elle.

(E. KANT, *Critique de la raison pratique*, p. 61 à 65, P.U.F.)

1. « Nous ne désirons quelque chose que sous la raison du bien, nous ne repoussons quelque chose que sous la raison du mal. » C'est une formule scolastique qui exprime la doctrine naturaliste de Thomas d'Aquin : la volonté tend par nature vers le bien et par nature se détourne du mal. Dès lors on ne pèche que par ignorance, les notions de faute ou de mérite s'obscurcissent. Selon Kant, dans une telle conception, le bien naturel, objet de mes tendances empiriques, n'est pas distingué du bien moral, du devoir, qui se propose à ma volonté. Kant introduit entre nature et moralité une franche coupure que la scolastique ignorait.

SUJETS PROPOSÉS AU BACCALAURÉAT

■ Désobéir peut-il être un devoir ? (Lille, A, juin 1990.)

■ L'obligation morale peut-elle se réduire à l'obligation sociale ? (Besançon, B, juin 1987.)

■ Le sentiment du devoir accompli suffit-il à fonder la moralité de nos actions ? (Montpellier, C, D, E, septembre 1986.)

■ Que faut-il respecter ? (Bordeaux, A, juin 1984.)

■ Se sentir obligé, est-ce renoncer à sa liberté ? (Besançon, A, juin 1981.)

■ Dégagez l'intérêt philosophique de ce texte à partir de son étude ordonnée :
«La plupart semblent croire qu'ils sont libres dans la mesure où il leur est permis d'obéir à leurs penchants, et qu'ils abandonnent de leur indépendance dans la mesure où ils sont tenus de vivre selon la prescription de la loi divine. La moralité donc, et la religion, et, sans restriction, tout ce qui se rapporte à la force de l'âme, ils les prennent pour des fardeaux qu'ils espèrent déposer après la mort, pour recevoir le prix de la servitude, à savoir de la moralité et de la religion ; et ce n'est pas cet espoir seul, mais aussi et surtout la crainte d'être punis par d'horribles supplices après la mort, qui les poussent à vivre selon les prescriptions de la loi divine, autant que le permettent leur petitesse et leur âme impuissante. Et si les hommes n'avaient pas cet espoir et cette crainte, s'ils croyaient au contraire que les esprits périssent avec le corps et qu'il ne reste aux malheureux épuisés par le fardeau de la moralité aucune survie, ils reviendraient à leurs naturels, voudraient tout gouverner selon leurs penchants et obéir à la fortune plutôt qu'à eux-mêmes. Ce qui ne me paraît pas moins absurde que si un homme, parce qu'il ne croit pas nourrir éternellement son corps de bons aliments, préférait se saturer de poisons mortels ; ou bien, parce qu'il voit que l'esprit n'est pas éternel ou immortel, préfère être dément, et vivre sans la Raison : absurdité telle qu'elle mérite à peine d'être relevée.»

SPINOZA
Paris, Créteil, Versailles, C, D, E, juin 1989.

L'idée de devoir, pour le sens commun, renvoie aux contraintes que la société exerce sur l'individu ; par exemple, le citoyen est obligé de servir dans l'armée de son pays. Mais la notion de devoir, d'obligation morale, est une exigence plus intime. En ce sens, elle a été mise en lumière au XVIIIe siècle par le philosophe allemand Kant ; pour lui, il s'agit d'un impératif catégorique. Le devoir moral est une exigence de la conscience, absolue, sans conditions, une exigence de la raison universelle. Au XIXe siècle, le philosophe danois Kierkegaard dira qu'au-dessus du stade éthique, moral, il y a le stade religieux. Ainsi, dans la Bible, Abraham est prêt à sacrifier son fils Isaac si Dieu l'ordonne. La seule pensée d'un tel sacrifice n'est pas morale, ce ne peut être une exigence universelle. Elle n'a de sens que dans la situation singulière du croyant devant le Dieu tout puissant.

■ Affiche diffusée par le ministère de la Guerre en 1938.

■ Le sacrifice d'Abraham, dans *la Bible*, de John Huston (1966).

■ Kant reçoit ses contemporains à sa table. Peinture de E. Doersthing (musée de Königsberg).

CHAPITRE 16

Le droit et la violence

Distinguer le **fait** et le **droit**, c'est distinguer ce qui est légitime de ce qui est simplement réel. Le droit, d'une façon générale, c'est ce qui est **permis**.

Le droit : un pouvoir moral

Le droit nous apparaît donc fondamentalement comme une notion morale. Sans doute se distingue-t-il du devoir : le devoir est strict, m'oblige à accomplir tel acte : j'ai le devoir d'accomplir consciencieusement ma tâche professionnelle. Le droit est plus large. Il se rattache au devoir par le détour d'une double négation. Le droit c'est ce qui **n'est pas interdit**. Le droit me donne seulement des autorisations et me laisse seul juge de ma conduite à l'intérieur du champ laissé à ma liberté ; j'ai le droit de me promener dans les rues, d'aller au cinéma, etc., j'en suis seul juge. Le devoir comme le droit suppose des **règles** morales : mais, par opposition à la règle du devoir qui semble contraindre ma liberté en ce qu'elle exige certains actes et en interdit d'autres, la règle du droit, au contraire, semble protéger cette liberté, lui fournir des occasions d'exercice.

Donc, par opposition au **devoir**, le droit apparaît comme un **pouvoir**. Dans plusieurs langues, il y a deux mots pour exprimer le pouvoir (en anglais *I can* et *I may*) ; je peux ce qui est **matériellement possible**, mais, en un autre sens, je peux aussi ce qui est **moralement permis**. C'est ce dernier «pouvoir» qui est le droit. Le droit, disait Leibniz, est «un pouvoir moral», c'est-à-dire un pouvoir conforme à des règles.

Règle morale, règle sociale

Mais si le droit est ce qui est permis par une règle, encore faut-il distinguer la **règle morale**, intérieure à la conscience, et la **règle sociale** imposée par la collectivité sous forme de loi écrite ou de coutume acceptée par tous les membres du groupe. Par exemple, je suis locataire d'un appartement meublé et je me demande si mon propriétaire a le droit de m'expulser. Cette question peut s'entendre en deux sens :

a) Est-il **moralement légitime** que mon propriétaire m'expulse ? Mon expulsion éventuelle serait-elle conforme à ce qu'on nomme le **droit naturel,** autrement dit, à ce que la conscience humaine reconnaît comme spontanément légitime ?

Pour répondre à cette question, il suffit que je m'interroge «en conscience», peut-être que je consulte un prêtre, un honnête homme plein d'expérience ; j'examinerai l'urgence des motifs humains que peut avoir le propriétaire de récupérer son appartement (après tout, cet appartement lui appartient, il désire le prêter à un membre de sa famille, etc.). Mais, d'autre part, est-il juste que je me trouve sans logis du jour au lendemain, contraint de descendre à l'hôtel malgré mes difficultés financières, etc. ?

b) Mais la question : «Le propriétaire a-t-il le droit de m'expulser ?» peut avoir un tout autre sens. Cette expulsion est-elle **permise par la loi** ? Est-elle conforme aux systèmes des règlements écrits, en vigueur dans mon pays, que je nomme le **droit positif** ? Ici, ce n'est plus la conscience morale qui me renseignera ; il faudra que je consulte un juriste, un avocat ou un fonctionnaire de la préfecture.

Cette analyse sommaire nous indique les grands problèmes philosophiques qui se posent à propos du droit : rapports du droit et du devoir, de l'autorisation et de l'obligation ; rapports du **pouvoir matériel** (*I can*) et du **pouvoir moral** (*I may*), autrement dit, **rapports de la force et du droit ;** enfin rapports de la loi morale et de la règle sociale, autrement dit, du **droit naturel** et du **droit positif**.

1. Le devoir et le droit

Réciprocité entre le devoir et le droit

On peut remarquer tout d'abord la réciprocité fondamentale qui paraît exister entre le devoir et le droit. **Ce qui est un droit pour moi correspond chez autrui à une obligation à mon égard.** Et réciproquement, mes devoirs envers autrui sont l'exacte contrepartie de ses droits. Le salarié a le droit d'exiger de son employeur le «salaire minimum interprofessionnel de croissance (SMIC)» et cinq semaines de congés payés. L'employeur a le devoir de lui verser ce salaire et de lui accorder ce congé. D'autre part, l'employeur a le droit d'exiger de son salarié trente-neuf heures de présence hebdomadaire à l'atelier, et l'ouvrier a le devoir d'effectuer ces heures de travail. On pourrait aisément multiplier de tels exemples. Si je suis pris à parti dans un journal, j'ai le droit de me justifier en écrivant au directeur du journal (c'est ce qu'on appelle le «droit de réponse»). Et le directeur du journal a le devoir d'insérer ma réponse dans un prochain numéro.

Auguste Comte : le droit absorbé par le devoir

Mais comment interpréter cette réciprocité du devoir et du droit ? Auguste Comte, la soumettant à sa réflexion, en concluait que la notion du droit pouvait disparaître sans dommage et que la notion de devoir suffisait. En effet, **si tout le monde fait son devoir envers tout le monde, les «droits» de tous se trouveront garantis sans qu'il soit nécessaire d'en parler.** Et il vaut mieux ne pas parler des droits, car chacun a un sentiment très vif de ses droits et en leur nom réclamera volontiers plus qu'il ne lui est dû. La volonté de s'imposer, d'accroître sa puissance, l'égoïsme et l'envie trouveront trop aisément dans cette notion dangereuse de droit un alibi honorable. Il vaut bien mieux qu'on me parle de mes devoirs envers autrui et qu'on fasse le silence sur mes droits, de peur de fournir des arguments à des revendications individualistes ruineuses pour l'ordre social. La notion de droit, selon Auguste Comte, n'a eu d'utilité qu'à une certaine époque de l'histoire : au nom du «droit», l'individu a lutté contre l'oppression injuste qu'on lui faisait subir. Ainsi, la revendication du droit n'avait qu'une **portée négative** (comme dit Comte, purement «métaphysique»). Au sein d'un ordre moral où sont définis et accomplis des devoirs authentiques et conformes à la raison, la revendication du droit n'a plus de sens : «Chacun a des devoirs et envers tous ; mais personne n'a aucun droit proprement dit ; les justes garanties individuelles résultent seulement de cette universelle réciprocité d'obligations qui reproduit l'équivalent moral des droits antérieurs sans offrir leurs graves dangers politiques[1].»

1. Auguste Comte, *Discours sur l'ensemble du positivisme*, Conclusion générale.

Le devoir de défendre le droit

Un tel système offre en apparence une belle rigueur mais il n'est pas sans danger. Certes, il peut être périlleux pour la morale de trop mettre l'accent sur l'exigence des droits. Il ne l'est pas moins d'oublier les droits au profit des devoirs car, sous le nom d'«ordre moral», on peut justifier la pire des oppressions. L'univers éthique conçu par Auguste Comte est un peu étouffant. Il fait songer à ces dictatures où «tout ce qui n'est pas interdit est obligatoire» et où la liberté individuelle disparaît. En fait, il s'avère souvent indispensable de réclamer justice lorsque les autres ne nous donnent pas tout ce qui nous est dû. Le monde éthique d'Auguste Comte évoque une civilisation où il n'y aurait que des juges parfaits et qui, à ce titre, pourrait faire l'économie des avocats ! Mais c'est une vue de l'esprit et, dans le monde tel qu'il est, il n'est pas mauvais que chacun, à l'occasion, fasse valoir ses droits. Bien mieux, la personne humaine étant une valeur de premier plan, nous avons **le devoir de défendre notre droit**.

La liberté de chacun, la liberté de tous

Donc, en affirmant la réciprocité des devoirs et des droits, nous continuerons à attacher la même importance aux droits qu'aux devoirs. Et il nous paraît aussi juste de dire «Le droit d'autrui fonde mon devoir envers lui» que «C'est mon devoir envers autrui qui fonde son droit à mon égard».

Retenons en tout cas de ces remarques sur la réciprocité du droit et du devoir l'idée que la notion de droit enveloppe nécessairement la représentation d'une **communauté** de personnes, la conscience de la solidarité de chaque personne avec les autres personnes. C'est en ce sens que Kant pouvait définir le droit comme l'«ensemble des conditions qui permettent à la liberté de chacun de s'accorder avec la liberté de tous».

2. Le droit naturel et le droit positif

Le droit naturel

Tout droit s'efforce d'obtenir force de loi. Et, en effet, il semble légitime à la conscience de considérer le «droit positif», le droit des codes, sanctionné par la loi comme l'incarnation, comme l'objectivation de ce qu'on nomme le «droit naturel», c'est-à-dire **l'exigence de justice intérieure à chaque conscience**. Montesquieu – bien qu'il soit déjà sociologue, déjà sensible à la diversité des coutumes, des institutions – demeure convaincu que le droit positif est simplement la conséquence du droit naturel, c'est-à-dire des principes moraux universels, adaptés dans chaque pays à des conditions particulières. «La loi est la raison humaine en tant qu'elle gouverne tous les peuples de la terre et les lois politiques et civiles de chaque nation ne doivent être que les cas particuliers où s'applique cette raison humaine.»

Origines historiques du droit positif

Mais si les lois ne doivent être que l'expression de la raison, peut-être ont-elles en fait une autre origine. Le droit positif n'est dans aucun pays une création *ex nihilo* de la raison pure. C'est un **produit complexe de l'histoire.** Droit coutumier, puis écrit, il évolue au gré des péripéties de l'histoire. Il change avec les guerres, les révolutions, les soubresauts de l'histoire. Notre système juridique garde des souvenirs du droit romain, du droit féodal. Si, pour l'essentiel, il reflète les grandes réformes napoléoniennes, il s'est encore modifié sur bien des points au XIXᵉ siècle.

Les sociologues ont insisté sur le fait que les sociétés n'ont pas été façonnées par des initiatives, des volontés individuelles. La société est partout le fait premier, irréductible. Dès lors, l'idée d'un droit naturel qui précéderait et transcenderait l'organisation collective n'est plus qu'une chimère métaphysique. Dès qu'il y a société apparaît un système de règlements, tout au moins sous forme de coutumes contraignantes : même une société de brigands, notait déjà Platon en sa *République*, ne peut subsister sans un système de règles, sans un réseau d'obligations imposées à ses membres, et qui se fait respecter par des sanctions sévères. Le droit n'est pas autre chose que **l'ensemble des régulations qui tend spontanément à s'imposer dans l'organisme collectif.** Chaque société a ses règlements : droit civil, droit commercial, droit pénal, etc. On ne saurait les déduire à partir des exigences de chaque individu.

Le droit naturel : une opinion subjective ?

Dans ces conditions, le prétendu «droit naturel» représente seulement des revendications subjectives émanant des consciences individuelles et bien souvent dangereuses. Sera-t-il permis à chaque citoyen de refuser de se soumettre au droit positif, aux lois en vigueur au nom d'une opinion personnelle ? En ce cas, note spirituellement Donnedieu de Vabres, «le voleur pourra toujours critiquer la répartition des fortunes, le traître s'attaquer à la politique étrangère de son pays, l'épouse adultère rejeter comme bourgeoise la législation familiale».

Cette critique du concept de droit naturel, pour répandue qu'elle soit parmi les juristes et les sociologues, est loin de nous sembler convaincante. Et, tout d'abord, c'est trahir l'idée de droit naturel que de confondre avec une revendication égoïste, avec une suggestion de l'instinct individuel, ce qui est en fait **une exigence de la conscience morale**, désintéressée et universelle. Nier le «droit naturel», c'est nier la conscience morale.

Transcendance du droit naturel sur le droit positif

Il n'est que trop vrai, d'ailleurs, que le système des lois écrites n'est jamais purement rationnel. Mais, précisément au nom du droit naturel, au nom des «règles non écrites» qui inspirent la conscience universelle, il est possible, il est souhaitable de critiquer parfois certains aspects du droit positif, donc de créer un mouvement d'opinion qui obtiendra la modification du droit positif, dans le sens des exigences du droit naturel. C'est ainsi que, naguère, à la suite de l'action énergique entreprise par l'abbé Pierre, le gouvernement français a modifié le régime légal d'expulsion des locataires dans un sens plus humain. Ainsi, l'idéal de justice – ce que nous avons appelé le droit naturel –, s'il ne crée pas de toutes pièces le droit positif, contribue, en le critiquant, à l'améliorer.

C'est en ce sens qu'il faut comprendre la formule d'Alain : «La justice est ce doute sur le droit qui sauve le droit.» Et l'impuissance du droit positif à satisfaire complètement les exigences du droit naturel manifeste non pas l'infirmité de ce dernier, mais au contraire, sa transcendance. Comme l'a dit magnifiquement Montesquieu : «Avant qu'il y eût des lois faites, il y avait des rapports de justice ; dire qu'il n'y a rien de juste et d'injuste que ce qu'ordonnent les lois positives, c'est dire qu'avant qu'on eût tracé de cercle, les rayons n'étaient pas égaux !»

3. La violence légale. Le droit de punir

La violence à la source du droit ?

L'idée de droit équivaut, d'une certaine façon, à un désavœu de la violence : à la brutalité spontanée, le droit substitue en effet des institutions, des contrats, toute une organisation légale qui se propose de régler pacifiquement les rapports entre les personnes.

Mais l'institution juridique elle-même est ambiguë ; elle ne saurait en effet ni à sa **source,** ni en son **exercice** être pure de toute violence ; tout d'abord l'institution juridique peut être elle-même injuste ; elle peut n'exprimer que des rapports de force entre dominants et dominés et, en ce cas, elle n'est pas autre chose qu'une violence masquée et organisée, d'autant plus redoutable qu'elle se dissimule sous l'apparence de l'ordre établi. Même un système juridique idéal (une justice parfaite) peut avoir la violence à sa source : par exemple, dans l'hypothèse où cette justice idéale n'aurait pu être instaurée que par une révolution sanglante. Les partisans de la non-violence eux-mêmes n'écartent pas cette hypothèse. C'est Gandhi qui affirmait : «Lorsqu'on a le choix uniquement entre la lâcheté et la violence, je crois que je conseillerais la violence.»

La violence dans l'exercice du droit : la sanction

Le problème se pose également dans l'**exercice** du droit. En effet, quand bien même nous supposerions établi un système de lois moralement irréprochables, encore faudrait-il veiller à ce que les lois soient respectées. Aucune société n'a pu et ne pourra se dispenser totalement d'un appareil judiciaire et policier. Certes, plus les lois sont justes et moins la contrainte est nécessaire. Cependant, si l'on tient compte des passions humaines, de l'instinct de domination, de l'égoïsme, on s'aperçoit que l'idée d'une disparition de l'appareil répressif, du «dépérissement de l'État» est, à la limite, chimérique. Le problème du **droit de punir**, de la **violence pénale** ne saurait être éludé.

Origine magique des sanctions pénales

L'existence des sanctions telles qu'elles furent et sont encore pratiquées dans toutes les sociétés est-elle fondée en raison ? Il semble bien qu'à l'origine, la violence pénale dérive de l'affectivité inconsciente plus que de la raison. Un sociologue de l'école durkheimienne, Fauconnet, a montré au début du XIXe siècle que les sanctions ont une origine magique.

L'histoire, l'ethnographie révèlent que des objets, des choses, des animaux – et pas seulement la personne humaine – ont pu subir des sanctions et être considérés comme responsables. Dans telle société primitive on punit le gourdin ensanglanté trouvé près de la victime. Dans *les Plaideurs* de Racine, on juge un chien (cela correspond à des coutumes anciennes réelles). Au XVIIe siècle, on pratique encore des sanctions contre des cadavres (qui sont par exemple mis en morceaux). Jusqu'au XVIIIe siècle, pour le crime de trahison, de lèse-majesté, on punit les parents et les enfants du coupable.

Le sacrifice du «bouc émissaire»

D'après Fauconnet, **ces faits s'expliquent et éclairent nos propres usages.** En effet, le crime suscite une émotion collective très vive. La société est blessée dans ses valeurs les plus sacrées. Cette émotion collective cherche alors à se dépenser, à se décharger. Il faut qu'elle trouve des *permissive patterns* (comme diront les sociologues américains), des voies par où elle puisse librement s'exprimer et s'apaiser. Évidemment, l'émotion collective cesserait si l'on pouvait faire que le crime commis n'ait pas eu lieu. Mais ce qui est fait est fait et aucune technique ne peut effacer le crime commis. Alors, faute de supprimer réellement le crime qui vient d'être commis, la société essaye de l'effacer **magiquement**, c'est-à-dire s'emploie à détruire un **symbole** du crime qui sert de «bouc émissaire». Sera bouc émissaire n'importe quel objet qui, dans notre imagination, est lié au crime par quelque rapport de ressemblance ou simplement par la proximité. Par exemple, on brûlera en grande pompe le bâton ensanglanté trouvé près de la victime. **Ainsi, les forces primitives de l'imputation sont de type magique.** Nos sanctions actuelles sont exactement du même ordre, mais les progrès de l'esprit critique ont seulement réduit leur champ d'application. Nous avons cessé de punir une chose, un cadavre, la famille du coupable, parce que l'absurdité «magique» de ces pratiques saute aux yeux. Et si le criminel est encore souvent «puni» pour son crime, ce n'est pas à cause d'un rapport métaphysique entre un libre-arbitre et un acte, c'est simplement parce que notre imagination passe aisément (association par proximité) du crime au criminel. Dans le cas de la peine de mort, on supprime littéralement le criminel faute de pouvoir effacer le crime : du point de vue de la raison, c'est un échec, cela fait deux morts au lieu d'un. Mais, sur le plan magique, l'indignation collective se trouve satisfaite.

Peut-on justifier les sanctions pénales par la raison ?

Cependant, nous aurions tort de conclure, à partir de l'origine magique des sanctions, que celles-ci sont absolument irrationnelles. Dès le début, la raison intervient pour canaliser et limiter ce courant affectif et magique. Georges Gusdorf écrit : «La loi du talion, aux origines du droit criminel, n'est pas, comme on l'imagine trop aisément, une règle de cruauté, mais une limitation de la cruauté sans fin qui régnait auparavant : seulement un œil pour un œil, pas plus d'une dent pour une dent.»

Beaucoup de théoriciens du droit pénal ont tenté de fonder le principe des sanctions sur la raison. Même en rejetant l'idée métaphysique du libre-arbitre, de l'expiation, et en se plaçant dans le cadre même d'une théorie déterministe, on a pu justifier la sanction **éliminatrice** et la sanction **intimidatrice**. Il ne s'agit plus ici, au nom d'une obscure métaphysique, de faire «expier» au coupable des actes irrémédiablement accomplis, mais au nom de l'intérêt social d'éviter pour l'avenir délits et crimes. Spinoza, encore qu'il fût convaincu du strict déterminisme de nos actes, pensait que les coupables doivent être punis : «Les hommes de mauvaise nature ne sont pas moins à craindre, ni moins pernicieux quand ils sont nécessairement tels.» Il est donc légitime de les mettre hors d'état de nuire comme on «extermine les serpents venimeux»[1]. En ce sens, la sanction, inspirée par les nécessités de la protection sociale, est éliminatrice.

Sanction éliminatrice, sanction intimidatrice

Mais, pour beaucoup de théoriciens, la sanction est avant tout intimidatrice. Il s'agit de faire un exemple, de décourager les imitateurs éventuels des crimes commis en leur montrant à quoi ils s'exposent. Ainsi, la peur du châtiment entrera elle-même dans le déterminisme des actes et sera un mobile puissant capable de détourner du mal. Tel est l'argument invoqué le plus souvent par les partisans de la peine de mort : «La société brandit la tête pour que les candidats au meurtre y lisent leur avenir et reculent[2].»

Longtemps, les exécutions des condamnés furent publiques. En Angleterre, jusqu'au milieu du XIXe siècle, les jours de pendaison étaient même

1. B. Spinoza, *Œuvres complètes*, p. 1310, Gallimard, coll. La Pléiade.
2. Cité par A. Kœstler et A. Camus, *la Peine capitale*, p. 129, Calmamn-Lévy.

chômés pour que tout le monde pût assister au spectacle ! Les châtiments publics avaient une double fonction : l'une, avouée, d'effrayer par l'exemple, l'autre, plus dissimulée, de permettre à l'imitateur éventuel de «défouler» ses impulsions agressives en allant jouir du spectacle de l'exécution. Arthur Koestler raconte qu'en 1807 la pendaison de deux criminels célèbres n'attira pas moins de quarante mille spectateurs... Et la foule délirante laissa cent morts sur le terrain !

Les sanctions pénales ne sont satisfaisantes ni pour la morale ni pour la raison

En fait, les sanctions éliminatrices et intimidatrices ne sont pas moralement très satisfaisantes. Tout d'abord, la personne du coupable y est traitée comme un simple objet (occasion de faire un «exemple») alors que la morale exigerait, comme Kant l'a bien vu, que toute personne humaine fût traitée **comme une fin, non comme un moyen**. En France, à partir de 1939, à la suite de l'exécution de Weidmann, qui attira une foule de journalistes et de photographes en mal de reportage, les pouvoirs publics décidèrent de renoncer aux exécutions publiques. Les condamnés à mort furent exécutés plus discrètement dans une cour de prison. La peine de mort était-elle un exemple efficace ? Dans certains milieux, elle augmenterait plutôt le prestige du condamné. En tout cas, remarque Albert Camus, «dans les trente-trois nations qui ont supprimé la peine de mort ou n'en font plus usage, le nombre de meurtres n'a pas augmenté».

La sanction rééducatrice

Une sanction n'est réellement satisfaisante que si elle est **rééducatrice**. Déjà Platon remarquait que le coupable lui-même devrait réclamer le juge comme le malade réclame le médecin. Sans doute Platon pensait-il surtout, dans une perspective métaphysique, aux vertus de l'expiation. Mais la sanction peut être thérapeutique dans un sens plus positif. Si le coupable est un malade, il faut le soigner. Psychiatrie, psychanalyse ont là un champ d'application dont l'importance apparaît tous les jours plus clairement. Avant tout, peut-être faut-il réadapter le condamné à la vie sociale, lui apprendre un métier s'il y a lieu, lui faire éprouver les valeurs de solidarité, préparer sa réinsertion dans la vie sociale (les réformes judiciaires depuis 1945 s'inspirent de tels principes).

L'idéal de la prévention

Mais l'idéal serait de **prévenir** les délits et les crimes pour n'avoir pas à les **punir**. En fait, les délits s'expliquent parce que les frustrations subies dans l'existence déterminent des réactions agressives criminelles ; à son tour, la société frustrée dans ses valeurs manifeste son agressivité contre les coupables. Plus les frustrations criminogènes sont fortes et plus les sanctions sociales – qui leur font équilibre – sont lourdes. Autrefois, l'homme qui volait un pain risquait le bagne. Aujourd'hui, ce mince délit, à supposer qu'il soit poursuivi, n'entraînerait qu'une amende. Un vol plus important sera sanctionné d'une peine de prison avec sursis (à moins de récidive). Cette indulgence s'explique parce que **le progrès économique diminue la tendance au délit** (une heure du travail le plus mal payé suffit – et au-delà – à l'heure actuelle en France pour l'achat d'un pain de deux kilos).

Seuls une lutte acharnée contre les fléaux sociaux (taudis, alcool) et l'effort pour rendre la vie de tous plus sûre et moins pénible sont à même de combattre les actes antisociaux. Certes, il ne s'agit pas seulement de progrès économique. La délinquance juvénile n'a pas, par exemple, des causes essentiellement économiques. Ici, ce sont des œuvres d'éducation (maisons de jeunes, loisirs organisés) qui sont nécessaires. Mais, dans le sens le plus général, c'est toujours le **progrès social** qui, en faisant échec aux impulsions criminogènes, permettra de réduire au minimum les sanctions pénales.

RENVOIS THÉMATIQUES AU VOLUME 1

- Les modalités de la communication des consciences : le conflit, chap. 4, p. 66.
- La justice et l'égalité des personnes, chap. 12, p. 275.
- Les justice et la violence, chap. 12, p. 282.
- Les doctrines politiques, chap. 13, p. 296.

LES IDÉES ESSENTIELLES

Les philosophes distinguent volontiers le *droit naturel* (ce que la raison universelle reconnaît légitime) et le *droit positif* (la règle du permis et du défendu telle qu'elle existe, en fait, positivement, dans nos codes et dans nos lois).

Idéalement le droit positif ne devrait être que l'expression du droit naturel. Montesquieu écrit : «La loi est la raison humaine en tant qu'elle gouverne tous les peuples de la terre, et les lois politiques et civiles de chaque nation ne doivent être que les cas particuliers où s'applique cette raison humaine.»

En réalité le droit positif n'est dans aucun pays une création *ex nihilo* de la raison pure. C'est un produit complexe de l'histoire. Droit coutumier, puis écrit, il change avec les guerres, les révolutions, les soubresauts de l'histoire. Dans ces conditions, le droit naturel, bien plutôt que la source du droit écrit, représente la fonction critique de la raison qui met en question le droit positif et réclame toujours sa rectification, sur tel point ou sur tel autre, au nom de la justice : «La justice est ce doute sur le droit qui sauve le droit.» (Alain)

En principe, la fonction du droit est de substituer à la violence qui, faute de lois, règnerait inévitablement entre les hommes, des règles et des contrats qui permettent de vivre pacifiquement en société. En fait, la violence est présente au cœur du droit lui-même, à sa source, dans l'exercice du pouvoir politique, et dans les sanctions prévues contre ceux qui violent le droit.

Le *droit pénal* ne punit la violence des citoyens qu'en exerçant la violence à son tour : appliquer la peine de mort à un assassin, c'est exercer sur sa personne la violence qu'il a lui-même commise.

Assurément, la violence n'est jamais moralement satisfaisante. Même au service d'une juste cause, elle est toujours signe de faiblesse et d'échec. Toutefois, l'idéal de non-violence est peut-être pratiquement inapplicable. Si j'opte pour la non-violence systématique dans un monde où la violence existe de fait, je me rends complice, consciemment ou non, des brutaux au profit desquels la violence s'exerce. Gandhi lui-même, qui avait organisé avec succès une stratégie de résistance passive et non violente au colonialisme britannique, remarque : «Lorsqu'on a le choix uniquement entre la lâcheté et la violence, je crois que je conseillerais la violence.»

LECTURES

■ ***Textes philosophiques :***

F.G.W. HEGEL, *Principes de la philosophie du droit,* Vrin.
T. HOBBES, *Léviathan*, Sirey.
J.-J. ROUSSEAU, *Du contrat social,* Aubier.

■ ***On lira également :***

H. BATIFOL, *Problèmes de base de philosophie du droit,* Librairie générale de droit et de jurisprudence.
M. FOUCAULT, *Surveiller et Punir*, Gallimard.
J. FREUND, *le Droit aujourd'hui,* P.U.F.
GANDHI, *Tous les hommes sont frères*, Gallimard, coll. Idées.
R. GIRARD, *la Violence et le Sacré,* Le Livre de poche, coll. Pluriel.
J. IMBERT, *la Peine de mort,* P.U.F., coll. SUP.
H. KIELSEN, *Théorie pure du droit,* Dalloz.
L. STRAUSS, *Droit naturel et Histoire*, Flammarion.

TEXTE À COMMENTER

L'agressivité humaine

L'homme n'est point cet être débonnaire, au cœur assoiffé d'amour, dont on dit qu'il se défend quand on l'attaque, mais un être, au contraire, qui doit porter au compte de ses données instinctives une bonne somme d'agressivité. Pour lui, par conséquent, le prochain n'est pas seulement un auxiliaire et un objet sexuel possibles, mais aussi un objet de tentation. L'homme est, en effet, tenté de satisfaire son besoin d'agression aux dépens de son prochain, d'exploiter son travail sans dédommagements, de l'utiliser sexuellement sans son consentement, de s'approprier ses biens, de l'humilier, de lui infliger des souffrances, de le martyriser et de le tuer[...]. Cette tendance à l'agression, que nous pouvons déceler en nous-mêmes et dont nous supposons à bon droit l'existence chez autrui, constitue le facteur principal de perturbation dans nos rapports avec notre prochain ; c'est elle qui impose à la civilisation tant d'efforts. Par suite de cette hostilité primaire qui dresse les hommes les uns contre les autres, la société civilisée est constamment menacée de ruine. L'intérêt du travail solidaire ne suffirait pas à la maintenir : les passions instinctives sont plus fortes que les intérêts rationnels. La civilisation doit tout mettre en œuvre pour limiter l'agressivité humaine et pour en réduire les manifestations à l'aide de réactions psychiques d'ordre éthique. De là, cette mobilisation de méthodes incitant les hommes à des identifications et à des relations d'amour inhibées quant au but ; de là cette restriction de la vie sexuelle ; de là aussi cet idéal imposé d'aimer son prochain comme soi-même, idéal dont la justification véritable est précisément que rien n'est plus contraire à la nature humaine primitive. Tous les efforts fournis en son nom par la civilisation n'ont guère abouti jusqu'à présent. Elle croit prévenir les excès les plus grossiers de la force brutale en se réservant le droit d'en user elle-même contre les criminels, mais la loi ne peut atteindre les manifestations les plus prudentes et les plus subtiles de l'agressivité humaine. Il est toujours possible d'unir les uns aux autres par les liens de l'amour une plus grande masse d'hommes, à la seule condition qu'il en reste d'autres en dehors d'elle pour recevoir les coups.

(S. FREUD, *Malaise dans la civilisation*, P.U.F.)

SUJETS
DE DISSERTATIONS
OU DE DÉBATS

■ Commentez ce texte de Pascal : «Justice - force. Il est juste que ce qui est juste soit suivi, il est nécessaire que ce qui est le plus fort soit suivi. La justice sans la force est impuissante. La force sans la justice est tyrannique. La justice sans force est contredite parce qu'il y a toujours des méchants ; la force sans la justice est accusée. Il faut donc mettre ensemble la justice et la force et pour cela faire que ce qui est juste soit fort ou que ce qui est fort soit juste. La justice est sujette à dispute, la force est très reconnaissable et sans dispute. Ainsi, on n'a pu donner la force à la justice parce que la force a contredit la justice et a dit que c'est elle qui était juste. Et ainsi ne pouvant faire que ce qui est juste fût fort, on a fait que ce qui est fort fût juste. Ne pouvant fortifier la justice, on a justifié la force afin que le juste et le fort fussent ensemble et que la paix fût qui est le souverain bien.» (*Pensées*, section V de l'édition Brunschvicg.) [Ce texte pose dans son ensemble le problème des rapports de la force et du droit.]

■ Droit positif et droit naturel (on consultera dans un chapitre précédent l'exposé et la critique de la morale de Durkheim).

■ Que pensez-vous de cette phrase de Comte : «L'individu n'a point de droits, il n'a que des devoirs» ?

■ Commentez ce texte de G. Renard *(le Droit, l'ordre et la raison)* : «Le droit naturel est déconcertant. Il est indispensable pour asseoir l'ordre [...]. Mais il semble renfermer un principe destructeur de tout ordre [...]. Le mettons-nous à la porte, nul n'est plus tenu moralement d'obéir à la loi civile, mais s'il rentre c'est lui qui nous incite à discuter la loi.»

■ Expliquez et s'il y a lieu discutez ce jugement de Stendhal dans *Le Rouge et le Noir :* «Il n'y a point de droit naturel, ce mot n'est qu'une antique niaiserie.»

■ Que pensez-vous de ce jugement de Montherlant (*Carnets*, Gallimard) : «Le droit est le jugement de valeur qu'une force porte sur une force moins forte qu'elle» ?

■ Commentez la célèbre maxime de Cicéron dans le *De Officiis* (I, 10, 33) : «*Summum jus, summa injuria*» (comble du droit, comble de l'injustice).

■ Expliquez et s'il y a lieu discutez ce jugement d'Ibsen (*Un ennemi du peuple*, acte V, paroles de Stockmann) : «La majorité n'a jamais le droit de son côté. Jamais dis-je. C'est un de ces mensonges sociaux contre lesquels doit se révolter un homme libre, qui pense.»

■ Georges Gusdorf écrit : «La philosophie, dans son ensemble, refuse de valider le droit du plus fort ; elle pourrait se définir comme le passage de la violence à la raison.»

SUJETS PROPOSÉS AU BACCALAURÉAT

1. La violence :

■ Violence et vérité sont-elles nécessairement incompatibles ? (Bordeaux, A, juin 1990.)

■ Existe-t-il des violences légitimes ? (Bordeaux, B, juin 1990.)

■ L'ordre politique exclut-il la violence ? (Toulouse, B, juin 1986.)

■ Est-il juste de combattre la violence par la violence ? (Aix-Marseille, B, septembre 1985.)

■ Les sanctions de la loi sont-elles une violence comme une autre ? (Nancy-Metz, A, septembre 1985.)

2. Le droit :

■ Quel sens donner au mot «droit» dans l'expression : «J'ai le droit de...» ? (Lyon, A, juin 1990.)

■ Quand on se borne à exercer son droit, est-on, pour autant, en règle avec sa conscience ? (Paris, Créteil, Versailles, C, D, E, juin 1990.)

■ Défendre ses droits, est-ce la même chose que défendre ses intérêts ? (Sujet national, D', septembre 1988.)

■ Une société sans droit est-elle concevable ? (Rouen, A, juin 1986.)

■ Affirmer des droits de l'homme universels, est-ce méconnaître la diversité des cultures ? (Montpellier, B, septembre 1985.)

■ Dégagez l'intérêt philosophique de ce texte à partir de son étude ordonnée :
«En effet, rien de ce qui est de droit humain ne saurait déroger à ce qui est de droit naturel ou de droit divin. Or, selon l'ordre naturel institué par la divine providence, les réalités inférieures sont subordonnées à l'homme, afin qu'il les utilise pour subvenir à ses besoins. Il en résulte que le partage des biens et leur appropriation selon le droit humain ne supprime pas la nécessité pour les hommes d'user de ces biens en vue des besoins de tous. Dès lors, les biens que certains possèdent en surabondance sont destinés, par le droit naturel, à secourir les pauvres. C'est pourquoi saint Ambroise écrit : «Le pain que tu gardes appartient à ceux qui ont faim, les vêtements que tu caches appartiennent à ceux qui sont nus et l'argent que tu enfouis est le rachat et la délivrance des malheureux.» Or le nombre de ceux qui sont dans le besoin est si grand qu'on ne peut pas les secourir tous avec les mêmes ressources, mais chacun a la libre disposition de ses biens pour secourir les malheureux. Et même, en cas de nécessité évidente et urgente, où il faut manifestement prendre ce qui est sous la main pour subvenir à un besoin vital, par exemple quand on se trouve en danger et qu'on ne peut pas faire autrement, il est légitime d'utiliser le bien d'autrui pour subvenir à ses propres besoins ; on peut le prendre, ouvertement ou en cachette, sans pour autant commettre un vol ou un larcin.»

SAINT THOMAS D'AQUIN
Lyon, A, juin 1988.

La violence et le droit constituent une antithèse saisissante. Bien sûr le droit n'autorise en aucun cas la violence : on n'a pas le «droit» de violer, de violenter, de brutaliser ou d'assassiner, comme le fait *M le Maudit* qui entraîne les fillettes vers des terrains vagues pour les tuer, dans le film de Fritz Lang, ou les étudiants contestataires de Mai 68, qui lancent des pavés sur les forces de l'ordre et brûlent des automobiles sur la voie publique.
Pourtant les hommes s'arrogent souvent le droit d'employer la violence, y compris pour la faire cesser : M (Peter Lorre) est «jugé» par la pègre. Le regard narquois que jette Daniel Cohn-Bendit au CRS en armes illustre le conflit qui oppose violence légale et violence illégale : y aurait-il une forme de violence qui serait légitimée par le droit ? A-t-on le droit, en appliquant la peine de mort à l'assassin, de lui faire subir le crime qu'il a lui-même commis ? L'agressivité d'un James Dean dans *la Fureur de vivre* symbolise quant à elle une certaine violence «institutionnelle», reflet d'une société en crise. Ainsi la télévision, le cinéma, les pages «faits divers» des journaux offrent-ils mille exemples de violences gratuites : violences de langage, de gestes, de situations. Est-ce dans le dessein d'exorciser une «volonté de puissance» qui pourrait sans cela dégénérer en actes de brutalité ? Il n'en demeure pas moins que la force ne saurait faire le droit, et qu'aucune puissance physique, comme l'a fait remarquer Rousseau, n'est douée d'une valeur morale : «Bataille ne fait pas droit», disait déjà Saint Louis.

■ Alain Delon, dans *Deux hommes dans la ville*, de José Giovanni (1973).

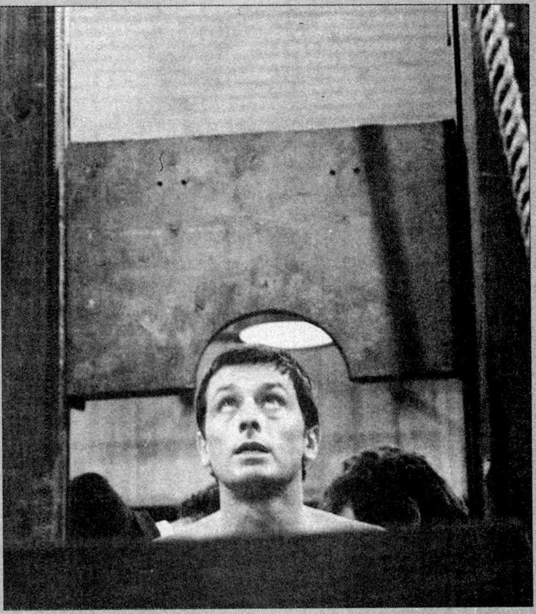

■ James Dean, dans *la Fureur de vivre*, de Nicholas Ray (1955).

■ Daniel Cohn-Bendit en mai 68.

■ Peter Lorre, dans *M le Maudit*, de Fritz Lang (1931).

Table des matières

CHAPITRE 4

CHAPITRE 5

CHAPITRE 6

CHAPITRE 7

CHAPITRE 8

2e PARTIE : LA CONNAISSANCE ET LA RAISON

CHAPITRE 9

CHAPITRE 10

CHAPITRE 11

3e PARTIE : LA PRATIQUE ET LES FINS

CHAPITRE 12

CHAPITRE 13

CHAPITRE 14

CHAPITRE 15

CHAPITRE 16

ÉDITION : Barthélemy de Lesseps
MISES EN PAGES : Martine de Cagny
COMPOSITION ET RÉALISATION : CND International

Aubin Imprimeur
LIGUGÉ, POITIERS

IMPRESSION - FINITION
Achevé d'imprimer en juillet 1996
N° d'édition 10034358-(VII)-35-(CABN)-80°-CND
N° d'impression L 51322
Dépôt légal juillet 1996 / Imprimé en France